Jürgen Bodelle

USA am Anschlag
Betrachtungen zum Imperium Americanum

Reihe
Politik- und Geschichtswissenschaften

Pegasus Bücher

Verlag Pegasus Bücher
Druck und Umschlaggestaltung:
GRAPHIC-FACTORY, Hungen
Erste Auflage 2024

ISBN: 978-3-9825492-8-6

Kontakt zum Verlag:
info@pegasus-buecher.de

Kontakt zum Autor:
juergen.bodelle@t-online.de

Postadresse: Pegasus Bücher
Postfach 1111
D-35321 Laubach

Es ist unklug,
immer den Sieg
davontragen
zu wollen

Niccolò Machiavelli
(1469 – 1527)
Staatsphilosoph und Machtpolitiker

Jürgen Bodelle

USA am Anschlag

Betrachtungen zum Imperium Americanum

Pegasus Bücher

Für die Generation Y

Für meine treue
und wissbegierige Leserschaft

Für die Forschenden und Studierenden
der Geschichts- und Politikwissenschaften

Inhalt

Persönliche Vorbemerkung

Als ich 1979 als Forschungsstipendiat des Auswärtigen Amtes und der Friedrich-Naumann-Stiftung in die Vereinigten Staaten von Amerika reiste, hatte ich anfangs nur eine vage Vorstellung von der Vielfältigkeit des Landes, von der Verschiedenartigkeit der Menschen und von dem breiten Spektrum ihrer Meinungen und Sichtweisen. Die bunte und freundliche Vielfalt, die mich erwartete, weichte umgehend meine fünfzehn Jahre zuvor gesammelten Vorbehalte gegen das Land, genauer gesagt: gegen die ehemals kriegerische Vietnam-Politik Washingtons, auf.

Gefühle sind ja so einflussreich!

Die emotionale Seite unseres Verstandes steuert eine Menge zu unseren Analysemöglichkeiten und Erkenntnisfähigkeiten bei. Als Politikwissenschaftler darf man allerdings nicht der Versuchung erliegen und der Emotionalität die erste Geige einräumen. Das Orchester der Erkenntnis ist so vielfältig wie die Klaviatur des amerikanischen Lebens, die eben nicht nur vom Weißen Haus und dem krakenhaften Pentagon beherrscht wird. Auch eine kritische US-Politikwissenschaft, eine kritische Zivilgesellschaft mit einer American Civil Liberties Union, ACLU, und renommierte Einzelpersonen wie Noam Chomsky und viele andere Persönlichkeiten des öffentlichen Lebens spielen eine äußerst wichtige Rolle im großen Orchester der Vereinigten Staaten.

Es gibt nicht *die* Amis, *die* Yankees, *die* USA.

Dennoch kommen wir in der Alltagsdiskussion nicht umhin, einen solch verallgemeinernden Sprachgebrauch zu verwenden. Eine insoweit differenzierende Sprache macht den Gedankenaustausch zwar nicht unmöglich, erschwert ihn aber doch und verumständlicht das, was man auszudrücken gedenkt.

Wenn in den vorliegenden Betrachtungen gelegentlich verallgemeinernde Formen die spezifische Analyse überlagern sollten, so bin ich sicher, dass Sie, verehrte geschichtsinteressierte Leser, der allgemein verständlichen Analyse den Vorrang einräumen und sich nicht in ungewollter Emotionalität verlieren.

Mein persönlicher Standpunkt soll klar benannt werden: Ich liebe Amerika, und gerade deshalb bin ich ein scharfer Kritiker all jener Umstände, die ein großartiges Land klein machen, indem sie Land und Leute des nordamerikanischen Kontinentes über den »Rest der Menschheit« zu erheben trachten.

Übersteigerter Nationalismus und regierungsamtlicher Chauvinismus, imperiale Großmachtallüren und eine hegemoniale Politik der globalen Besatzung mittels weltweiter Militärstützpunkte dienen nicht dem Frieden, den die Welt so dringend benötigt.

In meinem Zeitreise-Roman »Bunte Zeiten – 1980 etc.«, den ich unter dem Pseudonym Stefan Koenig geschrieben habe, schildere ich in gut lesbarer Form die Zeit meines 18-monatigen Forschungsaufenthaltes in den USA.

Einführung

Dieser Tage wurde der Präsidentschaftskandidat der Republikanischen Partei der Vereinigten Staaten von Amerika, Donald Trump, angeschossen. Mit erhobener Faust und dem Kampfruf „Fight!" verlässt der leicht verletzte, am Ohr blutende Wahlkämpfer die Tribüne. Ein gescheiterter Mordversuch. Zugleich mit hoher Wahrscheinlichkeit der Freifahrtschein für eine neue Trump-Präsidentschaft. Ein Symbol für ein aus den Fugen geratenes Land. Ein Land mit gescheiterten Kriegserfolgen im Ausland. Ein Land ohne Frieden. Ein Land, das mit zahllosen Attentaten und innerstaatlichen Amokläufen an sich selbst scheitert? Ein Land aus Rostgürteln und gescheiterter industrieller Innovation?

Können das Zeichen eines Hyperkapitalismus sein, Zeichen überdrehter ökonomischer und sozialer Strukturen? Zeichen einer aus den Fugen geratenen Gesellschaft?

Viele Ereignisse außerhalb unserer individuellen Lebenswirklichkeit, außerhalb unserer unmittelbar wahrnehmbaren Umgebung sind für uns nur schwer zu bewerten. Was bedeuten sie? Welche Folgen ziehen sie nach sich? Treffen die Auswirkungen aus fernen Regionen auch uns?

Die hier vorgelegten Betrachtungen zum Imperium Americanum und seinem gelebten Hyperkapitalismus sind der analytische Versuch, uns zumindest einen skizzenhaften Überblick zu verschaffen:

Welche Faktoren werden in den nächsten beiden Jahrzehnten den Fortgang der Weltgeschichte bestimmen? Viele andere Wissenschaftler, Historiker, Politologen, Ökonomen und Zukunftsforscher können die vorliegenden Betrachtungen wahrscheinlich ergänzen, widerlegen oder bestätigen – doch wir sind allesamt mit unseren Prognosen in derselben Situation: sie können eintreffen oder auch nicht.

Meine Betrachtungen sollen die wesentlichen Strukturen offenlegen. Dem forschenden und politisch interessierten Leser möchte ich die heutigen wichtigen Zusammenhänge aus politikwissenschaftlicher – aber auch aus dezidiert europäischer – Sicht darlegen und ihm die wesentlichen Interessen und Tendenzen in der Welt von morgen skizzieren. Es geht im Wesentlichen um Spielräume und Alternativen für politische Entscheidungen, aber ebenso um eventuelle Interessenkonflikte, auf die auf eine (diplomatische) Weise – oder gar auf eine andere (militärische) Weise reagiert werden könnte.

Ich mache aus meinem Standpunkt keinen Hehl: Militärische Lösungen, wie sie in der Vergangenheit von den westlichen Hauptakteuren gepflegt wurden, sind aufgrund ihrer katastrophalen Hinterlassenschaft aus humanitärer, aus ökonomischer wie insbesondere aus ökologischer Sicht nicht nur keine Lösung, sondern sie tragen zur Problemkulmination bei. Im Zentrum aller Betrachtungen steht demzufolge das derzeit noch (militärisch) mächtigste Land der Welt, die Vereinigten Staaten von Amerika.

Obgleich ich das Weltgeschehen und die Ereignisse und Folgeereignisse rund um 9/11 nicht unbedingt auf einen fixen Zeitraum beschränken möchte, greife ich auf das zentrale Ereignis jenes katastrophalen Anschlags auf das World Trade Center vom 11. September 2001 immer wieder zurück. Dennoch handelt dieses Buch nicht ausschließlich vom Anschlags-Geschehen. Aber es zeigt sich aufgrund der Ergebnisse heutiger Geschichtsforschung und der inzwischen offengelegten Dokumente, wie sich die Sachverhalte rund um den 11. September tatsächlich verhielten und entwickelten.

Das Buch behandelt sukzessive die sich entwickelnden Aspekte dieses tragischen Tages und zeigt, dass die vor- und nachgereichten offiziellen Versionen der US-Behörden nicht der Wahrheit entsprechen können. Insbesondere die vor Ort tätigen Feuerwehrleute, Polizisten, Reporter und Sanitäter, Ärzte, Ersthelfer und Hausmeister sowie ihre abgesetzten Berichte per Funk oder Telefon an ihre Einsatzzentralen und Praxen oder ihre protokollarischen Niederschriften und ihre hochpräzisen Aussagen in Interviews mit Medienmitarbeitern, lassen an vielen offiziellen Statements zweifeln und widerlegen sie in entscheidenden Punkten. Aus heutiger Sicht war 9/11 eindeutig eine sogenannte *false flag* und *stand down* Operation von einigen Geheimdiensten, mit Wissen und Anleitung ihrer Regierungen. Es war ein *inside job*, eine von der eigenen Regierung organisierte und durchgeführte Katastrophe.

Den meisten Personen sind etliche Aspekte von 9/11 bis heute nicht bekannt. Im Zusammenhang mit neueren Erkenntnissen, wie sie zum Beispiel in den Enthüllungen von Edward Snowden und anderen Informanten in Bezug auf die totale NSA-Spionage und Manipulationspropaganda der herrschenden US-Eliten zum Ausdruck kommen, gewinnen die hier in diesem Band offengelegten Aussagen der unmittelbar beteiligten Rettungskräfte eine neue Bedeutung. Es ist der Versuch, die Weltbevölkerung von den beabsichtigten weltstrategischen Vorhaben des Dollarimperiums abzulenken und in die Irre zu führen.

Im Laufe der Jahre 2001 bis 2004 wurden – nicht nur im Rückblick, sondern auch vor den Augen einiger Wenigen bereits zum Zeitpunkt des aktuellen Geschehens – die Hintergründe und Motive des 11. September offenbar. Die Ereignisse an diesem Tag und ihre Nachwirkungen haben bis heute große Konsequenzen. Um zu verstehen, was aktuell in der Weltpolitik vorgeht, entkommt kein Geschichtsinteressierter einer detaillierten Analyse jener Zeit. Für Viele wird es schmerzlich sein, sich von Illusionen, die man sich zu einer „demokratischen“ Weltmacht gemacht hat, zu trennen.

Manche Zeitgenossen, manche Zeitforscher und Zeitzeugen meinen, es komme so, wie es komme, weil es so kommen musste. Aber da der Verlauf der Geschichte erwiesenermaßen keinem „genetisch“ festgelegten Programm entspricht, kann es nicht sein, dass alles im programmierten Sinne abläuft. Es hätte auch anders kommen können. Und es kann anders kommen – in der Gegenwart wie in der Zukunft.

Der Einzelne, die Zivilgesellschaft, die Politik, die Wirtschaft – sie alle hatten und haben Handlungsalternativen.

Andererseits ist es zutreffend, dass für die Fälle X, Y und Z bereits bestimmte Ablaufprogramme in den Schubladen von wirkmächtigen Ministerien, Geheimdiensten, Politik- und Wirtschaftsberatern liegen. Auch der Eintritt in die Zeitenwende nach 9/11 hatte seinen Vorlauf, in dem bereits Weichen gestellt worden waren. Ich habe in früheren Bänden dieser Reihe darauf hingewiesen.

Schon in den 1990er-Jahren begann sich die Welt der westlichen Hemisphäre in vielerlei Hinsicht zu wandeln. Rasant griff der Marktliberalismus um sich. Der noch ein Jahrzehnt zuvor beschworene Staatsinterventionismus keynesianischer Prägung wurde zunehmend von der Wirtschafts- und Sozialpolitik marktradikaler, neoliberaler Marktverfechter außer Kraft gesetzt. Ihre marktideologische, ja marktgläubige Prämisse, der Markt regele alles von alleine, griff wie ein Selbstläufer um sich.

Tatsächlich aber war es eine von finanzkräftigen Marketing-Agenturen befeuerte und zum Laufen gebrachte Ideologie – eine völlig unbewiesene, unerprobte, quasireligiöse Glaubensangelegenheit hyperkapitalistischer Hardliner. Der Hyperkapitalismus mit seinem Nebenspielfeld, dem Casinokapitalismus, war historisch gesehen eine Sturzgeburt. Und sie stürzte spätestens in den Jahren 2008 bis 2010 die ganze Welt in ein Wirtschaftschaos – die zweite Weltwirtschaftskrise nach 1929.

Auf die Gesellschaft wirkte diese wirtschaftspolitische Ideologisierung insofern, als der unkonkrete Unmut an staatlich-bürokratischem Handeln bei gleichzeitigem Niedergang staatlicher Sozial- und Infrastrukturleistungen zunahm. Noch gab es genügend sozialpolitisch steuerbare Absicherungen im Falle von Krankheit oder Arbeitslosigkeit (zumindest in Westeuropa), aber die Drosselung der Leistungen nahm deutlich zu. Notwendige Programme zum Erhalt und zur Erneuerung von Infrastruktur unterblieben.

Der vom Westen initiierte Rüstungswettlauf schwächte erwartungsgemäß (man könnte es auch „programmgemäß" nennen) die Weltwirtschaft, gerade auch in Osteuropa. Die schwächelnde Wirtschaft in den osteuropäischen Ländern wirkte sich destabilisierend auf die Binnenverhältnisse aus. Nicht anders ist zu erklären, in welch rasantem Tempo den US- und EU-Heils-Versprechungen plötzlich geglaubt wurde.

Der US-amerikanische Whistleblower und ehemalige Geheimdienstmitarbeiter Edward Snowden enthüllte Anfang Juni 2013, wie vor allem die Vereinigten Staaten seit spätestens 2007 in großem Umfang die Telekommunikation und insbesondere das Internet global und verdachtsunabhängig überwachen, Wirtschaftsspionage inklusive.

Ohne 9/11 wäre auf die rigorose Totalität der weltweiten Ausspähungen mit großer Empörung reagiert worden. Wie sanft fiel dagegen der Protest der damaligen Bundeskanzlerin Angela Merkel aus: „Freunde hört man nicht ab". Aber da der »Kampf gegen den internationalen Terrorismus« nun mal Opfer erfordere, wurde das Spionageverbrechen unter den Teppich gekehrt. Die Ermittlungsakte beim Bundesanwalt wurde ergebnislos geschlossen. Wie elf Jahre später beim kapitalen Staatsverbrechen in *»Sprengungssache Nord-Stream-Pipelines«* – ergebnislos dem angeblich ukrainischenTäter auf der Spur.

Wer die Entwicklungstendenzen im kommenden Jahrzehnt erforschen will, dem stellen sich viele Fragen. Sie lauten: Welche Rolle spielten und spielen noch heute die Kriege auf europäischem Boden? Wie konnten die vielen westlichen Investoren, die heuschreckenartig über die neuen Ostmärkte herfielen, über Parteien, Institutionen, parlamentarische Gremien bis hinein direkt in die neu konstituierten Staatsorgane ihre neo-liberale, marktradikale Wirkkraft entfalten?

Ist der gegenwärtige Ukraine-Krieg ein Produkt des US-formierten Hyperkapitalismus? Um welche und um wessen Interessen geht es?

Wie konnten hervorragend gebildete Bevölkerungen den Hochglanzversprechungen der EU mit ihrer glitzernden Propaganda Glauben schenken? Welche Rolle spielte dabei der Jahrzehnte lang geübte osteuropäische Blick auf die Märkte des Westens mit ihren zahlreichen irrealen Konsumverlockungen? Welche Mentalität unterschied den Polen, den Bulgaren, den Ungarn etc. vom Westeuropäer? Welche Manipulationsinstrumente setzte der Machtapparat des Hyperkapitalismus ein, um die Massen über sein Wesen zu täuschen? Und was ist sein Wesen?

Wir Westeuropäer müssen der Wahrheit gerecht werden und einräumen, dass sich „unser" marktradikales, kapitalistisches System bei der „Übernahme des Ostens" nicht mit Ruhm bekleckerte. Die EU-Bürokraten versuchen bis in die hintersten Ecken von Wissenschaftsbibliotheken hinein den Eindruck zu erwecken, als sei die Ost-Erweiterung von EU und USNATO unter rein humanitären und freiheitlichen Aspekten zu bewerten.

Tatsächlich aber standen sie in erster Linie vor einer „psychologischen Herausforderung" – um die propagandistischen Manöver einmal vornehm zu umschreiben. Schließlich waren den Verantwortlichen schon vor – und gar bald nach – Vereinnahmung der osteuropäischen Märkte bewusst, dass es zu einem gigantischen Eigentumstransfer kommen musste.

Im vorliegenden Buch wird als Ausgangspunkt aller Betrachtungen versucht, die Terror-Ereignisse rund um das WTC, um das Pentagon und rund um den rätselhaften Fluggeräte-Absturz in Shanksville zu rekonstruieren. Von diesem Ereignis aus lässt sich meines Erachtens die Strategie der Vereinigten Staaten am profundesten ableiten.

Viele kennen nicht die Tatsachen, die im Zusammenhang mit 9/11 aufzuarbeiten sind. Viele weigern sich noch heute, dem Thema Beachtung zu schenken – zu sehr schreckt sie die CIA-kreierte Keule vom angeblichen Verschwörungsmärchen ab. Man kann es, muss es aber nicht verstehen: Viele wollen sich nicht in diese Nähe begeben.

Ich muss den Realitätsverweigerern jedoch allesamt entgegenrufen: Ihr kommt nicht um die Tatsache herum, dass seit Jahrtausenden Verschwörungen existieren und es keinesfalls unüblich ist, heimliche Absprachen zu illegalen Aktionen zu treffen. Kam auf die Weise nicht schon Cäsar ums Leben?

Als Cäsar damals im Theater erschien, wurde er von einer Gruppe Senatoren durch zahlreiche Dolchstöße ermordet. Seine letzten Worte richtete er an Brutus, zu dem er sagte: »Auch du, Brutus? Auch du, mein Sohn?« Insgesamt waren von den etwa 80 eingeweihten Personen circa 60 direkt an der Tat beteiligt.

Heute frage ich das Dollar-Imperium, meinen/unseren Verbündeten, das große demokratische Vorbild: »Auch du, Mr Präsident? Auch du, mein Freund?«

Die aktuelle Ausgangslage

Die Vereinigten betreiben über 1000 Militärbasen in aller Welt. Kein Land der Welt reicht auch nur ansatzweise an diese Masse an Vernichtungskapazitäten heran. Zum Vergleich: China hat einen einzigen Militärstutzpunkt am Horn von Afrika, in Dschibuti. Russland unterhält acht auswärtige Militärstützpunkte: in Armenien, Belarus, Abchasien/Südossetien, Kasachstan, Kirgistan, Transnistrien, Syrien und Tadschikistan.

Die über 1000 US-Basen sind stationiert auf dem Territorium fremder Länder. Neben den vielen Atombomben auf ihrem eigenen Kontinent (und auf den vielen fernen Kontinenten bei den »Teilhabe«-Ländern, wie z.B. Deutschland) hat das Dollar-Imperium die höchsten Militärausgaben und die größten, unschlagbar umsatzstärksten Rüstungskonzerne. Allein die großen Militärstützpunkte sind nach Expertenmeinung mit einem Wert von mindestens 15 Millionen Dollar zu veranschlagen. Das Pentagon selbst gibt mehr als 4000 große Militärstützpunkte in den USA an, dazu noch rund 500 große Militärstützpunkte im Ausland. Das ist aber nur die Hälfte, wie politische Militäranalysten vom Institut für Friedensforschung vor vier Jahren feststellten. Jedenfalls ist es eine im Vergleich mit den systemischen Konkurrenten vielfache Überlegenheit in Bezug auf die globale militärische Präsenz und damit auf die mehrfache Erstschlags-Fähigkeit, die der offiziellen Militärdoktrin Washingtons entspricht.

Im Ausland ist Deutschland »mit 194 Militärstützpunkten das am stärksten mit US-Militärstützpunkten überzogenen Land« (Daniele Ganser), gefolgt von Japan mit 121 und Südkorea mit 83 Militärstützpunkten. Fernerhin unterhält das Dollar-Imperium Militärbasen in Australien, auf den Bahamas, in Bahrain, Belgien, Bulgarien, Kambodscha, Kanada, Kolumbien, Costa Rica, Djibouti, Ägypten, El Salvador, Griechenland, Kuba, Honduras, Island, Italien, Kenia, Kuwait, Niederlande, Norwegen, Oman, Peru, Portugal, Katar, Rumänien, Singapur, Spanien, der Türkei, den Vereinigten Arabischen Emiraten, Großbritannien und anderen Ländern (Departement of Defense: Base Structure Report FY 2018 Basline).

In früheren Zeiten konnte man die Mächtigkeit des Imperialismus messen, indem man die Kolonien auflistete. Die US-Version der Kolonie ist der Militärstutzpunkt. „Indem man die weltweite Verteilung unserer Militärstützpunkte verfolgt, kann man viel über unseren stets anwachsenden imperialen Fußabdruck lernen, wie auch über die Militarisierung der Politik, die damit einhergeht" (Chalmers Johnson: Nemesis: The Last Days oft he American Republic).

200 000 Soldaten sichern im Ausland die Besatzungshoheit für das Dollar-Imperium. Kein anderes Land hat in Friedenszeiten jemals mehr eigene Soldaten und Militärtechnik in fremden Ländern stationiert. Weil die US-Luftwaffe von ihren weltweit

verbreiteten Basen rund um den Globus fast jedes Land der Welt bombardieren kann, besteht ein Dauerzustand an konventioneller und atomarer Bedrohung. Allein die Existenz dieser rund um den Globus verteilten Militärstreitmacht stellt ein ungeheuerliches Damoklesschwert über den Köpfen der Menschheit dar. Zugleich beherrschen die US-Flugzeugträger und eine Armada von Kriegsschiffen die Ozeane, die der ganzen Menschheitsfamilie gehören. Auch im All haben das Dollar-Imperium und seine Sachwalter unter den »Big Tech Ten« ihre mobilen militärischen Satelliten stationiert und streben nach Alleinherrschaft im Weltraum, als gehöre ihnen das Universum.

Bereits vor 9 Jahren, am 4. Februar 2015, erklärte der US-Stratege George Friedman auf einem Vortrag über die strategischen Ziele der USA auf Einladung des Chicago Council on Global Affairs: „Die USA kontrollieren alle Weltmeere. Keine Macht hat das jemals getan. Daher können wir in anderen Ländern einmarschieren, aber sie können nicht bei uns einmarschieren. Das ist eine sehr schöne Sache." (Ich werde es an späterer Stelle noch einmal erwähnen, um die Bedeutungsschwere dieser Aussage in anderen Zusammenhängen hervorzuheben.)

Ja, das ist ein sehr schöner Imperialismus, kann man die Kritiker eines solch anmaßenden Verhaltens raunen hören.

Es liegt auf der Hand, weshalb es keinen Frieden auf der Welt gibt. Wenn jedes Land seine Soldaten als reine Verteidigungsarmee nur innerhalb der eigenen Landesgrenzen stationieren würde, wäre die Friedenschance sehr realistisch. Wie aber redet sich nun das schönrednerische Dollar-Imperium in dieser »schönen Sache« heraus? Indem es die besetzten Stationierungsländer zu seinen Verbündeten macht.

Jene Verbündeten, auf die Washington am meisten angewiesen ist, hat es in der NATO gebündelt. Wenn man als Ganove mehr Türsteher hat, denen man mit den Rüstungskonzernen des Dollar-Imperiums immer mehr Waffen verkaufen kann, gewinnt man immer größere Freiheiten auf den Weltmeeren, in der Luft und im All. Allmächtigkeit wird zu einem greifbaren Begriff: Hegemoniale Allmächtigkeit für eine Land, das seine Führer seit jeher als ein von »Gott gegebenes und gesegnetes Land« verstehen.

Wie also vertuscht man am besten die wahren Absichten eines ständig angriffsbereiten Interventionsbündnisses? Indem man diese weltweit organisierte Verteilung von Militärmacht schlicht und einfach mit dem schönfärberischen Begriff „Verteidigungsallianz" schmückt. Wenn es der reinen Verteidigung dient, braucht es seine Streitkräfte nicht nur in seinen eigenen Ländern zu stationieren, sondern kann auch anderswo in der schönen weiten Welt agieren und expandieren. Es ist ja harmlos, denn es dient ja nur der Verteidigung. Mit dieser scheinheiligen Tautologie versuchen die Imperialisten ihr wahres Wesen zu maskieren. Was natürlich nicht gelingt. Warum? Weil dieses Interventionsbündnis eben unentwegt interveniert.

Wenn sich ein Interventionsbündnis als „reiner" Verteidigungspakt ausgibt, tatsächlich aber nach eigenem Ermessen und ohne Zustimmung des UN-Sicherheitsrates militärisch interveniert, dann handelt es sich nicht nur um ein belangloses Wortspiel. Es handelt sich um ein Täuschungsmanöver gegenüber der eigenen und der Welt-Öffentlichkeit. Aber zwei Drittel der Weltgemeinschaft haben die Augenwischerei, dieses weltweite Täuschungsmanöver, durchschaut. Die Diplomaten der BRICS-Staaten haben mehrfach auf die illegitime Rolle des US-NATO-Interventionismus hingewiesen.

Da ein Militärpakt wie die NATO eine große PR-Maschine am Laufen hält, werden die Medien der eigenen Länder unentwegt mit sogenannten good-will-Absichten geflutet. Warum? Um die Bevölkerungen nicht auf die völkerrechtswidrigen Aktionen und das Leid, das man anderen Ländern antut, aufmerksam zu machen. Es ist eine Art medial-psychologischer Kriegsführung gegen die eigenen Völker. Wir kennen die dazugehörigen Ritualfloskeln von einer »regelbasierten Ordnung«, obwohl Völkerrechtler einmütig feststellen, dass für alle Länder der Welt gleichermaßen nur die Ordnungsregeln der UN-Charta zu gelten haben. Wir kennen die hohlen Floskeln von »Freiheit, demokratischen Werten, westlichen Werten und der liberalen Wertegemeinschaft«.

Den höchsten Wert, den Frieden, ohne den nichts wert ist, erwähnen die USNATO-Medien in diesem Zusammenhang nur ungern, denn das würde den Widerspruch zu ihren kriegerischen Interventionen allzu offensichtlich werden lassen. Um nur einige neuzeitliche Interventionsbeispiele seit 1990 zu nennen: Bosnien-Herzegowina, Serbien, Kosovo, Mazedonien, Jemen, Afghanistan, Irak, Syrien und Libyen. Letztlich ist auch die massive Intervention der NATO über ihren stellvertretenden ukrainischen Vorposten nichts anderes als eine Kriegsführung mittels Zurverfügungstellung von private military contractors, Lieferung von Waffen, Waffensystemen, Munition, Ausbildung sowie geheimdienstlicher und aufklärerischer Instruktionen. Zugleich will man der anderen kriegführenden Seite vorschreiben, dass sie von außerhalb keine Unterstützung erfahren dürfe. Die Arroganz des Westens ist diesbezüglich unermesslich.

Um kriegerisch intervenieren und eskalieren zu können, gilt es zuerst, den Feind zu entmenschlichen und zu verteufeln. Wir erinnern uns an den einstmals ehrwürdigen, seit 2022 völlig entehrten Friedenspreis des Deutschen Buchhandels, der an den ukrainischen Schriftsteller Serhij Zhadan vergeben wurde. Zhadan schrieb nieder und sprach aus, was die USNATO-Denke ihm in die Feder diktiert hatte: „Die Russen sind Barbaren, sie sind gekommen, um unsere Geschichte, unsere Kultur, unsere Bildung zu vernichten.“ Er bezeichnete »die Russen« als »Horde«, »Verbrecher«, »Tiere«, als »Unrat, der aus dem Osten über uns hergefallen ist«. Er schrieb: »Brennt in der Hölle, ihr Schweine«. Damit wiederholt er wortgenau das, was die Kiewer Niedermetzler seit dem Putsch 2014 über die Ostukrainer sagten und dachten und 14.000 von ihnen, darunter annähernd 1.000 Kinder und Jugendliche, abschlachteten.

Washington hätte im vergleichbaren Fall dem Abschlachten nicht so lange wie Moskau zugesehen, wie wir aus der Geschichte wissen.

Was Serhij Zhadan betrifft, so muss man vielleicht bei diesem befremdlichen Vorgang noch eher *ihn* für seinen USNATO-Rassismus *entschuldigen, als die Akteure,* die ihn ausgezeichnet haben. Wahrscheinlich kann der russophobe Autor nur bedingt etwas dafür, dass er zum Maskottchen einer kriegerischen Kulturpropaganda auserkoren wurde. Dieser Preis ist ein Symbol für Hass und Hetze – und gegen eine friedliche Entwicklung Europas. Und gegen die unverzichtbare Verständigung mit Russland – schließlich stellen sich die Verantwortlichen und die lobenden Kommentatoren hinter die Aussage, dass „die Russen" als „Barbaren" und „Unrat" zu bezeichnen sind.

Was wird das wohl bei vielen russischen Bürgern auslösen gegenüber Deutschland und seinen Dichtern und Denkern? Diese unsägliche Auszeichnung ist außerdem ein deutliches Zeichen der Unterwerfung der Jury unter die sehr dominante und falsche offizielle Deutung des Ukrainekonfliktes durch die USNATO-Politik und die vom Dollar-Imperium beeinflussten Medien unter Leugnung einer langen Vorgeschichte des Ukraine-Konflikts. Es zeugt vom Kratzen an unserer deutschen Souveränität, wenn sich selbst Institutionen wie der Börsenverein des Deutschen Buchhandels als Einflussagenturen instrumentalisieren lassen.

Wenden wir uns wieder direkt den USA zu. Wir wollen heute nicht bei der Ausrottung der indigenen

Bevölkerung beginnen, wollen uns nicht an der unmenschlichen Sklaverei, an der von Waffengewalt, kriminellen Armut, an der unterbleibenden Staatsfürsorge und an der von ununterbrochenen Massakern geprägten Binnenbarbarei aufhalten. Die Vereinigten Staaten werden auch von anderen Gesichtern geprägt. Man darf angesichts der Gewalt des Dollar-Imperiums und seiner inhärenten Brutalität nicht zu dem Schluss kommen, dass wir Menschen nicht fähig seien, friedlich zusammenzuleben. Wir können es sehr wohl und tun es jeden Tag, an Millionen verschiedenen Orten.

„Lassen Sie uns zunächst unsere Haltung gegenüber dem Frieden selbst überprüfen. Zu viele von uns halten ihn für unmöglich", erklärte US-Präsident John F. Kennedy in einer seiner Reden. „Zu viele von uns halten ihn für nicht zu verwirklichen. Aber das ist ein gefährlicher, defätistischer Glaube. Er führt zu der Schlussfolgerung, dass der Krieg unvermeidlich ist, dass die Menschheit zum Untergang verurteilt ist, dass wir uns in der Gewalt von Kräften befinden, die wir nicht kontrollieren können."

Doch das stimmt nicht, das wusste auch Kennedy. „Unsere Probleme sind von Menschen geschaffen, deshalb können sie auch von Menschen gelöst werden. Die Größe, die der menschliche Geist erreichen kann, bestimmt der Mensch selbst."

Oft wird der Kritik am imperialen Gebaren der USA der Vorwurf des Antiamerikanismus entgegengebracht. Wir sollten bei der Verwendung von Begriffen sorgfältig sein. Der amerikanische Kontinent ist weitaus größer, umfasst mehr Nationen und

Kulturen als die US-amerikanische. Wir wissen, was mit dem Begriff des „Antiamerikanismus“ gemeint ist: Es soll die Kritik des Kritikers neutralisieren und die Kritik hinter einer allgemeinen Nebelwand verschwinden lassen – als sei der Kritiker eben generell jemand, der die Menschen des nordamerikanischen Kontinents nicht ausstehen kann. Das ist eine unlautere Unterstellung. Wer mit der Politik des Dollar-Imperiums nicht einverstanden ist, ist nicht automatisch ein Antiamerikaner. Ansonsten müsste man mindestens die Hälfte aller US-Bürger als „Antiamerikaner“ bezeichnen. Sie, verehrte Leser, merken, wie abstrus das daherkommt.

Tatsächlich gehen viele Wissenschaftler jeglicher Wissenschaftsrichtung, insbesondere Amerika-Forschende, nicht konform mit der Politik, die vom achtarmigen, krakenhaften Oktopuss (»Pentagon, CIA, NSA, Rüstungsindustrie, Blackrock, Vanguard, Wallstreet, Weißes Haus«) zu Lasten der Menschheitsfamilie ausgebrütet und kriegerisch durchgezogen wird.

Der frühere US-Präsident Jimmy Carter hatte recht, als er 2019 mit Bedauern feststellte, dass die Vereinigten Staaten von Amerika „die kriegerischste Nation in der Geschichte der Welt“ sind. Nur gerade 16 Jahre von ihren 242 Jahren als Nation habe die USA ohne Kriege verbracht, kritisierte der damals 94 Jahre alte Carter während eines Gottesdienstes in Georgia.

Könnte man aufgrund dieser Aussage fragen, ob der ehemalige US-Präsident »einen richtigen Antiamerikanismus pflegt«?

Dwight Eisenhower, der im Zweiten Weltkrieg als General die US-Streitkräfte in Europa gegen Hitlers Armee angeführt hatte und 1953 als Präsident ins Weiße Haus einzog, kannte sowohl das Militär als auch die Politik und die mächtige US-Rüstungsindustrie und ihre Lobby aus erster Hand. Als Insider warnte er in seiner Abschiedsrede vor dem sogenannten »militärisch-industriellen Komplex«. Eisenhower meinte damit das enge wirtschaftliche und persönliche Geflecht zwischen Rüstungsindustrie, Geheimdiensten, Pentagon, Lobbys, Medien und politischen Entscheidungsträgern. Die Rüstungsindustrie werde stets versuchen, die Politik zu beeinflussen, um Rüstungsaufträge zu erhalten und ihre Produkte abzusetzen.

An dieser Stelle ist als analytischer Nebenaspekt anzumerken, dass Kriege, Kapitalvernichtung, Wiederaufbau und Reproduktion kapitalistischer Vitalität dem Krisenmodus eines kapitalistischen Auf und Ab vollauf entsprechen. Nur so funktioniert der permanente kapitalistische »Konsum«-Kreislauf: Kapitaleinsatz – Verkaufen – Kaufen – Kapitalvernichtung – Neuinvestition – Kapitaleinsatz - Verkaufen – Kaufen – Vernichten …

Zurück zu Eisenhower: Auch die Mitarbeiter des US-Verteidigungsministeriums, des Pentagons, haben ein Interesse an kriegerischen Auseinandersetzungen, weil sie und ihr Arbeitsplatz ohne Krieg völlig unnötig sind. Und weil ihnen ein Verlust an Prestige, Bedeutung, Macht oder gar des Arbeitsplatzes drohen würden, meinte Eisenhower. Doch seine Warnung wurde nicht gehört. „Jobs, jobs, jobs“, twitterte US-Präsident Donald Trump, als er 2017 in Saudi-Arabien ein umfangreiches Abkommen über Waffenlieferungen im Wert von rund 350 Milliarden Dollar unterzeichnet hatte. Waffen, mit denen der mörderische Krieg der saudi-arabisch geführten Westallianz mit tatkräftiger US-amerikanischer, französischer und britischer Unterstützung im Jemen geführt wurde. Ergebnis: bisher über 400.000 Tote, ein mehr als halb zerstörtes Land, eine katastrophale humanitäre Lage, Millionen Flüchtlinge.

Die USA verfügen über eine „permanente Rüstungsindustrie von gewaltigen Größenordnungen", warnte Eisenhower in seiner Abschiedsrede am 17. April 1961. „Diese Verbindung eines gewaltigen Militärapparates mit einer großen Rüstungsindustrie stellt eine neue Erfahrung in den USA dar", betonte der abtretende Präsident und warnte, dass das Rüstungskapital einen dominanten Einfluss auf die Politik gewinnen könnte: „In den Gremien der Regierung müssen wir uns verwahren gegen die Inbesitznahme durch eine unbefugte Einmischung durch den militärisch-industriellen Komplex, ob angefragt oder nicht. Das Potenzial für die katastrophale Zunahme deplatzierter Macht existiert und wird weiter bestehen bleiben", so Eisenhower. Abrüstung in gegenseitigem Respekt und Vertrauen sei ein „immer noch gültiges Gebot", resümiert der frühere General. „Zusammen müssen wir lernen, wie wir Meinungsverschiedenheiten beilegen, nicht mit Waffen, sondern mit Verstand und in ehrlicher Absicht."

Muss man auch in diesem Fall fragen, ob Dwight Eisenhower, der ehemalige US-Präsident »einen richtigen Antiamerikanismus gepflegt hatte«?

So richtig die Warnungen der beiden Ex-US-Präsidenten Eisenhower und Carter vor der US-Rüstungskrake waren, so hartnäckig wurden sie vom tonangebenden Washingtoner und New Yorker Politik- und Geldadel ignoriert. Trumps Vorgänger im Geiste, der Ex-Schauspieler und Wallstreet-Abhängige Ronald Reagan, ließ vor der illegalen Invasion der kleinen Karibikinsel Grenada 1983 die Militärausgaben ordentlich explodieren. Sie überschritten erstmals die Marke von sagenhaften 200 Milliarden Dollar pro Jahr. Zu Zeiten Eisenhowers waren es 50 Milliarden.

Aber das war noch lange nicht das Ende der Fahnenstange. Schon 1986 erreichte das Pentagon-Budget die schwindelerregende Höhe von 300 Milliarden Dollar pro Jahr. Reagan erfüllte somit die kühnsten Träume der US-Rüstungsindustrie und bescherte damit dem militärisch-industriellen Komplex einen fantastischen Boom: Die US-Militärausgaben sind seitdem ununterbrochen reif für einen Eintrag im Guinness Buch der Weltrekorde.

Die Friedensbewegung hoffte nach dem Fall der Berliner Mauer und der Auflösung des Warschauer Militärpaktes auf eine westliche »Friedensdividende« in Form einer Reduktion der USNATO-Streitkräfte. Wünschenswert: die zeitgleiche Auflösung von Warschauer- und NATO-Pakt. Und natürlich hoffte man auf einen Rückgang der nun offensichtlich sinnlos übertriebenen Rüstungsausgaben. In den

USA forderten die dortige Friedensbewegung eine Reduktion des US-Militärausgaben von 300 auf 200 Milliarden pro Jahr, denn bereits Präsident John F. Kennedy hatte einst sehr klug gefordert: „Die Menschheit muss dem Krieg ein Ende setzen, oder der Krieg setzt der Menschheit ein Ende."

Der militärisch-industrielle Komplex und das wirk- und profitmächtige Finanzkapital der Wallstreet wollten auch nach dem Ende des Kalten Krieges nicht abspecken. Im Gegenteil, ihr Speckgürtel sollte weiterwachsen – und damit wuchs der weltweite Todesgürtel rasanter als zu Zeiten der Existenz des US-Hauptfeindes. Der US-Historiker Andrew Bacevich beschreibt es folgendermaßen: „In der Dekade nach dem Fall der Berliner Mauer haben die USA ihre militärische Macht nicht nur dafür eingesetzt, um auf Krisen zu reagieren. Das Militär wurde eingesetzt, um vorzubeugen, einzuschüchtern und zu kontrollieren. Und zwar routinemäßig und permanent. Im Zeitalter der Globalisierung hat sich das Verteidigungsministerium endgültig in ein Ministerium der Machtprojektion verwandelt."

Das Pentagon wurde zum Angriffsministerium. Das Ziel der USA, so erkannte Bacevich, bestehe darin, „ein militärisch, politisch, ökonomisch und kulturelles Imperium von globaler Reichweite zu errichten." Das schluckt viel Geld. Und das verlockt und öffnet der Korruption Tür und Tor – insbesondere, wenn die Buchhaltung dieser ungeheuerlich großen Militärmaschinerie aufgrund seiner Geheimhaltung naturgemäß undurchsichtig sein muss. Sind da Budgetkürzungen angebracht? Können da 2,3

Billionen Dollar verschwinden? Lassen Sie sich überraschen!

Einen Tag vor 9/11, am Montag, dem 10. September 2001, gab der ultrarechte Falke und regierungsamtliche Verschwörer Donald Rumsfeld eine Erklärung ab, in der er einen Billionen-Dollar-Schwund im Pentagon zum Thema machte. Rumsfeld ist zu diesem Zeitpunkt als Verteidigungs-minister Mitglied des Regierungsteams von George W. Bush. Weitere 9/11-Verschwörer sind Dick Cheney, Paul Wolfowitz, Colin Powell, Richard Armitage, Richard Perle, Condoleezza Rice und der Neonazi John R. Bolton. Sie alle gehören zur rechten, radikalen Gruppe neokonservativer Falken. Ihr politischer Bund trägt das Logo *PNAC* und ist ein Think Tank mit ultrakonservativen Denkansätzen. *PNAC* steht für den anspruchsvollen Namen »Project for the New American Century«. Gründungsziel der Gruppe von republikanischen Neocons und ultrarechten Rüstungsfanatikern ist es, der »weltweiten Führerschaft der Vereinigten Staaten von Amerika« den Weg zu ebnen.

Rumsfelds Ankündigung zum Billionen-Schwund hätte zwar eine breite Empörung hervorrufen und Anstoß für eine eingehende Untersuchung geben können, aber am nächsten Tag passierte etwas und alle vergaßen es. (Siehe auch Stefan Koenig: »Blendende Zeiten – 2001 etc.«, Zeitreise-Roman)

Seit dem Tag der Terroranschläge vom 11. September 2001 war von Budgetkürzungen und den angeblich verschwundenen Billionen plötzlich keine

Rede mehr. Für den militärisch-industriellen Komplex und die Wallstreet-Gang war 9/11 ein Glücksfall. Pearl Harbor ließ grüßen. Es ist sicherlich interessant, genauer hinzuschauen, wofür das Dollar-Imperium vierzehn Jahre später, im Jahr 2015, die enorme Summe von 600 Milliarden Dollar ausgab. Der Blick der Friedensbewegung geht jedoch woanders hin, denn dort weiß man, dass mit 600 Milliarden Dollar pro Jahr viel Gutes zu bewirken ist. Statt in Krieg und Waffen könnte das Geld in Bildung und Aufklärung über Kriegsursachen fließen, oder in den Ausbau der erneuerbaren Energien, oder in Projekte, um das Plastik aus dem Meer zu filtern, oder zur Linderung des Hungers in armen Ländern, oder in alternative Medien, die Kriegslügen und Korruption aufdecken, oder in Projekte zur Bewältigung von Angst und Trauma, oder in Achtsamkeits-Seminare.

Wie Daniele Ganser schreibt, würden solcherart „Investitionen den Frieden und eine intakte Umwelt stärken und wären ein wertvoller Beitrag für eine enkelgerechte Welt. Gerade für junge Menschen ist es eine Gewissensnot zu sehen, dass abertausende Menschen täglich an Hunger sterben, obgleich der Hunger „mit einem kleinen Teil der Mittel behoben werden könnte, die für immer noch mehr militärische Aufwendungen in Anspruch genommen werden", so unser früherer Bundeskanzler Willy Brandt. Dies sei „organisierter Wahnsinn".

Natürlich kratzen Arroganz und politische Übergriffigkeit an der Souveränität der von den USA mit Militärposten besetzten Ländern. Und so wehren sich die besetzten Länder. Zumindest ein Teil der Bevölkerungen in den besetzten Ländern will, dass die US-Truppen und ihre Waffensysteme abziehen. Die Kubaner fordern nicht nur seit einem halben Jahrhundert die Aufhebung des schrecklichen wirtschaftlichen US-Einkesselungs- und Blockade-Krieges gegen die kleine Insel. Sie fordern auch vehement die Schließung der widerrechtlich okkupierten US-Militärbasis Guantanamo.

US-Präsident Barack Obama hatte versprochen, zumindest das berüchtigte, menschenrechtswidrige Foltergefängnis auf Guantanamo zu schließen. Ein schrecklicher Käfigknast ohne juristische Regeln, ohne Recht und ohne Richter – und natürlich ohne Verteidigung. Ein widerwärtiger US-Albtraum für rechtlos Gefangene. Horrorland. Obama hat seine Versprechen nicht eingehalten, und sein Nachfolger, Präsident Trump, erklärte, er werde weder das Gefangenenlager noch den Militärstützpunkt auf Kuba je aufgeben. Aber die Probleme der „imperialen Überdehnung“ und die Grenzen der amerikanischen Macht werden in der multipolaren Welt des 21. Jahrhunderts immer deutlicher, so der deutsche Historiker Manfred Berg, der an der Universität Heidelberg lehrt.

In Japan, dem am stärksten von den USA besetzten Land, wehren sich vor allem die Bewohner der Insel Okinawa gegen die US-Truppen. „Manche Bewohner der Inselgruppe sagen, für sie sei der Krieg noch heute nicht vorbei, sie fühlen sich von den USA weiter besetzt und von der Zentralregierung als Japaner zweiter Klasse behandelt, berichtet

»Die Welt«. Die Japaner wehren sich über die Auswirkungen der Besatzungsmacht auf Gesundheit und Wohlbefinden der Inselbewohner: Tag- und Nacht müssen sie den Lärm der Kriegsflugzeuge, gewalttätige US-Soldaten, Vergewaltigungen und Morde ertragen. Als ungerecht empfinden sie vor allem das Stationierungsabkommen, das US-Soldaten, die in Verbrechen verwickelt sind, vor der Verfolgung durch die japanische Justiz schützt. Wenn nach Vergewaltigungen von japanischen Frauen US-Soldaten nicht zur Rechenschaft gezogen werden, ist das für Japan sehr schmerzhaft, wie Daniele Ganser schreibt.

Was haben die USA überhaupt in Japan zu suchen? Sie haben dort ihre Militärbasen, weil sie von dort aus ihren ökonomischen Rivalen China militärisch aufs Korn nehmen können.

Selbst in einem Land mit jeder Menge US-Vasallen unter den Spitzenpolitikern wie zum Beispiel in unserem Heimatland, regt sich Widerstand gegen die US-Truppen. Erst kürzlich wurde wieder rund um die Ramsteiner Drohnenmordzentrale und gegen die auf dem Fliegerhorst Büchel an der Grenze zu Belgien und Luxemburg gelagerten 20 Atombomben lautstark protestiert, aber die USNATO-Mainstream-Medien berichten davon nicht.

Sie berichten eher über kleinere Demos in Russland oder Belarus. Es bleibt in unserem fassadendemokratischen Land beim wirkungslosen Bürger-Protest, der von den Meinungsmachern in die mediale Echokammer von Alternativmedien verbannt wird. Vor 14 Jahren, im März 2010, forderte der

Bundestag mit großer Mehrheit die Bundesregierung auf, sich „mit Nachdruck für den Abzug der US-Atomwaffen aus Deutschland einzusetzen“. Doch keine der fünf Bundesregierungen, die seither unter der Beteiligung von CDU, CSU, SPD, FDP und GRÜNEN amtierten, hat diesen friedenspolitisch so wichtigen Schritt vollzogen.

Die Atomwaffen in Büchel gehören den USA, aber irrsinniger Weise werden sie für die deutsche Luftwaffe zum Abwerfen bereitgehalten. „Das US-Militär schützt uns nicht, sondern wird dazu beitragen, dass Europa im Kriegsfall total zerstört wird“, kritisiert Leutnant Uwe Schierhorn in der deutschen Militärzeitschrift »Loyal«. „Von den US-Basen in Deutschland werden Kriege unterstützt, die dem Primat des Völkerrechts widersprechen.“ Das sei nicht akzeptabel, so Schierhorn. Deutschland brauche eine freundschaftliche Beziehung zu Russland und allen Ländern der Welt, und dürfe sich nicht an den Angriffskriegen von Washington beteiligen. Das US-Militär solle daher aus Deutschland abziehen.

Ich meine, dass dem Prinzip der Völkerverständigung damals nicht nur in der DDR, sondern auch von Friedenskanzler Willy Brandt in der alten BRD Geltung verschafft worden war. Warum musste die Verständigung zwischen den Völkern der Menschheitsfamilie jenen brutalen und hinterhältigen US-Drohnenkriegen aus dem deutschen Ramstein heraus weichen? Insoweit trägt Ramstein, weil die deutsche Vasallenregierung es zulässt, mit Schuld an tausenden unschuldiger Toten. Völkerrecht und Völkerverständigung bilden eine unzertrennliche

Einheit – aber die USA treten beide Prinzipien mit Füßen.

„Die Bundesregierung verliert kein Sterbenswörtchen gegen die Nutzung der Militärbasen in Deutschland für die Kriege des Westens, und schon gar nicht sagt sie etwas gegen die Lagerung und Modernisierung von Atomwaffen und die Nutzung von Ramstein für die Drohnenkoordination“, kritisiert der ehemalige Planungschef des Bundeskanzleramtes unter Willy Brandt und Helmut Schmidt, Albrecht Müller.

Wie das ZDF berichtet, muss unser Land für die US-Militär-Maschinerie auf deutschem Boden jedes Jahr eine Milliarde Dollar bezahlen. So dreist werden die besetzten Länder vom Dollar-Imperium zur Kasse gebeten. In den USA wurden und wird immer wieder – ob unter Clinton, Obama oder unter Trump oder Biden – darüber nachgedacht, ob Länder mit großen Militärbasen, wie Deutschland, Italien und die Türkei, „sogar die Gehälter amerikanischer Soldaten und die Besuche von US-Flugzeugträgern und U-Booten bezahlen sollen“, berichtete das ZDF. Ist es das, was mit Deutsch-Amerikanischer-Freundschaft gemeint ist?

»Wir sind Amerikaner – Größe ist unser Geburtsrecht«

Mit den obigen Worten kennzeichnete Donald Trump anlässlich seiner Wahlrede auf dem Republikanischen Konvent in Wisconsin am 18. Juli 2024 die Elitensicht seines Landes

Die herrschenden US-Eliten aus Politik, Militär und Wirtschaft eint eine nationalistisch-chauvinistische Ideologie. Danach sind die Vereinigten Staaten von Amerika »the land of the free and the home of the brave«, wie es auch die Nationalhymne verkündet. Und »God's Own Country« ist dazu berufen, die Welt zu beherrschen. Zur Durchsetzung dieses unipolaren Anspruchs haben sie seit dem 19. Jahrhundert eine Langzeitstrategie entwickelt, zu der ein übermäßiger Rüstungsetat wie eine ebenso übermäßig wuchernde Rüstungsindustrie und eine dementsprechend übermäßig hochgerüstete Armee gehören. Ihre direkte oder mittelbare Funktion besteht, wie bereits dargelegt, in der Einrichtung und Aufrechterhaltung von etwa 1.000 Militärstützpunkten in aller Welt.

Wie Wolfgang Bittner in seinem Buch »Die Eroberung Europas durch die USA« feststellt, ist dabei ist nicht zu übersehen, dass die US-amerikanische Gesellschaft in weiten Teilen und bis in den Kongress hinein religiös-fundamentalistisch fanatisiert ist. Bis in die Gegenwart ist hier die Wahlverwandtschaft zwischen Puritanismus und Kapitalismus, eine „ökonomische Prädestinationslehre" – wen Gott liebt, den lässt er reich werden – tief verwurzelt. Darüber hinaus sind viele der Hardliner offensichtlich der Ansicht, dass alles, was den USA nützt, letztlich der ganzen Welt zugutekommt, woraus sich ihr Anspruch auf globale Vorherrschaft ergibt.

Zu bedenken ist auch, dass die radikal-evangelikale Ideologie tatsächlich von einem wünschenswerten Armageddon ausgeht, von einer Erlösung durch die Wiederkunft des Heilands nachdem die Welt des Bösen von den Guten gereinigt wurde – unter welchen Opfern auch immer.

In Kombination mit der nationalistisch-chauvinistischen Idee von der »natürlichen Überlegenheit« der USA zeichnet dies eine düstere Perspektive, wenn man die amerikanische Regierungspolitik nüchtern beurteilen will. Dieser durch nichts gerechtfertigten Anmaßung folgte auch die Politik des mit einem gewinnenden Lächeln daherkommenden Präsidenten Barack Obama, der sieben Kriege geführt hat und in einer Rede vor der Militärakademie in Westpoint die USA als die *„einzige unverzichtbare Nation"* bezeichnete, als Dreh- und Angelpunkt aller Allianzen von Europa bis Asien, *„unübertroffen in der Geschichte der Nationen"*.[1] Damit bekundete Obama, was schon lange praktizierte Politik der Vereinigten Staaten war, die seit dem 20. Jahrhundert ihren imperialen Anspruch auch gegenüber Europa, insbesondere gegenüber Deutschland, durchzusetzen verstanden.

Ein Blick zurück zeigt, dass diese Machtpolitik ihren Anfang spätestens 1823 nahm, als Präsident

James Monroe dem US-Kongress die Grundzüge einer langfristigen Außenpolitik der Vereinigten Staaten vorstellte: keine Duldung der Einmischung anderer Länder auf dem amerikanischen Doppelkontinent, zugleich Schutz- und Interventionsanspruch der USA in Lateinamerika.[2] Damit legten die USA die Hand großflächig auf ganz Mittel- und Südamerika, ihren „Hinterhof".

1904 ermächtigte dann Theodore Roosevelt (1858 – 1919, Präsident 1901 – 1909) die USA pauschal zur Ausübung einer „internationalen Polizeigewalt" und zur kompromisslosen Durchsetzung wirtschaftlicher und strategischer Interessen. Sein Wahlspruch war: *„Sprich sanft und trage einen großen Knüppel, dann wirst du weit kommen."*[3] Nachdem zuvor sämtliche Verträge mit den indianischen Ureinwohnern gebrochen worden waren und die letzte vernichtende Schlacht 1890 am Wounded Knee geschlagen war, galt das in erster Linie den lateinamerikanischen Ländern im „Hinterhof der USA", aber auch Marokko und Korea, wenig später weltweit.

Ganz dem entsprach eine Aussage des nachfolgenden Präsidenten Woodrow Wilson:

„Da der Handel sich über die nationalen Grenzen hinwegsetzt und der Unternehmer die Welt als seinen Markt beansprucht, muss die Flagge seiner Nation ihm folgen und die verschlossenen Türen der Nationen müssen aufgesprengt werden ... Die von den Finanziers erworbenen Konzessionen müssen von den Staatsministern garantiert werden, selbst wenn die Souveränität widerspenstiger Nationen dabei verletzt würde."[4]

Barack Obama formulierte das am 11. Februar 2016 in einem Interview gegenüber dem US-Fernsehsender *Fox* so:

„Wir müssen gelegentlich den Arm von Ländern umdrehen, die nicht das tun, was wir von ihnen wollen. Wenn es nicht die verschiedenen wirtschaftlichen oder diplomatischen oder, in einigen Fällen, militärischen Druckmittel gäbe, die wir haben, wenn wir diese Dosis Realismus nicht hätten, würden wir auch nichts erledigt bekommen … die amerikanische Führung kommt teilweise aus unserer Anpackmentalität. Wir sind das größte, mächtigste Land der Erde … wir haben niemanden Ebenbürtiges im Sinne von Staaten, die die Vereinigten Staaten angreifen oder provozieren könnten."[5]

Das Ziel, Weltmacht Nr. 1 zu sein, erreichten die USA endgültig nach dem Zweiten Weltkrieg, als Präsident Harry S. Truman am 12. März 1947 vor beiden Häusern des Kongresses verkündete:

„Ich glaube, es muss die Politik der Vereinigten Staaten sein, freien Völkern beizustehen, die sich der angestrebten Unterwerfung durch bewaffnete Minderheiten oder durch äußeren Druck widersetzen. Ich glaube, wir müssen allen freien Völkern helfen, damit sie ihre Geschicke auf ihre Weise selbst bestimmen können … Wenn sie freien und unabhängigen Nationen helfen, ihre Freiheit zu bewahren, verwirklichen die Vereinigten Staaten die Prinzipien der Vereinten Nationen. Die freien Völker der Welt rechnen auf unsere Unterstützung in ihrem Kampf um die Freiheit. Wenn wir in unserer Führungsrolle zaudern, gefährden wir den Frieden der Welt – und wir schaden mit Sicherheit der Wohlfahrt unserer eigenen Nation."[6]

Diese „Unterstützung" freier Völker durch die USA sollte nach Trumans altruistischen Worten zwar „vor allem wirtschaftliche und finanzielle Hilfe" umfassen, „die die Grundlage für wirtschaftliche Stabilität und geordnete politische Verhältnisse bildet", doch die Realpolitik ging den üblichen Weg im Sinne und zum Vorteil der USA sowie zumeist zu Lasten und zum Nachteil der „freien Völker", wie ein Blick in die Geschichte bis zur unmittelbaren Gegenwart beweist.[7]

Der Publizist Werner Rügemer hat die Einflussmöglichkeiten und Einflussnahmen der USA auf die europäische, insbesondere die deutsche Wirtschaft analysiert und kommt zu bestürzenden Ergebnissen:

„Das wichtigste unternehmerische Kapitaleigentum im westlichen Kapitalismus wird heute von verschiedenen Typen von Finanzakteuren organisiert. Die vom eingesetzten Kapital her größten sind BlackRock & Co. Dann folgen Blackstone & Co, also die Private Equity Investoren, volkstümlich ‚Heuschrecken' genannt. Sie haben seit Ende der 1990er-Jahre etwa 10.000 mittelständische Unternehmen in Deutschland aufgekauft, verwertet, weiterverkauft oder an die Börse gebracht. Dann kommen die Hedgefonds, die Wagniskapital-Investoren – sie bringen die »start ups« ins Rennen – , die elitären Investmentbanken wie Macquarie und Rothschild, die Privatbanken wie Metzler, Pictet, die traditionellen Banken wie die Deutsche Bank. Die USA sind der größte Kapital-Standort und der wichtigste militärische, geheimdienstliche und mediale Machtblock zur Sicherung dieses Systems. Auch die wichtigsten globalen Finanzdienstleister sind mit den USA verbunden: die großen drei Ratingagenturen, die Wirtschaftskanzleien wie Freshfields, die Unternehmensberater wie McKinsey, die Wirtschaftsprüfer wie PricewaterhouseCoopers, die PR-Agenturen wie Soros' Renaissance –

ich nenne sie die zivile Privatarmee des westlichen Kapitalismus.“[8]

Im ökonomischen und auch militärstrategischen Konzept der USA hat Russland keinen Platz. Der ehemalige Direktor des einflussreichen Thinktanks Stratfor, George Friedman, hat zu dieser egozentrischen, friedensgefährdenden Politik in seiner Rede am 4. Februar 2015 am Chicago Council on Global Affairs eine bemerkenswerte Aussage gemacht:

„Das Hauptinteresse der US-Außenpolitik während des letzten Jahrhunderts, im Ersten und Zweiten Weltkrieg und im Kalten Krieg, waren die Beziehungen zwischen Deutschland und Russland. Weil sie vereint die einzige Macht sind, die unsere Vormachtstellung bedrohen kann. Unser Hauptziel war, sicherzustellen, dass dieser Fall nicht eintritt.“[9]

Warum diese Politik bis zur Gegenwart fortgesetzt wird, begründet Friedman wie folgt:

„Für die Vereinigten Staaten ist die Hauptsorge, dass … deutsches Kapital und deutsche Technologie sich mit russischen Rohstoff-Ressourcen und russischer Arbeitskraft zu einer einzigartigen Kombination verbinden, was die USA seit einem Jahrhundert zu verhindern suchen. Also wie kann man das erreichen, dass diese deutsch-russische Kombination verhindert wird? Die USA sind bereit, mit ihrer Karte diese Kombination zu schlagen: Das ist die Linie zwischen dem Baltikum und dem Schwarzen Meer. (…) Der Punkt bei der ganzen Sache ist, dass die USA einen ‚Cordon Sanitaire', einen Sicherheitsgürtel, um Russland herum aufbauen.“

Daran wurde im Grunde seit dem deutsch-französischen Krieg von 1871 konsequent im Geheimen gearbeitet.

Weiter stellt Friedman fest: *„Die Vereinigten Staaten kontrollieren aus ihrem fundamentalen Interesse alle Ozeane der Welt. Keine andere Macht hat das jemals getan. Aus diesem Grund intervenieren wir weltweit bei den Völkern, aber sie können uns nicht angreifen.“* Viele Völker können sich auch nicht wehren, wie sich gerade in jüngster Zeit gezeigt hat. Wer opponiert, wird ruiniert oder gebombt.

Aufsehen erregte Friedmans „Bekenntnis“ lediglich in den sogenannten alternativen Medien. Das Gleiche gilt für die Ausführungen Zbigniew Brzezinskis, der Eurasien als das „Schachbrett der USA“ ansah, auf dem sie ihre Züge im Kampf um die globale Vorherrschaft machten. Brzezinski schrieb in seinem Buch „Die einzige Weltmacht“, in dem er die geopolitische Strategie der USA nach dem Untergang der Sowjetunion entwickelt hat:

„Inwieweit die USA ihre globale Vormachtstellung geltend machen können, hängt aber davon ab, wie ein weltweit engagiertes Amerika mit den komplexen Machtverhältnissen auf dem eurasischen Kontinent fertig wird – und ob es dort das Aufkommen einer dominierenden, gegnerischen Macht verhindern kann.“[10]

In diesem Kontext ist auch die Äußerung Henry Kissingers vom 2. Februar 2014 zu sehen, wonach der Regime Change in Kiew sozusagen die Generalprobe für das sei, *„was wir in Moskau tun möchten“*.[11]

Wie es um das Selbstverständnis der US-amerikanischen Regierung bestellt ist, demonstrierte Präsident Joseph Biden am 6. Juli 2024 in einem Interview mit dem US-Sender *ABC*, als er nach einem desaströsen Wahlkampfduell mit Donald Trump nach seiner körperlichen und mentalen Verfassung gefragt wurde. Vor laufender Kamera erklärte er:

„Ich absolviere jeden Tag einen kognitiven Test. Wissen Sie, ich mache nicht nur Wahlkampf, ich regiere die Welt. Das klingt wie eine Übertreibung, aber wir sind die wichtigste Nation der Welt." [12]

Diese Aussage wurde von den westlichen Politikern und Journalisten nahezu kommentarlos hingenommen, was wiederum Rückschlüsse auf die Verkommenheit dieser Akteure zulässt.

Bereits in einer Rede an der Harvard Kennedy School in Cambridge/Massachusetts am 2. Oktober 2014 renommierte Biden, seinerzeit noch US-Vizepräsident:

„Wir haben Putin vor die einfache Wahl gestellt: Respektieren Sie die Souveränität der Ukraine, oder Sie werden sich zunehmenden Konsequenzen gegenübersehen. Dadurch waren wir in der Lage, die größten entwickelten Staaten der Welt dazu zu bringen, Russland echte Kosten aufzuerlegen. Es ist wahr, dass sie [die EU] das nicht tun wollten. Aber wiederum war es die Führungsrolle Amerikas und die Tatsache, dass der Präsident der Vereinigten Staaten darauf bestanden hat, ja, Europa des Öfteren in Verlegenheit bringen musste, um es dazu zu zwingen, sich aufzuraffen und wirtschaftliche Nachteile einzustecken, um Kosten [für Russland] verursachen zu können. Und die Folgen waren eine massive Kapitalflucht aus Russland, ein regelrechtes Einfrieren von ausländischen Direktinvestitionen, der Rubel auf einem historischen Tiefststand gegenüber dem Dollar und die russische Wirtschaft an der Kippe zu einer Rezession." [13]

Dass die Berliner Regierung dieser Politik, welche deutschen Interessen diametral entgegensteht, bis zur Gegenwart gefolgt ist, wie aus Stellungnahmen von Olaf Scholz, Robert Habeck oder Annalena Baerbock hervorgeht, ist eine Schande und lässt sich nicht allein durch die mangelnde Souveränität Deutschlands erklären. Aus den über mehr als ein Jahrhundert wiederholten Äußerungen der US-Spitzenpolitiker ergibt sich ein Gesamtbild der monopolaren Imperialpolitik der USA, die der frühere Stabschef des US-Außenministers Colin Powell, Lawrence Wilkerson, mit den Worten charakterisierte: „*Zum Teufel mit dem Rest der Welt.*“[14]

Anmerkungen

[1]whitehouse.gov/the-press-office/2014/05/28/remarks-president-united-states-military-academy-commencement-ceremony

[2] Sog. Monroe-Doktrin. Dazu: amerika21.de/analyse/239008/monroe-doktrin-totgesagte-leben-laenger

[3] Vgl. Theodore Roosevelt: The strenuous Life. Essays and Addresses, New York 1906, sowie Theodore Roosevelt typed letter signed as governor of New York, 26.1.1900, historical.ha.com/itm/autographs/u.s.-presidents/theodore-roosevelt-typed-letter-signed-as-governor-of-new-york-two-pages-9-x-115-albany-new-york-january-26-190/a/6054-34087.s

[4] Zit. wie Wilfried Röhrich: Politik als Wissenschaft – Ein Überblick, Opladen 1986

[5] Zit. Wie *RT Deutsch*, 12.2.2015, deutsch.rt.com/11745/international/obamas-diplomatie-verstaendnis-wir-muessen-gewalt-anwenden-wenn-laender-nicht-das-machen-was-wir-wollen/. Vgl. auch: der Freitag, 15.2.2015, freitag.de/autoren/hans-springstein/der-us-praesident-hat-wieder-klartext-geredet

[6] Sog. Truman-Doktrin, zit. wie Manfred Görtemaker u. a.: Das Ende des Ost-West-Konflikts?, S. 58

[7] Ende der 1940er-Jahre zogen die USA einen Großteil ihrer Truppen aus Deutschland ab, um sie 1950 im Korea-Krieg einzusetzen, bei dem etwa vier

Millionen Menschen umkamen und das Land geteilt wurde.

[8] Werner Rügemer: Die Wahrheit ist auf unserer Seite, *Neue Rheinische Zeitung Online*, 21.11.2018, nrhz.de/flyer/beitrag.php?id=25399

[9] Vgl. *AntikriegTV*: US-Strategie, YouTube, 17.3.2015, youtube.com/watch?v=vln_ApfoFgw (8.7.2024)

[10] Zbigniew Brzezinski: Die einzige Weltmacht – Amerikas Strategie der Vorherrschaft, Frankfurt/Main 2001, S. 15

[11] Zit. Wie nrhz.de/flyer/beitrag.php?id=20079

[12] Vgl. n-tv.de/politik/Widerstand-bei-Demokraten-gegen-Kandidatur-formiert-sich-US-Praesident-Biden-ballt-die-Faust-und-gibt-skurriles-Interview-article25067731.html

[13] Zit. Wie *newscan*, Zeitdokument: Wir zwangen die EU zu Sanktionen gegen Russland, 5.1.2015, youtube.com/watch?v=JLO7uKVarB8 (8.7.2024)

[14] Zit. wie Florian Linse, NachDenkSeiten, 8.8.2018, Lawrence Wilkerson erklärt USA-Außenpolitik

Ein Blick zurück auf die NATO des Jahres 2014

Am 4. und 5. September 2014 trafen sich in Newport, Wales, die Köpfe der damals 28 NATO-Staaten, um über die globale „Sicherheit" auf diesem Planeten zu beraten. 25 Jahre nach dem Fall der Mauer und dem Untergang der UdSSR müsste es eigentlich sehr viel friedfertiger auf diesem Erdball zugehen. Das Gegenteil ist jedoch der Fall. Der Kalte Krieg ist zwar offiziell vorbei, aber an seine Stelle trat das große Chaos. Durch den 11. September 2001 waren in den Augen der NATO über ein Jahrzehnt lang vor allem die muslimischen Länder die größte Gefahr auf diesem Globus. Das änderte sich vor ein paar Monaten mit der Krim-Krise.

Jetzt hat Russland den alten Platz wieder eingenommen und sorgt offiziell dafür, dass die NATO über ein neues Sicherheitskonzept und eine neue Doktrin nachdenken muss. Die NATO reagiert. Nachdem der Feind agiert hat, so die zentrale Propaganda-Botschaft, die aktuell von Wales ausgehen soll und via gleichgeschalteter Massenmedien zumindest im Westen auch flächendeckend an die Bevölkerung verabreicht wird.

Schaut man heute in die klassischen Medien der Bundesrepublik, kann man lange nach einer Berichterstattung suchen, die auch nur ansatzweise das Prädikat »neutral« tragen könnte. Wohin man blickt, stößt man auf Vorverurteilungen des Kreml.

Zusammenfassend kann man sagen, dass sich die Westpresse so einig ist wie die Mineralöl-Industrie, nachdem sie sich zu Preisabsprachen getroffen hat. Putin lügt, egal was er sagt, und sein Russland kennt nur ein Ziel: Expandieren, was faktisch Okkupation der Nachbarn bedeutet, oder um es simpler auszudrücken: Der friedliche Westen kann nicht in Ruhe leben, solange es dem bösen Nachbarn Russland nicht gefällt. Putin, so wird behauptet, wolle das alte Sowjetimperium wiederherstellen.

Sehen wir uns jene an, die das behaupten – die NATO, und suchen wir nach Mustern, die die NATO-Thesen stützen oder im Gegenteil ad Absurdum führen. Wer hat seit dem Zusammenbruch der UdSSR sein Territorium um mindestens acht Staaten erweitert und damit die Pufferzone zwischen Moskau und Mitteleuropa massiv dahinschmelzen lassen? Russland? Nein. Die NATO. Sie hat vorsätzlich die Osterweiterung vorangetrieben und rückt seit 25 Jahren Moskau chronisch auf die Pelle.

Die NATO hat Russland seither konsequent belogen und tut es bis heute. Es ging nie um friedliche Koexistenz. Es ging immer um ein Ausnutzen der Situation, um das Kräfteverhältnis weiter zugunsten der USA zu verschieben. Wie lange hingegen hätte wohl die NATO abgewartet, wenn Moskau ähnlich expandiert wäre? Diese Frage ist alles andere als spekulativ, wie uns die Geschichte gelehrt hat. Die USA als tonangebendes Mitglied der NATO, lies sich nicht einmal Kuba gefallen. Als die Sowjets seinerzeit versuchten, auf Kuba Raketen zu stationieren, kam es zur Kuba-Krise und die Welt schlitterte nur haarscharf an einem Atomkrieg vorbei.

Was viele nicht wissen: Schon damals war das Stationieren der russischen Raketen vor der Haustür der USA keine Aktion der UdSSR, sondern eine Reaktion. Vorangegangen war die Stationierung von Jupiter-Raketen auf türkischem Boden durch die USA, die als direktes Ziel Moskau anvisierten. Das Bild, das die NATO auch damals und bis heute von sich zu verbreiten versucht, ist nicht korrekt. Die NATO tut so, als sei sie ein Verteidigungsbündnis, doch ihre »DNA« folgt der Überzeugung des alten Roms: Angriff ist die beste Verteidigung!

Die NATO ist wie eine Glühbirne, die nur leuchtet, wenn Strom fließt, und das geschieht nur, wenn Spannung anliegt. Ohne Spannung implodiert die NATO und die gesamte Industrie hinter ihr – die Rüstungsindustrie. Krieg ist ihr Leuchtmittel. Sollte sich auf diesem Planten zu viel Friede verbreiten, ist das eine Kriegserklärung an die NATO und sie muss aus nacktem Überlebenswillen einen frischen Konflikt finden. Er-finden. Von daher ist das oben beschriebene neue Kredo von Wales 2014 alles andere als „neu". Es geht nicht um ein neues Sicherheitskonzept oder eine neue Doktrin, es geht schlicht darum, der alten Idee treu zu bleiben, um sich selber zu rechtfertigen. Stress machen.

Politische Krisen sind eine Blütezeit für die NATO, was sich auch aktuell in ihrem selbstbewussten Auftreten äußert. So wurde vor dem Hauptgebäude der NATO-Party in Wales eine „Friedenstaube", in Gestalt eines Eurofighter Typhoon 3, platziert. Und wer es weniger mit Jagdflugzeugen hat und sich eher als Fan von Kriegsschiffen sieht, dem bietet die NATO eine Alternativ-Location – den Zerstörer HMS Duncan. Die auch für Laien nicht zu übersehende Botschaft der NATO lautet glasklar: Militärische Gewalt ist unsere Kernkompetenz.

Dieser Tage ist es also wieder der Russe. Er löst „den Moslem" in den Feindbild-Charts ab, nachdem dieser mit dem 11. September 2001 wie aus dem Nichts den ersten Platz eingenommen hatte. Die USA wurden trotz XXL-Geheimdienstapparat offiziell von 9/11 völlig überrascht. Der 11. September ist bis heute vor allem für die Geopolitik der NATO ein Schlüsseldatum. Er markiert keinen Wendepunkt. Im Gegenteil, er bestätigte ein bewährtes Konzept: Wer kann, sollte auch.

Mit dem Zusammenbruch der UdSSR entstand ein Machtvakuum vor allem in der Region, in der im Boden ruht, um was es der NATO als bewaffneter Arm der Wirtschaft in Wirklichkeit geht: Öl, Gas und seltene Erden, Bodenschätze also. Die US-Strategen erkannten damals ein Zeitfenster, das es zu nutzen galt, bevor sich die Gegenseite erholt hätte. Das Konzept ging auf. Muslimische Staaten, die über die entsprechenden Bodenschätze verfügten, oder von ihrer geologischen Lage wichtig waren, um diese zu erbeuten, wurden in den Fall 9/11 verstrickt und soweit es ging platt gemacht. Mit oder ohne UN-Mandat. Der Irak zum Beispiel hatte mit 9/11 nichts zu tun. Auch Afghanistan, Libyen oder der Iran waren an 9/11 ebenso beteiligt wie Baden-Württemberg: Null.

(P.S.: Wie wir heute mit Sicherheit wissen: Beteiligt war die Regierung George W. Bush unter Federführung des Rechtsextremisten Dick Cheney.)

Dass die von der USNATO überfallenen Länder nichts mit 9/11 zu tun hatten, war für die wissenden Drahtzieher im Inneren des USNATO-Apparates aber völlig unerheblich. Diese Länder gerieten nicht nach 9/11 ins Fadenkreuz, sie waren es schon vorher. Permanent. Weil sie über Bodenschätze verfügen, ohne die im Westen die gesamte Gesellschaft, der gesamte Lifestyle zusammenbrechen würde. Der Reichtum dieser Region ist gleichzeitig ihr Fluch. Um möglichst kostengünstig an diese Stoffe zu kommen, bildete sich in D.C. eine kleine Clique hinter der Bush-Regierung. Eine Schattenregierung, die nicht nur die offizielle Regierung manipulierte und in den längst beschlossenen Beutezug trieb, sondern darüber hinaus internationale Institutionen wie die UNO unterwanderten.

Damals zündeten die NSA-Mitarbeiter ihre erste Rakete, indem sie flächendeckende Abhörsoftware einsetzten, die bis heute aktiv ist. Diese auf Erkenntnisse gebürsteten Mitarbeiter sind dann aber mitnichten mit dem einverstanden, was aus ihren Protokollen gebastelt wurde. Viele von ihnen schwiegen lange aus Angst vor Konsequenzen. Doch spätestens seit Edward Snowden erkennen ließ, dass beim „Kampf gegen den Terror“ vor allem die Demokratie auf der Strecke blieb, trauten sich einige mehr an die Öffentlichkeit.

Bemerkenswert in diesem Zusammenhang ist ein offener Brief an Angela Merkel, verfasst von Ex-

Mitarbeitern der US-Dienste, der die von der NATO behauptete Invasion der Russen in der Ukraine zum Thema hat. Darin erinnern diese Beamten daran, dass diejenigen, die jetzt erneut vorgeben, wasserdichte Beweise für ihre Behauptungen geliefert zu haben, nicht das erste Mal gelogen haben, nur um einen NATO-Angriffskrieg zu rechtfertigen, der sich später als völkerrechtswidrig herausstellte.

Alles, was von der NATO kommt, ist mit Vorsicht zu genießen, denn diese NATO spielt seit ihrer Existenz mit dem Feuer und schrammte dabei nicht nur einmalig an einem weltweiten Atomkrieg vorbei. Wie aus Tonbandmitschnitten im Weißen Haus später bekannt wurde, rechnete Robert McNamara, Verteidigungsminister unter Kennedy, sogar damit, dank des diplomatischen Kurses der USA „den nächsten Samstag nur mit viel Glück zu erleben“. So sagte er später wörtlich, ohne zu wissen, dass seine Äußerungen auf Band landeten: „Wir haben Schwein gehabt.“ Der engste Vertraute Kennedys, Arthur Schlesinger, bezeichnete die Kuba-Krise damals als „den gefährlichsten Augenblick in der Geschichte der Menschheit“. Man wusste schlicht nicht, was auf Kuba an Schlagkraft gebunkert war und wie weit die Kommunisten zu gehen bereit gewesen wären.

Sie hätten die eigene Vernichtung in Kauf genommen.

1983, während der NATO-Übung „Able Archer“, trennte die Welt nur noch wenige Sekunden von der totalen atomaren Vernichtung. Hätte die HVA als DDR-Pendant der NSA damals keinen

Maulwurf an der Spitze der NATO gehabt, Agent „Topas", der geistesgegenwärtig zum Telefon griff und der Gegenseite versicherte, dass es sich nur um eine extrem realistische Übung handele, nicht um einen geplanten Angriff, wäre die Welt schon 1983 im radioaktiven Fallout dahingerafft worden. Wie Rainer Rupp, der sich hinter dem Decknamen „Topas" verbarg, in einem Interview bestätigte, war das Überleben der Menschheit auch damals nur das Produkt von Zufall.

Was hat sich seit damals geändert? Was haben die Verantwortlichen aus diesem „Zufall" gelernt? Nichts. Sie spielen auch dieser Tage mit dem nuklearen Feuer, indem sie sich erneut mit der Atommacht Russland anlegen und haben dabei unzählige Komplizen hinter sich, die nicht den Hauch einer Ahnung haben, in was sie die Menschheit hinein berichterstatten. Die USNATO-Irren, die immer häufiger an Dr. Seltsam erinnern, sind nicht mit Logik zu fassen, es handelt sich schlicht um Wahnsinnige, gefangen in den Denkmustern des Kalten Krieges, der immer suggerierte, ein Atomkrieg sei zu gewinnen, würde man nur als Erster zuschlagen und den Gegner komplett ausschalten.

Was aber ist mit den Schreibtischtätern in den Pressehäusern los? Schützt sie ihr Presseausweis vor dem sich anbahnenden Strahlentod? Dass die aus D.C. befehligte NATO-Propaganda-Presse ihren Job solide macht, kann niemanden überraschen. Das Springer-Stiefel-Blatt *Bild* etwa wurde nach dem Sieg über Hitler-Deutschland von der CIA mitbegründet und bis heute auf Kollisionskurs gehalten. Wer

Springer liest, kann auch gleich direkt im Pentagon anrufen.

Was aber ist mit ARD und ZDF? Wie kann es sein, dass z.B. der WDR gleich drei Mal ins Archiv muss, um bei Berichten bezüglich einer russischen Invasion in der Ukraine Bilder auszutauschen, nachdem die TV-Zuschauer drei Mal beim Sender anrufen mussten, um mitzuteilen, dass die Fotos, die als Beweis gezeigt wurden, nicht aus der Ukraine und nicht aus 2014 stammten? Am Schluss aber gelang es dem WDR nicht, echtes Material herbeizuschaffen. Also beließ man es nach der dritten Änderung dabei. Der WDR hatte seinen Invasionsbericht schlicht erfunden, berief sich auf eine Quelle aus Kiew, die gemeinsame Sache mit der Faschistenregierung machte. Das, was wirklich unabhängige KSZE-Beobachter gesehen hatten – nämlich nichts, das nur annähernd an eine Invasion erinnerte, wurde einfach in die Tonne gekippt. Es passte nicht ins Bild der Kriegshetze – powered bei GEZ.

Was ins Bild passt, ist die Idee Kiews, erneut eine Mauer in Europa hochzuziehen. Was sagen die Russen dazu? Warum ist es angesichts der extrem kritischen Situation nicht möglich, zum Beispiel ein Interview mit dem russischen Außenminister Lawrow zu veröffentlichen? Um zumindest den Versuch zu wagen, Argumente der Gegenseite zumindest kennen zu lernen? Kann man nicht? Oder will man nicht? Oder darf man nicht? Die Bevölkerung will wissen, was Russland zur Krise zu sagen hat. Wer nicht will, dass diese Informationen fließen, sind die NATO und ihre angeschlossenen Presseerzeuger. Angeführt durch Alpha-Journalisten.

Sprechen wir es offen aus: Dieses Militärbündnis kann mit dauerhaftem Frieden nichts anfangen. Für die NATO-Köpfe gefährden Pazifisten die eigene Geschäftsgrundlage. Das Ziel der NATO wurde jetzt offen ausgesprochen und überrascht nicht wirklich. Die konsequente Aufrüstung Ost-Europas. Als Basis für kommende bewaffnete Konflikte? Was sonst. Ein amerikanisches Sprichwort sagt, wenn die Soldaten kommen, kommt der Krieg! Und den führt die USA von weltweit rund 1000 Militärbasen aus. Tendenz steigend. Krieg ist ein Geschäft, denn Frieden rechnet sich nicht. Wer aber bereit ist, Krieg zu führen, wird unmittelbar zum Partner von diesem Militärbündnis, das im April 1949 gegründet wurde.

Da spielt es keine Rolle, ob es sich um Erzfeinde von gestern handelt. Moslems sind immer gut für's Geschäft. Entweder, indem man sie angreift, um sich ihrer Bodenschätze zu bedienen, oder aber um sie mit veralteten Waffen zu versorgen – zum Beispiel mit denen der Bundeswehr. So schlägt aktuell die deutsche Waffenlobby gleich zwei Fliegen mit einer Klappe. Sie bewahrt die aktuelle Regierung vor teuren Entsorgungskosten und schafft Platz für sündhaft teure Neuanschaffungen aus den eigenen Werkhallen von Rheinmetall. Man muss nicht zwingend deutsche Soldaten an die Front schicken, um deutsches Kriegsgerät zu verschleißen, ab und an finden sich auch Moslems wie aktuell die Kurden im Irak, denen wir zu verkaufen versuchen, es ginge uns bei der Lieferung an sie um das Recht auf Selbstverteidigung. Würden die Kurden nicht im Großraum Mossul auf reichlich Öl sitzen, wären sie uns völlig egal.

Irre ist dabei, dass die, die die Kurden derzeit bedrohen, die ISIS-Kämpfer, das nur tun können, da sie sich jener Waffen bemächtigt haben, die sie in Syrien mit USNATO-Hilfe erbeuten konnten.

Die ISIS-Kämpfer von jetzt – in den letzten Tagen als die größte Gefahr in der gesamten Region bezeichnet – sind in Teilen arbeitslos gewordene FSA-Kämpfer von gestern, die von der USNATO dabei unterstützt wurden, gegen den „Aggressor" Assad zu kämpfen. Die Waffen, die sie dabei erbeuten konnten, stammen aus Deutschland und wurden von den radikalen Kämpfern fast schon mit deutschem Stolz im Netz präsentiert. Man schießt deutsch.

Die Propaganda-Industrie setzt bei all diesem Wahnsinn dann konsequent darauf, dass der Bürger irgendwann den Überblick über den endlos scheinenden Markt an Terrorismus-Anbietern verliert. In Wahrheit ist es ganz einfach und kann als Terrormanagement des Westens deklariert werden, das vergleichbar mit der Plattformstrategie von VW ist. VW, Skoda, Audi und Seat sind unter der Haube nahezu identische Produkte, die sich nur in ihrem zur Schau getragenen Blechkleid und der Art, wie die jeweilige Marke vermarktet wird, unterscheiden.

Bei ISIS, der FSA, der Al-Nusra-Front, Al-Kaida, Taliban etc. handelt es sich im Kern um radikale Sunniten, die es ohne die CIA gar nicht geben würde. Wer den Terror in Middle East stoppen will, muss nur die CIA überzeugen, zum Telefon zu greifen und die Partner in den ölreichen Regionen zu bitten, mal eine Pause einzulegen. Wer nicht spurt, bekommt einfach keinen Waffennachschub mehr und schon hat sich das Krieg-Spielen schnell erledigt. Aber will man das? Will man Entspannung, wenn man von Spannung lebt? Der Schweizer Historiker Dr. Daniele Ganser hat für Laien erklärt, was man sich unter Terrormanagement vorstellen muss.

Fakt ist: Es gibt weltweit 45 islamische Staaten, und keiner von ihnen hat in den letzten 200 Jahren den Westen angegriffen. Auch der Erste und Zweite Weltkrieg kam ohne Zutun der Moslems aus. Der Holocaust wurde nicht von Moslems erfunden und umgesetzt. Dennoch war der Islam bis zur Krim-Krise die größte Gefahr für den Planeten und man musste sich vor jedem Mann mit Migrationshintergrund, der Bart trug, in Acht nehmen. Jürgen Todenhöfer brachte es schon 2008 auf den Punkt, als er aussprach, dass der Westen die rund 1,4 Milliarden Moslems kollektiv wie Halbaffen behandelt. Gegenwärtig räumt die USNATO dem „Halbaffen" eine kleine Verschnaufpause ein, um sich auf das »Rattengesicht Putin« und die 145 Millionen Russen zu konzentrieren.

Das alles wäre der Bevölkerung so nicht zu verkaufen, gäbe es noch eine flächendeckende US-NATO-unabhängige Presse. Die aber ist passé. Seit 9/11 muss die West-Presse als gehijackt bezeichnet werden. Die Hijacker prägen die öffentliche Meinung, indem sie nur ihre Meinung veröffentlichen, oder um es mit Alexander von Humboldt zu sagen: „Die gefährlichste Weltanschauung ist die Weltanschauung derer, die die Welt nie angeschaut haben." Offiziell geht es der NATO und damit auch unseren Regierungen immer nur um unsere Sicherheit, doch handelt es sich hier um einen Trick. „Sicherheit nennt man den Zustand, wenn die Regierung vor der eigenen Bevölkerung sicher ist", sagt der renommierte amerikanische politische Publizist Professor Noam Chomsky.

Kern dieses ganzen Wahnsinns ist unser Wirtschaftssystem, das auf unendlichem Wachstum in einem endlichen Raum aufgebaut ist und zum Scheitern verurteilt ist. Das ist schlichte Logik. Der US-Hyperkapitalismus ist der vorläufige Höhepunkt dieser unheilvollen Entwicklung. Dessen Logik: Ohne Gewalt gegen Dritte lässt sich unser als Fortschritt verkaufter „Lifestyle" nicht durchsetzen. Das Tool dazu, die NATO, ist eine als Organisation vieler Akteure getarnte Eisenfaust, die ihre Marschbefehle ausschließlich aus den USA erhält. Das Ziel dieser Eisenfaust ist es vor allem, die globale Vorherrschaft der USA zu sichern. Das aber kann nur gelingen, wenn die USA das Zentrum der Erde beherrschen: Eurasien.

Eurasien reicht von Lissabon bis Wladiwostok, einschließlich Indien und China. Hier leben rund 75% der Menschheit, hier findet man die größten Ressourcen. Wer die Welt beherrschen möchte, muss Eurasien beherrschen. Da die USA von ihrer geologischen Lage weit ab vom Schuss sind, können sie nur einen Fuß in der eurasischen Tür halten, wenn sie verhindern, dass dieser Kontinent sich abkoppelt. Diese „Gefahr“ besteht nur, wenn sich die unterschiedlichen Blöcke wie Kerneuropa, Russland und China nicht mehr als Konkurrenten sehen, sondern als Partner verstehen.

Ein friedliches Eurasien macht eine militärische Dauerpräsenz der USA dort überflüssig. Die USA würden ihren Einfluss verlieren und könnten von den Bodenschätzen abgeschnitten werden, die auch ihren Wohlstand überhaupt erst ermöglichen. Das Ziel der USA muss also sein, eine chronische Grundspannung in Eurasien zu erzeugen, die vielen Player gegeneinander auszuspielen, um unmittelbar im Anschluss militärischen Schutz anbieten zu können. Die von der USA geführte NATO ähnelt im Kern der Mafia. Sie bietet Schutz an – vor einer Gefahr, die sie selber darstellt oder erzeugt. Wie bei der Mafia geht es um Schutzgelderpressung, wie es unter der vergangenen und im November 2024 wieder bevorstehenden Präsidentschaft von Donald Trump überdeutlich wurde, deutlicher als bei allen anderen US-Präsidenten, die das politmafiöse Verhalten eher diplomatisch zu verpacken wussten.

Dieses Handeln wird der Welt seit Jahrzehnten als selbstloser Akt verkauft. Das gelang zu Zeiten des Kalten Krieges hervorragend, denn das „Reich des Bösen“, Russland, wurde als die Hölle auf Erden dargestellt.

Mit dem Zusammenbruch der UdSSR wurde der NATO die wichtigste Begründung für die eigene Politik, die nicht ohne Gewalt auskommt, genommen. Die von den USA in der Ukraine finanzierte

Spaltung des Landes – über 5 Milliarden wurden in den Staatsstreich investiert – kennt daher nur ein Ziel: Russland muss als Erzfeind wieder neu aufgebaut werden, um die militärische Präsenz der USA in Eurasien auch für das 21. Jahrhundert zu rechtfertigen und zu garantieren. Das alles ist die Politik des Geostrategen Brzezinski und wurde bereits 1997 in seinem Buch „Die einzige Weltmacht. Amerikas Strategie der Vorherrschaft" niedergeschrieben. Als Empfehlung an das Pentagon, dessen wichtigster Berater und Chefstratege er war.

Altkanzler Helmut Schmidt schrieb in seiner Rezension des Buches am 31.10.1997 in der Wochenzeitschrift „DIE ZEIT", schon der Titel mache „ein höchst provokantes amerikanisches Selbstbewusstsein" überdeutlich. Angela Merkel hingegen schien damit offensichtlich keine Probleme zu haben. Als in der DDR sozialisierte Bürgerin hat ihr Rückgrat erstaunliches Beugepotential entwickelt. Wie ein politischer Comedian meint: Sie kriecht zur Arbeit und kann sich sicher sein, dass wenn ihr dabei das Diensthandy aus der Tasche fällt und auf der Strecke bleibt, sie bei der NSA jederzeit ein Backup aller Telefonnummern und geführten Gespräche bekommen würde.

Es geht dem Dollar-Imperium schlicht und ergreifend um die Sicherung der US-Vorherrschaft auf dem gesamten Globus, die ohne die Bodenschätze Eurasiens nicht zu realisieren ist. Unser Alltag, unsere Art zu leben und zu haushalten, kennt alles – nur keine Nachhaltigkeit. Der als cool propagierte „American Way of Life" ist unter heutigen hyperkapitalistischen Bedingungen ein Leben auf Pump und endet in der kollektiven Selbstzerstörung. Wenn die Öl-Vorräte des Planeten zur Neige gehen, nimmt der Verteilungskampf in dem Maße zu, wie der Oil-Peak überschritten wird. Wir sind Öl-Junkies – und kalter Entzug gehört nicht zu unseren primären Zielen.

Die Gesellschaft, der als erstes der schwarze Saft ausgeht, steht als erstes vor der Zerreißprobe, zu der es nur eine Alternative gibt: Eine komplette Wende des globalen Denkens, das durch eine echte Energiewende eingeleitet werden muss.

Die Menschheit kommt um diesen Schritt nicht herum. Je eher sie endlich akzeptiert, dass die letzten 150 Jahre Industriezeitalter in eine Sackgasse führen müssen, desto gedämpfter kann sie den Aufschlag gestalten. Der Aufschlag aber kommt. Der »Collapse« ist nicht mehr aufzuhalten und kann nur global bewältigt werde. Das schließt Moslems und Russen explizit mit ein. Kooperation oder Crash. Und wenn wir uns weiter auf die USNATO und die von ihr gesteuerte Presse verlassen, dann rückt die globale Kooperation in weite Ferne und der nukleare Holocaust, das radikalevangelikale Endzeitziel, Armageddon rückt näher und näher.

Die Ernüchterung – 9/11

Montag, 10. September 2001.
Im CIA-Center for Intelligence im straßennamenlosen Gebiet von Langley im Fairfax County im US-Bundesstaat Virginia sitzt der Chef-Agent, George Tenet, über einer Vorlage seiner politischen Freunde aus dem Kreis der republikanischen Rüstungsfalken. Seit Juni 1995 ist er stellvertretender Direktor der CIA. Am 11. Juli 1997 war er zum Direktor ernannt worden. Sobald eine neue Regierung die Washingtoner Administration übernimmt, wird der CIA-Direktor normalerweise ersetzt. Tenet hingegen arbeitete nun auch nach dem Ende der Regierung Clinton unter George W. Bush weiter. Das war dem Umstand geschuldet, dass er in den letzten beiden Jahren bereits eng mit Bushs wichtigsten Beratern, der konspirativ operierenden Clique um Rumsfeld, Cheney, Wolfowitz, Bolton, Rice und Colin Powell geheime Pläne ausgeheckt hatte.

Tenet, ideologisch ein radikaler Neocon wie die anderen, ist höchst angespannt. Es ist Montag, der 10. September 2001. Morgen ist Tag X, der Tag der alles ändern wird. Lange schon hatte die konspirative Gruppe in der Öffentlichkeit eine Kulisse der Bedrohung durch den internationalen Terrorismus an die Wand gemalt. Als Hauptfeinde der USA bezeichneten sie den Iran, den Irak und die Gruppe al-Qaida, die von Afghanistan aus operiert.

Tenet weiß genau, dass es seine CIA-Vorgänger waren, die die damaligen Mudschahedin, die sich jetzt al-Qaida nennen, mit hochmodernen Waffen belieferten. Er weiß es, weil er schon damals geholfen hatte, die islamistischen Extremisten im Kampf gegen die – an Moskau orientierte – weltliche Regierung in Kabul militärisch auszubilden. Jetzt sind sie die schlimmsten Feinde im »Kampf der Kulturen«. Dieser herbeigeredete Kampf soll der »Neugestaltung der Weltpolitik im 21. Jahrhundert« nützen, wie es dem Strategie-Buch von Samuel P. Huntington zu entnehmen ist.

Es dient den neokonservativen Aufrüstungsfalken als ideologische Vorlage. Sie ziehen daraus den Schluss, dass die Vereinigten Staaten den bevorstehenden Umbrüchen in der Welt militärstrategisch zuvorkommen müssen. Und dazu bedarf es eines plausiblen, weltweit wahrnehmbaren Zeichens, eines glaubhaften Vorwands.

Das Papier, das George Tenet seit über zehn Monaten vorliegt, liest sich wie eine To-do-Liste. Und das ist es auch. Alles auf der Liste ist bereits abgehakt. Der Geheimdienstchef ist sie mit seinen engsten Vertrauten schon zig Mal durchgegangen. Er hat in den vergangenen Monaten fast täglich Rückfragen und Klärungsgespräche mit dem Strategen und stellvertretenden Verteidigungsminister, Paul Wolfowitz, sowie mit dessen Vorgesetztem, Donald Rumsfeld, und mit Dick Cheney, dem 46. Vizepräsident der Vereinigten Staaten unter George W. Bush, geführt. Insgesamt haben sie an diesem Papier zwei Jahre lang gefeilt.

In Los Angeles arbeitet an diesem Tag der Geschäftsmann und Filmemacher Aaron Russo am Drehbuch für seinen lange geplanten Dokumentarfilm »America: Freedom to Fascism«. Sein Konzept sieht vor, die Wallstreet-Connections offenzulegen. Er sieht unrechtmäßige Verbindungen zwischen der amerikanischen Steuerbehörde IRS und dem finanzmächtigen Federal-Reserve-System, jener staatlich kontrollierten, aber privaten US-Zentral- und Notenbank. Er will die schrittweise Beschneidung von Bürgerrechten dokumentieren und damit aufzeigen, wie die USA von einem freien Land letztlich zu einem totalitären Polizei- und Überwachungsstaat degenerieren könnten.

Seit Langem schon interessiert sich der 58-jährige Politaktivist von der Libertarian Party für das amerikanische Steuer- und Geldsystem. Vor fünf Jahren kam er in diesem Schaffenszusammenhang mit einem Mitglied der Bankiersfamilie Rockefeller in Kontakt, Nick Rockefeller. Zwischen diesen völlig verschiedenen Männern entwickelte sich eine Freundschaft, die jahrelang anhielt und Russo schließlich einen seltsamen Einblick in die Welt der Mächtigen dieser Erde gewährte.

Nachdem er drei Stunden am Drehbuch gearbeitet und Ideen gesammelt hat, geht er in sein Filmstudio, um ein Video über diese Männerfreundschaft zu drehen. Er schildert darin die Philosophie und die Motive der Finanzmächtigen sowie das letztendliche Abkühlen seiner Freundschaft mit Nick Rockefeller aufgrund ihrer zu unterschiedlichen Weltanschauungen.

In diesem Video beschreibt Russo, wie ihm Nick Rockefeller im Herbst 2000 anvertraute, dass es innerhalb von einem Jahr einen »Vorfall« geben würde, der die schon lange im Raum stehenden Kriege gegen Afghanistan und Irak einläuten würde.

Was genau dieser Vorfall wäre, hatte Russo nicht hinterfragt, und er schenkte diesem Punkt auch keine weitere Aufmerksamkeit. Von dem hochbrisanten Problem, dass es innerhalb gewisser Kreise des Establishments Kenntnisse gab, die Milliarden anderer Menschen auf dieser Welt nicht besaßen, konnte er zu diesem Zeitpunkt weder etwas ahnen, noch konnte er der Informationsquelle nachgehen.

Eine große Attraktion in New York ist das World Trade Center mit seinen Zwillingstürmen: Turm 1, auch Nordturm genannt, und Turm 2, dem Südturm. Die beiden Türme sind im Volksmund auch als Nelson und David bekannt, benannt nach den Geldgebern dieses Projektes, Nelson und David Rockefeller. Die Bauarbeiten begannen am 5. August 1966, und der Komplex aus mehreren kleineren Türmen rund um die Zwillingstürme wurde im Jahr 1973 fertiggestellt. Die beiden Türme sind jetzt die höchsten Gebäude der Welt.

Die architektonische Funktionseinheit des World Trade Center umfasst noch die Gebäude WTC 3, das Marriot Hotel, WTC 4, WTC 5, WTC 6 und WTC 7. Der gesamte Komplex wurde während der 80er und 90er Jahre ständig ausgebaut, im Mai 1987 eröffnete das jüngste Gebäude, Building 7, bekannt als WTC 7. Als Gebäude mit der höchsten

Nummer war es am weitesten von den Zwillingstürmen entfernt.

Building 7 hat, wie Aaron Russo für seine Dokumentation jetzt erst, im August 2001, erstaunt herausgefunden hat, eine interessante Liste an Mietern. Deren größter ist die Investmentbank Salomon Smith Barney. Sie belegt die Stockwerke 0 bis 6 und 18 bis 46. Gegen sie, wie gegen fünf andere Wallstreet-Banken, laufen Ermittlungen, weil sie an schwerwiegenden Börsenmanipulationen und Insidergeschäften beteiligt waren und gegen wichtige Regeln am amerikanischen Markt für Regierungsanleihen verstoßen haben sollen. Teilgeständnisse der CEOs von Salomon Smith Barney liegen bereits vor.

Ein weiterer Mieter ist ausgerechnet die für den Fall zuständige US-Steuerbehörde IRS, der bekannte »International Revenue Service«. Russo ist dem IRS gegenüber besonders argwöhnisch und hat den Verdacht, dass die Behörde oder einzelne hohe Mitarbeiter mit der Investmentbank hinter dem Rücken der Öffentlichkeit mauscheln.

Und noch eine weitere Finanzbehörde ist Mieter: die »United Securities and Exchange Commission«, das ist die staatliche Börsenaufsicht für die Kontrolle des Wertpapierhandels in den Vereinigten Staaten. Sie hat im Tiefgeschoss des Gebäudes eine Asservatenkammer, in der sie die im Zuge der strafrechtlichen Ermittlungen beschlagnahmten Aktenberge mit brisanten Dokumenten der sechs beschuldigten Investmentbanken aufbewahrt.

*

An diesem Montagmorgen, dem 10. September 2001, bucht der im Showgeschäft tätige 68-jährige Dick Gregory einen Kurzstreckenflug nach New York für einen Comedy-Auftritt. Er ist ein bekannter farbiger Comedian, zudem ein Gesellschaftskritiker und geschäftstüchtiger Unternehmer. Er bittet seine Frau, für ihn ein Hotelzimmer zu buchen.

Am 10. September landet er abends, von Washington kommend, auf dem New Yorker John F. Kennedy International Airport. Von dort ruft er seine Frau an, um sie zu fragen, welches Hotel sie für ihn gebucht habe. Die Antwort ist überraschend: „Ich habe nichts gebucht. Dein Freund Larry hat angerufen und gesagt, dass du die Nacht nicht in New York verbringen kannst. Du sollst unbedingt deinen Auftritt absagen, koste es was, was es wolle. Und du sollst die Stadt sofort wieder verlassen."

Larry pflegte gute Verbindungen „nach oben" und hatte in der Vergangenheit dem FBI gedient. Gregory nimmt seinen Rat ernst und fährt per Zug noch am selben Abend zurück nach Washington. Nach seiner Heimkehr ruft er seinen Freund an und fragt ihn, woher er gewusst habe, dass er in New York gewesen sei. Sein Freund teilt ihm mit: „We picked you up on the satellite, brother." Noch weiß der Comedian nicht, wovor ihn sein Freund vielleicht bewahrt hat.

Sechs Tage zuvor, am 4. September, war überraschend das Unternehmen »ZIM American Israeli Shipping Co.«, das zu 49 Prozent dem israelischen Staat gehört, aus Turm 1 des World Trade Center ausgezogen, obwohl der Mietvertrag für die Fläche von 60.000 Quadratfuß noch über einen Zeitraum von 4,5 Jahren läuft.

Sechs Wochen zuvor hatten mehrere weiße Lieferwagen – Zeugen sprechen später von vier Wagen – auf der Zufahrt zum WTC-Komplex angehalten. Das war gewiss nichts Außergewöhnliches. Nach einer Weile waren sie zur Tiefparkebene weitergefahren, wo sie ungehindert die eigentlich zugangsbeschränkten Einlassschranken passieren konnten. Zirka sechs bis acht Männer in Handwerker-Overalls hatten den Komplex betreten. So berichten die Hausmeister. Die Lieferwagen trugen das Firmen-Emblem der »Urban Moving Systems«. Schon ein Vierteljahr später sollte sich herausstellen, dass »Urban Moving Systems« eine Scheinfirma des israelischen Geheimdienstes Mossad ist.

Später berichteten Mitarbeiter der israelischen *Shipping Company,* sie hätten Anrufe von Unbekannten erhalten, denen zufolge sie gewarnt wurden, das WTC und ihre ehemaligen Arbeitsräume in den nächsten Tagen zu betreten.

Der Bürgermeister von San Francisco, Willie Brown, will morgen früh, am 11. September, zu einem Termin nach New York fliegen. Brown erhält am Vorabend von seiner Sicherheitsmitarbeiterin eine telefonische Warnung nicht zu fliegen. „Weshalb nicht?“, fragt er, und sie antwortet: „Weil ein terroristisches Attentat bevorsteht.“

Die *New York Daily News* meldet, dass verschiedenen Geschäftsleuten im Nahen Osten geraten wurde, Lower Manhattan in New York am 11. September zu meiden. Auch einer Gruppe bestimmter

Pentagon-Beamter wird am Vortag dringend empfohlen, ihrem Arbeitsplatz am Potomac River, etwas außerhalb von Washington DC, am 11. September fernzubleiben.

Einige CEOs hatten eine Besprechung unter der Leitung von Warren Buffet, dem »Orakel von Omaha«, im World Trade Center für den 11. September geplant. Aber das Treffen wird nun im letzten Moment abgesagt und auf die *Offut Air Force Base* in Omaha verlegt. Zu dieser Gruppe Geschäftsleute gehört auch der Direktor von *Fiduciary Trust Inc.*, einem Finanzunternehmen, das fünf Etagen über dem 90. Stock des Südturms, Turm 2, belegt. Die *Offut Air Force Base* ist übrigens derselbe Luftwaffenstützpunkt, zu dem man George W. Bush am nächsten Tag fliegen wird. Der Stützpunkt besitzt ein unterirdisches Kommandozentrum.

Von all diesen Ereignissen weiß die ganze Welt nichts. Aber immerhin ereignen sich Merkwürdigkeiten, die in den kommenden Wochen und Monaten ans Tageslicht kommen.

So hatte Jim Pierce, ein Neffe von Präsident Bush, am 11. September ein geplantes Meeting im 105. Stock des Südturms, in dem sich das Büro seiner Firma befand. Doch der Ort der Besprechung wurde im letzten Augenblick in das Millenium Hotel mit der Begründung verlegt, dass die teilnehmende Gruppe zu groß sei. Das aber stimmte nicht, denn die Teilnehmer auf der zuvor erstellten Liste und die Anwesenden im Millenium waren identisch, ihre Anzahl hatte sich nicht verändert.

Am Wochenende hatte die israelische Tageszeitung *Yadiot Abranot* berichtet, dass Israels Premier, Ariel Sharon, am 11. September eine Rede auf einer Benefizveranstaltung im östlichen Teil New Yorks halten werde. Der israelische Sicherheitsdienst *Shabak* warnte Sharon vor dieser Reise kurz vor seinem Abflug.

Am Montag, dem 10. September, bringt das Tokioter Management der Investmentbank *Goldman Sachs* ein Papier für seine Mitarbeiter in New York in Umlauf. Der interne Bericht empfiehlt in höflich-japanischem Wortlaut, am nächsten Tag das WTC und amerikanische Regierungsgebäude zu meiden.

Am selben Tag gibt der US-Rüstungsminister Donald Rumsfeld bekannt, dass in seinem Ministerium, dem Pentagon, 2,3 Billionen Dollar verschwunden seien. Jedenfalls fehle diese Summe in der Bilanz. Er gibt eine Erklärung ab, in der er die »korrupte und ineffiziente Bürokratie« dafür verantwortlich macht, dass sich diese Mittel angeblich in Luft aufgelöst hatten. Rumsfelds Ankündigung hätte zwar eine breite Empörung hervorrufen und Anstoß für eine eingehende Untersuchung geben können, aber am nächsten Tag passierte etwas und alle vergaßen es.

Larry Silverstein war der neue Inhaber eines Leasingvertrages für das lukrative WTC. Die Silverstein Gruppe plante für den Morgen des 11. September eine Tagung zum Thema »Anti-Terrorismus« im 88. Stock des Nordturms, dem Turm Nr. 1. Teilnehmer des Treffens sollten Mitglieder des vorherigen Eigentümers sein: *The Port Authority of New York and*

New Jersey. Auch diese Versammlung wurde im letzten Augenblick abgesagt, ebenso wie die Teilnahme von Larry Silverstein an diesem Meeting, weil seine Frau darauf bestand, dass er einen angeblichen Arzttermin einhielt. Larry Silversteins Kinder, Sohn Roger und Tochter Lisa, hatten einen Termin mit potentiellen zukünftigen Mietern im Restaurant im oberen Stock des Nordturms. Aber aus unerklärlichem Grund verspäten sich Bruder und Schwester Silverstein an diesem Morgen und erreichen das Gelände erst, als alles in Trümmern liegt. Nur Glück gehabt? Oder Vorwissen?

In New York steht die Sonne in ihrem Zenit, es ist Noon, jener Moment im bekannten 50er-Jahre-Hollywood-Western, wo die schöne Grace Kelly hinter dem Fenster steht und unten in der Hitze, auf der staubigen Straße, Gary Cooper als »lonesome Marshal Will Kane« gegen seinen Todfeind Frank Miller zum Pistolenduell ansetzt.

In seinem silberglänzenden Büro von *Silverstein Properties* in 250 Greenwich Street, NY 10007, sitzt der Eigentümer Larry A. Silverstein und lässt sich einen Eistee bringen. Draußen scheint die Sonne am blauen Himmel und der Daily Weather Report von NYC TV zeigt 77 Grad Fahrenheit an. Das entspricht 25 Grad Celsius. Es ist nicht so heiß wie im Western-Film, aber sein heutiges Tagesthema ist umso heißer. Silverstein schaut mit Genugtuung auf seine ausgefochtenen Duelle beim Erwerb eines lukrativen Objektes zurück.

Silversteins Neuerwerbung, auf 99 Jahre gepachtet, ist das World Trade Center. Es nimmt in seiner exklusiven Immobiliensammlung eine Sonderstellung ein. Bis zum Zeitpunkt seiner Übernahme im Juli diesen Jahres standen die Türme 1, 2, 4 und 5 schon 28 Jahre lang im Eigentum der *Port Authority of New York and New Jersey PANYNJ*. Die Türme waren voller Asbest und mittlerweile veraltet. Ein Antrag der Alteigentümer, sie durch eine kontrollierte Sprengung abzureißen, war von den Behörden wiederholt abgelehnt worden, weil die halbe Stadt mit Asbest bedeckt worden wäre. Der Direktor von *PANYNJ* war Lewis Eisenberg, der die Wahlkampagne von Bush/Cheney mit Großspenden unterstützt hatte und Partner bei der Investmentbank Goldman Sachs war.

Den Deal zwischen den Alteigentümern und Silverstein hatte die Bank der Rockefellers, J. P. Morgan, eingefädelt. Silverstein war bereits Eigentümer von Building 7 und schon lange an der Übernahme des Gesamtkomplexes interessiert. Silverstein hatte den Vertrag zusammen mit Frank Lowy, dem Direktor der Firma Westfield America, unterschrieben. Beide hatten gleichzeitig eine spezielle Versicherungspolice für den Komplex mit einer Klausel abgeschlossen, die sich als sehr wertvoll erweisen sollte.

Während Mr Silverstein einen Schluck Eistee nimmt, muss er lächelnd an diese geniale Klausel denken: Im Falle eines terroristischen Anschlages würden die Partner den versicherten Wert der Immobilie in Höhe von 3,2 Milliarden US-Dollar ausbezahlt bekommen und von ihren Verpflichtungen des 99-jährigen Vertrages entbunden werden. Oder sie erhielten die Zahlungsgenehmigung für einen mindestens gleichwertigen Neubau.

Im Juli 2001 waren die entsprechenden Pacht- und Versicherungsverträge in Kraft getreten. Ab diesem Zeitpunkt hatte Silversteins Konzern völlige Kontrolle über die Gebäude. *

Mr Silverstein schaut sich noch einmal den Ablaufplan an, den Mitarbeiter von Dick Cheney und er immer wieder seit Juli besprochen haben. Er heftet den Plan ab und schließt die Akte »WTC« für diesen Tag und lässt sich in seine Privatvilla fahren, um seinen Mittagsschlaf zu machen.

* Silverstein investierte letztendlich 14 Millionen Dollar, ließ den Restbetrag der 3,2 Milliarden von Rockefellers Morgan-Chase-Bank finanzieren und erhielt nach den Anschlägen 4,6 Milliarden von der Versicherung. Kein schlechtes Geschäft! Silverstein ist ein persönlicher Freund des gerade erst im März gekürten israelischen Premierministers Ariel Sharon und des 1999 abgedankten Ex-Ministerpräsidenten Bibi Nethanjahu.

Die 38-jährige Susan Lindauer ist ausgebildete Journalistin und Politologin. Von 1994 bis 1999 hatte sie in Washington als Pressesprecherin, Redenschreiberin und Sekretärin für die Senatorin Carol Moseley Braun, die der Demokratischen Partei angehört, gearbeitet. Im Sommer 2001 arbeitet sie nun als Investigativ-Journalistin für den »US News and World Report« mit Sitz in Washington und New York. Sie hält Kontakt zur CIA und wird später sagen, sie sei in dieser Zeit Mitarbeiterin des Geheimdienstes gewesen.

Am 28. August – zum Zeitpunkt, als das WTC in die Verfügungsgewalt der Silverstein Group übergegangen ist – erhält sie zu später Stunde einen Anruf von Daria Coard. Er ist ein 37 Jahre alter Sicherheitswachmann in Turm 1, dem 417 Meter hohen Nordturm.

Was Susan Lindauer von Coard erfährt, sind seltsame Ereignisse, die sich in den Nächten zwischen dem 23. August und dem 4. September rund um die Zwillingstürme ereignet haben. Jede Nacht fuhren LKW in die Garagen der Türme. Diese unbekannten Fahrzeuge sahen nicht wie die Müllwagen aus, die um diese Uhrzeit normalerweise die Ein- und Ausfahrtberechtigung besaßen. Die fremden Fahrzeuge kamen immer nachts um 3:00 Uhr, nachdem die bekannten Müllwagen die Garagen um etwa 2:30 Uhr verlassen hatten.

Die unbekannten LKW verließen die Garagen jede Nacht wieder um 5:00 Uhr, zeitig genug, bevor die ersten Manager mit ihrem BMW oder Porsche angerauscht kamen. Daria Coard berichtet Mrs

Lindauer: „Es war ein paar Wochen lang ein einzigartiges Geschehen. Diese Fahrzeuge wurden von mir und meinen Kollegen danach nicht mehr gesehen.“ Selbstverständlich wurden die Bewegungen dieser LKW von Überwachungskameras aufgezeichnet, aber die Bilder wurden der Investigativ-Journalistin von der Silverstein-Group nicht zugänglich gemacht. *

Die Journalistin blieb am Ball. Am 10. September, als ich mir am Abend vornehme, mit meinen Pubertieren Tacheles zu reden, wird Lindauer darüber informiert, dass an den beiden vorangegangenen Tagen, dem Wochenende vom 8. und 9. September, für ganze 36 Stunden eine Totalabschaltung des Stroms in den oberen 50 Etagen von Turm 2 erfolgt war. Dies berichteten ihr Personen, die bereits seit Jahrzehnten in den Türmen arbeiteten. Sie versicherten, dass dies noch nie vorgekommen sei.

Das bedeutete, dass die Sicherheitsmaßnahmen nicht funktionierten, Überwachungskameras nicht einsatzbereit waren, Türen nicht mehr automatisch schlossen und dass de facto jeder in den Türmen ein- und ausgehen konnte, wie ihr Scott Forbes berichtete. Er war IT-Angestellter in einem Finanzunternehmen, dem Fiduciary Trust, und hatte sein Büro im 97. Stock von Turm 2.

* Die Kamera-Aufzeichnungen wurden bis heute nicht freigegeben. Die 9/11-Kommission war »nicht interessiert«.

Als Verantwortlicher für Datenbanksysteme arbeitete er an diesem Wochenende mit einer Anzahl von Kollegen, um den Prozess des Herunterfahrens und Neustartens aller Systeme zu überwachen. Am Wochenende zu arbeiten war nicht allzu ungewöhnlich, so Forbes. Es kam etwa alle sechs bis acht Wochen vor. Für ihn war es sowieso ein Katzensprung von seinem gegenüber dem WTC 2 liegenden Appartement hinüber zu seinem Arbeitsplatz.

Er erklärte der recherchierenden Journalistin die Sachlage: „Dieses Wochenende war eine extreme und außergewöhnliche Situation, etwas, das ich seit dem Jahr 1998, solange ich hier tätig bin, noch nie erlebt habe. Es gibt im 97. Stock einen Reservegenerator, der aber nie verwendet wurde. Als Grund für die Stromabschaltung wurde angegeben, dass die Verkabelung ersetzt werden müsse. Ich sah viele Leute in Overalls in das Gebäude ein- und ausgehen, alles war eigentlich offen. Das einzige, was mich wirklich erstaunt hat, ist, dass diese Arbeiter keine Fotoausweise trugen, die normalerweise erforderlich sind." *

* Scott Forbes hatte einen Tag später, am 11. September, viel Glück, weil er aufgrund seiner Wochenend-Bereitschaft seinen Dienst mit einem Kollegen getauscht hatte. Er sah von seinem Appartement aus die Katastrophe geschehen. „Ich fand die Abschaltung des Stroms sehr befremdlich und verdächtig. Ich habe es später drei Mal der 9/11-Kommission mitgeteilt. Ich erhielt nie eine Antwort", merkte Forbes noch bei Susan Lindauer an.

Dem Wachmann, in Turm 1, Daria Coard, fällt auf, dass im Sommer aufgrund vieler telefonischer Drohungen einige Wochen lang verschärfte Überwachungsaktivitäten mit langen 12-Stunden-Schichten durchgeführt worden waren. Dass aber seit nunmehr drei Wochen diese Maßnahmen plötzlich abgebrochen wurden. Er wundert sich – auch deshalb, weil speziell zur Entdeckung von Sprengstoffen trainierte Hunde, *bomb-sniffing dogs*, auf einmal nicht mehr in die Gebäude mitgebracht werden durften.

Dienstag, 11. September 2001

In Boston ist üblicher Morgenbetrieb, 7:59 Uhr, als mit 14 Minuten Verzögerung Flug AA11 vom Flugfeld des Logan International Airport mit Ziel Los Angeles International Airport abhebt. Um 8:13 Uhr, als der Flieger der American Airlines No.11 über das Zentrum des Bundesstaates Massachusetts fliegt, reagiert der Pilot auf eine Aufforderung der Flugleitung in Boston, eine Kurve von 20 Grad auszuführen. Um 8:13:47 Uhr ersucht die Flugverkehrsleitung, die Maschine auf 35.000 Fuß steigen zu lassen. Aber hierauf wird nicht reagiert.

Nur 13 Sekunden später steigt die Maschine auf eine Höhe von 29.000 Fuß und nimmt Kurs auf Manhattan. Um 8:21 Uhr bricht der Funkkontakt ab. Knapp 26 Minuten später – in Deutschland ist es jetzt 14:46 Uhr – bohrt sich der Flugkörper mit einer Geschwindigkeit von 750 Kilometern pro Stunde in den Nordturm des WTC in New York. So jedenfalls lautet schon wenige Stunden später die offizielle Version der US-Behörden.

Als Fluglotsin Danielle O'Brian eine Minute später an ihrem Bildschirm die BTS-Datenbank des *Bureau of Transportation Statistics* aufruft, um die hier untrüglich festgehaltenen Informationen mit den soeben offiziell verkündeten Daten abzugleichen, werden für den Flug AA11 keine Daten angezeigt. Weder ist der Flug in der Tabelle des BTS mit beabsichtigten Start- und Landedaten registriert, noch für diesen Tag geplant. Sie ist erstaunt, denn so etwas hat es bisher nicht gegeben. In ihren Kreisen heißt es: „Das BTS lügt nicht.“

In East Boston, am *Logan International Airport* ist immer noch üblicher Morgenbetrieb, es ist 8:10 Uhr. Auf der Rollbahn steht Flug UA175, der United Airlines Flug Nr. 175 mit Zielflughafen LAX, *Los Angeles Airport.* Der Flieger mit vorgeblich 65 Menschen an Bord hebt vier Minuten später ab.

Es ist 8:41 Uhr, als die Piloten vom Bordpersonal hören, dass sie gekapert worden seien – so die offizielle Version. Sie leiten diese Information an die Flugleitung weiter. Somit bleiben 22 Minuten zum Abfangen der Maschine. Das ist viel Zeit. Doch die Maschine wird nicht abgefangen.

Um 8:58 nimmt der Flieger plötzlich Kurs in Richtung New York. Über New Jersey wird die Landung vorbereitet, es folgt ein Sinkflug auf 28.500 Fuß, das entspricht etwa 8,6 Kilometern, in nur 4 Minuten und 40 Sekunden.

Die beteiligten Fluglotsen erhalten automatisch die Daten des NTSB, des *National Transportation Safety Board* aufgespielt. Laut diesen Daten liegt die Geschwindigkeit dieses Fluges bei 510 Knoten, ca. 944 Kilometer pro Stunde. Die Fluglotsen wundern sich; ihrer Meinung nach ist eine derartige Geschwindigkeit für ein Passagierflugzeug des Typs UA175 nicht möglich.

Um 9:03 Uhr – 17 Minuten nach dem Einschlag von AA11 in Turm 1 – rast der angebliche Flieger UA175 in Turm 2. Weitere 34 Minuten später wird Flug AA77, der in Washington vom Dulles International Airport aus mit Ziel L.A. gestartet ist, in das Pentagon geflogen sein, wie man später verlautbaren lässt. Nach den ersten Einschlägen am WTC waren zwischen 44 und 52 Minuten Zeit vergangen. Zeit genug, um auch diesen Flieger abzufangen. Aber es geschah nichts.

Die Fluglotsin Danielle O'Brian und ihre Kollegen rufen nach Kenntnis der Gefahrenlage sofort wieder die BTS-Datenbank auf und stellen erneut etwas Seltsames fest: Laut dem *Bureau of Transportation Statistics* ist Flug AA77 nie gestartet. Ebenso wie bei Flug AA11 war dieser Flug weder in der Tabelle registriert, noch für diesen Tag eingeplant. Bekannt ist, dass das BTS keine Fehler macht und alle Daten vollautomatisiert gespeichert werden.

*

Auf dem Rollfeld vom *Newark International Airport* steht um 8:00 Uhr die Boeing 757-222 der United Airlines, Flug-Nr. 93, abflugbereit auf der Startbahn. An Bord befinden sich vorgeblich 44 Menschen, wie die Behörden später melden. Zielflughafen ist der *San Francisco International Airport.* Der Flug ist nicht regulär, wurde aber kurzfristig zwei Stunden vor Abflug hinzugefügt.

An diesem Morgen hat ein Passagier von Flug Nr. 93, Marc Bingham, verschlafen und kommt zu spät zum Flughafen. Sein Freund Matthew Hall hat ihn mit hoher Geschwindigkeit von Manhattan nach Newark gefahren, um ihn noch rechtzeitig zu seinem Flieger zu bringen. Um 7:40 Uhr springt Bingham nur mit Handgepäck, einer alten Stoffsporttasche aus seiner Zeit als Rugbyspieler an der Universität Berkeley, aus dem Auto. Mitarbeiter von United Airlines öffnen wieder die Tür des Flugzeuges, und Bingham kann an Bord gehen. Marc Bingham ist offensichtlich ein wichtiger Passagier. Das Flugzeug rollt nun los. Dann passiert etwas Merkwürdiges. Der Flieger hält in einem anderen Bereich des Flughafens wieder an und nimmt eine zweite Gruppe von Passagieren an Bord, die diesmal nicht über die Fluggastbrücke, sondern über das Vorfeld gekommen sind.

Diesen Vorgang beobachtet Clayton White. Er ist ein Footballspieler bei den Tampa Bay Buccaneers und hatte mit seiner Mannschaft am Montagabend ein Spiel in Denver. Die Mannschaft reist an diesem Morgen zurück nach Denver.

Öfter haben sie Auswärtsspiele und normalerweise können sie gleich ihr Flugzeug über die Treppe verlassen, um zu ihrem Bus zu laufen. Diesmal müssen sie lange warten, weil ein anderes Flugzeug neben ihrem steht und Passagiere über den Flugplatz in Richtung dieses Flugzeuges laufen. White fragt den vor dem Cockpit stehenden Piloten, was es damit auf sich hat. Der zuckt die Schultern und sagt: „Ein unplanmäßiger Flug von United Airlines."

Noch weiß Clayton White nicht, dass er gerade etwas gesehen hat, was er nicht hätte sehen sollen: die Möglichkeit, dass ein Flugzeug seine Passagiere am selben Ort aussteigen lässt, an dem Flug UA93 eine zweite Gruppe Passagiere an Bord nimmt.

Letztendlich hat Flug UA93 eine Verspätung von 47 Minuten. Auch wenn man dieses Flugzeug jetzt durch eine Phantommaschine – eine Drohne – ersetzen würde, stimmten die Zeiten nicht mehr überein. Es wurde unerklärbar, dass dieses Flugzeug mehr als eine Stunde nach dem ersten Aufprall bei WTC 1 nicht abgefangen wurde. Vier Flüge an einem Tag, die nicht abgefangen wurden? Irgendwo muss jemand beschlossen haben, dass dies zu viel des Mysteriösen war. Und so entschied man, diese auf Distanz gesteuerte Militärmaschine zu eliminieren. *

*Einige Tage später bestätigte der wirkliche Befehlshaber an diesem Tag, Vizepräsident Dick Cheney, die Eliminierungsabsicht. Nur der Grund von dem er sprach, stimmte nicht. Die Maschine war einfach zu spät für ihr Ziel. Aber was war ihr Ziel? War es wirklich das Capitol oder Weiße Haus? Oder war es das WTC 7, das es ursprünglich galt, zeitgleich mit den Twin Towers zu eliminieren?

Die Teammitglieder um den Feuerwehrmann Louie Cacchioli hören im 9. Stockwerk von Turm 1, wo sie sich gerade aufhalten, mehrere, fast gleichzeitig zündende Explosionen hoch oben über sich. Er meldet an seine Leitstelle: „Sobald wir mit dem Aufzug das 24. Stockwerk erreichten, hörten wir erneut eine gigantische Explosion, als ob eine Bombe explodierte. Alle Lichter gingen aus, und der Aufzug hat gestoppt." – Leitstelle: „Haben Sie den Aufzug verlassen können?" – „Ja, zum Glück, gemeinsam mit meinem Kumpel Tommy Hetzel. Etwa zwei Minuten später gab es eine weitere Explosion. Oh Gott, ich glaube, die Schufte haben hier drinnen Bomben platziert, genau wie 1993." *

* Cacchioli spricht den echten und zugleich gezinkten Bombenanschlag auf das WTC vom 26. Februar 1993 an. Er forderte sechs Tote und über tausend Verletzte. Damals hatte der *FBI Special Agent* Ted L. Gunderson »ausgepackt«. Er berichtete, dass schon Mitte der neunziger Jahre des vorigen Jahrhunderts, während der Regierung Bush senior, Anti-Terrorismusgesetze vorbereitet wurden. Gundersons damaliger FBI-Abteilungsleiter hatte ihm erklärt, dass die Gesetzes-Einführung in Zukunft nicht möglich sei, ohne dass Blut fließe. Der Wunsch nach einem katastrophalen Vorwand wie Pearl Harbor habe vorgeherrscht. Man habe die Terroristen genau im Visier gehabt, wusste vom sprengstoffbeladenen Klein-LKW, der in der Garage zur Explosion gebracht wurde, da ein V-Mann platziert worden war, der Ägypter Emad Ali Salem. Gerade er war für die Sprengstoffbeschaffung zuständig, und er fragte den FBI-Captain, ob die Bomben Attrappen sein sollten. Die Antwort seines Führungsoffiziers: „Wir möchten echten Sprengstoff!"

In Turm 2 hält sich der Feuerwehrmann Edmund McNally auf. Er ruft seine Frau zwei Mal an, um sie zu beruhigen, aber seine letzte Nachricht ist beunruhigend: „Ich kann die Explosionen unter mir hören."

Tom Elliot ist auf dem Weg nach unten, als ihm zwei Feuerwehrmänner begegnen, denen gesagt worden war, dass es im 60. Stockwerk Explosionen gegeben habe.

Hausmeister Kenneth Johannemann hört gewaltige Explosionen in Turm 1 und verlässt fluchtartig das Gebäude. *

Die Angestellte Kim White und ihre sieben Kollegen gehen nach unten bis zum 74. Stock. Sie berichtet später: „Dann gab es nochmals eine Explosion, also benutzten wir weiter die Treppe."

Albert Turi, Sicherheitschef einer der eingesetzten Feuerwachen, meldet an seine Leitstelle drei Explosionen nach dem Einschlag in Turm 1. Er spricht davon, dass seiner Wahrnehmung nach im Gebäude »Sprengvorrichtungen« angebracht seien.

Turi verliert im Laufe der nächsten halben Stunde die Hälfte seiner Männer als Folge von Explosionen im Nordturm.

Feuerwehrmann Schroeder vom unmittelbar benachbarten Fire Departement ist einer der ersten, die Turm 1 einige Minuten nach dem Einschlag betreten. Als er mit seinen Leuten hinaufgeht, hören sie eine enorme Explosion.

*Er beging im Jahr 2008 einen unaufgeklärten »Selbstmord«. Davon wird es noch einige mehr geben.

An die Einsatzzentrale berichtet er live: „Die Aufzüge wurden soeben einfach weggeblasen. Das Flugzeug schlug 80 Etagen höher ein, aber die unteren Aufzüge sind eben erst, fünf Minuten später, explodiert. Ich habe dafür keine Erklärung!"

Etwas später berichtet er: „Viele versuchen über die Treppe zu entkommen und haben schwere Explosionsverletzungen und Verbrennungen."

Der nachfolgende Feuerwehrmann Craig Carlsen berichtet an seine Leitstelle: „Als wir drei Minuten später am Einsatzort ankamen, hörten wir Explosionen, die aus Turm 1 kamen. Wir haben etwas gewartet, aber es schien eine Explosionswelle zu sein und eine Ewigkeit zu dauern. Es waren etwa 10 Explosionen."

Ein Passant kommt vorüber und übergibt dem Fahrer eines Feuerwehrzuges einen saudi-arabischen Pass, den er angeblich gerade gefunden hat. Er ist auf den Namen eines 33-jährigen Hamburger Studenten, dem gebürtigen Ägypter Mohammed Atta, ausgestellt. Wie sich später angeblich herausstellt, soll er der Kopf der Terroristen gewesen sein und eine „Boeing" von American-Airlines-Flug 11 in den Nordturm geflogen haben.

„Woher haben Sie den Pass?", fragt der Fahrer. Der Finder des Passes deutet auf die Stelle unterhalb des Einschlags und verschwindet mit den Worten „I'm in hurry." Seine Identität wird nicht festgestellt. Für die Regierung ist der Fund ein großer Glücksfall, wie sich später erweist. Wann findet man schon einen passenden Pass zu einem unpassenden beziehungsweise so passenden Anschlag?

Dann ereignet sich Unvorstellbares. Ein Donnergrollen ertönt aus dem Turm. Der Angestellte Peter Palmer und seine Kollegen können sich gerade noch vor dem Zusammenbruch des Gebäudes retten, und Mr Palmer berichtet einem Reporter: „Kurz vor dem Einsturz des ersten Turms hörten wir eine Reihe von tiefen, unterirdischen Explosionen, dann zahlreiche Explosionen auf den höheren Etagen. Wir spürten dieselben tiefen Explosionen vor dem zweiten Einsturz." Kurz danach müssen er, seine Kollegen und der Reporter vor der riesigen Wolke aus Trümmern, Asche und Staub, die durch die Straßen fegt, hinweg und um ihr Leben laufen.

William Rodriguez arbeitet seit zwanzig Jahren in Turm 1 und ist für die Treppenhäuser zuständig. Er hört und spürt eine so kräftige Explosion, dass er und die Leute um ihn herum im Erdgeschoss umgeworfen werden. Er ist sich sicher, dass die Explosion aus dem Kellergeschoss zwischen B2 und B3 kamen. Sie war so schwer, dass alle Wände Risse bekamen und ein Teil der Decke über ihnen einbricht. Die Sprinkleranlage wird automatisch aktiviert. Dann hört der WTC-Bedienstete eine gewaltige Explosion ganz weit oben im Gebäude. Ein schwer verbrannter Mann, Philippe David, der von der Ebene B2 kommt, rennt zu ihnen herein. Rodriguez eilt zum Telefon, und in diesem Moment erfolgt eine weitere Explosion.

Dem späteren Ermittlungsbeamten berichtet er: „Die Explosion war so gewaltig, dass das ganze Gebäude schwankte und die Wände bekamen neue und gewaltigere Risse. Ich sagte zu den Umstehenden:

»Ich denke, es ist eine Bombe«. Der Grund hierfür war, dass ich die Bombenexplosionen im Jahr 1993 miterlebt habe. Später hörte ich noch unzählige Explosionen."

Auch im Südturm ereignen sich unerklärliche Explosionen. Der Feuerwehrmann Richard Banacski vernimmt enorme Explosionen, als er sich von außen dem Objekt nähert. Für ihn sieht es aus „wie im Fernsehen, wenn sie diese Gebäude gezielt sprengen". Er hat den Eindruck, dass Explosionen in Serie gezündet werden.

Stephan Gregory, Assistant Fire Commissioner, will mit seiner Mannschaft gerade in Turm 2 hinein und sieht erst einen Blitz, dann noch einen und noch einen, und er sagt zu seinen Leuten: „Ich glaube, sie wollen das ganze Gebäude vernichten."

Der Arzt Daniel Rivera ist soeben angekommen und er und seine Helferin hören kurze, wuchtige Geräusche: »pop«, »pop«, »pop«, »pop«. Er sagt zu seiner Assistentin: „Es ist eine professionelle kontrollierte Sprengung, bei der die Sprengstoffe auf bestimmten Etagen gezündet werden. Lass uns hier unten bleiben."

Jeff Birnbaum, Präsident von Broadway Electrical Supply Co. berichtete telefonisch an die Feuerleitstelle: „Als wir in den 50. Stock des Südturms kamen, hörte ich das unheimlichste Geräusch, das ich jemals gehört habe. Es gab eine enorme Explosion, und die ganze Spitze schien sich zur Seite zu neigen."

Der Hochschulprofessor und Astrophysiker Neil deGrasse Tyson hört erst eine, dann eine weitere Explosion im WTC 2, dann ein lautes, niederfrequentes Grollen, das das Undenkbare ankündigt, was dann unmittelbar eintritt – der Einsturz aller Stockwerke über dem Explosionspunkt. Der Professor sieht, wie die oberen Etagen wie bei einem Abriss in sich zusammenfallen. Er hört noch eine Explosion, gefolgt von dem vertrauten Grollen, das er bereits kurz zuvor hörte und das den Einsturz von Turm 1 ankündigte.

Der Feuerwehrmann Greg Brady steht unten etwas weiter vom Einsatzort entfernt beim Löschfahrzeug und hält Funkkontakt zu Captain Stone im 47. Stockwerk, als er aus dem Funkgerät drei laute Explosionen hört, woraufhin der Nordturm mit einem dumpfen Grollen in sich zusammensackt.

Die gleiche Beobachtung macht sein Kollege bei Turm 2 und meldet seiner Leitstelle aufgeregt, dass es eine interne Detonation von Sprengstoffen gebe: „Ich hörte nacheinander »bumm«, »bumm«, »bumm«, und eben fällt Turm 2 zusammen."

Frank Cruthers, Chief FDNY, in seinem Einsatzbericht: „Es war, als ob es eine erste Explosion gebe. Sie schien an der Turmspitze zu sein. Gleichzeitig schossen Materialien waagrecht weg. Dann schien es einen Moment der Verzögerung zu geben, bevor man sehen konnte, dass alles herunterkam."

Der Sanitäter Kevin Darnowski ist in der Liberty Street gerade dabei, zwei Verbrennungsopfer zu versorgen, als er zuerst drei Explosionen hört und dann ein Grollen und Stöhnen, und dann sieht er, wie Turm 1 einzustürzen beginnt.

Dominick Derubbio, Battalion Chief of the New York Fire Departement, meldet an seine Leitstelle: „Es ist merkwürdig, wie eben der Einsturz begann. Es scheint eine zeitgesteuerte Explosion zu sein.“

Karin Deshore vom 46. Battalion des FDNY sieht, wie es in der Mitte des WTC 1-Turms einen orangenen und einen roten Blitz gibt, die aus dem Gebäude kommen. Sie protokolliert auf der Wache: „Am Anfang war es nur ein Blitz. Dann kamen diese Blitze rundherum aus dem ganzen Gebäude, und das Gebäude begann zusammenzubrechen.“

*

Tief versteckt in den Cheyenne Mountains im Bundesstaat Colorado befindet sich der unterirdische Bunkerkomplex des 1962 gegründeten NORAD, des *North American Aerospace Defense Command*, eine militärische Organisation, die den gesamten Luftraum der Vereinigten Staaten und Kanadas überwacht.

In den Jahren und Monaten vor diesem Dienstag, dem 11. September 2001, fing das NORAD ausnahmslos alle vom Kurs abgewichenen oder entführten Flugzeuge ab. Jeweils in weniger als 20 Minuten. Hierfür werden Piloten von Abfangjägern ihr ganzes Berufsleben lang trainiert. Am heutigen Dienstag bleibt diese primäre Aufgabe der NORAD außer Kraft. Das liegt an einem ganz besonderen Umstand.

Der besondere Umstand besteht in der Tatsache, dass Richard »Dick« Cheney, der Vizepräsident und Oberscharfmacher der fünf Falken rund um

George W. Bush – Verteidigungsminister Donald Rumsfeld, Sicherheitsberater John Bolton, Außenminister Colin Powell und dem stellvertretenden Verteidigungsminister Paul Wolfowitz – kurzfristig die Kontrolle über sämtliche US-Luftfahrt-Überwachungsbehörden übernommen hat. Ein einmaliger Vorgang in der Geschichte der USA. Er hat im Auftrag der Fünfergruppe und ihres Präsidenten eine lange von ihnen geplante Sonderübung des NORAD angeordnet.

Die Übung begann am Freitag, dem 8. September, und soll bis Freitag, dem 14. September, dauern. Der Anschlag am 11. September erfolgt zufällig mitten in der Übungsphase. Und wenn man den späteren Regierungserklärungen Cheneys folgt, hinderte genau dies NORAD daran, die Anschläge zu vereiteln. Denn die Kriegsübungen sind ausgerechnet als Teil eines flugtechnischen Großmanövers zur Verhinderung terroristischer Flugangriffe geplant. Das erfordert simulierte Entführungen – darunter mindestens einer Live-Flugsimulation namens *Vigilant Warrior*. Geübt wird mit vorgetäuschten Leuchtpunkten auf den Radarschirmen.

Am 11. September waren zudem noch andere Kriegsspiele für das Manöver eingeplant, was es für die Dauer von einigen Stunden unmöglich zu machen schien, auch nur eine der von den »Terroristen entführten« vier Maschinen abzufangen. Es gab die Übungen *Northern Guardian* und die nicht weiter benannte Übung des *National Reconnaissance Office*, NRO. Das Manöver *Vigilant Warrior* wiederum war Bestandteil des umfassenden Übungsprogramms

Vigilant Guardian, das genau am 11. September durchgeführt wurde.

Vigilant Warrior ist der Aktionsplan für Angriffe auf amerikanische Gebäude mit entführten Flugzeugen. Der Manöver-Plan simuliert in diesen Stunden somit haargenau das, was an diesem Tag in der Realität geschieht. *

Die ersten landesweiten Reaktionen von Flugverkehrsleitern auf die Entführungsmeldungen war demnach die Frage: „Ist dies real oder Bestandteil der NORAD-Übungen?" Auf dem Höhepunkt der Übungen an diesem Tag zeigten die Radarschirme 22 entführte Maschinen. Ein wahres Verwirrspiel.

*Die spätere Erklärung der Bush-Administration, es hätte niemand ahnen können, dass Terroristen Flugzeuge in Gebäude fliegen könnten, war eine dreiste Unwahrheit. Denn das Weiße Haus war sich des Inhalts der Übungen nicht nur bewusst – man hatte sie von dort aus angeordnet und kommandiert.

*

In Shanksville hört man einen sehr lauten Knall, ein Explosionsgeräusch. Schnell spricht sich herum, dass ein Passagierflugzeug abgestürzt sei. Kurze Zeit darauf heißt es in den Nachrichten, der entführte Flieger der United Airlines aus Newark, Flug UA93, sei in der Nähe von Shanksville abgestürzt, nachdem mutige Passagiere die im Cockpit steuernden Entführer überwältigt hätten. Das Ziel der Maschine sei das Weiße Haus gewesen. Nur wenige können zu diesem Zeitpunkt wissen, dass es ein anderes Ziel war, das zeitgleich mit den Zwillingstürmen zum Einsturz gebracht werden sollte: WTC 7. Aber dazu war es nun entscheidende 47 Minuten zu spät.

Als der diensthabende *ACARS*-Direktor, William Smith-Lesson, von dem gerade erfolgten Absturz erfährt, überprüft er sein *Aircraft Communications Addressing and Reporting System*, in dem Nachrichten an und von einem Flugzeug registriert werden. Verwundert stellt er fest, dass der soeben offiziell „abgestürzte“ Flieger laut seinem aktuellen Registrierungs-System munter weiterfliegt – in westlicher Richtung über dem Staat Illinois.

Indessen macht sich Wallace Miller, der Leichenbeschauer von Somerset County, zu dem Shanksville gehört, als einer der ersten zum Absturzort auf. Dort angekommen, stellt er die merkwürdige Tatsache fest, dass kein einziger Tropfen Blut zu sehen ist. Nach 20 Minuten bricht er seine „Leichenbeschau“ ab und kehrt zurück. Einem Reporter berichtet er: „Ich habe mit der Leichenbeschau aufgehört, weil es da überhaupt keine Leichen gab. Es ist, als seien die Passagiere irgendwo anders ausgestiegen."

Am Ort des Geschehens läuft auch der Fotograf Scott Wrangler von der *Tribune Review* herum. Er will mit seiner 25 Kilogramm schweren Tasche in der einen Hand und einer Kamera mit Teleobjektiv in der anderen so viele Fotos wie möglich machen. Auch für einen Fotografen ist Zeit Geld. Aber ihm scheint, er verplempert hier seine Zeit. Seinem Zeitungschef erzählt er an diesem Mittag, was er gesehen hat: „Der Boden war fest. Ich versuchte auf meine Schritte zu achten, während ich herumlief, um Fotos zu machen. Aber ich dachte, dass ich am falschen Ort sei. Es gab da nichts. Nur ein Loch. Ich drehte meine Kamera um mich herum, um ein Panoramabild zu erhalten. Ich sah mich um und suchte nach etwas, dass einem Heckstück ähnelte, einem Flügel, Metall, einem Sitz. Aber es gab nichts, es gab da überhaupt nichts."

Die Feuerwehrfrau Nena Lansbouer befindet sich 300 Meter vor dem „Absturzort" entfernt und ist unter den Ersten vor Ort. Sie berichtet an ihre Leitstelle: „Es gibt da nur ein großes Loch im Boden, das ist alles. Nichts weiter."

Terry Butler, Homer Barron und Jeff Philips fahren von dem nahe gelegenen Schrottplatz so schnell wie möglich zu der Einschlagstelle. Als sie ankommen, pumpt die Feuerwehr Wasser in ein Loch, aus dem keine einzige Flamme züngelt. Sie berichten der örtlichen Zeitung: „Es gab da nichts, das nach einem Flugzeugeinschlag aussah, denn es gab dort nichts, das einem Teil von einem Flugzeug ähnelte."

Auch der Ortsbewohner Don Relano, der sich ebenfalls an den Ort des angeblichen Absturzes begeben hat, kann nichts Flugzeugartiges entdecken. Er berichtet dem Journalisten: „Wenn sie uns nicht erzählt hätten, dass hier ein Flugzeug abgestürzt sei, hätten wir es nicht ahnen können."

Frank Monaco von der Pennsylvania State Police hält in seiner Aktennotiz fest: „Wir haben nichts gesehen, das größer als ein Telefonbuch war. Sicherlich nicht etwas, das wie ein Teil von einem Flugzeug aussah. Außer einem Krater im Waldboden gab es da nichts zu sehen. No airplane!"

*

WTC 7 war, wie bereits berichtet, ein 47 Stockwerke zählender und 180 Meter hoher Wolkenkratzer, der hauptsächlich als Bürogebäude mit brisanten Mietern zählte, die brisante Unterlagen zu anhängigen Strafrechtsverfahren gegen Wallstreet-Banken in ihren Archiven aufbewahrten. Es war Teil des WTC-Komplexes, der am 11. September getroffen worden war. Sechs Stunden nach den Einschlägen in den Türmen 1 und 2, kollabierte WTC 7 nachmittags um 16:20 Uhr völlig unvermittelt.

Es ist innerhalb von 6,8 Sekunden senkrecht in seinen eigenen Umriss gestürzt. Deswegen vermuten ausnahmslos alle Experten, die sich exemplarisch nur mit diesem Fall beschäftigt haben, dass es sich dabei um eine kontrollierte Sprengung handelte, insbesondere da das Gebäude nicht von einem Flugkörper getroffen wurde und es nur einige wenige, kleinere – brandtechnisch gesehen völlig unbedeutende – Brände gab.

Eine kontrollierte Sprengung, die Implosion eines Wolkenkratzers mit mindestens 15 Stockwerken, dessen beste Zeit vorüber ist, ist eine anspruchsvolle, komplizierte Aufgabe. Inmitten einer städtischen Wolkenkratzerlandschaft gelegen, ist es zwingend erforderlich, dass beim beabsichtigten Kollaps eines solchen Riesen weder Menschen noch Nachbargebäude in Mitleidenschaft gezogen werden. Der Trick eines ungefährlichen Abrissprozesses besteht darin, das Abrissobjekt so senkrecht in sich zusammensacken zu lassen, dass nur ein Trümmerhaufen bleibt, der nicht oder nur kaum außerhalb des eigenen Grundrisses fällt.

Von alleine oder durch äußerlich einwirkende Gewalt wie einem Flugkörperaufprall oder durch bloße Brände (egal ob durch Inventar- oder große Kerosinbrände) kann ein großes Gebäude der Bauarten vom Typ WTC nicht einstürzen. Ein Wolkenkratzer kann nur durch eine gezielte, kontrollierte, fachmännische Sprengung im Inneren des Gebäudes zur Implosion gebracht werden – aber es ist eine äußerst komplizierte Angelegenheit.

Umfangreiche Vorabexplorationen, exakte Planungsarbeit, Bauplanungsunterlagen, architektonisches und statisches Wissen und entsprechende Vorbereitungen sind unabdingbar. Bestimmte, nicht an jeder Straßenecke zu beschaffende Explosivstoffe sind in einer genau dosierten Menge an mathematisch ermittelten, gezielt ausgesuchten Stellen anzubringen und müssen computergestützt programmiert werden, damit die Ladungen erfolgsgerecht gezündet werden können. Es gibt so gut wie keine Toleranz für fehlerhafte Parameter.

Nur wenige Unternehmen, nur ausgesuchte Militär-, Geheimdienst- und Sabotage-Experten verfügen über die technische Expertise, um ein derartiges Projekt erfolgreich durchzuführen. Wenn der Job richtig gemacht wird, ist das Ereignis eine beeindruckende Show. Es sieht aus, als ob sich das Gebäude selbst vernichtet und aus der Skyline verschwindet. Als hätte es nie existiert – wie bei WTC 7.

Die Show dauert in der Regel nur wenige Sekunden. Dieser Vorgang vermittelt den Eindruck, schnell und einfach zu sein. Aber es ist alles andere als das. Wenn ein Gebäude implodiert, sieht der Zuschauer in wenigen Sekunden das Ergebnis monatelanger Recherche und Vorbereitung von einem Team von Spezialisten, die oft jahrzehntelanges Training und Ausbildung hinter sich haben.

Gebäude implodieren nie zufällig. Nie? Das heißt zumindest nie bis zum 11. September 2001. Bereits im Jahr 2006 hatte der Experte Danny Jowenko in der niederländischen TV-Sendung NOVA Recht behalten: Ihm zufolge gab es keinen einzigen Grund, an einer gezielten Sprengung zu zweifeln.

Vergleiche hierzu:
(https://www.y-
outube.com/watch?v=k3DRhwRN06I&list=PL99
D16D31E41B4F97)

Der Einsturz von Building 7 war ein klassisches Beispiel einer kontrollierten Sprengung und wies alle diesbezüglichen Merkmale auf.

Es stellt sich die Frage: Was also war an diesem Tag, dem 11. September, in Bezug auf WTC 7 geschehen, bevor das Gebäude kollabierte?

Eine stark belastende Erklärung wurde am 9. Juli 2008 von Barry Jennings abgegeben. Er hatte seine Aussage bereits im Jahr 2003 vor der von Bush eingesetzten 9/11-Regierungskommision getroffen. Seine Aussage wie auch die zahlreichen Augenzeugenberichte der unmittelbar involvierten Rettungs- und Löschkräfte vor Ort wurden in dem Regierungsbericht schlichtweg unterschlagen. Man findet darin keinen einzigen Augenzeugenbericht von Beteiligten, die übereinstimmend über Explosionen im Inneren NACH dem Einschlag (und in UNTERSCHIEDLICHEN Etagen der Wolkenkratzer!) berichteten.

Jennings arbeitete für das im 23. Stockwerk von Building 7 gelegene *Office of Emergency Management* (OEM), das von Rudolph Giuliani, dem Bürgermeister der Stadt New York geleitet wurde. Das OEM war das Organ, das bei dieser Art von Katastrophen handeln und organisieren musste. Jennings offizielle Position: *Deputy Director of Emergency Services for the New York City Housing Departement.* Er arbeitete am 11. September 2001. Empfehlenswert ist die Videoaufzeichnung: *Barry Jennings uncut/26.*

In diesem Video berichtet Jannings über jene entscheidenden Stunden: Morgens, am 11. September, ging Jennings zusammen mit Michael Hess, einem der wichtigsten Mitarbeiter Giulianis, in Building 7 hinein. Es war laut Jennings unmittelbar nach dem Anschlag auf Turm 1, aber noch bevor das zweite Fluggerät in Turm 2 einschlug. Also zwischen 8:46 und 9:03 Uhr. Laut Jennings war eine große Anzahl von Polizisten in der Lobby des Gebäudes anwesend. Jennings und Hess nahmen den Aufzug zum 23. Stockwerk, aber es gelang ihnen nicht, die Tür des Aufzugs zu öffnen, was bisher noch nicht vorgekommen war. Sie konnten nicht in ihr Büro gehen, deshalb fuhren sie im Aufzug zurück zur Lobby. Polizeibeamte schickten sie ein zweites Mal hoch, diesmal mit dem Lastenaufzug.

Als sie im OEM-Büro ankamen, bemerkten sie, dass das Büro gerade erst von anderen Personen verlassen worden sein musste, denn „es gab noch warmen Kaffee und halb aufgegessene Brötchen auf dem Tisch." Jennings führte aus dem Büro heraus einige Telefonate. Eine nicht weiter benannte Person wies ihn an, das Gebäude sofort zu verlassen. Jennings und Hess liefen durch das Treppenhaus nach unten.

Als sie im 6. Stock ankamen, fand eine schwere Explosion statt, und die Treppen unter ihnen stürzten ein. „Die Explosion kam von unten", so Jennings. Sie stiegen dann wieder in die 8. Etage hoch, von der aus sie Sicht auf die Zwillingstürme hatten. Beide Gebäude standen noch. Die späteren Behauptungen, dass die Schäden an Building 7 durch Trümmer der einstürzenden Türme 1 und 2 entstanden seien, wurden somit widerlegt.

Jennings und Hess waren letztendlich bis ungefähr 13:00 Uhr im Gebäude in der 8. Etage eingesperrt. Dass nach dem Einsturz der Türme 1 und 2 bis zu diesem Zeitpunkt um 13:00 Uhr, Trümmerteile auf WTC 7 gefallen seien, wurde von ihnen nicht festgestellt. Die beiden Männer wurden von Feuerwehrleuten geborgen und zurück zur Lobby gebracht. Jennings sagte noch aus, dass die Lobby komplett zerstört und mit Leichen übersät gewesen sei. Er musste durch ein Loch in der Mauer nach außen gehen.

Ende des Jahres 2008 erwirkte 9/11-Orgnaistion zur Wahrheitsfindung einen Gerichtsbeschluss, der die NIST, National Institute of Standards and Technology, veranlasste alle Daten dies Tages in Bezug auf WTC7 herauszugeben. In diesen Dokumenten befand sich auch ein datiertes und mit Uhrzeit versehenes Video von Michael Hess, der aus dem 8. Stockwerk um Hilfe rief, was die Aussagen von Jennings bestätigte.

Jennings erklärte später: „Ich war verwirrt über den Einsturz des Gebäudes am Nachmittag. Ich glaubte der offiziellen Darstellung nicht. Die Explosionen wurden als ein angeblich explodierender Brennstofftank interpretiert, aber als ehemaliger Heizer wusste ich sofort, dass dies nicht stimmen konnte. Ich weiß, was ich gehört habe. Ich hörte Explosionen.“ Zudem fragt sich, warum im Tiefgeschoss eines Wolkenkratzers plötzlich eine „Heizungsanlage explodieren“ sollte, gerade an einem solchen Tag, gerade zu solch einer Uhrzeit, gerade an solch einem Ort, gerade in solch einer Stadt?

Wie bereits erwähnt, die Aussagen von Hess und Jennings wurde von der untersuchenden Regierungskommission nicht aufgenommen, sodass diese Ereignisse einfach aus offizieller Sicht nicht stattgefunden hatte. Keine Aufnahme im Regierungsbericht, das bedeutet: Alles, was die Augenzeugen berichtet haben, hat einfach »nicht stattgefunden«. Nur das Protokoll erwähnt die Vernehmung der Augenzeugen – völlig inhaltslos.

Tatsächlich passierte in Building 7 das Gleiche wie in den zwillingstürmen. Es gab Explosionen im gesamten Gebäude – in WTC 7, das ursprünglich vom Shanksville-Fluggerät getroffen werden sollte, was aber aufgrund der Verspätung nicht mehr durchführbar gewesen wäre, ohne in äußerst große Erklärungsnot zu geraten, in WTC 7 also fand mindestens eine mit WTC 1 und 2 zeitgleiche große Sprengung statt, die aber aufgrund eines wahrscheinlichen Stopp-Befehls nicht in ihrer arithmetischen Vollständigkeit durchgeführt wurde, sodass mit sechsstündiger Verspätung, am Nachmittag, die vorgesehene exakte Totalsprengung durchgeführt wurde.

Hätte diese Sprengung – ohne dass eine Flugmaschine/Drohne das Gebäude getroffen hat – zeitgleich mit den Sprengungen der Zwillingstürme stattgefunden, wäre der Betrug offensichtlich gewesen. So also war die vormittags angebrochene und später vervollständigte Sprengung von Building 7 mit angeblich ausgebrochenen Feuern aufgrund (nicht wirklicher) Feuertrümmer von WTC 1 und 2 der Öffentlichkeit halbwegs „plausibel“ zu erklären.

Es war die einzig mögliche Lüge, nachdem der verpatzte »Drohnen-Flug UA93« vormittags abgebrochen und in Shanksville vorzeitig ins Nichts gesteuert werden musste. Diese Elimination wäre auch vielleicht völlig unauffällig gelungen, wären nicht vor Ort in Shanksville, die untersuchenden offiziellen, aber unwissenden Verantwortlichen ihrer dokumentierenden Pflicht nachgekommen, der zufolge sie weder Flugzeug- noch Gepäck- oder menschliche Überreste vorfanden.

Zurück zum Tag des Geschehens und zu Building 7: Den ganzen Tag über gab es räumlich begrenzte Brände. Fotos zeigen kaum sichtbare Brände an der Nordseite des Gebäudes. An der Ostseite waren mittags einige Flammen im 11. Stock zu sehen. Später am Nachmittag gemachte Aufnahmen zeigten an der Westseite nur Rauchentwicklung, aber keine Flammen. Obwohl es nur wenige Brandherde gab und diese von der Größe her beschränkt waren, wurde beschlossen, sie nicht zu bekämpfen.

Hier ist in Erinnerung zu rufen, dass im Gebäude große Aktenberge zu anhängigen gravierenden strafrechtlichen Steuerereignisse von nationaler Tragweite mit entsprechendem Sicherheitspotential untergebracht waren. Beschuldigte Wallstreet-Banken hatten in WTC 7 ebenso wie die zuständigen beiden Strafverfolgungsbehörden und ihre Asservatenkammern (letztere befanden sich im Tiefgeschoss) ihren festen Platz. Wahrscheinlich erklärt sich hieraus auch die von Jennings anfangs festgestellte große Anzahl von Polizeibeamten.

Warum also wurden diese absolut beherrschbaren Brände nicht gelöscht? Die Antwort der zentralen Bundesstaaten-regierungshörigen FEMA (Federal Emergency Management Agency) fiel auffallend naiv aus: »Es konnte aufgrund von Wassermangel nicht gelöscht werden«. War sechs Stunden lang kein Wasser aufzutreiben? Der Hudson River strömt nur zwei Häuserblocks entfernt vom Geschehen durch die Stadt. Es reiht sich eine Merkwürdigkeit an die andere.

Nach Angaben des NIST-Berichts waren nach 14:00 Uhr keine Menschen mehr im Gebäude.

Im Laufe des Tages geschahen weiterhin seltsame Dinge in Building 7. In einem Dokumentarfilm von PBS Ende September 2001, *America Rebuilds,* gesteht Larry Silverstein von *Silverstein Properties* (Zur Erinnerung: Sie ist seit Sommer 2001 die 99-Jahre-Eignerin des gesamten WTC) ein, dass er selbst vorgeschlagen habe, das Gebäude am Nachmittag einstürzen zu lassen. Nachstehend der genaue Wortlaut mit anschließender Übersetzung:

„I remeber getting a call from the fire departement commander, telling me that they were not shure they were gonne be able to contain the fire, and I said: »We've had such a terrible loss of life, maybe the smartest thing to do is **pull** it.« And they made that decision to **pull** and we watched the buildiong collapse."

Übersetzung:

„Ich erinnere mich, dass ich einen Anruf vom Feuerwehrchef bekam, der mir berichtete, dass sie nicht sicher seien, ob sie den Brand kontrollieren können, und ich sagte: »Wir haben so einen schrecklichen Verlust an Menschenleben gehabt, vielleicht wäre es das Vernünftigste, es abzureißen.« Und sie haben diese Entscheidung getroffen, und wir sahen das Gebäude einstürzen."

Das Wort **»pull it«** wird in der Fachsprache bei kontrollierten Sprengungen verwendet. Um alle Missverständnisse vorwegzunehmen, wurde von den 9/11-Watch-Organisationen mit Controlled Demolition Inc. Kontakt aufgenommen, einem Unternehmen, die für das Wegschaffen der Überreste zuständig waren, um den Begriff **»pull it«** zu klären.

Die Antwort lautete: **»pull it«** bedeutet: **»pull it down«.** Anders gesagt: »Reiß es ab«. Die **»pull it«**-Anweisung von Silverstein hat für viel Aufregung in den Monaten und Jahren nach dem Anschlag gesorgt und impliziert, dass Silverstein und andere wussten, dass das Gebäude vorsätzlich abgerissen wurde. Dies stand offensichtlich im Widerspruch zu der offiziellen Version, der zufolge das Gebäude aufgrund der Brände einstürzte – was natürlich beim einem Stahlträgerbau völlig unmöglich ist.

Silverstein bedauerte offensichtlich seine Aussage oder er wurde unter Druck gesetzt, den später erklärte er trotz des weiterhin existierenden Life-Interviews, dass er mit **»pull it«** gemeint habe, dass die Feuerwehrleute das Gebäude verlassen sollte. Silverstein hätte dann natürlich in einem entsprechend anderen Kontext sagen müssen: **»pull them out«.** Letzteres stimmt aber nicht mit dem NIST-Bericht überein, der besagt, dass ab 14:00 Uhr niemand mehr im Gebäude anwesend war. Silverstein sprach vom Gebäude und nicht von Menschen.

Weitere Beweise für die Absicht, das Bürogebäude implodieren zu lassen, wurden von dem Journalisten Jeffrey Scott Shapiro in einer Fernsehsendung von Fox News im Jahr 2010 geliefert. Shapiro sagte, dass Silverstein eine Diskussion mit seinem Versicherungsagenten über den Zusammenbruch von WTC 7 geführt habe.

Shapiro: „Am Nachmittag, kurz bevor Building 7 zum Einsturz gebracht wurde, erzählten mir verschiedene Beamte des NYPD (New York Police Departement) und Mitarbeiter von Con Edison (dem Elektrizitätslieferanten in New York), dass Larry Silverstein in ihrer Anwesenheit ein Telefonat mit seinem Versicherungsagenten geführt habe, um zu sehen, ob er die Genehmigung für den kontrollierten Abriss des Gebäudes gäbe, da das Fundament schon instabil war und erwartungsgemäß einstürzen würde.“

Zur Erinnerung: Am Morgen, zur Zeit der Attacken gegen die Zwillingstürme, hörten Jennings und Hess eine große Detonation, weil die Planer der Aktion mit dem zeitnahen Einschlag der dann abgedrehten Drohne kalkuliert hatten. Der Zeitplan war außer Kontrolle geraten.

Zurück zu dem WTC 7-Versicherer. Wer war das? Einer der wichtigsten war Jeffrey Greenberg, Marsh & McLennan, der Sohn von Hank Greenberg, AIG. Jeffrey Greenberg hatte am 21. Juli 2001 diese Versicherungspolice bei Konkurrenten rückversichert, die letztlich für die auszuzahlenden

Milliardenbeträge an Silverstein aufkommen mussten. Frank Lowy, Lewis Eisenberg, Jeffrey Greenberg und Hank Greenberg waren alle große finanzielle Unterstützer der Wahlkampagne der radikalen Neocon-Regierung Bush jun./Dick Cheney – jenen extrem chauvinistischen Falken, die den USA den hegemonialen Weltbeherrschungs-Weg durch ein „Großereignis wie Pearl Harbour" ebnen wollten.

Interessant ist eine Tatsachenfeststellung von Bürgermeister Rudy Giuliani anlässlich eines Interviews auf ABC News Broadcast live um 12:01 Uhr am 11. September 2001. Er bezieht sich auf den WTC-Haupttrakt, wahrscheinlich Turm 2, der als erstes kollabierte, obwohl er eine Viertelstunde VOR Turm 1 getroffen wurde.

Giuliani: „I went down tot he scene and went up headquarters at 75 Barkley Street, which was right there with the Police Commissioner, The Head of Emergency Management, and we were operating out of there ***when we were told that the World Trade Center was going to collapse***. And it did collapse before we could actually get out oft he Building, so we were trapped in the building for 10, 15 minutes and finally found an exit and got out, walked north and took a lot of people with us."

Wichtig ist hier diese entscheidende Einschiebung: ***„… als wir erfuhren, dass das World Trade Center einstürzen werde."*** Wer wusste so genau, dass das Gebäude kollabieren würde, wenn es doch ein angeblich unberechenbares Brandgeschehen war, das das gesamte Stahlgerüst dieses 527 Meter hohen Wolkenkratzers innerhalb von nur einer

Stunde und 45 Minuten zum Schmelzen brachte und letztlich nur Massen von Staub und Zerbröseltem hinterließ? Wer war(en) Giulianis Informant(en)? Er gab hierzu niemals eine öffentliche Erklärung ab.

Noch kurioser war das, was BBC zu bieten hatte. Siehe hier das Video: BBC Reports Collaps of WTC Building 7 Early – Twice / 27

Die Reporterin Jane Standley berichtet, dass das Salomon Brothers Building; abgekürzt WTC 7 oder auch 7 WTC bereits kollabiert sei, aber das Gebäude stand noch deutlich sichtbar hinter ihr. Laut BBC wurden die Bänder gelöscht. Auch CNN berichtete im Voraus vom Einsturz von Building 7.

Am 21. August 2008, sieben Jahre später, kam der erklärende Bericht der NIST: Das Gebäude sei aufgrund von Bränden eingestürzt. Wenn das wahr und keine offensichtliche Lüge wäre, wären an diesem Tag gleich drei Gebäude mit Stahlrahmen infolge von Bränden eingestürzt – und das auch noch auf eine sehr exakte, statisch berechnete Weise. Derartige Gebäude werden schon seit mehr als hundert Jahren auf diese Art in den Vereinigten Staaten und in anderen Teilen der Welt gebaut – Gebäude mit einem Stahlrahmen und mit mehr als 15 Stockwerken, sogenannte Stahlskeletthochhäuser.

Es gibt Hunderte von Zwischenfällen mit wirklich sehr schweren Bränden in dieser Art von Gebäuden, aber in keinem einzigen Fall war ein Zusammenbruch die Folge, auch nicht teilweise. Das hängt mit dem Schmelzpunkt von Stahl zusammen – ein Punkt, den kein Brand (auch kein extrem starker

Kerosinbrand) außerhalb von Stahlwerken oder atomaren Explosionen erreichen kann.

Ein Beispiel war das One Meridian Plaza in Philadelphia im Jahr 1991, wo ein Großbrand ganze 18 Stunden lang wütete. Ein anderes Beispiel: Im Jahr 1988 brannte es 3,5 Stunden lang im First Interstate Bank Building in Los Angeles, wobei vier der 64 Stockwerke völlig ausbrannten, ohne dass der Stahl geschmolzen und ein Etageneinsturz erfolgt wäre.

Weitere Beispiele sind die Brände im New Yorker Plaza, im Caracas Tower, im Windsor Building und im Beijing Mandarin Oriental Hotel. Jeder dieser Brände war verheerender als die Brände in WTC 1, 2 und 7, aber diese Wolkenkratzer stürzten nicht ein. Ohne die Verwendung von Explosivstoffen – nur als Folge eines Brandes, unabhängig von dessen Umfang und Intensität, ist ein Zusammenbruch einfach nicht möglich.

Die Türme des WTC waren auch nicht die einzigen, die jemals durch einen Flugkörpereinschlag betroffen waren. Es gab auch Fälle, in denen Marschflugkörper und Raketen im Spiel waren. Auch hier gab es keine Implosion. Selbstverständlich sind die auf Einflughöhe stehenden Gebäude (und das ist jeder Wolkenkratzer) gerade auch auf solche Ereignisse hin konstruiert worden.

Noch einmal in Erinnerung gerufen: WTC 7 stürzte innerhalb eines Zeitraums von 6,8 Sekunden komplett ein. Die Zwillingstürme innerhalb von 10 Sekunden mit einer Geschwindigkeit von 200 Kilometern pro Stunde. Das bedeutet, dass es keinerlei Halt, keinen Zwischenstopp, keinen einzigen baulichen Widerstand gab, was nur eine zeitgleich abgestimmte präzise Sprengung leisten kann. Sogar ein blutiger Laie kann verstehen, dass die Einsturzursache, wie ihn die kriminelle Bush/Cheney/Rumsfeld/Wolfowitz-Regierung propagandistisch zu verkaufen versuchte, völlig unmöglich ist.

Das Fundament und der Stahlrahmen wurden durch explosive Materialien an wesentlichen Stellen so zerstört, dass die WTC-Gebäude wie ein Kartenhaus zusammenstürzten – wie auch das Lügengebäude der US-Regierung. Insofern ist es ein wahres Wunder, dass die überwiegende Zahl der Mainstream-Medien dieses Weiße-Haus-Märchen schon seit nunmehr 23 Jahren mehr oder minder erfolgreich verkaufen. Inzwischen setzen sie, neben der Wirkkraft permanenter Wiederholung ihrer Lügenstory, auf die Vergesslichkeit der Menschen und auf die junge Generation, die nichts weiter kennt als die Lügenstory.

Nachbetrachtungen zu 9/11

Barry Jennings starb zwei Tage vor der Veröffentlichung des NIST-Berichts, sechs Wochen nach seiner Aussage über Building 7. Die Todesursache wurde bis heute nicht bekannt gegeben.

Durch die Implosion von WTC 7 ging viel Beweismaterial verloren, ebenso durch die Vernichtung der Zwillingstürme und eines Teils des Pentagons.

Laut der New York Post und CBS News wurde eines der vielen Büros der Steuerfahndung in Building 7 verdeckt von der CIA genutzt. Es scheint naheliegend, dass dies eine Vorortabteilung war, die die mehrmonatigen Vorbereitungen des Verschwörungsunternehmens überwachte. Dies mag unter einigen anderen, viel wesentlicheren Gründen, als Nebeneffekt ein Grund mehr dafür war, weshalb das Bürogebäude zerstört werden musste. Wie bereits erwähnt, ging viel Beweismaterial aus schwerwiegenden Ermittlungsverfahren gegen bekannte Bankhäuser verloren. Auch Material in Bezug auf Ermittlungen wegen des Zusammenbruchs bestimmter Konzerne unter anderem Enron und Worldcom.

Durch die Zerstörung der ermittelnden Geschäftsstelle der SEC, einer Behörde der Börsenaufsicht, und anderer Büros von Ermittlungsbehörden, verschwanden buchstäblich einige Bankprobleme und der Hyperkapitalismus konnte sich weiter im Karussell drehen.

Am Niedergang von Enron und Worldcom waren viele hochrangige Politiker beteiligt, und auch hier befanden sich die Ermittlungen in einem fortgeschrittenen Stadium. Es ist bekannt, dass zwei Brüder des damaligen Präsidenten George W. Bush, Marvin Bush und Neil Bush, an Geschäften von Enron beteiligt waren.

Mehreren Reportern jenes Unglückstages und der darauffolgenden Stunden fällt etwas Seltsames auf: Die Reaktion von Familienmitgliedern und Bekannten von den Passagieren, die laut offizieller Version am 11. September in Shanksville umkamen, war gelinde gesagt äußerst merkwürdig. Bei jeder Flugzeugkatastrophe versammeln sie sich immer am geplanten Ankunftsflughafen, in diesem Fall also am San Francisco Airport, um Informationen zu erhalten. Aber nach San Francisco kam keiner, nicht eine einzige Person ließ sich blicken. Ein Phänomen, das so noch nie vorgekommen ist.

*

Anfang Oktober veröffentlicht das Weiße Haus Mitschnitte zu Telefonaten, die angeblich aus den entführten Flugzeugen geführt wurden. Einige Angehörige von Passagieren und Flugbegleitern, die sich in den „entführten" Maschinen befanden, bekamen am Morgen des 11. September Anrufe aus eben diesen Flugzeugen. Die Beschreibungen von den Anrufen kann man bestenfalls als merkwürdig bezeichnen. Laut der offiziellen Version der US-Behörden befanden sich die Anrufer in extremen Krisensituationen, eingeschlossen in Flugzeugen und unter Kontrolle von mordlüsternen Terroristen. Sie wussten nicht, ob sie weiterleben oder im nächsten Moment sterben würden.

Es drängt sich eine Frage auf: Was will die Regierung in Washington mit der Veröffentlichung solcher angeblich letzten Hilferufe bezwecken? Dienen sie der Glaubhaftmachung und Untermauerung von etwas, was vielleicht nicht ganz lupenrein war? Aber wo war der Haken?

Was hört, was empfindet man, wenn man die angeblichen Tonmitschnitte analysiert? Passagiere in Todesangst und dennoch scheint es, als ob die Anrufer fast ohne Ausnahme ihre Worte auffällig ruhig wählten. *Als ob es diese furchtbare Bedrohung nicht geben würde,* meinen Zuschauer später, die die in NBC veröffentlichten Telefonate im Original mitbekommen hatten. Wenn dies nur in einzelnen Fällen vorgekommen wäre, zum Beispiel bei einer Flugbegleiterin, die vorher als Polizistin oder in einem ähnlichen Beruf tätig gewesen war, wäre es wohl weniger auffällig gewesen. Aber die große Mehrheit der Anrufer zeigte dieselbe unnatürliche Ruhe und Beherrschung. Die Familienmitglieder, die Anrufe bekamen, so schrieben einige US-Zeitschriften am nächsten Tag, kommentierten dies fast ausnahmslos mit Verwunderung. Einigen fiel auf, dass es im Hintergrund bei den meisten Gesprächen keine Panik, kein Geschrei oder andere Geräusche gab, die das Chaos widerspiegelten.

Jedenfalls wirken diese Umstände sehr ungewöhnlich. So wie fast alle Umstände an diesem Tag werfen die Telefonate große Zweifel und viele Fragen auf.

„Wurden diese Gespräche wirklich aus entführten Flugzeugen und tatsächlich von bedrohten Passagieren und Personal geführt?“, fragte die *Washington Post*, als sie das Fragen noch nicht verlernt hatte. Egal, jetzt geht es seit dem 11. September nur noch um den »Kampf gegen den islamistischen Terrorismus«. „Oder war es so, dass die Organisatoren Telefongespräche vorgeführt haben, beziehungsweise haben vorführen lassen, um die offizielle Version zu bekräftigen?“

Auf jeden Fall ist sicher, dass ein Teil der Gespräche nicht geführt worden sein kann, denn die damaligen Mobiltelefone funktionierten nicht in einer Höhe von mehreren Kilometern.

*

Am 7.Oktober 2001 – gut und früh geplant – beginnt der amerikanische Luftangriff auf Afghanistan mit britischer Unterstützung. Die Militärschläge mit Langstreckenbombern, seegestützten Kampfjets und Marschflugkörpern werden von einer breiten internationalen Koalition gebilligt. Die Gruppe um Cheney und Rumsfeld haben ihr Ziel erreicht: Es beginnt der kulturlose »Kampf der Kulturen«, ein Kampf um wichtige Rohstoffe wie Seltene Erden.

An den kommenden Tagen werden Hunderte von Afghanen und vier UN-Mitarbeiter, die mit der Verteilung von Nahrungsmittelpaketen befasst waren, getötet, Kollateralschäden … verursacht von US-Streubomben.

*

Am 26. Oktober 2001 unterzeichnet Präsident Bush den *USA Patriot Act* im Weißen Haus. Es ist ein Bundesgesetz, das vom Kongress im Zuge des »Krieges gegen den Terrorismus« verabschiedet wurde. Es bringt eine Einschränkung der amerikanischen Bürgerrechte in größerem Maße mit sich, aber auch Auswirkungen für USA-Reisende, da die Kontrolle und die Anforderungen an Pässe und Visa auf Dauer erhöht werden.

Im Laufe des November wird die Äußerung des SPD-Politikers Horst Ehmke bekannt. Er ist Staatsrechtler, war 1969 kurzzeitig Bundesminister der Justiz, danach bis 1972 im Kabinett von Willy Brandt »Bundesminister für besondere Aufgaben« und führte als Chef des Bundeskanzleramtes zugleich die Aufsicht über die bundesdeutschen Geheimdienste. Er sagt jetzt: „Terroristen können eine solche Operation mit vier entführten Flugzeugen nicht ohne die Hilfe eines Geheimdienstes durchgeführt haben."

In New York meldet sich der 67-jährige ehemalige Chef der amerikanischen Luftwaffen- und Raumfahrtprogramme, Dr. Robert M. Bowman, zu Wort. Er ist Oberst der Luftwaffe mit 101 Kampfeinsätzen und erhielt einen Doktortitel in Luftfahrt- und Nukleartechnik am *California Institute of Technology*. Vor fünf Jahren hatte er nach Eintritt in den Ruhestand als Gründungserzbischof der »Vereinigten

Katholischen Kirche«, einer unabhängigen katholischen Gemeinschaft, gewirkt. Seine Haltung zu den Geschehnissen rund um das World Trade Center am 11. September gibt er erstmals kurz vor Weihnachten 2001 bekannt.

Er sagt: „Wenn Osama Bin Laden und al-Quaida an 9/11 beteiligt waren, dann hat unsere Regierung zumindest zugelassen, dass die Angriffe stattfinden konnten. Die Übungen, die an diesem Morgen Angriffe mit Flugzeugen simulierten, wurden als Deckmantel gebraucht, um unwissendes Verteidigungspersonal in die Irre zu führen. Diese Übungen, die genau nachahmten, was an diesem Morgen in Wirklichkeit geschah, haben die Mitarbeiter von der *Federal Aviation Administration* und dem NORAD verwirrt.

Sie wussten nicht, was real und was Teil der Übung war. Ich denke, dass die Personen, die dies planten und durchführten, Gegenstand einer gerichtlichen Untersuchung sein müssten."

Der Reporter von *The New Yorker* fragt ihn, ob er den Namen von dem mutmaßlichen »Architekten« dieser Operation nennen wolle.

„Wenn ich es auf eine Person einschränken müsste, wäre mein Hauptverdächtiger Dick Cheney. Ich befürchte, dass der Anschlag die Welt auf lange Zeit in ein Chaos stürzt und unser Land in eine Art Diktatur verwandeln könnte."

„Diktatur klingt hart."

„Der sogenannte Kampf gegen den Terrorismus und der dazu erlassene *Patriot Act* bergen die Gefahr in sich, dass uns Amerikanern von unserer

Regierung mehr Rechte genommen werden als alle Feinde der Vereinigten Staaten dies jemals könnten.“

Diese Informationen und Meinungen, die anfangs noch sehr rar waren, wurden nicht breit gefächert in unseren deutschen Medien publiziert. Sie erscheinen heute eher wie zufällig durchgerutscht, absichtlich als Randnotiz aus dem aktuellen Gesichtsfeld der Leser gerückt.

Persönliche Anmerkung des Autors

Als ich in den Wochen nach 9/11 etwas über die eine und andere Reaktion, insbesondere unmittelbar aus den USA, erfahre, werde ich skeptisch, obwohl sich auch mir das untrügliche Bild eines Terror-Fliegers und eines Feuerballs in einem der Obergeschosse eines WTC-Turms sowie das unweigerliche, unheimliche Zusammensacken der Türme ins visuelle Gedächtnis eingebrannt hatte. Die umgehende Schuldzuweisung gegen al Quaida hatte Worte und Bild miteinander verschmolzen.

Ich war mir nach wie vor sicher: Es war ein islamistischer Anschlag.

Dennoch musste ich bereits damals an das Haus des »American Enterprise Institute«, *AEI*, denken, das an der Ecke Massachusetts Avenue und der 17th Street in Northwest Washington, D. C., steht – dem zentralen Treffpunkt einer Gruppe neokonservativer Falken. Ein Großmieter des Hauses trägt das Logo *PNAC* und ist ein Think Tank mit ultrakonservativen Denkansätzen. *PNAC* steht für den anspruchsvollen Namen »Project for the New American Century«. Gründungsziel der Gruppe von republikanischen Neocons und ultrarechten Rüstungsfanatikern ist es, der »weltweiten Führerschaft der Vereinigten Staaten von Amerika« den Weg zu ebnen.

Das Besondere an dieser Mietpartei waren die dahinterstehenden Personen, die zugleich Mitglieder des Regierungsteams von George W. Bush waren: Dick Cheney, Donald Rumsfeld, Paul Wolfowitz, Colin Powell, Richard Armitage, Richard Perle, und John R. Bolton. Im Jahr 2000 hatte ich in den »Blättern für deutsche und internationale Politik« die bemerkenswerte *PNAC*-Denkschrift dieser Neocon-Gruppe gelesen.

Man geht darin der Frage nach, wie man die amerikanischen Streitkräfte neu ausrichten kann, um eine dauerhafte, weltweite militärische Dominanz in den kommenden Jahrzehnten sicherzustellen.

Wörtlich heißt es: »Eine solche Transformation ist als langwierig zu erwarten, es sei denn, ein katalysierendes Ereignis wie ein neues Pearl Harbor findet statt.«

Ich rief an diesem Abend meinen Freund Meise in Hamburg an. „Was meinst du zu 9/11 nach allem, was wir jetzt mit einem zeitlichen Abstand von zehn Wochen wissen? War das jenes Denkschrift-Pearl-Harbor, über das wir vor einem Jahr schon einmal gesprochen haben?"

„Was ist denn deine Meinung?", lautet Meises Gegenfrage, auf die ich nicht gefasst war.

„Ich glaube, dass der Anschlag echt war."

„Sicher, der war echt. Aber wer hat ihn verübt?"

„Ich glaube schon, dass es diese Terroristen waren. Vielleicht hat man sie bloß gewähren lassen …"

„… was genauso schlimm ist, als wenn man den Anschlag selbst ausübt", konterte Meise.

„Das schon, aber … irgendwie …"

„Kein Aber! Wenn eine verschworene Clique militaristischer Extremisten, eingebettet in einen harmlos klingenden Think Tank, eine monatelange Debatte über »katastrophischen Terrorismus« forciert, dann ist der zweite Schritt nicht weit: Ein willkommener terroristischer Akt, der die ganze Welt hinter den USA zusammenschweißt. Genau das haben wir jetzt doch!"

„Das wäre ja ungeheuerlich."

„Ist es auch … und zugleich führt es im Inneren zu nicht-rechtsstaatlichen Überreaktionen des Sicherheitsapparates. Aber leider muss man das ja der »übergeordneten Sicherheitslage« wegen als Kröte schlucken", hatte Meise gemeint.

Am Freitag, dem 16. November fand im Bundestag die Abstimmung über den Bundeswehreinsatz in Afghanistan statt. Bundeskanzler Schröder verband das Wahlergebnis mit der Vertrauensfrage. Die Abstimmung fiel äußerst knapp aus: 336 von 666 Abgeordneten stimmen dafür.

*

Am 23. Mai 2002 hält der US-Präsident George W. Bush vor dem deutschen Bundestag eine aufmunternde Rede, die an Trivialität nicht zu überbieten ist. Er ruft die Europäer zum gemeinsamen Kampf gegen den Terrorismus und die »Feinde der Freiheit« auf. Wer wohl zu all den Freiheitsfeinden gehört?

Sein Vater, George H. Bush sen., vermutet jedenfalls in Juniors Regierungsmannschaft hinterhältige Feinde seines Sohnes, so jedenfalls steht es in seiner Biographie. In einem Gespräch mit seiner Frau Barbara teilt der Ex-US-Präsident in jenen

Tagen kräftig gegen die prägenden Männer in der Regierung seines Sohnes aus.: „Dick Cheney und Donald Rumsfeld sind arrogant und eisenhart: Beide haben sie unseren George nach dem 11. September falsch beraten.“

Sein Sohn habe „sein Bestes“ getan, so Bush sen. zu seiner Gattin. Allerdings müsse er sich vorwerfen lassen, dass er Cheney zu viel Handlungsfreiheit zugestanden habe. „So hat Dick so etwas wie sein eigenes Außenministerium aufgebaut. Das war ein Fehler von George.“

Unter Bush sen. hatte Cheney von 1989 bis 1993 bereits als Verteidigungsminister gedient. Später, schon einige Monate vor 9/11, habe er, Bush sen., allerdings gravierende Veränderungen an seinem einstigen Wegbegleiter festgestellt: „Er wurde ein strenger und unberechenbarer Hardliner. Ganz anders als jener Dick Cheney, den ich kannte und mit dem ich früher zusammengearbeitet habe.“

Barbara Bush hört ihrem Mann geduldig zu. Sie ist eine gute Zuhörerin, und Cheney konnte sie noch nie so recht leiden.

„Offenbar haben die Terroranschläge sein Weltbild verändert“, meint ihr Gatte. „Da scheint er den harten Typen nachgegeben zu haben, die gegen alles kämpfen wollen und die schon immer mit Gewalt unseren Kurs im Nahen Osten durchdrücken wollten.“

*

Was mich aufatmen ließ: Am 3. August 2002 schloss Kanzler Schröder eine deutsche Beteiligung an einem von der Regierung George W. Bush geplanten Angriffskrieg gegen den Irak kategorisch aus. Ganz offiziell, ganz öffentlich. Das entsprach voll und ganz unserer nichtkriegerischen Staaträson. Es war aber auch eine selbstverständliche Reaktion nach all den Stolperfallen, in die uns die Amerikaner bereits hineingelockt hatten. Zudem war es nicht nur moralisch selbstverständlich, auch rechtlich – allein wegen unseres verfassungsmäßigen Friedensgebotes.

*

Mehr oder minder „zufällig" kann genau am Jahrestag des Anschlags auf das World Trade Center, am 11. September 2002, der Weltöffentlichkeit die Gefangennahme von Ramzi Binalshibh bekanntgegeben werden. Er wird von den Diensten der USA als »meistgesuchter al-Qaida-Terrorist und als Verantwortlicher für die 9/11-Anschläge« präsentiert. Gemeinsam mit Muhammad Atta und Said Bahaji hatte er sich als Student eine Wohnung in der Marienstraße 54 in Hamburg-Harburg geteilt. Am Tag des Anschlags hielt er sich in Hamburg auf.

Eine mittelbare oder unmittelbare Tatbeteiligung konnte ihm nicht nachgewiesen werden; lediglich die Nähe zu Atta brachte ihn in Verdacht. Nun also hatte man ihn nach einem Schusswechsel im pakistanischen Karatschi festgenommen. Die Hauptscharfmacher in Bushs Regierung, Cheney und Rumsfeld, brauchten Sündenböcke, brauchten Gesichter und Erfolge.

In den nächsten fünf Monate wird Binalshibh in der Haft »einer ausländischen Regierung« verbringen, wie es später in einem freigeklagten Bericht zur Folter der CIA für den US-Senat hieß. Wahrscheinlich saß er in Pakistan ein. Dann wurde er an die USA ausgeliefert und ohne Prozess an einem (vorläufig) unbekannten Ort inhaftiert – man vermutet schon damals, dass er in einem CIA-Foltergeheimgefängnis in Europa, wahrscheinlich in Polen, einsitzt. Er besitze »kritische Informationen über geplante Attentate und die Standorte hochrangiger Qaida-Mitglieder« vermutet die CIA und übertreibt damit Binalshibhs Rolle absichtlich.

Ramzi Binalshibh wird nach seiner Auslieferung an die CIA rund 34 Tage in der *Detention Site Blue* gefoltert, nach inzwischen bestätigten Medienberichten wohl der *CIA Black Site* in Polen, einem illegalen Geheimgefängnis mitten in Europa. Ramzi Binalshibh wird rasiert und bei eisigen Temperaturen nackt ausgezogen. Für 72 Stunden wird ihm der Schlaf entzogen. Er wird an Händen und Füßen gefesselt, die Arme weit über den Kopf gestreckt, während die Füße so positioniert werden, dass er sich nicht abstützen kann.

Auch nachdem feststeht, dass Binalshibh der CIA keine nützlichen Informationen geben kann, wird er weiter verhört. Nach drei Wochen Schlaf- und Nahrungsentzug, Schläge auf den Bauch und ins Gesicht, nach Waterboarding und anderen Foltertechniken, erkennt die CIA laut Senatsbericht verspätet, was sie angerichtet hat. *

Die Folter hat bei ihm »psychologische Probleme« ausgelöst: Wahnvorstellungen, Paranoia, Schlaflosigkeit. Zahlreiche Selbstmordversuche folgten.

*

Was ich aus der Autobiografie von Bush senior erfuhr: 12. September 2002, vormittags, Washington, Weißes Haus, US-Präsident George W. Bush, der Junior, verkündet, den Irak auch ohne Billigung des UN-Sicherheitsrats anzugreifen. Kanzler Schröder bekräftigt in einem Interview, dass sich Deutschland nicht an einem Feldzug gegen den Irak beteiligen werde. Dafür erntet er Schimpf und Schande von den christlichen Unionsparteien, und Angela Merkel betont in einem Interview, sie würde, wenn sie könnte, den US-Feldzug gegen Saddam Hussein militärisch unterstützen.

*Im April 2005 stellte ein CIA-Psychologe fest, dass Binalshibh zu dem Zeitpunkt „bis zu zweieinhalb Jahre in totaler sozialer Isolation“ verbracht habe, mit „eskalierenden Folgen“ für seine Psyche. Anfang September 2006 wurde er in das Gefangenenlager der Guantanamo Bay Naval Base gebracht, wo er Anti-Psychotika verabreicht bekam.

Gleicher Tag, abends, »Summer White House«, direkt am Atlantischen Ozean im Süden des Bundesstaates Maine gelegen, der Sommersitz des 41. Präsidenten der Vereinigten Staaten von Amerika, George W. Bush und dessen Eltern George H. W. Bush.

An diesem Spätsommerabend sitzen die Eltern des regierenden Präsidenten auf ihrer separaten Terrasse. Der Ex-US-Präsident George Bush sen. teilt in einem Gespräch mit seiner Frau Barbara kräftig gegen die prägenden Männer in der Regierung seines Sohnes aus, wie er in seiner Autobiographie berichtet. Donald Rumsfeld und Dick Cheney hätten ihren Sohn nach dem 11. September 2001 falsch beraten.

„Unser Sohn hat sein Bestes getan", so Bush sen. zu seiner Gattin. Er wiederholt seinen Vorwurf: „Allerdings finde ich, dass er Cheney zu viel Handlungsfreiheit zugestanden hat."

„Wir sollten uns da nicht einmischen", antwortet sie.

„Es geht nicht darum. Was ich sagen will, ist Folgendes: Mr Cheney macht unter den Augen von George sein eigenes außenpolitisches Ding. Das ist ein großer Fehler. George hätte es nicht zulassen dürfen. Cheney wird zu mächtig. Er ist eh schon äußerst eigensinnig!"

„Du mit deiner Altersweisheit", sagt Barbara Bush lachend zu ihrem Gatten. Der Vater des Präsidenten ist jetzt 78 Jahre alt. Ist es Altersweisheit?

Bush sen. fährt unbeirrt fort: „Auch mit seiner diesjährigen Januar-Ansprache, als er vor einer »Achse des Bösen« zwischen dem Irak, Iran und

Nordkorea warnte, hat sich unser George keinen Gefallen getan."

„Offenbar haben die Terroranschläge sein Weltbild verändert", meint Barbara Bush.

„Ja, er hat den knallharten Boys nachgegeben, die von Diplomatie wenig halten. Die alles mit Gewalt durchdrücken wollen."

Auch für Verteidigungsminister Rumsfeld hat Vater Bush wenig schmeichelhafte Worte übrig. Er bezeichnet ihn als „arroganten Typen, der dem Präsidenten geschadet habe." So richtig warm sei er mit Rumsfeld ohnehin nie geworden. „Ihm fehlt jede Bescheidenheit, er kann sein Gegenüber nicht verstehen. Ihm liegt eher daran, Leute fertigzumachen."

„Das mag ja alles sein", sagt Lady Bush, „aber sind Mr Cheney und Mr Rumsfeld nicht auch diejenigen, die George dazu ermuntert haben, dein Werk fortzusetzen?"

Bush sen. sieht seine Frau eine Weile fragend an, dann greift er sich an den Kopf und sagt: „Ah, ich weiß, was du meinst: Saddam Hussein ..."

„Of course! Mit dem hast du doch noch eine Rechnung offen, oder?"

Bush nickt und lächelt. „Wenn er den Irak für uns erledigt, dann ist ihm mein Dank sicher. Aber um Hussein auszuschalten, muss George ein Rezept finden."

„Ein Rezept?"

„Na ja, einen plausiblen Grund. Er muss sich so etwas einfallen lassen, wie es Powell angedeutet hat – irgendeine waffentechnische Bedrohung. Das ist im Moment allerdings schwierig, denn wie ich erfahren habe, hat sich Hussein gerade erst bereit erklärt, UN-Waffenkontrolleure ohne Vorbedingungen ins Land zu lassen."

„Das kriegt unser Junge schon irgendwie hin", sagt Mrs Bush.

*

Bekommt er es hin? Die Welt wird sehen ... Der US-Präsident erhält schon am 11. Oktober 2002 vom Senat die Vollmacht für einen Feldzug gegen den Irak. Die Kriegseintrittslüge von den Massenvernichtungswaffen des Saddam Hussein hat Wirkung gezeigt. Vier Tage später entfallen bei den irakischen Präsidentschaftswahlen hundert Prozent der Stimmen auf Saddam Hussein. Bald werden Bomben auf seine Wähler fallen.

Öffentlich geäußerte Fragen häufen sich

Viele Amerikaner und manche Deutschen versuchen, sich durch all die unbewiesenen Behauptungen und offensichtlichen Spekulationen hindurchzubeißen ... Man war am Spekulieren ... Was war wahr an der Terrorismus-Story, die uns seit zwei Jahren – beginnend ein Jahr vor dem Anschlag – ununterbrochen aufgetischt worden war ... Noch immer haben die Menschen das Bild einer American Airlines Maschine vor Augen, die in den 400 Meter hohen Büroturm des World Trade Center rast. Man sieht, wie die Passagiermaschine in einem Feuerball zerbirst und ein riesiges Loch im Gebäude klafft.

Doch inzwischen fragt man sich, ob man das »riesige Loch« tatsächlich gesehen hat, ob es die Video-Perspektive überhaupt hatte hergeben können.

Und woher wusste man, dass es eine Passagiermaschine war? Hatte man das Fluggerät so nahe sehen können?

Hatte man die Aussichtsluken für Passagiere erkennen können?

War der Schriftzug »American Airlines« zu lesen gewesen?

War nicht alles viel zu schnell gegangen?

Hatte es jemals eine Aufnahme in Zeitlupe gegeben? Das wäre doch so einfach gewesen.

Die gleichen Fragen drängten sich beim zweiten Aufprall der angeblichen United Airlines Maschine in den Südturm auf. Dass irgendetwas in die Türme hineingeflogen und explodiert war, war klar. Aber was?

Am 3. Dezember 2002, durchsuchen die UN-Waffeninspekteure in Bagdad erstmals den Palast des irakischen Präsidenten Saddam Hussein. In einem Kommentar des ND heißt es: „Man stelle sich nur mal vor, die Inspekteure würden das NATO-Hauptquartier und das Weiße Haus durchsuchen! Waffen würden die wahrscheinlich nicht finden, dafür aber jede Menge Überfallpläne. Liegt das nicht in der Logik von Angriffskriegern, die sie seit jeher sind?

Ein paar Tage später, am 7. Dezember 2002, übergibt der Irak zudem und auf völlig freiwilliger Basis der UN ein 12.000 Seiten umfassendes Dossier über seine atomaren, biologischen und chemischen Waffen samt Standortbeschreibung. Großartig für Cheney und Rumsfeld für ihre Kriegsplanung.

Schröder und der französische Staatspräsident Jacques Chirac haben sich getroffen. Anlass war der 40. Jahrestag des Élysée-Vertrags, der Aussöhnungsvertrag von 1963, nach zwei verheerenden gegeneinander geführten Weltkriegen, nach all der verheerenden „Erbfehde“.

Schröder und Chirac haben öffentlich ihren Widerstand gegen einen Militäreinsatz der USA gegen den Irak ausgesprochen. „Das ist im Rahmen ihrer bescheidenen Möglichkeiten mutig, jedenfalls besser als das bisherige Mitläufertum“, schreibt die Frankfurter Rundschau.

Es fragt sich, wie Washington reagieren wird. Die Antwort lässt nicht lange auf sich warten: Verteidigungsminister Donald Rumsfeld bezeichnet Frankreich und Deutschland als »ein Problem« und die beiden Länder als das »alte Europa«. Er ist echt ein respektloser Hardcore-Falke.

*

Am 5. Februar 2003 erfolgt ein großer amerikanischer Coup. Es ist der Coup des evangelikal-radikalen Verschwörer-Trupps um Bush junior, Dick Cheney, Paul Wolfowitz, John R. Bolton, Donald Rumsfeld und Condoleezza Rice: Ihr außenpolitisches Sprachrohr, Minister Colin Powell, beschuldigt bei einem perfekt orchestrierten, publicityträchtigen Auftritt vor dem UN-Sicherheitsrat, den Irak, biologische und chemische Massenvernichtungswaffen zu besitzen und mit al-Quaida zusammenzuarbeiten. Powell hält vor dem Gremium angebliche Beweise in Form von großformatigen Skizzen in die Höhe. Es soll die Lagerorte der Massenvernichtungswaffen zeigen. Fast alle glauben ihm. So dreist lügt keine Regierung vor der Vollversammlung. Nein, so kühn und ungeniert wagt niemand vor der Weltöffentlichkeit zu lügen.

Letztes Jahr, am 22. Dezember 2002, hatte Präsident Bush die 9/11-Kommission berufen. Ihr vollmundiger Titel lautet *»National Commission on Terrorist Attacks Upon the United States«*. Manchmal wurde der parteiübergreifende Ausschuss des US-Kongresses in den Medien als *»Kean-Hamilton-Commission«*, nach ihren Vorsitzenden bezeichnet.

Zuerst hatte die Regierung Bush jede Art von Untersuchung strikt abgelehnt. Nach dem 11. September dauerte es dann auch folgerichtig noch ganze 441 Tage, bis die Kommission mit ihrer Arbeit beginnen konnte. Gewisse Beweise waren zu diesem Zeitpunkt bereits verschwunden. Dass es jetzt endlich überhaupt eine Untersuchung gab, war dem Druck der Öffentlichkeit und einer Initiative der Familien der über 3000 Opfer zu verdanken.

Aber es gab einen Haken: Mit der Ernennung von Philip D. Zelikow zum *executive director* war nur wenig Wahrheitsfindung zu erwarten. Philip Zelikow ist Historiker und eng mit der Sicherheitsberaterin des Weißen Hauses, Condoleezza Rice, verbunden. Er hat mit ihr das Buch *German Unified and Europe Transformed: a Study in Statecraft* geschrieben. Während des Ersten Golfkrieges beriet er Bush senior und James Baker in militärischen und diplomatischen Angelegenheiten. Er beriet auch George W. Bush in der Zusammensetzung seines Kabinetts.

Außerdem leistete er Lobbyarbeit für die Positionen vieler Neokonservativer; er ist Unterzeichner des radikalen Gedankengutes des *PNAC* und fanatischer Befürworter des Irakkrieges. Er war und ist ein Mann des Weißen Hauses und kann als oberster Verschwörer-Maulwurf innerhalb der Kommission betrachtet werden.

Der Investigativ-Journalist David Griffin kritisiert die als *»Kean-Hamilton-Commission« in zwölf Punkten:*

Erstens, die Kommission behauptete, es habe niemals ein WTC-Building 7 gegeben, obwohl das Gebäude doch tatsächlich seit 1987 dastand und in den alten Lagekarten und Grundbüchern – samt seiner exklusiven Mieter – überall verzeichnet war. Dazu die Fotos. „Es ist einer der dreistesten Lügen", bemerkt Griffin.

Zweitens: Präsident Bush und Vizepräsident Cheney wurden in den vergangenen zwei Monaten zwar angehört, aber nicht unter Eid. Es wurden keine Aufnahmen gemacht; die Anhörung fand hinter geschlossenen Türen statt.

Drittens: Nach dem 11. September 2001 wurden sechs der Entführer, die bei ihrem Anschlag angeblichen ums Leben gekommen waren, noch lebend von Zeugen gesehen. Aber die Zeugen wurden von *executive director* Philip D. Zelikow nicht geladen – trotz aller öffentlichen Proteste.

Viertens: Inzwischen war bekannt geworden, dass Mohammed Atta ein Liebhaber von Alkohol, Schweinefleisch und erotischen Tänzerinnen war, ein klarer Widerspruch zur offiziellen These der Regierung, dass er ein religiöser Fanatiker sei. Aber diese Tatsache fand kein Gehör bei Mr Zelikow und den anderen Kommissionsmitgliedern.

Fünftens: Man verschwieg die Tatsache, dass die Brände in den Zwillingstürmen weder sehr umfangreich, noch extrem oder lang anhaltend waren, verglichen mit ähnlichen Bränden in gleichartigen Gebäuden, die nicht einstürzten.

Sechstens: Man vertuschte die Tatsache, dass angesichts der Annahme, dass die Einstürze durch

Brände verursacht wurden, Turm 2, der etwas später als Turm 1 getroffen wurde und dessen Brände wesentlich kleiner waren, nicht als erster hätte einstürzen dürfen.

Siebtens: Es wurde unter den Tisch gekehrt und kam nicht zur Sprache, dass der Stahl der WTC-Gebäude so schnell wie möglich vom Ort des Geschehens entfernt und verschifft wurde, bevor er auf den Einsatz von Sprengstoffen untersucht werden konnte. Deshalb unter anderem wohl die Verzögerung beim Beauftragen und Einrichten der Kommission.

Achtens: Es wurde verschwiegen, dass die in Building 7 arbeitenden Menschen lange vor dem Crash ausquartiert worden waren. Auch hatte man die leicht zu bewältigenden kleinen Brände in den zur Verfügung stehenden vier Stunden nicht gelöscht, obwohl es möglich gewesen wäre. Aber man hatte die Lunte brennen lassen, um die Detonationsgeschichte zu vertuschen. Zeugen hatten zuvor von Sprengungen berichtet. Aber alles „Nonsens" für Zelikow, denn Building 7 hatte es ja nie gegeben.

Neuntens: Die Unterdrückung der Tatsache, dass Bürgermeister Giuliani bereits lange vor dem Anschlag zu hören bekam, dass das WTC einstürzen würde.

Zehntens: Das Verschweigen der Tatsache, dass Marvin Bush, der Bruder von George W. Bush, und Wirt Walker III, ein entfernter Verwandter von Bush junior, beide Vorstandsmitglieder jenes Unternehmens waren, das für die gesamte Sicherheit (und damit für die Kontrolle) des WTC zuständig war.

Elftens: Schon in den ersten Tagen der Untersuchung kam heraus, dass die Bilder von verschiedenen Überwachungskameras – einschließlich der Kamera an der privaten Tankstelle gegenüber des Pentagons – vom FBI beschlagnahmt worden waren, jedoch auf Zelikows Anordnung unter Verschluss gehalten wurden. Sie hätten die Frage beantworten können, was wirklich beim Pentagon passiert war.

Zwölftens: Die Unterschlagung der Tatsache, dass Osama Bin Laden, der damals schon Staats-Feind Nummer 1 in Amerika war, im Juli 2000, knapp zwei Monate vor dem Anschlag, von einem amerikanischen Arzt in einem amerikanischen Krankenhaus in Dubai behandelt worden war. Und dass er dort denkwürdiger Weise von einem örtlichen CIA-Führungsoffizier besucht wurde.

All diese Informationen machen stutzig, aber sie bringen bei vielen Bürgern noch immer nicht das Bild ins Wanken, dass sich ihnen unmittelbar nach dem Geschehen am 11. September 2001 aufgrund der permanenten Berichterstattung und Bildwiedergabe scheinbar unwiderruflich eingebrannt hatte: Da war ein ausländischer terroristischer Anschlag mit 3000 Toten in den USA und gegen die USA verübt worden. Mag sein, dass es viele zweifelhafte Dinge rundum gegeben haben mag, aber im Grunde …

… im Grunde blieb nur die unglaubliche Erkenntnis übrig, dass eine Verschwörung der US-Regierung nicht nur nicht auszuschließen war, sondern offenbar auf der Hand lag

*

Am 16. März 2003 stellte US-Präsident Bush dem irakischen Präsidenten Saddam Hussein ein Ultimatum. Ein Angriff der USA ist demnach nur noch unter der Bedingung vermeidbar, dass der irakische Präsident sein Land bis zum 19. März verlässt.

In einem Leserbrief heißt es im *stern*: „Ich nehme an, dass Hussein daraufhin den US-Präsident aufgefordert hat, die USA innerhalb von zwei Tagen zu verlassen, wenn er ein zweites WTC-Desaster vermeiden will …"

Am 20. März 2003 startete die widerrechtliche, von der UN nicht bewilligte Militäroperation der USA, Großbritanniens und einer »Koalition der Willigen« und führte zur Eroberung Bagdads sowie zum Sturz der legitimen Regierung von Saddam Hussein.

*

Am 5. Juni 2003 stellt Hans Blix, der Chef der UN-Rüstungskontrollkommission, UNMOVIC, in seinem Abschlussbericht fest, dass seine Mitarbeiter keine Beweise für Massenvernichtungswaffen im Irak gefunden haben.

*

Neben der von Bush ernannten Regierungskommission zu 9/11 hat sich eine soweit als möglich als „unabhängig" zu bezeichnende parlamentarische Untersuchungskommission parlamentarischen Untersuchungskommission gebildet. Die meisten Mitglieder der parlamentarischen Untersuchungskommission stellen im US-Kongress die Frage, warum die US-

Geheimdienste im Vorfeld der Terroranschläge vom 11. September 2001 keinerlei Wissen und keinerlei Vorkehrungen getroffen hatten. Viele Beobachter und redaktionelle Berichterstatter interpretieren den Untersuchungsbericht als ein Papier, das die Rolle der Geheimdienste zweideutig sieht und in unmittelbare Nähe der Anschläge rückt. Einige sprechen von einer Verstrickung oder gar von Strippenzieherei.

Anders die noch nicht abgeschlossene Arbeit der von Präsident Bush in Alleinherrscher-Manier eingesetzten Regierungskommission. Hier wird die Geheimdienstarbeit gelobt, und gegenteilige Zeugenbekundungen *aus Geheimdienstkreisen* werden nicht protokolliert.

*

Am 14. Dezember 2003 zeigen die Aufnahmen in den Abendnachrichten, wie der irakische Staatschef Saddam Hussein in einem verwilderten Zustand aus einem Erdloch gezogen wird. Zwölf Versuche, ihn festzunehmen, waren 2003 schon gescheitert. Jetzt hatten US-Spezialkräfte eine Farm am Tigris – in der Nähe seiner Heimatstadt Tigrit – durchsucht. Zunächst fanden sie nichts, bis sie auf eine Öffnung im Boden stießen.

Die dazu geschaltete Nachricht ist so kurz wie eindeutig: „We got him", eröffnete Paul Bremer, der zivile US-Gouverneur des seit neun Monaten besetzten Irak, die vielleicht wichtigste Pressekonferenz seines Lebens. Zusammen mit US-Oberbefehlshaber Ricardo Sanchez gibt der Diplomat bekannt, wie die Festnahme abgelaufen war. Die

Sensationslust der Öffentlichkeit muss befriedigt und die US-Macht demonstriert werden.

Tausende Häuser und Grundstücke hatte man nach ihm schon durchsucht. Aber immer war Saddam Hussein seinen Verfolgern einen Schritt voraus gewesen. „Wir sind manchmal buchstäblich eine Stunde oder noch weniger zu spät gekommen", hatte im Sommer 2003 ein US-Offizier geklagt. Dann wurde die Spur kälter und kälter, und ab September gingen kaum mehr Hinweise auf Saddams mögliche Aufenthaltsorte ein.

Allzu große Hoffnungen hatten sich die Männer der Task Force 121 deshalb nicht gemacht, als sie wieder einmal einen Tipp bekamen – diesmal von einer Familie aus Saddams Heimatort Tikrit. Der Hinweis deutete auf eine Farm in der Kleinstadt Al-Dawr am Ostufer des Tigris. Am Abend des 13. Dezember stürmten die Soldaten das verdächtige Gebäude – und fanden erst einmal: nichts.

Eben wollten sie den Hubschrauber rufen, der sie abholen sollte. Da trat einer von ihnen etwas beiseite, das auf dem Boden lag, und entdeckte darunter ein ausgemauertes Loch. Er wollte gerade eine Handgranate hineinwerfen, als plötzlich ein struppiger Kopf erschien.

Der Mann hob die Hände und sagte: „Ich bin Saddam Hussein. Ich bin der Präsident des Irak, und ich bin bereit zu verhandeln."

Der Delta-Force-Mann schlug ihn daraufhin mit dem Kolben seines Sturmgewehrs k.o., zog ihn heraus und nahm ihm eine Pistole ab. Sein Kommandoführer legte ruhig die Abdeckung des Lochs wieder zurück und sagte: „Präsident Bush lässt grüßen.“

Am folgenden Tag erklärte Präsident Bush den irakischen Staatschef kurzum zum Kriegsgefangenen.

*

Am 8. Februar 2004 räumt US-Präsident George W. Bush ein, aufgrund von Geheimdienstberichten vor dem Irak-Krieg die Existenz von Massenvernichtungswaffen falsch eingeschätzt zu haben. Sein Außenminister Powell hatte ein Jahr zuvor vor dem UN-Sicherheitsrat den völkerrechtswidrigen Angriffskrieg propagandistisch mit gefakten Fotos öffentlichkeitswirksam vorbereitet

Drei Wochen später beschließen Bush und Kanzler Schröder bei ihrer ersten Begegnung im Weißen Haus seit zwei Jahren ein »deutsch-amerikanisches Bündnis für das 21. Jahrhundert« und verpflichten sich zu einer »echten Partnerschaft«.

Ende April empört sich ein Teil der deutschen und ein sehr großer Teil der internationalen Medien, als die Bilder des US-Fernsehsenders CBS bekannt werden. Man ist zu Recht entsetzt, weil es schreckliche Bilder von schrecklichen Misshandlungen irakischer Gefangener sind. Sie werden von amerikanischen Wachleuten, darunter auch von lächelnden weiblichen Furien, gedemütigt, vergewaltigt und gefoltert, oft bis zum Tod. Der Ort des Geschehens ist das CIA-Gefängnis von Abu Ghraib.

„Die meisten der Insassen sind Unschuldige, die zur falschen Zeit am falschen Ort waren“, sagt ein US-General, nachdem der Skandal durch die Presse-Veröffentlichung von Beweisfotos und Videos aufgedeckt wurde.

Das Bild des mit Elektroschocks gefolterten Ali al-Quasi prägt sich den Medienkonsumenten ein – ein Symbol des Skandals. An beiden Händen und am Penis sind Elektrodrähte befestigt. Er steht auf einer Kiste. Sein Kopf unter einer Ku-Klux-Klan-Kapuze verdeckt. Ihm wurde angedroht, dass er durch Elektroschocks hingerichtet würde, falls er von der Kiste fällt.

Ist das die Welt, zu der wir andere Länder und Völker großsprecherisch mit vielen Lockangeboten einladen, fragt die »junge welt«.

*

Mitte Mai 2004erscheint die englische Originalausgabe des Buches *»The New Pearl Harbor: Disturbing Questions About the Bush Administration and 9-11«*. Verfasst hat es der amerikanische Professor David R. Griffin. Nach Griffins Beweisführung ist es vollkommen unmöglich, dass ein Flugzeug das Pentagon getroffen hat.

Wie hier aufgezeigt wurde, haben die relevanten Sicherheitsdienste sämtliche Beweisfotos samt der damals anmontierten Hardware beschlagnahmt und nicht mehr herausgegeben. Auch die beiden Kommissionen erhielten sie nicht, wobei die Regierungskommission aus begreifbaren Gründen auch keinerlei diesbezügliches Interesse zeigte.

Teil I des Buches von Professor David R. Griffin befasst sich mit den Ereignissen vom 11. September 2001, und der Autor bespricht und analysiert nacheinander jeden einzelnen der vier Flüge. Auch beleuchtet er das Verhalten von Präsident Bush und seinen Schutz durch den Geheimdienst.

Teil II untersucht den 11. September in einem größeren Kontext in Form von vier »beunruhigenden Fragen«, wie der Autor betont:

Hatten US-Beamte Vorabinformationen über den 11. September?

Haben US-Beamte die Ermittlungen vor dem 11. September behindert?

Hatten US-Beamte Gründe, den 11. September zuzulassen?

Haben US-Beamte nach dem 11. September Festnahmen und Ermittlungen blockiert?

Rekapitulation zu scheinbar nebensächlichen Ereignissen von 9/11

Die *New York Times* und andere Medien und Nachrichtenagenturen berichteten unmittelbar nach 9/11, dass die Polizei von New York Anrufe von erstaunten bis wütenden Einwohnern aus Jersey City erhalten habe. Die Anwohner hatten beobachtet, wie fünf Männer am gegenüberliegenden Ufer des Hudson River vor den Einschlägen Kameras auf Stativen auf die Zwillingstürme ausrichteten.

Andere sahen, wie sie im Liberty State Park nach dem ersten Einschlag Freudensprünge machten. Später sahen wiederum andere Augenzeugen, wie sie auf einem Dach in Weehawken feierten und einander in einem Parkhaus in Jersey City abklatschten.

Bei all diesen Gelegenheiten wurden weiße Lieferwagen gesehen und eine Gruppe von fünf Männern, die aussahen, als kämen sie aus dem Nahen Osten. *ABC*, die *New York Post* und die *New Jersey Bern Record* berichteten, dass die Polizei von New York eine Gruppe von fünf Männern in einem weißen Lieferwagen auf der Auffahrt zur Route 3 angehalten habe, die zum Lincoln Tunnel in New York führt.

Die fünf verhafteten Personen wiesen sich später als israelische Staatsbürger aus und trugen die Namen Sivan und Paul Kurzberg, Yaron Shmuel, Oded Ellner und Omer Murmari. Der Fahrer des

Lieferwagens, Sivan Kurzberg, wurde aufgrund bestehender Fluchtgefahr von der Polizei zu Boden geworfen. Er sagte bei seiner Festnahme folgende merkwürdige Sätze, wie es im Polizeibericht festgehalten wurde: „We are Israelis. We are not your problem. Your problems are our problems. The Palestinians are your problem" („Wir sind Israelis. Wir sind nicht euer Problem. Eure Probleme sind unsere Probleme. Die Palästinenser sind euer Problem.")

Polizeibeamte berichteten dem Journalisten Paulo Lima von der Zeitung *The Record*, dass sie in dem Lieferwagen, Stadtkarten, Reisepässe verschiedener Nationalitäten (Anmerk.: Autor: Das ist eine typische Mossad-Spezialität), 6.000 US-Dollar in bar sowie offene Flugtickets zu diversen Reisezielen im Ausland gefunden hätten (Autor: Letzteres auch dies eine Mossad-Arbeitsmethode). Das israelische Wochenblatt *The Forward* kam zu dem Schluss, dass mindestens zwei dieser fünf Personen, die Brüder Kurzberg, für den Mossad arbeiteten und dass der Arbeitgeber der fünf Männer, Urban Moving Systems, eine Scheinfirma derselben Organisation war. Letzteres wurde auch von zwei ehemaligen CIA-Mitarbeitern bekräftigt, die erklärten, dass Umzugsfirmen oft als Deckmantel von Geheimdiensten verwendet würden.

Die israelischen Eigentümer von Urban Moving Systems, Dominik und Ornit Suter, flohen wenige Tage nach 9/11 aus den Vereinigten Staaten und ließen ihr Unternehmen einfach hinter sich zurück. Die beiden Suters wurden schließlich vom FBI auf dieselbe Liste der Verdächtigen gesetzt wie

Mohammed Atta. Die anderen fünf Israelis verbrachten 71 Tage in Haft und wurden danach in aller Stille freigelassen.

Drei dieser ehemaligen Arrestierten erzählten von ihren Erfahrungen in den USA in einer Talkshow im israelischen Fernsehen. Einer von ihnen sagte: „Tatsache ist, dass wir aus einem Land kommen, in dem Terrorismus eine alltägliche Erfahrung ist. Unser Ziel war es, die Ereignisse zu erfassen."

Die Kernfrage zu dieser Aussage lautet: Woher wussten diese Personen, was, wo und wann passieren würde?

Siehe auch Video auf YouTube:
Five Dancing Israelis Arrestet on 9/11/28

Blicken wir einige Jahre nach vorne:

Die Frage nach den Flugschreibern wollte nicht verstummen. Die Frage war offensichtlich und lag auf der Hand. Die amerikanische Justiz präsentierte im Jahr 2006 anlässlich des Prozesses gegen Zacarias Moussaoui endlich zwei Flugschreiber (Blackboxes) vom angeblichen Shanksville-Flugzeug. Die Staatsanwaltschaft legte eine Abschrift des CVR (Cockpit Voice Recorder) vor. Es handelte sich allerdings um eine sehr dilettantische Fälschung. Wenn ein Flugzeug abstürzt, gibt das Ground Proximity Warning System (GWPS) eine Vielzahl von Anweisungen, die vom CWR aufgezeichnet werden.

So zum Beispiel: *pull up*, *sink rate*, *terrain* usw. Auf diesem Stimmenrecorder aber war nur siebenmal Allah is the Greatest zu hören. Auf der Abschrift des CVR fehlten alle notwendigen Echtheitsmerkmale wie Datum, Uhrzeit, Unfallort, Identifikationsnummer, Datum der Abschrift sowie Name und Unterschrift des Beamten, der die Untersuchung leitete. Kurzum, auch nach diesem Prozess, fünf Jahre nach dem Anschlag, gab es immer noch keinen Beweis für den Absturz von Flug UA93 in Shanksville.

Von den Flügen AA11 und UA175 wurden die Blackboxes nicht gefunden – aber gleich am Anschlagstag der Pass von Mohammed Atta. Von den Flügen AA77 (Pentagon) und UA93 (Shanksville) wurden die Blackboxes/CVR vom FBI beschlagnahmt. Letzteres ist eine Abweichung vom Standardvorgehen. Die Analyse der Daten muss – so entspricht es den Regeln – vom NTSB durchgeführt werden.

Das National Transportation Safety Board ist eine relativ unabhängige Bundesbehörde, die im Auftrag des amerikanischen Senats JEDEN Unfall mit einem zivilen Flugzeug in den USA untersucht. Dass man sie außenvor gehalten hat – obwohl sie die zuständige Untersuchungs- und Expertenbehörde ist – spricht für sich. Bis heute, 24 Jahre später, versucht das FBI alles Mögliche, um den Inhalt weiter geheim zu halten – trotz des Informationsfreiheitsgesetzes. Begründung: Gefahr für die nationale Sicherheit.

Stattdessen produzierte das in Händen einiger weniger Großkonzerne befindliche Mainstream-

Hollywood »Dokumentarfilme«, die ohne Wenn und Aber, losgelöst von jeglichen Fakten die offizielle Regierungsversion nachbildeten: Einmal handelt es sich um die Film-Story »The Flight That Fought Back«. Zum anderen betrifft es eine filmische Zwillings-Doku, eine Fiktion mit dem Titel »9/11 The Plane That Fought Back« – Werke, die völlig aus dem Fantasy-Genre und dem regierungsgenetischen Erfindungsreichtum stammen.

Alles weist darauf hin, dass das Fluggerät, das Flug UA93 ersetzte, während des Fluges abgeschossen wurde und keine Passagiere an Bord hatte.

Halten wir noch einmal fest: Es handelte sich bei den Anschlägen am 11. September 2001 um insgesamt vier involvierte Flüge.

[Dem interessierten Leser ist zu raten, sich zu den Flugstrecken und flugtechnischen Gegebenheiten das Video auf YouTube anzusehen; es ist noch heute, am 22.07.2024, zu sehen:

Inside 9/11 Who controlled the Planes/25]

Was zu sehen ist: Drei der vier Flüge machten eine U-Kurve und schalteten ihre Transponder genau in den sogenannten *radar gaps* ab, Zonen im US-Luftraum, in denen das Radar kaum oder gar nicht funktioniert. Wie konnten die „Entführer" wissen, in welchem Moment sie diese Radarlücken erreichten? Sogar der amerikanischen Flugleitung waren diese Daten nicht bekannt. Die angeblichen Entführer konnten auch unmöglich untereinander Kontakt gehabt haben. Die Zufallswahrscheinlichkeit wäre nicht einmal eins zu einer Million und ist somit auszuschließen. Als einzig mögliche Schlussfolgerung bleibt, dass es sich hier um eine von einer zentral gesteuerten Kommandozentrale koordinierte Aktion handelte. Die Radarlücken waren die Stellen, an denen reguläre und/oder fingierte Flüge durch Drohnen ersetzt wurden, die später in ihre Ziele einschlugen. Allein dies ist nur einer von mehreren Dutzend unmöglicher »Zufälle« am 11. September des Jahres 2001.

Ein weiterer unmöglicher Zufall beziehungsweise eine weitere zufällige Unmöglichkeit stellt die anekdotische Erklärung in Bezug auf die Blackboxes der vier Flüge dar. Nach Angaben der US-Behörden wurden die Blackboxes der Flüge AA11 und UA175, die die Türme 1 bzw. 2 des WTC in New York trafen, nicht gefunden. So der regierungsamtliche 9/11-Kommissionsbericht: „Der CVR und der FDR (J.B.: Flight Deck Recorder) von den Flügen AA11 und UA 175 wurden nicht gefunden."

Ted Lopatkiewicz, Sprecher des NTSB: „Es ist äußerst selten, dass wir Blackboxes nicht finden. Ich kann mich an keinen inländischen Vorfall erinnern, bei dem wir die Recorder nicht fanden."

Blackboxes wurden entwickelt, um enormen externen Kräften standzuhalten. Sie senden nach einem Absturz ein lautes Signal aus. Sie befinden sich im hinteren teil des Flugzeuges, der in der Regel bei einem Absturz am wenigsten Schaden nimmt. Der CVR von Flug AA77, dem Flug, der das Pentagon getroffen haben soll, war laut den Behörden zu sehr beschädigt, um Laute oder Stimmen im Cockpit wiedergeben zu können. Letzteres, so Lopatkiewicz, wäre ein Novum in der US-Luftfahrtgeschichte.

Vom Shanksville-Flug UA93 wurden vor Ort der CVR und der FDR gefunden. FBI-Agent Wells Morrison berichtet: „Es war seltsam. Blackboxes sind direkt nebeneinander in einer Maschine installiert, aber hier wurde eine Blackbox 13 Fuß (J.B. ca. 4 m) tiefer im Krater gefunden als die andere.“ Mit anderen Worten, die Blackboxes hätten näher beieinander gefunden werden sollen. Die Schlussfolgerung liegt nahe, dass die Boxes auf nachlässige Weise platziert wurden. Die Blackboxes, die orangefarben sind, wurden erst am späten Nachmittag des 11. September in Shanksville gefunden. Morrison sagte dazu: „Ehrlich gesagt, war ich ziemlich überrascht, dass wir die Blackboxes nicht früher fanden.“

Es gibt noch einen weiteren unmöglichen Zufall: Von Flug UA175, angeblich einer Boeing 767-222, die in den Südturm, Turm 2 des WTC einschlug, wurde behauptet, man habe den Motor gefunden. Der Motor der Boeing wurde drei Straßenblöcke entfernt vom Südturm entdeckt, Ecke Church Street & Murray.

Er wurde als ein CFM56-Motor identifiziert. Dazu sagte ein bei Boeing angestellter Mechaniker im TV-Broadcasting Folgendes: Ich bin ein A&P-Mechaniker für eine große Fluggesellschaft. Dieser Motor ist nicht von einer 767. Keine operative 767 verwendet CFM56-Motoren. Sie haben nicht genug Kraft, um eine 767 abheben zu lassen.“

Obwohl der Motor vermeintlich aus großer Höhe und ziemlicher Distanz aufschlug, verursachte er kein Loch im Boden. Natürlich ist das unmöglich. Dieser falsche Flugzeugmotor ist überdeutlich ein platzierter Beweis.

*

Was ist E-4B und welche Rolle spielte es?

Linda Brookhart nahm am 11. September an einer Konferenz amerikanischer Steuerzahler teil, die im *Old Executive Building* stattfand, direkt neben dem Weißen Haus. Sie wurde genau wie alle anderen gebeten, das Gebäude wegen der Gefahr eines möglichen Anschlags zu verlassen. Außerhalb des Gebäudes sprach sie mit einem Wachmann, schaute im selben Moment in den Himmel und sah über dem Weißen Haus ein großes weißes Flugzeug. Sie besaß die Geistesgegenwart, sofort ein Foto mit einer Pentax Kamera zu machen, was sich im Nachhinein nicht nur als eine wichtige Beobachtung, sondern auch als ein wichtiges Beweismittel herausstellte.

Eine zweite Person filmte dasselbe Flugzeug. Das Ergebnis war ein kurzes Video, das später in einer TV-Dokumentation gezeigt wurde. Der zwei Stunden lange Zusammenschnitt von gestellten Schauspiel- und Umgebungsszenen und tatsächlichen Aufnahmen vom Anschlagstag trägt den hier bereits zuvor erwähnten Titel *»The Flight that Fought Back«* und wurde im August 2005 auf dem Discovery Channel gezeigt.

Es handelt sich bei der im obigen Zusammenhang wichtigen Beobachtung um einen kleinen Teilausschnitt dieser „Doku", der wahrscheinlich unbeabsichtigt hineingerutscht ist: In einem kurzen Fragment im vierten Teil des Films, in Minute 47, erkennt man in klarem Bild, dass es sich bei dem weißen Flugzeug um eine modifizierte Boeing 747-200 handelt, mit einem ausgeprägten „Buckel“ auf dem Flugzeug hinter dem Cockpit, die sogenannte E-4B. Das spezielle Militärflugzeug ist weiß lackiert und hat auf beiden Seiten diagonale blaue Streifen, die unter dem Heck zusammenlaufen. An dieser Stelle ist auch die US-Flagge abgebildet.

Das von Linda Brookhart aufgenommene Bild zeigt deutlich den Punkt der Verschmelzung der beiden blauen Streifen an der Unterseite des Flugzeuges. Es gibt also mindestens zwei verschiedene Aufzeichnungen über die Anwesenheit dieser E-4B über Washington DC. Linda Brookhart verließ die Konferenz um etwa 9:10 Uhr, nachdem die Zwillingstürme des World Trade Center bereits getroffen worden waren. Doch die Flüge AA77 und UA93 befanden sich noch immer in der Luft.

Eine Boeing 747-200, Typ E-4B, ist eine fliegende Kommandozentrale. Die US-Luftwaffe verfügt über vier dieser Maschinen. Der offizielle Name lautet *»National Emergency Airborne Command Post«, NCEAP*. Die Maschine wird auch als »doomsday plane« bezeichnet, weil sie die Aufgabe hat, im Falle einer Gefahr für die nationale Sicherheit oder bei einem Nuklearangriff als fliegendes Kommando-, Kontroll- und Kommunikationszentrum zu fungieren.

Wenn ein Präsident der Vereinigten Staaten die Air Force One, die Präsidentenmaschine verwendet, befindet sich in ihrem Gefolge meistens eine E-4B. Sie kann in der Luft betankt werden und dient auch als fliegendes Büro des Verteidigungsministers. Dieses 250 Millionen US-Dollar teure Flugzeug verfügt über Kommunikationsmittel für den weltweiten Einsatz und hat ein vollständiges Radiospektrum für extrem niedrige (ELF) und extrem hohe (UHF) Frequenzen an Bord. Somit ist es möglich, aus der Maschine heraus mit allen amerikanischen Kommandozentralen in der Welt zu kommunizieren, einschließlich taktischen und strategischen Einheiten, Marineschiffen, Kampfflugzeugen und U-Booten mit Nuklearwaffen an Bord.

Das Flugzeug kann als fliegendes Pentagon dienen, verfügt über Generatoren, die an Bord Strom erzeugen, und ist gegen elektromagnetische Strahlung (EMP) geschützt, die durch nukleare Explosionen freigesetzt wird. Sogar die weiße Farbe ist funktionell und dient zum Überleben während eines Nuklearschlages. Es hat eine Besatzung von 64 Personen und kann zusätzlich 50 Passagiere befördern.

Was machte diese Maschine zu jenem Zeitpunkt über dem Weißen Haus, in einem Teil des Luftraums, in dem normalerweise kein Flugverkehr stattfinden darf, in dem Luftverkehr strikt verboten ist? Nach Rückfragen wurde die Anwesenheit der E-4B vollständig dementiert. Trotz Foto- und Videoaufnahmen und Zeugenaussagen gab es laut Pentagon an jener Stelle und zu jenem Zeitpunkt kein Flugzeug. Diese komplette Verleugnung macht die Angelegenheit äußerst suspekt. Was ist der Grund des Abstreitens?

Immer hatte der führende General der NORAD-Übungen, Larry Arnold, gegenüber der 9/11-Regierungskommission folgendes ausgesagt: „Es war unsere Absicht, Flug UA93 abzufangen. In der Tat kreiste mein Kommando in diesem Moment über Washington, und ich war persönlich gespannt, was Flug UA93 tun würde.“ Diese Erklärung veranlasste die 9/11-Kommission, eine Untersuchung wegen Meineids gegen den General einzuleiten.

Air Force Colonel Robert Marr erklärte gegenüber derselben Kommission, dass Flug AA77 unter den Radar geraten und somit unsichtbar gewesen sei. Radarberichte der FAA zeigten, dass diese Erklärung falsch war und dass die E-4B dieses Flugzeug in jedem Fall wahrnehmen konnte. Die plausibelste Erklärung ist, dass für die E-4B die Flüge AA77 und UA93, die zu diesem Zeitpunkt immer noch in der Luft waren, deutlich sichtbar gewesen sein mussten und dass man in jenem Moment absichtlich nicht reagierte, um zum Beispiel Abfangjäger zu aktivieren.

Auch die *Federal Aviation Administration, FAA*, schien informiert und meldete merkwürdiger Weise keine Sichtung einer Maschine über dem Washingtoner Flugraum. Und doch war die E-4B zu diesem Zeitpunkt dort. John King, der Hauptberichterstatter aus dem Weißen Haus des Fernsehsenders CNN, sah die Maschien, als er im Lafayette Park stand, direkt gegenüber des Weißen Hauses. King berichtete live über ein weißes Flugzeug, das ungefähr zehn Minuten vorher über dem Weißen Haus gekreist war.

Kate Snow, eine CNN-Korrespondentin, befand sich zwei Wohnblöcke entfernt vom Kapitol, als sie die Maschine sah. Snow verbreitete diese Tatsache im Rundfunk und fügte hinzu, dass ein Wachmann ihr mitteilte, dass dieses Flugzeug dafür verantwortlich sein, dass das Weiße Haus und die angrenzenden Gebäude geräumt werden mussten. CNN filmte das Flugzeug, als es das Kapitol überflog, wenn auch aus großer Entfernung. ABC, NBC und FOX News berichteten am 11. September auch wahrheitsgemäß über diesen Vorfall.

Trotz all dieser Beobachtungen blieb das Pentagon bei seiner kompletten Verleugnung. Vielleicht ist dies auch verständlich, wenn man bedenkt, dass es unmöglich zu erklären ist, warum dieses fliegende Kommandozentrum keinen Abfangauftrag gab. Zu jenem Zeitpunkt befand sich Flug AA77 in einer Flughöhe unterhalb der E-4B.

Im Jahr 2007, am sechsten Jahrestag von 9/11, brachte CNN in einer Reportage, dass die E-4B das Weiße Haus und das Kapitol um etwa 9:10 Uhr überflog. Discovery Channel zeigte den Film von CNN noch einmal. Aber das breite öffentliche Interesse war bereits erlahmt und die Masse der Mainstream-Medien war ihrer Rolle vollumfänglich nachgekommen: Verschweigen, was nicht in das Regierungs-Narrativ passt.

Zusammenhänge zwischen den Ereignissen von 9/11 und dem Irak-Krieg

So, wie die US-amerikanischen Medien nach dem 11. September versagt haben, so wurden die westlichen »Qualitätsmedien« insgesamt und weltweit nicht ihrer Aufgabe gerecht. Sie hätten die zahlreichen unaufgeklärten Lücken füllen und ein aufhellendes Gegengewicht setzen können. Sie tun es aber nur gelegentlich und in zaghaften Ansätzen. Deshalb neige ich nach jahrzehntelanger Erfahrung dazu, von USNATO-Medien zu sprechen. Insbesondere, wenn man die persönlichen und institutionellen Verbindungen der USNATO-Geheimdienste bis hinein in die internationalen Presseagenturen im Auge behält.

Warum so viele Medien versagen, das hat das Propaganda-Modell von Edward S. Herman und Noam Chomsky umfassend dargelegt. Und doch ist nichts unmöglich. Fast hätte die britische Zeitung *The Observer* unvermittelt den völkerrechtswidrigen Angriffskrieg der USNATO gegen den Irak 2003 verhindern können. Und das mit Hilfe der Whistleblowerin Katharine Gun – doch eben nur beinahe.

Wie Michael Lüders zu Recht feststellt, ist dieser Angriffskrieg des Wertewestens in unserer kurzlebigen Zeit fast schon wieder in Vergessenheit geraten. Doch hat er den Nahen und Mittleren Osten so zum Negativen verändert wie kein anderes Ereignis in der Region seit dem Ende der Kolonialzeit. Der von den USA und Großbritannien ausgelöste

Krieg hat den Irak als repressiven, aber funktionierenden Staat zertrümmert. Anschließend zerfiel er in zahlreiche ethnische und regionale Stammesgebiete, trat der »Islamische Staat« seinen Siegeszug an.

Anders als in Washington gedacht, wurde der Iran zum entscheidenden Machtfaktor irakischer Innenpolitik. Weit davon entfernt, aus eigenen Fehlern zu lernen, setzen die USA und zum großen Teil auch ihre Verbündeten noch immer auf Regimewechsel, seit längerem in der Ukraine, wo der verfassungswidrige gewaltsame Umsturz gelungen ist, aber auch im Iran, Moldau, Georgien und Venezuela wird seit langem an Umsturzversuchen gebastelt.

Offiziell sollte der Sturz Saddam Husseins den Irak in einen Leuchtturm der Demokratie für die gesamte Region verwandeln, so die Phantasiewelten der *Neocon-Ultras* um George W. Bush. In Wirklichkeit ging es natürlich vor allem um den Zugriff auf Erdöl und um Geostrategie, um die Beseitigung des Störenfrieds Saddam Hussein. Mit seinem Einmarsch in Kuweit 1990 hatte der langjährige US-Verbündete gegen die nach Präsident Carter benannte Carter-Doktrin von 1980 verstoßen: „Um unsere Position unmissverständlich klarzustellen: Jeder Versuch einer anderen Macht, Kontrolle über den Persischen Golf zu gewinnen, wird von uns als Angriff auf die Lebensinteressen der USA angesehen. Ein solcher Angriff wird mit allen erforderlichen Mitteln, einschließlich militärischer Gewalt, zurückgeschlagen werden." (Zitiert nach https://millercenter.org/thepresidential-speeches/january-23-1980-state-union-adress.)

Diese Doktrin ist noch immer gültig und richtet sich heute in erster Linie gegen Russland, China und den Iran. Anders als sein Vater, der 1991 – im Zuge der Rückeroberung Kuweits – aus gutem Grund den Irak selbst nicht besetzt hatte, folgte George W. Bush den eigenmächtigen außenpolitischen Leitlinien des Neocon-Falken Dick Cheney. Bush jun. setzte nach dem erfolgreichen Coup des 9/11 auf Regimewechsel erst in Afghanistan, dann im Irak – immer in der strategischen Absicht, einen Dominostein nach dem anderen zu Fall zu bringen.

Nach dem Irak, sollte später endlich das ethnisch und religiös gemischte, weltoffene und bis dahin stabile Syrien – dem für Israel als „hauptgefährlich" erscheinenden Nachbarn – destabilisiert und letztlich in einen Bürgerkrieg des »arabischen Frühlings« getrieben werden: mit dem Ziel, das Land am Tigris durch USNATO-Militäraktionen endgültig zu zerschlagen. Die westliche Kriegs-Strategie wurde nach Jahren des russischen diplomatischen Abwartens schließlich durch das entschiedene Eingreifen der Russischen Föderation zum Scheitern gebracht, wenngleich eine weitgehend zerstörte Infrastruktur und von militärischen US-Räuberbanden besetzte Ölquellen zurückblieben.

Die Entscheidung, Saddam Hussein zu stürzen, hatte die Regierung Cheney/Bush (es ist die richtige Namensreihenfolge, Sie täuschen sich nicht) im Februar 2002 abschließend getroffen. Allerdings stießen die Kriegsvorbereitungen – seit dem Sommer 2002 trafen Zehntausende US-Soldaten vor allem in Kuweit ein – weltweit auf große Vorbehalte. Mit dem

Widerstand auch von Verbündeten wie Deutschland oder Frankreich hatte Washington nicht gerechnet.

Vom Sicherheitsrat der Vereinten Nationen konnten die USA, anders als beim Sturz der Taliban in Kabul, ebenfalls keine Unterstützung erwarten. Allein Großbritannien blieb unerschütterlich an der Seite der US-Amerikaner – oder wie Michael Lüders meint: Tradition verpflichtet. *

Es ist die Tradition von Handlangern und Erfüllungsgehilfen, die jede Schweinerei der mafiösen Oberganoven augenzwinkernd mitmachen, ohne Wenn und Aber. Es ist die pure Kumpelschaft des Clans elitärer Oberschichten und Generäle, zu jeder Schandtat bereit, den ethischen Werten von Toleranz, Völkerverständigung, Friedenspflicht, Volkswille und demokratischen Regeln Hohn sprechend.

Premierminister Tony Blair versicherte Bush: „Ich stehe an Ihrer Seite, was auch immer geschieht." ** Zwar gab es in keinem europäischen Land einen so großen Widerstand gegen den Krieg wie in Großbritannien, mit zeitweise Hunderttausenden Demonstranten auf den Straßen. Das allerdings spielt in einer von Machteliten usurpierten Demokratie nur eine untergeordnete Rolle.

*Michael Lüders, Die scheinheilige Supermacht. Warum wir aus dem Schatten der USA heraustreten müssen, München 2021, Seite 108 ff.

**Zit. Nach Marcia and Thomas Mitchell: The Spy Who Tried To Stop A War. Katharine Gun and the Secret Plot to Sanction the Iraq Invasion, London, 2019, S. 3.

Doch selbst für die autokratisch regierenden Clandemokraten ist es angebracht, wenn sie ihre unautorisierten Entscheidungen über Leben und Tod ihrer zum Untertanentum verdammten Bürgern pseudolegitimieren. Eine Selbstrechtfertigung ist für die Selbstgerechten in westlichen Regierungsämtern eine Sache, die man mit Schirm, Charme und Melone hinzubekommen versucht.

Folglich wurde Saddam Hussein, den man einst selbst aufbaute, mit Hitler gleichgesetzt. Hussein, der arabische Mohr, hatte seine Schuldigkeit getan. Nun musste als Folgenummer im Ablaufplan der 9/11-Ereignisse der gesamte Nahe Osten chaotisiert und politisch-militärisch übernommen werden. Die Gleichsetzung eines Staatsführers mit Hitler, dem Sinnbild des ultimativ Bösen (siehe derzeit: Putin, der neue Hitler – wie diverse Mainstream-Medien titelten) gehört zum Propagandaprogramm jeder Kriegsvorbereitung.

US-Propaganda: Die von Saddam grausam unterdrückte Bevölkerung (die ihn erst wenige Monate zuvor mit überwältigender Mehrheit im Präsidentenamt bestätigt hatte) verlange nach Freiheit, verlautbarte das fernab gelegene Weiße Haus. Dem stummen Schrei der Verzweiflung des irakischen Volkes dürfe sich der Wertewesten nicht verschließen. Daher auch der Name des völkerrechtswidrigen Angriffskrieges 2003: »Operation Iraqi Freedom«.

Vor allem aber warf die extremistische Bush-Regierung Bagdad vor, mit al-Quaida zu kooperieren und folglich mitverantwortlich für 9/11 zu sein sowie über »Massenvernichtungswaffen« zu verfügen, also über atomare, biologische und/oder chemische Kampfstoffe. Allerdings war es den zahlreichen UN-Inspektoren, die im Irak danach gesucht hatten, nicht gelungen, diese Waffen zu finden. Kein Wunder, denn es gab sie nicht, wie Washington 2004, ein Jahr nach dem Zerstörungskrieg, einräumen musste.

Ebenso waren die angeblichen Kontakte zwischen Bagdad und Osama Bin Laden frei erfunden. Sehr zum Unwillen der Regierung Bush zeigten auch die nichtständigen Mitglieder im Sicherheitsrat der Vereinten Nationen wenig Bereitschaft, einer UN-Resolution für den geplanten Angriff auf den Irak zuzustimmen und Washington somit die völkerrechtliche Absolution zu erteilen.

Behalten Sie diese Zusammenhänge bitte eine Weile im Kopf. Im nächsten Kapitel werden wir sehen, wie das Drama seinen Lauf nimmt und das Imperium Americanum seine Ränke schmiedet.

Eine Whistleblowerin namens Katharine Gun

Vor dem im vorherigen Kapitel geschilderten Hintergrund ist das Memorandum zu verstehen, das Frank Koza, Stabschef der NSA-Abteilung »Regionale Ziele«, am 31. Januar 2003 an die Mitarbeiter des *Government Communications Headquarters*, GCHQ, mit Sitz im englischen Badeort Cheltenham per Mail zustellte. Das GCHQ ist das britische Spionage-Pendant zur NSA. »Regionale Ziele« bezeichnet diejenige Abteilung innerhalb der NSA, die Staaten von übergeordneter Bedeutung für amerikanische Interessen ausspioniert.

In diesem »Koza Memo«, vom Verfasser selbst als »streng geheim« klassifiziert, teilt er den britischen Erfüllungsgehilfen mit, dass die NSA »eine Flut an Maßnahmen durchführt, die sich insbesondere gegen die Mitglieder des UN-Sicherheitsrats (UNSC) richtet (abzüglich USA und GB natürlich«* Worum ging es der NSA? Es ging darum zu erfahren, wie sich die Meinungsbildung namentlich unter den nichtständigen Mitgliedstaaten im Sicherheitsrat gestalte: Angola, Kamerun, Chile, Bulgarien und Guinea sowie, als »extra Fokus«, Pakistan – mit Blick auf die ersehnte UN-Resolution, den Freibrief zum Angriff.

*Das vollständige Memorandum ist nachzulesen bei Marcia and Thomas Mitchell: The Spy Who Tried To Stop The War, a.a.O.

Aber auch UN-Mitglieder außerhalb des Sicherheitsrates seien gute Zielobjekte, die »zusätzliche Perspektiven und Einblicke jeder Art« ermöglichen würden. Grundsätzlich interessierte sich Koza für »die ganze Palette an Informationen, die den US-Politikgestaltern einen Vorteil verschafft. In der Absicht, Resultate zu erzielen, die sich positiv auf die US-Interessen auswirken und Überraschungen abwenden.« Er forderte die britischen Handlanger auf, ihrerseits weiterführende Informationen »entlang Ihrer Produktlinien« beizusteuern, also mit eigenen Mitteln den UNSC auszuspionieren.

Selbstverständlich sind solche Abhöraktionen illegal. Koza ruft auf zur staatlichen Verschwörung. Bemerkenswert ist die ganovenhafte Selbstverständlichkeit, man könnte auch sagen: die imperiale Arroganz, mit der er die Mitarbeiter des GCHQ zur illegalen Zuarbeit auffordert, ohne sich zuvor mit deren Vorgesetzten abgesprochen zu haben. Man darf auch aus dieser Episode schließen, wer im Verhältnis zwischen Washington und London der Koch ist und wer der Kellner.

Wie aber konnte das als »streng geheim« klassifizierte Memorandum, in dem unverhohlen zum Bruch internationaler Rechtsnormen aufgefordert wird, an die Öffentlichkeit gelangen? Das ist das bleibende Verdienst der Whistleblowerin Katherine Gun, auf deren Mail-Account das Koza-Memo ebenfalls einging. Gun, in Taiwan zweisprachig aufgewachsen, war damals 28 Jahre alt und hatte zu dem Zeitpunkt zwei Jahre als Übersetzerin und Analystin für Mandarin-Chinesisch beim GCHQ gearbeitet.

Die mit einem Türken verheiratete Britin war keine Anti-Kriegsaktivistin, doch wusste sie nicht zuletzt aufgrund ihres Arbeitsumfeldes, dass die Behauptungen von Bush und Blair über das irakische Waffenarsenal nicht zutreffen konnten – zumal sich beide gerne auf Geheimdienstinformationen beriefen.

Gun beschreibt ihren Weg zur Whistleblowerin folgendermaßen: „Ich konnte nicht glauben, was ich da vor mir auf dem Monitor sah. Ich musste das mehrere Male lesen. Ich war ziemlich aufgeregt – nein, eher geschockt. Plötzlich wurde mir klar, dass dieses Memo von großer Bedeutung war, vielleicht sogar helfen konnte, den Weg in Richtung einer militärischen Aktion gegen den Irak abzuwenden … Ich hatte nie zuvor daran gedacht, Informationen nach außen weiterzuleiten. Aber jetzt, nachdem ich Kozas Aufforderung erhalten hatte, kam es mir so vor, als sei ich in eine ganz andere Sphäre vorgestoßen … Was ich da tun sollte, auf geheimster und oberster Regierungsebene, erschien mir vollkommen falsch."

Kozas Schreiben erfolgte am selben Tag, dem 31. Januar 2003, an dem sich Bush, Blair und die Nationale Sicherheitsberaterin der USA, Condoleezza Rice, im Weißen Haus trafen, um ihr weiteres Vorgehen abzustimmen. Vier Tage zuvor, am 27. Januar, hatte der Oberste Waffeninspekteur der UN, der Schwede Hans Blix, einen Zwischenbericht seiner Ermittlungen vorgelegt. Daraus ging hervor, dass Bagdad voll und ganz den Vorgaben der UN-Resolution 1441 zur Überprüfung seiner Waffenarsenale entsprochen hatte. ABC-Waffen seien nicht gefunden worden. Dieser Zwischenbericht hatte Washington ebenso verärgert wie London.

Die Zeit drängte, denn für den 5. Februar war der Auftritt von US-Außenminister Colin Powell vor den Vereinten Nationen geplant, bei dem er unwiderrufliche Beweise für die Massenvernichtungswaffen Iraks vorlegen wollte – wahrscheinlich die letzte Chance, eine UN-Resolution für den Angriffskrieg zu erwirken. Diese Rede sollte in die Geschichte eingehen: Sie beruhte ausschließlich auf Lügen und gefakten Bildern und beschädigte die Glaubwürdigkeit der USA auch in westlichen Hauptstädten auf lange Zeit.

Katharine Gun weiter: „George Bush und Tony Blair, vor allem aber Tony Blair, vermittelten der Öffentlichkeit den Eindruck, sie seien an einer diplomatischen Lösung in Sachen Irak interessiert … In Wirklichkeit aber suchten sie händeringend nach einer Zustimmung der Vereinten Nationen, um den Kriegt zu rechtfertigen, den sie offenbar wollten … Man hat uns (im GCHQ, JB) aufgefordert, an einem illegalen Verfahren mitzuwirken. Mit dem letztendlichen Ziel, eine militärische Intervention wider das Völkerrecht herbeizuführen."

Sie glaubte, nicht frei von Arglosigkeit, wie sie moralisch integren Personen häufig zu eigen ist, die Öffentlichkeit müsse von dem Koza-Memo erfahren – das können den Weg in Richtung Krieg aufhalten. „Ehrlich gesagt kam mir die Überlegung, die Mail nach außen zu tragen, schon bei der ersten

Lektüre, aber eine Entscheidung hatte ich da noch nicht getroffen …*

Je länger sie darüber nachdachte, umso mehr gelangte sie zu der Überzeugung, handeln zu müssen. Sie beschloss, das Memo an eine Zeitung weiterzuleiten. Gun war sich darüber im Klaren, damit eine strafbare Handlung zu begehen, indem sie gegen den Official Secrets Act verstieß, demzufolge sie zu vollkommener Verschwiegenheit über ihre Tätigkeit gegenüber Dritten außerhalb des GCHQ verpflichtet war. Sie hatte nun ihre Entscheidung alleine auf sich gestellt zu treffen, gerade auch ohne Rücksprache mit ihrem Mann, Yasar Gün. Der Türke besaß trotz ihrer Heirat nur eine begrenzte Aufenthaltserlaubnis für Großbritannien, was sich rächen sollte.

Nach einem Wochenende quälenden Abwägens schritt Katherine Gun zur Tat. Während die Führungsebene des britischen Geheimdienstes ihren Befehlsgebern von der NSA die Bereitschaft zur Zusammenarbeit in diesem Fall des Rechtsbruchs gegenüber den Vereinten Nationen erklärte, druckte Mrs. Gun das Memo aus und nahm es an sich. Spätestens in dem Moment, als sie damit ihre Arbeitsstätte verließ, hatte sie sich strafbar gemacht. Über eine Freundin gelangte das Koza-Memo an die freie Journalistin Yvonne Ridley, die sich mit ihrer Berichterstattung aus Afghanistan einen Namen gemacht hatte.

* Alle Gun-Zitate siehe bei Marcia and Thomas Mitchell: The Spy Who Tried To Stop The War

Da Mrs. Ridley in der Anti-Irakkriegsbewegung aktiv war, erschien es ihr ratsam, die Geschichte nicht selbst zu verfolgen. Mediale Kriegsbefürworter würden sie sofort als »unglaubwürdig« oder »umstritten« abstempeln. Stattdessen übergab sie das Memo dem befreundeten Martin Bright, Redakteur beim linksliberalen *Observer.* Die Zeitung selbst war in ihrer Irakberichterstattung gespalten.

Ressortleitung und Chefredaktion folgten der offiziellen Regierungslinie – Massenvernichtungswaffen! – und befürworteten ein militärisches Vorgehen gegen Bagdad. Die für Innen- wie auch Außenpolitik zuständigen Redakteure dagegen, darunter Martin Bright, waren längst überzeugt, dass dieser zu erwartende Krieg auf Lügen fußte.

Wie aber die Authentizität des Koza-Memos überprüfen? Theoretisch hätte es ja auch um eine Fälschung handeln können, lanciert von Kriegsgegnern. Fast einen Monat recherchierten drei Redakteure des *Observer* diskret hinter den Kulissen, darunter dessen US-Korrespondenten. Dabei war äußerste Vorsicht geboten, denn mit der Veröffentlichung des Memorandums machte sich die Zeitung ebenso strafbar wie die Whistleblowerin. Die Verantwortlichen waren jedoch überzeugt, dass die Regierung nicht wagen würde, gegen eine Zeitung juristisch vorzugehen. Allerdings hätte sie im Vorfeld massiven Druck auf die Chefredaktion ausüben können, damit es gar nicht erst zu einer Veröffentlichung kommt.

Der britische Spielfilm *Official Secrets* (2019), der die Geschichte Katherine Guns erzählt, zeigt sehr eindringlich, welche Kämpfe innerhalb der Redaktion ausgefochten wurden, bis der Artikel endlich erscheinen konnte. Die Kriegsbefürworter fühlten sich natürlich brüskiert. Der cholerische Ressortleiter, hin- und hergerissen zwischen dem Gebot eines jeden leitenden Redakteurs, der jeweiligen Regierung nicht frontal in die Parade zu fahren, und der journalistisch gebotenen Professionalität, Fakten nicht einfach zu leugnen, setzte die Veröffentlichung allen Widerständen zum Trotz durch.

Das ist, man muss es ausdrücklich betonen, ein mutiges Bekenntnis gewesen. Hätte er weniger Rückgrat gezeigt, wäre vermutlich nicht nur die Wahrheit erst gar nicht ans Licht gekommen. Für Katharine Gun wäre es geradezu eine Katastrophe gewesen – wahrscheinlich wäre sie ohne viel Aufhebens, vor der Öffentlichkeit verborgen, auf lange Zeit im Gefängnis verschwunden, hätte man sie denn als Whistleblowerin enttarnt. Und damit war zu rechnen. Durch die Veröffentlichung hatte sie immerhin ideelle Verbündete.

Die Bombe zündete am 2. März 2003. Unter der Überschrift »Enthüllt: Schmutzige Tricks der USA, um die Abstimmung über den Irak-Krieg zu gewinnen« präsentierte der *Observer* nicht allein das Koza-Memo, sondern auch die Ergebnisse weiterführender Recherchen. Unter anderem heißt es: Das Memorandum »kommt inmitten zunehmend bedrohlicher Töne seitens der USA gegenüber unentschlossenen Staaten im Sicherheitsrat, die vor den unerfreulichen wirtschaftlichen Konsequenzen gewarnt wurden, falls sie sich den USA widersetzten.«

Die Zeitung benennt Condoleezza Rice als die wahrscheinliche Urheberin der tatsächlich durchgeführten Spionage-Aktion. »Viele Diplomaten der Vereinten Nationen gehen davon aus, dass sie abgehört werden. Doch offenbart das Memo erstmals den Umfang und das Ausmaß der von den USA abgefangenen Kommunikation der UN-Missionen in New York. Die Enthüllung kommt zu einer Zeit, in der sich Diplomaten der entsprechenden Staaten über die ›Feindseligkeit‹ der US-Maßnahmen in den Tagen zuvor beklagen. In der Absicht, sie (in Sachen Irak, J.B.) auf Linie zu bringen, auch mit Hilfe von Drohungen« vor allem wirtschaftlicher Art.*

Sofort nach der Veröffentlichung leitete das GCHQ interne Ermittlungen ein, um herauszufinden, wer das Koza-Memo geleakt hatte. Dessen Mitarbeiter wurden intensiv und mehrfach hintereinander verhört. Auch Katherine Gun. Drei Tage nach der Veröffentlichung, am 5. März, offenbarte sie sich ihren Vorgesetzten. „Ich bin nicht gut darin zu lügen, und ich versuche, ein ehrlicher Mensch zu sein. Hätte ich weiterhin gelogen, wäre ich unehrlich gewesen, wie sie. Ich bin lediglich meinem Gewissen gefolgt. Und mein Gewissen ist wirklich ein Ärgernis.“ **

*The Guardian, 02.03.2003: Revealed:
US dirty tricks to win vote on Iraq war; https://www.theguardian.com/world/2003/mar/02/usa.iraq.

**Zit. Nach Mitchell, a.a. O., S. 38

Gun wurde daraufhin verhaftet, kam aber gegen Auflagen bis zum Prozessbeginn wegen Verstoßes gegen den Official Secrets Act wieder frei. Der sie verhörende Kommissar fragte sie, warum sie das getan hab: „Sie arbeiten für die britische Regierung."

Ihre Antwort: „Nein, ich arbeite für das britische Volk. Ich erstelle nicht Geheimdienstinformationen, damit die Regierung das britische Volk belügen kann." *

Zu glauben, die Wahrheit verändere machtpolitische Interessen und Schachzüge, führe gar zu einem Kurswechsel, ist leider ein Irrtum. Weder der Scoop des *Observer* noch der Rücktritt zweier Minister und einer Staatssekretärin der Regierung Blair aus Protest, kurz vor dem Irak-Krieg, änderten nicht den längst beschlossenen Lauf der Dinge. Jenseits des *Observer* verfing das Spionage-Thema in britischen Medien eher am Rande, thematisch dominierten die Verwerfungen innerhalb der Regierung. Man desorientierte die Bürger, indem man auf die alte Masche setzte und pseudowichtige, völlig belanglose Nebenkriegsschauplätze eröffnete. Nicht die Veröffentlichung des Koza-Memorandums und die unheilige Allianz zwischen NSA und GCHQ sollten in der britischen Öffentlichkeit nachhallen, sondern der sensationell zu nennende Prozessverlauf gegen Gun im Januar 2004.

*Zit. nach The Guardian, 22.09.2019: Iraq war whistleblowerin Katharine Gun: „Truth always matters"

Am Tag nach der Veröffentlichung glühten die Telefone beim Observer, zahlreiche US-Medien suchten Martin Bright, den verantwortlichen Redakteur, zu interviewen, darunter *Fox News* und *CNN*. Die erste »Flak« kam vom *Drudge Report*, einer rechtslastigen Nachrichten- und Kommentar-Plattform mit großer Internet-Reichweite. Der Report bezweifelte die Authentizität des Koza-Memos, indem er auf die britische Schreibweise bestimmter Wörter verwies, die im amerikanischen Englisch nicht üblich seien. Daraus zog der Verfasser den Schluss, dass es sich bei dem Memo um eine Fälschung handeln müsse.

Tatsächlich aber hatte eine Redaktionsassistentin den Text wie üblich über das hausinterne Rechtschreibprogramm laufen lassen – ein lässlicher Fehler, doch für die Gegenseite eine Steilvorlage zur Desinformation. Kurz nach dieser »Enthüllung« des *Drudge Reports* sagten alle – ausnahmslos alle – US-Medien, die es gerade noch so eilig hatten, Bright zu interviewen, ihre Gesprächstermine wieder ab. Es gibt zwar keine Belege, aber vieles deutet darauf hin, dass es hier einige koordinierte Anrufe von höchster Stelle gegeben haben dürfte – immer auch unter der gern verwendeten Formel von der „Nationalen Sicherheit".

Erst nachdem der Observer am 9. März in einem weiteren Artikel beschrieb, welche Irritationen die Abhöraffäre innerhalb der Vereinten Nationen ausgelöst hatte, und sich der Verdacht erhärtete, dass über die UN hinaus weltweit führende Gegner des Irak-Krieges abgehört wurden, bis hinauf zum

Papst, verfing das Thema auch in US-Medien. Tenor: alles halb so wild, überall werde abgehört, von allen Geheimdiensten. Der *Observer*-Artikel zitierte auch Daniel Ellsberg, der 1971 die geheimen Pentagon-Papiere über die rechtswidrigen Handlungen des Verteidigungsministeriums und des Weißen Hauses im Vietnam-Krieg geleakt hatte. Ihm zufolge waren die Enthüllungen Guns „zum richtigen Zeitpunkt gekommen und potentiell wichtiger als die Pentagon-Papiere".*

Keine einzige US-Zeitung griff dieses Ellsberg-Zitat auf.

Um von ihren Spionagen-Machenschaften abzulenken, beschuldigten Bush und Blair vor allem Frankreichs Präsident Jacques Chirac, um nahezu jeden Preis eine UN-Resolution zur Kriegsermächtigung zu verhindern. Das traf jedoch überhaupt nicht zu. Ähnlich wie die Bundesregierung verlangte auch Paris nach klaren Beweisen für das Vorhandensein irakischer »Massenvernichtungswaffen«.

Doch die antieuropäische Propaganda verfing, vor allem in der amerikanischen Öffentlichkeit – es war die Zeit, als Pommes Frites, in den USA French Fries genannt, in »Freedom Fries« umbenannt und französische Produkte in US-Supermärkten boykottiert wurden. Es braucht nicht viel, eine patriotisch gestimmte Öffentlichkeit mit einfachen Mitteln in die Irre zu führen.

*Zit. nach Mitchell, a.a.O., S. 74.

In der Nacht vom 19. Auf den 20. März 2003, zwei Wochen nach der Verhaftung Katharine Guns, griffen die USA und Großbritannien den Irak an. Im Rahmen einer »Koalition der Willigen« - 43 Staaten, die sich ungeachtet der Rechtslage um eigener Vorteile willen auf die Seite der Aggressoren gestellt hatten, politisch und/oder militärisch: von Afghanistan über Mikronesien bis zu den Vereinigten Arabischen Emiraten. Darunter auch zahlreiche europäische Länder, etwa Dänemark, Litauen, Polen, Spanien oder Italien. Da der Krieg völkerrechtswidrig war, bemühte die Regierung Bush eine eigene Sprachschöpfung, ihn zu rechtfertigen: er sei »präemptiv«. Saddam Hussein könnte Terroristen mit Massenvernichtungswaffen versorgen – eine Gefahr für die Menschheit ... so die an den Haaren herbeigezogenen Begründung des eigenen »präemptiv« verstandenen Überfalls. Insbesondere skandalös, wenn man bedenkt, dass der US-Regierung zu diesem Zeitpunkt bereits die Ergebnisse der langwierigen und gründlichen UN-Kontroll-Untersuchungen vor Ort (bis hinein in den Präsidentenpalast) vorlagen: „Keine Massenvernichtungswaffen im gesamten Irak auffindbar."

Verglichen mit anderen bekannten Whistleblowern ist es Mrs. Gun deutlich besser ergangen. Weder wurde sie zur Flucht nach Russland gezwungen wie Edward Snowden, noch versuchte man, sie in absoluter Isolationshaft zu brechen wie Chelsea Manning oder Julian Assange. Und doch war sie größtem psychischem Druck ausgesetzt. Als ihr Mann die Verlängerung seiner Aufenthalts-

Genehmigung beantragte, wurde er festgenommen und sollte abgeschoben werden. Allein die Intervention eines Parlamentsabgeordneten und Kriegsgegners beim Innenministerium bewirkte, dass Yasar Gün am Folgetag, kurz vor seinem Einstieg ins Abschiebeflugzeug, wieder freigelassen wurde.

Gleichzeitig bekam die Familie finanzielle Probleme, ihre Zukunft war ein schwarzes Loch. Doch am Ende stand nicht Katherine Guns Verurteilung, sondern ihr Freispruch – der sich einem intelligenten Schachzug ihres Anwaltes Ben Emmerson verdankte. Der spätere Sonderberichterstatter der Vereinten Nationen für Menschenrechte gehörte damals zur NGO »Liberty«, die sich für politisch Verfolgte einsetzt. Zwei Monate nach Anklageerhebung begann das eigentliche Strafverfahren mit der Anhörung Guns am 19. Januar 2004. Es kam zu einem Paukenschlag, weil die Staatsanwaltschaft ihre eigene Anklage bereits am ersten Verhandlungstag überraschend wieder fallen ließ.

Persönliche Zwischenbemerkung

Vielleicht fragen sich die einen oder anderen Leser, weshalb hier einer solch individuellen Begebenheit im Umfeld eines viel größeren, schrecklicheren Geschehens wie dem Massenmordkrieg der USA gegen die souveräne Republik Irak Bedeutung beigemessen wird. Das Schicksal der Katherine Gun gibt

Einblick in die regierungsamtlichen verschwörerischen Tätigkeiten und die weitreichenden Fangarme sowie vielfältigen diplomatischen und außerdiplomatischen Spionageaktivitäten des Imperium Americanum. Der gesellschaftliche und bis ins Persönliche hineinreichende Druck durch Erpressung und Abhängigkeiten vom Dollar-Imperium kommen im Schicksal von Mrs. Gun hinreichend zum Ausdruck. Und darum geht es: um Veranschaulichung der Arbeitsmethoden und Strategien eines Imperiums, das sich selbst als „gottgegeben“ begreift. Ein Irrglaube – und gerade deshalb brandgefährlich.

Zurück zu Katherine Gun. Sie war inzwischen sowohl in den USA wie auch in Großbritannien einer breiteren Öffentlichkeit bekannt geworden. Zahlreiche Prominente hatten sich für sie eingesetzt, darunter der Schauspieler Sean Penn und das Urgestein der amerikanischen Bürgerrechtsbewegung, Jesse Jackson. In einem für die Zeitung typischen Double Bind erlaubte die *New York Times*, die den Irak-Krieg mit herbeigeschrieben hatte, ihren Kolumnisten Bob Herbert einen Meinungsartikel, den er ursprünglich schon nach dem Scoop des *Observer* im März 2003 veröffentlichen wollte, aber nicht durfte.

Zeitgleich zum Prozessauftakt in London am 19. Januar 2004 schrieb Herbert: „Katherine Gun hat das wahre Wesen der Demokratie besser verstanden als Tony Blair: Daraus folgt, dass es Katherine Gun ist, die bestraft wird … Wir reden hier nicht von einer notorischen Kriminellen. Wir reden hier nicht von jemandem, der die demokratischen

Prinzipien untergraben hätte, über die George W. Bush und Tony Blair ständig und selbstgerecht schwätzen, während sie sie mit Füßen treten. Frau Gun glaubt an ebenjene Prinzipien und war mutig genug, sie auf der Grundlage ihrer Überzeugungen zu verteidigen." *

Hätten sich die Medien vor dem Krieg die Haltung Katherine Guns zu eigen gemacht, wäre der Lauf der Geschichte möglicherweise ein anderer gewesen. Warum sie es nicht getan haben? Das versteht man, wenn man sich mit dem Propaganda-Modelle ebenso wie mit Lippmanns Konzept einer Elitendemokratie auseinandersetzt: Es geht nicht um Recht und Gesetz, geschweige denn um Wahrheit. Es geht um blanke Machtpolitik, verklärt als Wertekanon. Katherine Gun war den deutschen Medien keine einzige Zeile wert.

Wie aber konnte Guns Anwalt Emmerson die Anklage austricksen? Indem er im Vorfeld signalisiert hatte, dass er die Frage der Legalität des Irak-Krieges in den Vordergrund rücken werde. Gun sei keine Landesverräterin, sondern habe aus »Notwendigkeit« gehandelt, um größeren Schaden von Großbritannien abzuwenden und den Tod Unschuldiger, darunter britische Soldaten, zu verhindern.

Dem Rechtsbruch Guns sei der deutlich schwerer wiegende Rechtsbruch der Regierung Blair vorausgegangen.

*_The New York Times_, 19.01.2004: A Single Conscience V. the State

Entsprechend hatte Emmerson angekündigt Akteneinsicht in teils geheim gehaltene Regierungsdokumente zu beantragen. Der entscheidende Schwachpunkt war der britische Generalstaatsanwalt Lord Goldsmith, gleichzeitig der Oberste Rechtsberater des Außenministeriums. Am 30. Januar 2003 hatte Goldsmith seinem Premierminister Blair schriftlich mitgeteilt, dass die bestehende UN-Resolution 1441 über die Waffeninspektionen im Irak „keine Anwendung von Gewalt autorisiert". Dafür bräuchte es eine weitere UN-Resolution – siehe oben.

Nach einem Besuch in Washington änderte Goldsmith seine Haltung und erklärte am 7. März, dass eine weitere UN-Resolution nicht unbedingt erforderlich wäre; Großbritannien in dem Fall allerdings eine Anklage vor dem Internationalen Gerichtshof riskiere. Am 17. März, unmittelbar vor Kriegsbeginn, schrieb er Blair, eine Invasion sei grundsätzlich »gesetzeskonform«, auch ohne zweite UN-Resolution. *

Ein rasanter und vermutlich keineswegs karriereabträglicher Gesinnungswandel. Ob Guns Anwalt Emmerson diese Zusammenhänge in allen Details kannte, hat er für sich behalten. Doch konnte der Regierung nicht daran gelegen sein, die Frage der Legalität des Krieges und konkret die wechselnden Ansichten Goldsmiths vor Gericht erörtert zu sehen.

*Vgl. The Guardian, 30.06.2010: Chilcot inquiry: Iraq papers show Lord Goldsmith's warning to Tony Blair.

Also zog die Staatsanwaltschaft ihre eigene Anklage zurück, zum Erstaunen des Richters. Katherine Gun wurde, obwohl sie eindeutig gegen den Official Secrets Act verstoßen hatte, freigesprochen – aus übergeordneten Gründen. Wie sich später herausstellte, hatte die Staatsanwaltschaft bereits mit Kriegsbeginn beschlossen, den Fall Gun juristisch nicht auszufechten. Warum also wurde das Verfahren nicht längst schon eingestellt?

Die Antwort gibt der Staatsanwalt dem Verteidiger im Spielfilm *Official Secrets* am Ende: Ein allzu schneller Schlussstrich wäre ja geradezu eine Ermutigung für andere Whistleblower gewesen. So habe sie monatelang »Höllenängste« über ihre Zukunft und die ihres Mannes ausgestanden – wenigstens das.

Katherine Gun selbst sagte unmittelbar nach ihrem Freispruch: „Ich würde es wieder tun.“ Heute führen sie und ihre Familie ein unauffälliges Leben in der Türkei.

Zwar bietet es sich an dieser Stelle an, den Fall des Journalisten Julian Assange, einem der bekanntesten Whistleblower, zusammen mit Edward Snowden und Chelsea Manning, einzufügen. Doch es scheint sinnvoll, noch einmal die Entwicklung der letzten Jahrzehnte im Dasein des Imperium Americanum an unserem geistigen Auge vorbeiziehen zu lassen.

Eine Reminiszenz in Sachen USNATO

1949 schuf Washington die NATO, im Volltext *North Atlantic Treaty Organization*, um Westeuropa fest in seine zukünftige Politik einzubinden, egal, wie destruktiv sich dies für die Interessen Deutschlands, Frankreichs, Italiens und der anderen europäischen Länder erweisen würde. Mit der Unterzeichnung der Einheitlichen Europäischen Akte modifizierten die zwölf Mitgliedsländer der damaligen *Europäischen Wirtschaftsgemeinschaft* 1986 die Römischen Verträge von 1957. Die Akte sah die Schaffung eines einheitlichen EWG-Marktes bis Ende 1992 vor und setzte Regeln für die Europäische Politische Zusammenarbeit, einen Vorläufer der europäischen Gemeinsamen Außen- und Sicherheitspolitik.

Am 9. November 1989 wurde die EWG/EU-Strategie für einen einheitlichen Markt durch ein Ereignis von historischer Dimension erschüttert: Gorbatschows Sowjetunion überließ die DDR dem Westen. Der Kalte Krieg war de facto vorbei, Deutschland wurde wiedervereinigt. Der Westen begriff sich als alleiniger Sieger. Die meisten Europäer jubelten, viele glaubten, die Jahre am Rande eines Atomkriegs seien nun endlich vorüber. Das neu entstehende Europa, zu dem die Russische Föderation selbstverständlich dazugehörte, wirkte stolz und zuversichtlich. Die NATO allerdings war anders gestrickt. Sie war eine Einheit, die Washington geschaffen hatte, um, wie ihr erster Generalsekretär

Lord Ismay einst gesagt hatte: »die Russen draußen und die Amerikaner drin sowie die Deutschen niederzuhalten«.

Der *Maastrichter Vertrag*, ein Dokument mit fatalen Schwächen, wurde im Dezember 1991 bei einem Europa-Gipfel eingebracht. Mitterand und Thatcher erklärten einem schockierten Helmut Kohl, Deutschland müsse der Schaffung einer einheitlichen Währung zustimmen und die Autonomie der Bundesbank aufgeben. Das Ergebnis waren der heutige Euro und eine unabhängige supranationale Europäische Zentralbank. Nur unter dieser erpresserischen Bedingung akzeptierten sie die deutsche Vereinigung. Die deutschen Vertreter schluckten schwer und unterschrieben.

Damals wurde nur wenig darüber geredet, dass der Vertrag von Maastricht auch einen Abschnitt über die erstmalige Einrichtung einer Gemeinsamen Außen- und Sicherheitspolitik enthielt. Die zwölf Länder unterzeichneten den Vertrag, es gab intensive Diskussionen über die Errichtung einer europäischen Verteidigung unabhängig von der NATO. Mit dem Zusammenbruch der Sowjetunion war der Daseinszweck der NATO eigentlich beseitigt. Der *Warschauer Pakt* hatte sich bereits lange zuvor aufgelöst. Washington hatte Gorbatschow zugesichert, die NATO werde niemals in Richtung Osten ausgeweitet.

US-Präsident George H.W. Bush hinterließ ein blutgetränktes Erbe, angefangen mit seiner Frühzeit in Washington, bei der er vermutlich schon beim Kennedymord am 22. November 1963 im texanischen Dallas eine Schlüsselrolle als CIA-Agent spielte. In den 1970er-Jahren wurde er Chef der CIA, in den 1990ern lockte er Saddam Hussein in die Falle, Kuwait zu besetzen und damit den Vorwand für die blutige Operation Wüstensturm gegen den Irak zu liefern.

Als Präsident setzte Bush senior auch die Entwicklungen in Gang, die Anfang der 1990er-Jahre zur Zerstörung Jugoslawiens führten, ganz ähnlich, wie Washington heute die Ukraine zerstört. Mit diesem US-angezettelten Krieg, der zehn Jahre lang währte, sollte den EU-Ländern deutlich gemacht werden, dass die NATO – unter der Kontrolle des Pentagon – bleiben und sich in Richtung Osten ausweiten würde. Tatsächlich benutzte Bush den Krieg in Jugoslawien, um die entstehende unabhängige Verteidigungsfähigkeit der EU auszuschalten. Zbigniew Brzezinski, US-Präsidentenberater und Gründer der Trilateralen Kommission, sprach offen aus, dass Washington Deutschland als »Vasall« der imperialen Politik der USA und nicht als souveräne Nation betrachtete.

1999 wurden Ungarn, Polen und die Tschechische Republik in Washington offiziell eingeladen, der NATO beizutreten, während das Auseinanderfallen Jugoslawiens durch Präsident Clintons schändliche, völkerrechtswidrige Bombardierung Serbiens im sogenannten Kosovokrieg mit der noch schändlicheren Beteiligung des deutschen Außenministers Joschka Fischer voranging.

Bis 2004 brachte Washington die NATO im Triumph nach Bulgarien, Estland, Lettland, Litauen,

Rumänien, Slowenien und in die Slowakei. Außerdem wurden die inzwischen berüchtigten Farbenrevolutionen in Georgien und der Ukraine vorbereitet, die von den USA handverlesene Kandidaten wie Wiktor Juschtschenko durch die orangene Revolution in Kiew und Mikhail Saakashwili durch die Rosenrevolution in Georgien ins Amt brachten. Beide Kandidaten hatten im Wahlkampf versprochen, ihr Land in die NATO zu führen. Kein Wunder, dass Moskau 2007, als US-Verteidigungsminister Donald Rumsfeld die Stationierung von de facto gegen Russland gerichtete Raketensysteme in Polen und der Tschechischen Republik ankündigte, befürchtete, im strategischen Umfeld durch die NATO und eine Militärallianz eingekreist zu werden, die die einzige Supermacht der Welt vor die Tore Moskaus bringen würde.

Als die Außenminister Deutschlands und Frankreichs am 21. Februar 2014 in Kiew den letzten Versuch unternahmen, einen Kompromiss auszuhandeln und einen Bürgerkrieg zu verhindern, schlossen sie eine Seite ausdrücklich von den Verhandlungen aus – die US-Regierung. Sie erzielten einen Kompromiss, der nicht einmal 48 Stunden hielt, bis von der CIA unterstützte Scharfschützen in Kiew Chaos und Panik schufen, sodass der demokratisch gewählte (ein Faktum, das die sklavischen deutschen Medien in ihrer Berichterstattung vergessen) Präsident Wiktor Janukowitsch zur Flucht gezwungen wurde.

Einen Tag später brachte die Obama-Regierung, angeführt von Victoria »Fuck the EU« Nuland vom State Department, US-Botschafter Geoffrey Pyatt und Legionen von CIA-Agenten unter den Demonstranten auf dem Maidan-Platz – unterstützt von den Neonazis des Rechten Sektors und der Swoboda-Partei – ihre eigenen Marionetten ins Amt. Im Dezember nannte George Friedman, Chef der amerikanischen Strategie-Beratungsfirma Stratfor, zu deren Kunden Pentagon und CIA, aber auch israelische Behörden gehören, bei einem Interview mit der russischen Zeitung *Kommersant*, den von den USA organisierten Putsch in der Ukraine, den »ungeheuerlichsten Putsch in der Geschichte.«

Als Washington nicht nur Deutschland, Frankreich und der EU, sondern auch Russland und der Ukraine selbst ins Gesicht spuckte, indem diktiert wurde, wer die führenden Persönlichkeiten des neuen Putschregimes in Kiew sein sollten – angeführt mit dem von ihnen ausgewählten Premierminister, dem hochrangigen Scientologen Arseni Jazenjuk – schluckten Deutschland und Frankreich einmal kurz und knickten sodann vor den Kriegsfalken in der Obama-Regierung ein. Die EU votierte einstimmig für US-diktierte Sanktionen gegen Russland als Vergeltung für das Krim-Referendum vom März 2014. Die deutsche Regierung erhob offen Protest, doch der währte nicht lange und bald schon beugte sich die Regierung Merkel der NATO und Washington. Als Resultat dieser selbstzerstörerischen Politik glitt die deutsche Wirtschaft gemeinsam mit der übrigen EU in eine Rezession.

Jetzt geschieht etwas höchst Ungewöhnliches: Frankreich und Deutschland stellen sich offen gegen Obamas Washington. Am Abend des 4. Februar

2015 entschieden Merkel und Frankreichs Staatspräsident Hollande, gemeinsam zu einem Treffen mit Putin nach Moskau zu fliegen. Putins Sprecher erklärte: »Die drei Staatslenker werden besprechen, was die Länder spezifisch tun können, um zu einer baldigen Beendigung des Bürgerkriegs im Südosten der Ukraine beizutragen, der in den letzten Tagen eskaliert ist und viele Opfer gefordert hat.« Interessant ist, dass die »Vasallen«-Chefs Angela Merkel und François Hollande Washington vorher nicht um Genehmigung baten, wie eine Quelle in der französischen Hauptstadt bestätigt. Bei der Ankündigung des spontanen Moskaubesuchs erklärte Hollande vor der Presse: »Gemeinsam mit Angela Merkel haben wir beschlossen, eine neue Initiative zu ergreifen.«

Und ihre »neue Initiative« kommt genau zu dem Zeitpunkt, wo US-Außenminister John Kerry zu Treffen mit Präsident Poroschenko in Kiew weilte, um über mögliche amerikanische Waffenlieferungen an die Ukraine zu verhandeln – dieser Tage Washingtons bevorzugte Form der »Diplomatie«. Dem Vernehmen nach sind den Moskauer Gesprächen zwischen Putin, Merkel und Hollande »geheime« Gespräche zwischen Paris, Berlin und Moskau vorangegangen. Anfang Dezember reiste Hollande zu einem überraschenden Besuch nach Moskau, um dort mit Putin über die Ukraine zu reden. Damals erklärte der französische Präsident: »Ich glaube, wir sollten es vermeiden, weitere trennende ›Mauern‹ zwischen uns aufzubauen. Im Moment müssen wir in der Lage sein, die Hindernisse zu überwinden und Lösungen zu finden.« Washington war darüber alles andere als erfreut. Bestimmte Kreise hegen den Verdacht, dass der Anschlag auf das französische Satire-Magazin Charlie Hebdo vom 7. Januar 2015 in Wirklichkeit die Antwort einer Washingtoner-Tel-Aviver-Kriegsfraktion auf Hollandes Diplomatie war.

Wie Vincent Jauvert von *Le Nouvel Observateur* schreibt, bedeutet Hollandes und Merkels plötzliche Entscheidung, in Moskau mit Putin zu reden, den Versuch, »den Amerikanern zuvorzukommen, die ihre übliche Lösung, nämlich Waffenlieferungen an die Ukraine, durchzusetzen versuchen.« Beide Staatslenker seien unmittelbar nach Kerry in die Ukraine gereist, da sie »der US-Regierung misstrauen« und »ihre diplomatischen Lösungsvorschläge präsentieren [wollen], bevor US-Vizepräsident Joe Biden am Samstag bei der Münchner Sicherheitskonferenz den amerikanischen Plan vorstellt, Kiew tödliche Waffen zu liefern.«

Anmerkung:

Zbigniew Brzezinski, *The Grand Chessboard: American Primacy And It's Geostrategic Imperatives,* 1997, Basic Books. Deutsche Ausgabe: »Die einzige Weltmacht – Amerikas Strategie der Weltherrschaft«, Frankfurt am Main. Das genaue Zitat war: »Bedient man sich einer Terminologie, die an das brutalere Zeitalter der alten Weltreiche gemahnt, so lauten die drei großen Imperative imperialer Geostrategie: Absprachen zwischen den Vasallen zu verhindern und ihre Abhängigkeit in Fragen der Sicherheit zu bewahren, die tributpflichtigen Staaten fügsam zu halten und zu schützen und dafür zu sorgen, dass die ›Barbaren‹-Völker sich nicht zusammenschließen.« S. 65 f.

Die Rolle der NATO und das Imperium Americanum

Am 4. April 2024 feierte die NATO ihr 75-jähriges Bestehen. Aber gibt es derzeit tatsächlich einen Grund zu feiern? Schließlich gibt es einen Krieg in Europa, und die Militärorganisation hat, um es mild auszudrücken, nicht genug getan, um ihn zu verhindern. Wenn man es unverblümt sagt: Sie hat alles dafür getan, dass es zu diesem Krieg kommen musste.

Wenn man auf dieses Dreivierteljahrhundert zurückblickt, sollte man sich über das kriegerische Vorwärts-Verteidigungswesen dieser Militärorganisation nicht wundern. Die NATO war nie eine Verteidigungsorganisation, sondern eines der wichtigsten Werkzeuge und Diener amerikanischer Hegemonialbestrebungen, wenn nötig für offensive Zwecke.

Laut dem ersten Generalsekretär der Organisation, dem Briten Lionel Ismay, bestand der Zweck der NATO darin, in Europa „die Deutschen niederzuhalten, die Russen draußen und die Amerikaner drinnen" zu halten. Wir haben diesen wichtigen Merksatz bereits erwähnt. Mit anderen Worten geht es bereits spätestens seit 1949 darum, den Russen politisch, wirtschaftlich und kulturell den Zugang zu Europa zu erschweren, möglichst zu verunmöglichen. Hingegen soll den Amerikanern so viel Einfluss wie möglich auf dem Kontinent gegeben werden, und gleichzeitig sollen die Deutschen dauerhaft unter strenger US-Kontrolle bleiben. Natürlich ist das nicht das, worum es in der offiziellen Kommunikation geht. Mit dem am 4. April 1949 unterzeichneten Nordatlantikvertrag, auch bekannt als Washingtoner Vertrag, will die Nordatlantikvertrag-Organisation (NATO oder Atlantisches Bündnis) die Freiheit und Sicherheit ihrer Mitglieder mit politischen und militärischen Mitteln garantieren. Es wird oft hinzugefügt, dass die NATO ein „reines Verteidigungsbündnis" ist.

Werfen wir einen Blick zurück auf das letzte Dreivierteljahrhundert und sehen wir uns in der Praxis an, worum sich die NATO tatsächlich bemüht hat. Auf der Grundlage dieser 75-jährigen Erfahrung können wir sofort feststellen, dass der Sinn hinter den schönen Worten darin besteht, dass das Militärbündnis die Interessen des Imperium Americanum in der Welt sicherstellen soll – nicht einmal die Interessen und die Hegemonie des Westens insgesamt, nein, sondern die Hegemonie und Interessen der Vereinigten Staaten!

Ismay nahm diesbezüglich kein Blatt vor den Mund, und während des Kalten Krieges sah man allgemein die Verteidigung Europas durch die Eindämmung der Sowjetunion als die wichtigste Aufgabe der Organisation an. Hier ist allerdings zu erwähnen, dass die NATO und nicht der Warschauer Vertrag zuerst ins Leben gerufen wurde. Die militärpolitische Spaltung ging vom Westen, an vorderster Front von den USA aus. Aber das russische Reich und die schließlich daraus hervorgehende Sowjetunion zu schwächen und möglicherweise ihre

Bodenschätze zu rauben, war schon lange vor der Gründung der NATO ein eminentes Ziel des Westens. Das kam übrigens auch im Raubzug des deutschen Imperialismus unter Hitler und der deutschen Wirtschaft überdeutlich zum Ausdruck. Nazideutschland handelte als Speerspitze des internationalen Kapitals und daraus erschließt sich auch das späte Eingreifen des mächtig aufstrebenden neuen Frontkapitals in Form der Vereinigten Staaten von Amerika, dessen imperiale Träume in den Jahrzehnten zwischen dem Ersten und Zweiten Weltkrieg überschäumten. Und wie jetzt ersichtlich wird, hat sich daran auch in einem dreiviertel Jahrhundert nichts geändert. Doch die Sowjetunion, gegen die sie gegründet wurde, ist längst verschwunden.

In der Zwischenzeit hat die NATO irgendwie »vergessen«, nach dem Ende der Sowjetunion und der Auflösung des östlichen Militärbündnisses seine Waffen niederzulegen. Wobei unumstritten ist, dass Russland in den 1990er-Jahren keinerlei Bedrohung für Europa und die westliche Welt darstellte, höchstens für sich selbst. Doch Washington, das sich als Sieger des Kalten Krieges sah, hatte nicht die Absicht, die NATO aufzulösen. Trotz der Versprechungen gegenüber Michail Gorbatschow, begann sich die NATO immer weiter gen Osten auszudehnen. Schließlich zeigte sie nach diesem schwerwiegenden Wortbruch mit der Bombardierung Jugoslawiens zum ersten Mal ihr wahres Gesicht, und es stellte sich heraus, dass sie alles andere als eine Verteidigungsorganisation ist. Sie ist ein kriegerisches Interventionsbündnis, eine Satellitenorganisation unter dem Kommando der USA, um deren imperiale Interessen mit militärischen Drohungen und letztlich mit Gewalt durchzusetzen.

Als echtes Verteidigungsbündnis hätte sie sich bewiesen, wenn sie versucht hätte, Russland zu integrieren und nicht, das Land herauszufordern und zu provozieren. Zudem verwundert es, dass die NATO als »nordatlantisches Bündnis«, ursprünglich beschränkt auf Westeuropa, zwischenzeitlich ihren Fuß nach Asien gesetzt und China militärisch aufs Korn nimmt.

Gábor Stier, der ungarische außenpolitische Journalist, Analyst und Publizist schreibt*: »Dann freute sich Brüssel beinahe – denn eine Verteidigungsorganisation braucht Feinde –, als das erstarkende Russland angesichts all dessen den Kopf schüttelte und nach dem Bukarester Gipfel 2008, der nun offen auf den postsowjetischen Raum schielte, auf den Tisch schlug. Die NATO machte jedoch auch nach dem georgisch-russischen Krieg nicht Halt und umzingelte Russland immer offensichtlicher. Und so ging es weiter bis 2014 und dann bis zum 24. Februar 2022, als Washington und Brüssel zufrieden von sich geben konnten: Deshalb wird die NATO gebraucht.

Halten wir an dieser Stelle einen Moment inne und verlieren wir nicht die beiden anderen Ziele aus den Augen, die Ismay einst ausplauderte. Zugegeben, während des Kalten Krieges hatten sie durchaus Substanz, auch wenn sie im Wesentlichen den Interessen der USA dienten. Die weitere Anwesenheit der USA auf dem Kontinent und der gespannte

Schutzschirm über denselben haben das Sicherheitsgefühl Europas wirklich erhöht, um nicht zu sagen gewährleistet. Natürlich war es auch damals schon nicht umsonst. Außerdem gab es auch keinen Grund, die Sowjetunion gleich nach dem Ende des Zweiten Weltkriegs anzugreifen. Aber da waren der sowjetisch geführte Osten und der US-amerikanisch geführte Westen bereits zerstritten.

Aber auch hier können wir nur darauf zurückkommen, dass dieses Festhalten am Vergangenen *nach 1991 jeglicher Grundlage entbehrte* und es offen den US-amerikanischen Interessen diente, Europa eine Vasallenrolle aufzuerlegen.

Washington kann dies als erledigt betrachten, da Europa von den USA völlig abhängig geworden ist. Natürlich sind auch die im Wohlstand immer träger werdenden Europäer daran stark beteiligt, aber warum und wie Europa an diesen Punkt gekommen ist, könnte Gegenstand einer eigenen Analyse sein. Auf jeden Fall haben die Vereinigten Staaten die Zügel immer kürzer in die Hand genommen, und wenn Europa sie auch nur ein wenig lockern wollte, wurde es sofort daran erinnert, warum es sich nicht lohnt. Die Sprengung der Nord-Stream-Pipelines zu erwähnen wäre schon genug, aber auch der Krieg in der Ukraine hat Europa irgendwie – sicherlich nicht ganz zufällig – in eine Richtung gedrängt, die den Interessen der USA entspricht.

Die „alte Dame" ist nun nicht nur sicherheitspolitisch, sondern zunehmend auch wirtschaftlich verwundbar gegenüber Amerika. Es gibt keine billige russische Energie, es gibt keine billigen chinesischen Bauteile und Waren mehr, und von den drei Säulen der Wettbewerbsfähigkeit Europas bleibt noch der US-amerikanische Schutzschirm übrig. Die Kosten aber steigen. Es genügt, darauf hinzuweisen, dass Washington die Kosten für den Unterhalt und die militärische Unterstützung der Ukraine zunehmend auf Europa abwälzt.

Und bleibt dann noch das dritte Ziel: die Deutschen kleinzuhalten. Nach dem Untergang des Naziregimes dürfte das noch begründet gewesen sein, jetzt aber dient es ausschließlich dazu, den Verbündeten/Konkurrenten zu schwächen und damit Europa handhabbar zu machen. Auch das gilt als abgehakt, und wie durch Zufall ist es auch im russisch-ukrainischen Krieg erfüllt worden. Die Deutschen befinden sich in einer zunehmend verzweifelten Lage, und der Eiserne Vorhang zwischen Europa und Russland ist wieder heruntergelassen worden. Amerikas langjähriges strategisches Ziel hat sich erfüllt: Der eurasische Raum ist geteilt, Europa und Russland sind endgültig gegeneinander ausgespielt.

Mit dem jetzigen Krieg ist die Katze endgültig aus dem Sack. Ohne abzustreiten, dass Russland die Ukraine angegriffen hat, hat Washington eine Situation geschaffen, in der es die NATO endgültig zu ihrem verlängerten Arm gemacht hat. Der westliche Block steht geschlossen hinter ihm, wobei diejenigen, die aus der Reihe tanzen, schnell eins auf den Kopf bekommen. Man könnte sagen, dass die NATO langsam die Ziele erreicht, die sie sich bei ihrer Gründung gesetzt hat, aber es ist ihr nicht gelungen, Russland zu brechen. Vielmehr nimmt der

Zusammenhalt nichtwestlicher Staaten, dieses gewissen Globalen Südens, immer entschiedener Gestalt an.

Außerdem schwächt das Hinziehen des Krieges, wenn auch langsam, die Einheit, die vor zwei Jahren auf spektakuläre Weise geschmiedet wurde. Denn zunächst das 50-Milliarden-Euro-Paket der Europäischen Union zur Unterstützung der Ukraine und jetzt das 100-Milliarden-Euro-Paket der NATO, ebenfalls zu diesem Zweck, werden von Washington genutzt, um die Europäer zur Aufrechterhaltung des Krieges zu zwingen. Viele Menschen sind auch nicht glücklich darüber, dass diese Pakete auf fünf Jahre angelegt sind, sodass der Westen zunehmend in Richtung eines langen Krieges denkt. Und da das 100-Milliarden-Dollar-Paket bei 61 Milliarden ins Stocken geraten ist und sich die Lage an der ukrainischen Front zuspitzt, sieht sich Europa zunehmend zum Handeln gezwungen, denn das entstandene Loch muss gestopft werden.

Außerdem schien die Panikmache mit Putin zunächst ein Kommunikationsmittel zu sein, um Europa unter Druck zu setzen, aber jetzt scheinen immer mehr Menschen zu glauben, dass Russland tatsächlich Europa bedroht. Das ist zwar nicht der Fall, aber es drängt auch die westliche öffentliche Meinung dazu, das scheinbar unrealistische Ziel zu akzeptieren, Russland zu besiegen. Solange westliche Politiker darüber sprachen, war es kein großes Problem, aber sobald man in die Taschen oder – Gott bewahre – zu den Waffen greifen muss, verfliegt die Begeisterung. Die Polen, die Balten und die

Skandinavier würden 2,5 Prozent des Bruttoinlandsproduktes geben, um die Ukraine zu unterstützen, aber es gibt immer mehr Zauderer. Jens Stoltenbergs 100-Milliarden-Idee scheint bei einigen unbeachtet geblieben zu sein, während andere durchaus murren und erwägen, dass sie ihre Zusagen zurückfahren werden, wenn auch Washington die Ukraine nicht mehr unterstützt. Dann gibt es auch solche, die laut sind – siehe Frankreich –, aber wenn es ums Geld geht, stehen sie ganz hinten in der Schlange.

Und wir haben nicht darüber gesprochen, dass die Einheit nicht nur durch die Frage der Unterstützung gefährdet ist. Der lange nicht für möglich gehaltene, aber näher rückende Sieg Russlands in der Ukraine könnte die internen Bruchlinien vertiefen. Davon sprach Chas Freeman, ehemaliger Berater des US-Verteidigungsministers, Ende 2023 auf dem YouTube-Kanal von *Dialogue Works*. Hinter dem Anschein der Einigkeit fordern immer mehr Menschen ein Ende des Konflikts. Diese Ernüchterung lässt sich unter anderem damit erklären, dass die westlichen „Wunderwaffen" der Ukraine nicht nur nicht geholfen haben, sondern es den russischen Einheiten gelingt, immer mehr von ihnen zu zerstören. Russland ist nicht isoliert, und die Mehrheit der Länder der Welt unterstützt keinesfalls die Konfrontationspolitik der Vereinigten Staaten und ihrer Verbündeten gegenüber Russland. Ganz zu schweigen davon, dass die Sanktionen wirken, sie scheinen die russische Wirtschaft gestärkt zu haben.

Zu den Spannungen in den westlichen Gesellschaften trug auch bei, dass der niederländische Admiral Rob Bauer, Vorsitzender des NATO-Militärausschusses, sagte, das nordatlantische Bündnis sei bereit für einen Krieg mit Russland. Inzwischen wird vielen klar, dass weder die Rüstungsindustrie noch das Militär der westlichen Länder für einen groß angelegten Krieg bereit sind – von den Gesellschaften ganz zu schweigen. Es ist daher auch rätselhaft, welchen Interessen solche kriegerischen Äußerungen dienen.

Apropos bedrohliche und beängstigende Äußerungen: Auch ein Konflikt zwischen der NATO und Russland im Baltikum ist nicht realistisch. Eine andere Frage ist, was in der Region in fünf bis zehn Jahren passieren wird, wenn die neue Infrastruktur der NATO hier gebaut wird. Bis dahin wird die polnische Armee nach den selbst gesteckten Zielen zur stärksten militärischen Kraft in Europa aufgestiegen sein. Ebenso wird sich die Nordflanke der NATO durch die Aufnahme Schwedens und Finnlands und ganz allgemein durch die zunehmend sichtbare militärische Präsenz des Bündnisses im Baltikum verändern. Immer öfter hören wir, dass die Ostsee zum Binnenmeer der NATO wird, was in der Praxis Kaliningrad und Sankt Petersburg blockieren würde.

Es dürfte kaum jemanden überraschen, dass Russland diese Entwicklungen nicht nur besonders aufmerksam verfolgt, sondern auch seine militärische Präsenz in der Region verstärkt. Die Militarisierung des Baltikums beweist einmal mehr, dass die NATO kein Verteidigungsbündnis ist. Sie will nicht wahrhaben, dass diese aggressive Expansion zu einem großen Teil zum Krieg in der Ukraine geführt hat, und Moskau ist sich sehr wohl bewusst, dass es nicht gewinnen kann, wenn es in der strategischen Verteidigung bleibt. Schließlich kann man mit Sicherheit sagen, dass es zum 75. Jahrestag keinen Grund zum Feiern gibt. Die wahre Feier wäre der Frieden in Europa und wenn die Politiker aufhören würden, immer wieder von einem möglichen Atomkrieg zu sprechen. Und wenn es die NATO nicht mehr gäbe, oder wenn sie zumindest nicht nur dem Namen nach ein militärischer Verteidigungsblock wäre.«

*Vgl.moszkvater.com

Beiträge zum Ukraine-Konflikt

Vorab ein Vergleich zu den militärischen Kapazitäten von USNATO ./. Russland

Bundesverteidigungsminister Pistorius hat uns im Juni 2024 eindrücklich vor einem bevorstehenden möglichen Krieg („in den nächsten fünf Jahren") mit Russland gewarnt. Putin sei unberechenbar und angriffsbereit, um die „Europäische Friedensordnung einzureißen". Es immer das gleiche Lied: Der expansions- und angriffslustige russische Präsident will uns überfallen und ein neues Zarenreich errichten. Tatsache ist, dass sich bisher die Angriffe stets gen Osten richteten und aus dem Westen kamen. Zuletzt hat Deutschland Russland angegriffen und nicht umgekehrt! Warum sollte Russland mit 144 Millionen Einwohnern die USNATO-Staaten mit 780 Millionen Einwohnern angreifen?

Hier einige vergleichende Zahlen (Stand 2024), die jede irrsinnige Fantasie eines westlichen Kriegsministers ad absurdum führen.

Militärisches Personal insgesamt:
NATO 7.630.000 ./. Russland 3.570.000
Panzer: NATO 10.700 ./. Russland 2.950
Kampfflugzeuge: Nato 3.300 ./. Russland 810
Stützpunkte: USA 1.000 ./. Russland 9
Wirtschaftsleistung (Stand 2019): NATO 35.775 Milliarden $ ./. Russland 1.366 Milliarden $

Wenn man diese Zahlen gegenüberstellt, sieht man deutlich, wer hier für wen bedrohlich werden kann. Das Säbelrasseln von westlichen Kriegsministern hat offensichtlich nur ein Ziel: Gezielte Angstmache, um die Bevölkerung propagandistisch auf die gewaltsame Revision der Ergebnisse des 2. Weltkrieges vorzubereiten.

Das US-gemachte Ukraine-Desaster

Auszugsweise Bemerkungen zum Friedensgebot der UN-Charta in Bezug auf den Ukraine-Konflikt*

Es ist das Friedensgebot der Uno-Charta, das ein Gewaltverbot miteinschließt. So heißt es auch gleich am Anfang der Charta, dass es das Ziel der Vereinten Nationen sei, «den Weltfrieden und die internationale Sicherheit zu wahren [. . .] und internationale Streitigkeiten oder Situationen, die zu einem Friedensbruch führen könnten, durch friedliche Mittel nach den Grundsätzen der Gerechtigkeit und des Völkerrechts zu bereinigen oder beizulegen . . .» (Artikel 1/1) Ähnliche Aufforderungen, Konflikte durch Verhandlungen beizulegen, finden sich mehrfach in der Charta.

*Von Michael von Schulenburg, zit. nach NachDenkSeiten vom 5. August 2024

Das ist im Fall des Ukraine-Konflikts allerdings nicht geschehen. Dabei handelt es sich hier um einen seit langem bekannten zwischenstaatlichen Konflikt gegensätzlicher Sicherheitsinteressen (und nicht um eine «Vorgeschichte», wie oft verharmlosend in Deutschland behauptet wird). Es ist daher ein typischer Konflikt, der im Sinne der Uno-Charta diplomatisch hätte gelöst werden sollen – und auch hätte gelöst werden können! Denn bereits seit 1997 hatte Russland wiederholt klargemacht, dass es eine Ausweitung der Nato in die Ukraine und ins Schwarze Meer direkt an seinen Grenzen als existenzielle Bedrohung ansehe.

Russische Verhandlungsangebote wurden aber von den USA und Nato-Staaten verweigert. Im Gegenteil; seit 2008 hat die Nato mit allen Mitteln auf eine Mitgliedschaft der Ukraine hingearbeitet und dabei den Druck auf Russland erhöht. Alle Verträge über Rüstungsbeschränkungen und vertrauensbildende Maßnahmen mit Russland wurden gekündigt und Russlands nukleare Zweitschlagfähigkeit durch Raketenabwehrsysteme in Rumänien und Polen eingeschränkt. Die Nato hielt wiederholt militärische Manöver auf ukrainischem Territorium und im Schwarzen Meer ab und unterstützte 2014 offen den bewaffneten Sturz des demokratisch gewählten Präsidenten der Ukraine, um so eine Pro-Nato-Regierung in Kiew einzusetzen. Mit dem Minsker Abkommen hatte der Westen wohl auch keine Lösung des Konflikts erreichen, sondern nur Zeit für die Aufrüstung der Ukraine gewinnen wollen. Damit hatten die Nato-Staaten einen Weg eingeschlagen, der eine friedliche Lösung, wie in der Uno-Charta vorgeschrieben, zunehmend unmöglich machte.

Das Argument, eine Nato-Mitgliedschaft der Ukraine sei kein Verhandlungsgegenstand, da die Ukraine ihre Sicherheitsvereinbarungen frei wählen könne, ist so ebenfalls nicht richtig. Denn in der OSZE-Charta von Paris für ein Neues Europa – auch das ist ein völkerrechtlich verbindlicher Vertrag – erklärten bereits im Jahr 1990 alle europäischen Staaten sowie die USA und Kanada: «Sicherheit [auf dem europäischen Kontinent] ist unteilbar, und die Sicherheit jedes Teilnehmerstaates ist untrennbar mit der aller anderen Staaten verbunden.» Im Istanbul-Dokument der OSZE von 1999 wurde das noch weiter präzisiert: «Jeder Teilnehmerstaat wird diesbezüglich [gemeint sind Sicherheitsvereinbarungen] die Rechte aller anderen achten. Sie werden ihre Sicherheit nicht auf Kosten der Sicherheit anderer Staaten festigen.»

Die Verabsolutierung des Krieges in der Ukraine

Eine Stimme aus Ungarn zur Konfliktentwicklung rund um die Ukraine*

Heute führt die Ukraine mit der Unterstützung von mehr als 40 Ländern einen bewaffneten Kampf, um Gebiete zurückzuerobern, deren friedliche Wiedereingliederung in ihr politisches, wirtschaftliches und soziales System sie seit 2015 trotz ihrer Verpflichtungen nach den Minsker Vereinbarungen verweigert hat. Mit der vollen Unterstützung des politischen Westens hat sie dies getan, und das aktuelle Ergebnis – die Ukraine permanent ruinieren zu lassen– scheint ein gemeinsames zu sein.

*Ein Beitrag von György Varga, aus dem Ungarischen übersetzte Éva Péli.

Ich werde den Hintergrund der im Titel genannten Einschätzung auf eine Beschreibung der markantesten Entwicklungen beschränken. Die Gründe für Russlands Entscheidung, eine größere Militäroperation zu starten, waren für Experten und interessierte Beobachter der Prozesse im postsowjetischen Raum seit fast zwei Jahrzehnten gut vorhersehbar. Indem der politische Westen auf die NATO-Mitgliedschaft der Ukraine drängte und den Machtwechsel 2014 koordinierte, hat er den noch (heute kaum mehr) bestehenden europäischen Sicherheitsstatus quo im Bereich der militärischen Sicherheit umgeworfen und eine drastische Stärkung der minderheitenfeindlichen Ausrichtung der ukrainischen Innenpolitik ermöglicht.

Auf dem NATO-Gipfel in Bukarest 2008 definierte die Organisation die Ukraine als zukünftiges NATO-Mitglied. Durch diese Entscheidung verletzte das Bündnis die Souveränität der Ukraine, ihre Neutralität und das Recht der ukrainischen Gesellschaft auf eine selbstbestimmte Innen- und Außenpolitik, das heißt, einen eigenen außenpolitischen Kurs – den blockfreien Status – zu führen.

Drei grundlegende Dokumente, die die Staatlichkeit und Souveränität der Ukraine im internationalen Recht bekräftigen, sind der Aufmerksamkeit der NATO (beziehungsweise der Vereinigten Staaten, die das Thema vorangetrieben haben) „entgangen":

1. Die Unabhängigkeitserklärung der Ukraine von 1991, in der es heißt, dass „die unabhängige Ukraine eine immerwährende Neutralität annehmen wird, ohne die Absicht, sich Militärblöcken anzuschließen".
2. Die ukrainische Verfassung, die 1996 auf der Grundlage der Unabhängigkeitserklärung verabschiedet wurde, enthielt auch die Institution der Neutralität.
3. Die Ukraine unterzeichnete im Dezember 1994 ein von den Großmächten garantiertes Dokument über die Abrüstung ihrer verbliebenen sowjetischen Atomwaffen, die

sogenannte Budapester Erklärung. Das Dokument wurde von der neutralen Ukraine unterzeichnet und enthält Garantien für die neutrale Ukraine. Zweck und Inhalt der Budapester Erklärung waren eng mit dem neutralen Status der Ukraine verknüpft, den die NATO 2008 ebenfalls ignorierte, als sie die Ukraine als potenzielles NATO-Mitglied benannte.

Dazu kommt, dass es in der Ukraine keine gesellschaftliche Unterstützung für einen NATO-Beitritt gab, weil sich die Bevölkerung dessen Folgen für die Beziehungen zwischen der Ukraine und Russland voll bewusst war. Heute sehen wir, wie recht sie hatten.

Die Kommunikationsexperten von der NATO versuchen nicht vergeblich, das Narrativ vom „unprovozierten Krieg" zu verstärken. Das Gegenteil ist der Fall. Bei der Schaffung der Voraussetzungen für den Krieg in der Ukraine haben die wichtigsten Entscheidungsträger des politischen Westens unbestreitbare Verdienste wie auch darin, wie ein Ende des Krieges zu verhindern wäre.

Im dritten Jahr des Krieges haben weder die NATO noch die EU auch nur einen einzigen Aufruf zu einer Verhandlungslösung gemacht. Die Befürworter einer Verhandlungslösung – die ungarische und die slowakische Regierung – werden auf der Seite Putins eingestuft, und in beiden Organisationen werden Entscheidungen über die Finanzierung des Krieges für weitere vier bis fünf Jahre getroffen, die kaum als nüchtern bezeichnet werden können.

Nehmen wir noch die Koordinierungs- und Führungsrolle des Westens (USA) bei der verfassungswidrigen Machtübernahme im Februar 2014 hinzu, so sind die Faktoren, die zum ukrainischen Bürgerkrieg, zum Separatismus und folglich zum Verlust der Krim geführt haben, hauptsächlich Faktoren, die das westliche Narrativ nicht stützen. Die eigentliche Ursache des Krieges ist nicht die „unprovozierte" Entscheidung eines kranken russischen Präsidenten. Hinter der Legitimität des russischen Präsidenten steht die überwältigende Mehrheit der russischen Gesellschaft; die Männer gehen freiwillig an die Front – anders als bei der Zwangsmobilisierung in der Ukraine, wo der Westen fordert, dass die Altersgrenze gesenkt wird, weil mehr Soldaten benötigt werden, um den Krieg fortzusetzen.

Heute widmet der russische Präsident den größten Teil seiner Energie der Beschwichtigung der eigenen Gesellschaft, während der politische Westen die militärische Situation in der Ukraine täglich weiter eskalieren lässt und die russische Gesellschaft in allen Dimensionen provoziert. Das Auftauchen der NATO-Waffen, der Angriff auf russisches Territorium mit NATO-Waffen, das Gerede über die NATO-Truppenverlegungen, die Verhängung neuer Sanktionen, die Aufforderung, Russland in die Knie zu zwingen, sind die tägliche Realpolitik des Westens.

Wer ist am Ukraine-Krieg interessiert?

In wessen Interesse ist dieser Krieg, wenn das Ziel – die Rückeroberung der Separatistengebiete –

auch 2015 friedlich hätte erreicht werden können, aber bis 2022 kein einziger Schritt dafür getan wurde?

Auf der Suche nach historischen Parallelen beeindruckt sogar die Entwicklung und der Umgang mit der kubanischen Raketenkrise von 1962 die sektiererischen atlantischen Sicherheitspolitiker nicht. 2.000 Kilometer von Washington entfernt auf Kuba sind sowjetische Raketen eine legitime Verletzung US-amerikanischer Sicherheitsinteressen, aber 500 Kilometer von Moskau entfernt, auf ukrainischem, estnischem oder finnischem Territorium, sind US-amerikanische, britische und französische Raketen ein Mittel zur Verbreitung von Demokratie – das sehen wir heute, und Russland hat damit nichts zu tun.

Ich bezeichne diese Ansicht als sektiererischen Atlantizismus, weil keine rationalen militärischen Argumente, die sich auf die bekannten Grundsätze der Militärwissenschaft stützen, zu ihren Gunsten vorgebracht werden können. Anstelle fachlicher Argumente werden abstrakte moralische Erklärungen, der Kampf gegen Diktaturen und die Erklärung der Legitimität in Verbindung mit westlichen Werten angeführt. Es handelt sich nicht um die Militärwissenschaft, sondern um eine Kommunikationstechnik – Massenkommunikation auf theologischer Ebene, um an Emotionen zu appellieren.

In diesem Fall geht es bei dem oben erwähnten Narrativ darum, großen Massen von Menschen verständlich zu machen, dass der Krieg in der Ukraine „nicht provoziert“ ist. Sie sollen dies trotz aller tatsächlichen Fakten und gegenteiligen Schlussfolgerungen verstehen.

Francis Fukuyama, einer der bekanntesten US-amerikanischen Theoretiker der internationalen Beziehungen, veröffentlichte 2008 in den Wochen nach dem georgisch-russischen Krieg einen kurzen Aufsatz mit dem Titel „Ungarn 1956 – Georgien 2008“ („Hungary 1956 – Georgia 2008”), in dem er feststellte: „Wenn die Russen in einem Nachbarland der Vereinigten Staaten bewaffnete Kräfte einsetzen würden, würde ich vom US-Präsidenten nichts anderes erwarten, als dass er einfach in das Nachbarland einmarschiert.“

Die Militärwissenschaft wird beiscitcgeschoben

Sicherheitspolitische Experten der NATO halten dieses Prinzip für durchweg legitim, aber die Russen sollen mit der globalen Expansion der US-geführten NATO-Streitkräfte in der Ukraine nichts zu tun haben. Ab dem Punkt wird der Konflikt nicht auf der Grundlage militärwissenschaftlicher Prinzipien behandelt, sondern auf der Grundlage eines emotionalen Ansatzes, der auf der Überlegenheit des Westens beruht oder auf schlichter Russophobie, Russenfeindlichkeit.

Die Ukraine hat das Minsker Abkommen von 2015 über die friedliche Wiedereingliederung der Separatistengebiete in die Ukraine fast acht Jahre lang ignoriert. Sie hat dies mit der Unterstützung der Garanten des Abkommens (Berlin, Paris) getan. Die ukrainische Regierung wurde dafür keinen internationalen Sanktionen unterworfen, doch wir wussten, dass die Geduld der Russen aufgrund der direkten Beteiligung begrenzt war.

Moskau bat die Garanten vergeblich, Einfluss auf Kiew zu nehmen. Seit 2020 hat sich die Ukraine offen geweigert, die Punkte des vom UN-Sicherheitsrat ratifizierten Dokuments einzuhalten. Die separatistische Bevölkerung in den Gebieten Donezk und Lugansk – etwa vier Millionen Menschen – war seit 2014 aus dem politischen, wirtschaftlichen, finanziellen und sozialen Subsystem der Ukraine ausgeschlossen. Infolgedessen beantragten und erhielten fast eine Million Einwohner die russische Staatsbürgerschaft (die Grenzen des Separatistengebiets waren für die Ukraine geschlossen). Es war vorhersehbar, dass die russische Führung den gesetzlosen Status ihrer eigenen Bürger und der Millionen ethnischer und sprachlicher Minderheiten, auf die täglich geschossen wurde, nicht ewig tolerieren würde.

Im Jahr 1999 hielten es die USA auf der anderen Seite des Globus für legitim – während sie davon überhaupt nicht direkt betroffen waren –, den Schutz der Rechte der separatistischen Minderheit Serbiens zu rechtfertigen, indem sie Belgrad 78 Tage lang bombardierten, ohne dass im konkreten Fall ein gemeinsames Schicksal, ein historisches und nationales politisches Interesse, ein sprachlicher und ethnischer Zusammenhalt bestehen würde. Es war vorherzusehen, dass Moskau für umso legitimer halten könne, seine Streitkräfte in seiner eigenen Nachbarschaft, zur Verteidigung seiner eigenen Bürger, seiner eigenen Ethnie, Sprache, Kultur, Religion und Sicherheitsinteressen einzusetzen.

Die Kämpfe zwischen den ukrainischen Streitkräften und den separatistischen Kräften hielten von 2014 bis 2022 ununterbrochen an. Die Beobachtermission der Organisation für Sicherheit und Zusammenarbeit in Europa (OSZE) meldete 270.000 bis 410.000 Waffenstillstandsverletzungen in der Ukraine pro Jahr. Das entsprach im Jahr 2017 zum Beispiel bei 403.000 Fällen im Durchschnitt 1.100 Waffenstillstandsverletzungen pro Tag – die Daten sind auf der OSZE-Website veröffentlicht. Die Integration der Ukraine in die NATO schritt rasch voran: sechs bis neun NATO-Übungen auf ukrainischem Territorium pro Jahr, Ausbildung nach NATO-Standards, Modernisierung der Waffen, während die ukrainische Mitgliedschaft in der NATO sowohl für Kiew als auch für die NATO eine bekannte rote Linie Russlands war.

Hinzu kommt, dass die damalige deutsche Bundeskanzlerin Angela Merkel und der französische Präsident François Hollande, die das Minsker Abkommen 2015 unterzeichneten, im Dezember 2022 erklärten, dass „die Unterzeichnung des Dokuments der Ukraine Zeit geben sollte, sich auf einen Krieg vorzubereiten."

Mit anderen Worten, sowohl die ukrainische Führung als auch die westlichen Garanten haben sich mit politischer, militärischer, finanzieller und kommunikativer Unterstützung („unprovozierter Krieg") des kollektiven Westens bewusst auf einen russisch-ukrainischen Krieg zubewegt. Entgegen dem westlichen Narrativ begann die russische Militärintervention in der Ukraine nicht als totaler Krieg, der Begriff „spezielle Militäroperation" war bis April 2022 ein akzeptabler Begriff.

Die russische Führung setzte sich als Ziel für die Operation, was sie in den ersten sechs Wochen der Verhandlungen in Minsk und Istanbul erreicht hatte; die Ukraine war bereit, die russischen Bedingungen zu akzeptieren und zur Neutralität des Landes zurückzukehren.

Bereits am vierten Tag des russischen Einmarsches begannen die Ukraine und Russland die Friedensgespräche in Minsk. Wie wir wissen, wurden die Verhandlungen in Minsk und Istanbul von den Verhandlungsdelegationen erfolgreich abgeschlossen, aber die Unterzeichnung des Istanbuler Abkommens auf politischer Ebene wurde von den westlichen Partnern der Ukraine blockiert, und die Kiewer Führung wurde zur Fortsetzung des Krieges ermutigt.

Bei früheren Aggressionen wären die heute angewandten Sanktionen undenkbar gewesen

Der politische Westen hat den Krieg in der Ukraine, den Aggressor und das Opfer verabsolutiert und nutzt diese verabsolutierte Situation, um der gesamten internationalen Gemeinschaft, allen souveränen Staaten der Welt neue Regeln aufzuerlegen.

Die Verabsolutierung des Krieges hat in zwei Jahren zu einem sichtbaren Chaos geführt, in dem der moralische Verfall der internationalen Beziehungen zum Vorschein kommt. Der aktuelle Aggressor wird dämonisiert und entmenschlicht, während bei früheren ähnlichen Aggressionen die heute angewandten Sanktionen undenkbar gewesen wären. Die kollektive Bestrafung von Nationen, Ethnien und Kulturen oder Weltsprachen gehörte ausdrücklich nicht zur Praxis der zivilisierten Welt.

Nach dem Irak-Krieg, der durch gefälschte Geheimdienstinformationen ausgelöst wurde, hat die internationale Gemeinschaft amerikanische und britische Sportler nicht von den Olympischen Spielen ausgeschlossen. Es gab keine Rede davon, dass jeder Bürger der gesamten US-amerikanischen Gesellschaft unter den Folgen der falschen Entscheidung der Staatsführung zu leiden hatte, die eine abgelegene Region jahrzehntelang destabilisierte und Millionen von Menschenleben forderte. Filme aus den USA wurden nicht verboten, US-amerikanisches und britisches öffentliches und privates Eigentum im Ausland wurde nicht beschlagnahmt und auch nicht zur Finanzierung des Wiederaufbaus des Irak verwendet, weil die Trennung von Politik, Sport, Kultur, Religion und Privatsphäre für jeden Politiker mit gesundem Menschenverstand ein Grundwert war. Diese Regel hat sich geändert, aber sie gilt nur für Russen.

Souveräne Länder werden durch Sanktionen erpresst

Erpressung durch Sanktionen ist zum wichtigsten Mittel geworden, um Druck auf souveräne Länder auszuüben, damit sie sich ungeachtet ihrer verfassungsmäßigen Ordnung an die von anderen aufgestellten Regeln halten, notfalls auch unter Verletzung dieser Regeln, im Gehorsam gegenüber einer moralischen Überlegenheit.

Für den oberflächlichen Betrachter wird die Sanktion nur gegen den Aggressorstaat verhängt, während die Realität ganz anders aussieht. Heute, im Zusammenhang mit dem Krieg in der Ukraine, bestrafen etwa 30 Länder (USA, CA, UK, EU) mit einer Bevölkerung von etwa 800 Millionen Menschen alle UN-Mitgliedstaaten (acht Milliarden Menschen), ihre Bevölkerungen und Wirtschaftsakteure, indem sie das normale Funktionieren des internationalen Finanzsystems, die Nutzung der traditionellen Transportkorridore und Energierouten sowie den Zugang zu Märkten, Rohstoffen und Energieressourcen blockieren.

Die Sanktionen gegen Russland werden von den Staaten verhängt, die vom politischen Westen dominiert werden, aber kein Land der Welt ist von den Folgen ausgenommen, da sie für alle 193 UN-Mitgliedstaaten Verbote gegen zwischenstaatliche wirtschaftliche und soziale Akteure unter anderem in den Bereichen Politik, Wirtschaft, Finanzen, Handel, Verkehr, Kultur, Sport enthalten.

Gegen wen richten sich die Sanktionen, wenn keine Bank in 193 Ländern Geld nach oder aus Russland überweisen oder ihre Schiffe nicht in russischen Häfen anlegen können? Heute gibt es etwa 20.000 dieser Sanktionen, die sich auf die globalen Systeme insgesamt und ihre Unterdimensionen auswirken. Nehmen wir ein afrikanisches Land mit niedrigen wirtschaftlichen und sozialen Standards, dem es verboten ist, Beziehungen zu Russland zu unterhalten, während es täglich Probleme hat, seine zehn Millionen Einwohner zu versorgen; wenn es bedeutende russische Verbindungen hat, unterliegt es der gleichen Anzahl von Sanktionen wie Russland, und dieser Grundsatz gilt für alle UN-Mitgliedstaaten. Wer wird durch die Sanktionspolitik der USA oder der EU bestraft? Jeder Mensch auf diesem Planeten. Selbst wenn man sich an die Sanktionen hält – denn die Sanktion selbst gilt für alle (man kann in Bezug auf Russland nichts tun) – und jeder, der sich nicht daranhält, wird mit einer weiteren Sanktion bestraft.

Dies ist nun eine wertebasierte, demokratische, regelbasierte Praxis der internationalen Beziehungen, die vom politischen Westen dominiert wird – der Krieg in der Ukraine ist der Referenzpunkt. Wir können nur hoffen, dass China in ein oder zwei Jahrzehnten, wenn es die Weltmacht Nummer eins wird, dieses „wertebasierte" Instrument nicht als guten Präzedenzfall übernimmt und Europa zeigt, dass die von ihm begonnenen Spiele mit den Sanktionen auch in die andere Richtung eingesetzt werden können.

Die Europäische Union schaufelt sich ihr eigenes Grab

Angesichts der anderthalb Milliarden Einwohner Chinas, seiner wachsenden wirtschaftlichen und militärischen Macht und der strategischen Zusammenarbeit zwischen Russland und China schaufelt sich die Europäische Union, die ihren Status als unabhängiger internationaler Akteur zu verlieren scheint, ihr eigenes Grab, zumal sie sich bereits faktisch von den russischen Rohstoffen und dem russischen Markt abgeschnitten hat, die früher fast ausschließlich Europa ernährten und für echten Wohlstand sorgten.

Zu den negativen Auswirkungen der Sanktionen gegen Russland auf die gesamte internationale Gemeinschaft kommt hinzu, dass sie, wie bereits erwähnt, nicht im Rahmen der UNO verhängt werden, aber globale Auswirkungen haben und tagtäglich grundlegend zur Verschlechterung der internationalen Beziehungen beitragen. Unter anderem heben sie die Institution der Neutralität vollständig auf, die seit jeher ein wichtiges Instrument für die Aufrechterhaltung des regionalen und globalen Gleichgewichts in den Beziehungen zwischen den Staaten, ein wesentliches Instrument für die Friedenskonsolidierung, die Vermittlung und die Schaffung der Voraussetzungen für Verhandlungen war.

Was Letzteres betrifft, so konnte das NATO-Mitglied Türkei von den ersten Wochen des Krieges in der Ukraine an die Initiative ergreifen, indem es den Istanbuler Gesprächen Raum gab und sich nicht der Sanktionspolitik des Westens anschloss. Mit anderen Worten, auch ein NATO-Mitglied mit einem rationalen Ansatz ist in der Lage, eine Außenpolitik zu verfolgen, die auf Realpolitik und nicht auf einer sektiererischen Außenpolitik auf der Grundlage eines ständigen atlantischen Expansionismus beruht.

Die Verantwortung für die Verluste, die die Ukraine seit April 2022 erlitten hat, liegt nicht bei der Türkei und auch nicht mehr ausschließlich bei

Russland; die Verantwortung des politischen Westens für den Zerfall der Ukraine ist seit dem Druck, den der britische Premierminister Boris Johnson am 9. April 2022 auf Kiew ausgeübt hat, eindeutig, wie der Leiter der ukrainischen Verhandlungsdelegation selbst eingeräumt hat.

Neutrale Länder geraten in die Mühlen des politischen Westens

Traditionell neutrale oder sogar „absolut neutrale" Länder wie die Schweiz und Österreich sind in die Mühlen des politischen Westens geraten, ungeachtet ihrer momentanen oder langfristigen nationalen Interessen, ihrer gültigen Verfassungen, ihrer internationalen Verpflichtungen.

Als Beispiel sei dic sehr „gerechte" Situation genannt, in der einer der Garanten des österreichischen Staatsvertrags von 1955 (der Grundlage der immerwährenden österreichischen Neutralität), die Vereinigten Staaten, Sanktionen gegen österreichische Banken verhängt, damit diese nicht mehr als neutrale Geschäftspartner gegenüber den Banken des anderen Garanten des österreichischen Staatsvertrags, Russland, auftreten – und damit die vom österreichischen Staat zugesagte immerwährende Neutralität verletzen.

Sie tun dasselbe mit den Schweizer Banken und zerstören auf einen Schlag das Vertrauenskapital, das sie in zwei Jahrhunderten aufgebaut haben, ihre Berechenbarkeit, die Sicherheit, die sie auf den internationalen Finanzmärkten bieten und die Sicherheit, für die sie weltweit geschätzt werden. Selbst Hitler konnte dieses geniale Ergebnis, die Neutralität der Schweiz zu brechen, nicht erreichen, obwohl er fast eine halbe Million Soldaten an der Grenze hatte. Die staatlichen Institutionen, die die Verfassung verteidigen, schweigen in allen neutralen Ländern, sie haben keine Chance gegen die Instrumente des globalen Westens oder sind selbst schon unter dessen Kontrolle.

Die in den internationalen Beziehungen angewandten Grundsätze funktionieren aufgrund der moralischen Gründe des Krieges in der Ukraine nicht mehr. Die EU verstößt täglich gegen ihre eigenen Praktiken und sogar gegen ihre eigenen Rechtsnormen.

Ein Beispiel dafür ist eine Reihe von Grundlagenverträgen Ungarns: In den 1990er-Jahren haben wir als Voraussetzung für den EU- und NATO-Beitritt Grundlagenverträge mit den Nachbarländern unterzeichnet, die die Anerkennung der bestehenden Grenzen garantieren, um historische Streitigkeiten und Missstände nicht in die Integrationsorganisationen hineinzutragen. Wir haben unter anderem die Grenzen Rumäniens, der Slowakei, der Ukraine – was seit Trianon wehtut – in ihrer heutigen Form anerkannt. (Anm. Red.: Der Vertrag besiegelte am 4. Juni 1920 als Teil der Versailler Friedensverträge die Aufteilung Ungarns. Das Land verlor zwei Drittel seines Territoriums und entwickelte ein „Trianon-Trauma".)

*

Mit Beitrittsverhandlungen beschloss die EU, einen laufenden Krieg zu importieren

Im Juni 2024 beschloss die Europäische Kommission, Beitrittsverhandlungen mit der Ukraine aufzunehmen – das heißt, sie beschloss, einen laufenden Krieg in die Europäische Union zu importieren. Machen wir so Europa wieder groß? Heute gibt es neue Grundsätze, und wer sich auf die alten berufe, helfe Putin, so heißt es. Es ist also möglich, ja sogar wünschenswert, Instabilität oder auch Krieg in die Europäische Union zu importieren. Ist das im Interesse der 450 Millionen EU-Bürger? Nein, aber wer fragt sie schon? Jeder, dem das nicht gefällt, ist ein Putinist.

Bei der Einleitung des EU-Beitritts der Ukraine war es wichtiger, eine schlechte geopolitische Entscheidung, nämlich die Niederlage im Stellvertreterkrieg des Westens in der Ukraine, mit einer weiteren schlechten Entscheidung zu retten als die Stabilität und den Wohlstand der EU zu erhalten.

Wie dieser Fall zeigt, gibt es keine Prinzipien. Die Regeln werden von den momentanen Interessen der westlichen Machtelite bestimmt. Wem es nicht gefällt, dass Ungarn Grundlagenverträge unterzeichnen musste, um den Beitritt einzuleiten, wer aber kritisiert, dass wir noch nicht einmal die endgültigen Grenzen der Ukraine als künftiges EU-Mitglied oder die Zahl ihrer Bevölkerung kennen, der vertritt die Interessen Russlands.

Die Verabsolutierung ist ein sehr wirksames Mittel, um Hunderte von Millionen EU-Bürgern, die mit den außenpolitischen Ereignissen und den konkreten Prozessen der letzten zwei Jahrzehnte nicht vertraut sind, glauben zu machen, dass sie für eine heilige Sache opfern, wenn sie den Krieg in der Ukraine finanzieren, nicht zögern und die negativen Folgen der Sanktionen in Kauf nehmen. Warum ist das so? Was ist das eigentliche Ziel?

Das gleiche Phänomen ist in der Krise des Entscheidungssystems der Europäischen Union zu beobachten. Indem der globale Westen dem Krieg in der Ukraine eine moralische Dimension verleiht, hält er es für inakzeptabel, sich an die geltenden Regeln der Union (Vertrag von Lissabon) zu halten, die einen Rechtsrahmen bieten, um Exzesse zu verhindern, die mit der globalen Elite in Verbindung stehen und die Außen- und Sicherheitsinteressen der souveränen Mitgliedstaaten bedrohen.

Mit der Verabsolutierung eines Krieges außerhalb der EU und der NATO tritt die westliche Machtelite Rechtsnormen mit Füßen und trifft offen Entscheidungen, die gegen das Gemeinschaftsrecht verstoßen. Sie nimmt sich das Recht, dem Völkerrecht zu widersprechen, um den Krieg in der Ukraine gegen die legitimen Interessen der Mitgliedstaaten und die objektiven Interessen der EU fortzusetzen.

**Dr. György Varga ist Diplomat mit Spezialisierung auf den postsowjetischen Raum. Er hat in Theorie der internationalen Beziehungen promoviert und als Universitätsdozent strate-gische Planung, Sicherheitspolitik und Theorie der internationalen Beziehungen gelehrt. Als Diplomat vertrat er Ungarn* *in der Ukraine, in Moskau, er war Botschafter in Moldawien und von 2017 bis 2021 Leiter der Beobachtermission der Organisation für Sicherheit und Zusammenarbeit in Europa (OSZE) in Russland. In dieser Funktion verbrachte er die vier Jahre vor dem Krieg im Namen der 57-Länder-Organisation an der Grenze von Russland und dem Gebiet des Donbass, das nicht von der ukrainischen Regierung kontrolliert war. Er leitete eine ununterbrochene internationale Überwachung, die zur Lösung des Konflikts beitragen sollte. Varga ist Mitglied der Ungarischen Akademie der Wissenschaften (MTA).*

Quelle: NachDenkSeiten vom 26.07.2024

Einordnung von J.B.:
Dr. Varga beschreibt in seiner Analyse nicht nur die wichtigsten politisch-historischen Brennpunkte des Ukraine-Konfliktes, sondern unterstreicht in mittel- oder unmittelbarer Weise die Hauptverantwortung des Imperiums Americanum an der kriegerischen Dimension, die Europa überrennt. Das Interesse der USA besteht nicht nur in der militärischen, sondern zugleich auch in der ökonomischen Schwächung seines wirtschaftlichen EU/Deutschland-Konkurrenten. Insoweit sind auch die Sonderzölle und Vorteilssubventionen durch die US-Administration zu verstehen, die zu einer Kapitalabwanderung aus der EU/D und einem Kapitalzufluss in den Vereinigten Staaten führen.

Putins Blick auf die Konfliktlage 2014

Im Folgenden wird die Rede des russischen Präsidenten Wladimir Putin am 18. März 2014 im Kreml widergegeben. Er hielt sie vor den Abgeordneten der Staatsduma, vor Mitgliedern des Föderationsrats, Gouverneuren des Landes und Vertretern der Zivilgesellschaft bezüglich der Bitte der Republik Krim und der Stadt Sewastopol um Aufnahme in den Bestand der Russischen Föderation:

»Guten Tag, sehr verehrte Mitglieder des Föderationsrats, sehr verehrte Abgeordnete der Staatsduma! Sehr geehrte Vertreter der Republik Krim und der Stadt Sewastopol – ja, sie sind hier, unter uns, als Bürger Russlands, Einwohner der Krim und Sewastopols!

Verehrte Freunde, heute haben wir uns zur Besprechung einer Frage hier versammelt, die lebenswichtig und von historischem Ausmaß für uns alle ist. Am 16. März hat auf der Krim ein Referendum stattgefunden. Dieses Referendum verlief in voller Übereinstimmung mit demokratischen Normen und internationalen Vorschriften.

An der Abstimmung haben mehr als 82% der Wähler teilgenommen, über 96% sprachen sich für einen Anschluss an Russland aus. Diese Zahlen sind durchaus überzeugend.

Um zu verstehen, warum es zu genau dieser Wahl gekommen ist, genügt es, die Geschichte Russlands zu kennen und zu verstehen, was die Krim für Russland und was Russland für die Krim bedeutet.

Alles auf der Krim ist von unserer gemeinsamen Geschichte, unserem gemeinsamen Stolz durchdrungen. Hier liegt das antike Chersones, wo der heilige Fürst Wladimir getauft wurde. Seine geistliche Aufopferung – die Annahme des orthodoxen Glaubens – bestimmte die allgemeine kulturelle Basis, das Wertesystem und die Zivilisation voraus, welche die Völker Russlands, der Ukraine und Weißrusslands vereint. Auf der Krim gibt es Gräber der russischen Soldaten, durch deren Heldenmut die Krim im Jahre 1783 unter russische Herrschaft kam. Die Krim – das ist Sewastopol, eine Legende von einer Stadt, eine Stadt mit einem großartigen Schicksal, eine Festungsstadt und die Heimatstadt der Schwarzmeerflotte. Die Krim – das ist Balaklawa und Kertsch, Malachow und Sapun-gora. Jeder dieser Orte ist ein Heiligtum für uns, all das sind Symbole für militärischen Ruhm und Heroismus.

Die Krim ist eine einmalige Mischung aus den Kulturen und den Traditionen verschiedener Völker, und auch dadurch ähnelt sie dem großen Russland, wo im Verlauf der Jahrhunderte keine einzige der zahlreichen Völkerschaften verschwunden ist oder sich aufgelöst hat. Russen und Ukrainer, Krimtataren und Vertreter anderer Völkerschaften lebten und wirkten gemeinsam auf dem Boden der Krim, sie bewahrten sich ihre Eigenständigkeit, ihre Sprache und ihren Glauben.

Übrigens sind von den 2.200.000 Einwohnern der Krim heute fast anderthalb Millionen Russen,

350.000 Ukrainer, die überwiegend die russische Sprache als ihre Muttersprache betrachten, sowie ungefähr 290-300.000 Krimtataren, ein bedeutender Teil derer, wie das Referendum gezeigt hat, sich ebenfalls in Richtung Russland orientieren.

Ja, es gab eine Zeit, als man den Krimtataren, wie auch anderen Völkerschaften der UdSSR gegenüber mit Härte und Ungerechtigkeit aufgetreten ist. Ich will eines sagen: Millionen von Menschen verschiedener Nationalitäten wurden Opfer der damaligen Repressionen, vor allem natürlich auch Russen. Die Krimtataren sind inzwischen in ihre Heimat zurückgekehrt. Ich bin der Ansicht, dass es notwendig ist, alle politischen und rechtlichen Schritte dazu zu unternehmen, die Rehabilitation der Krimtataren zu vollenden und ihren guten Namen in vollem Umfang wiederherzustellen.

Wir achten Vertreter aller Nationalitäten, die auf der Krim leben. Das ist ihr gemeinsames Haus, ihre kleine Heimat, und es wäre sicher richtig – denn ich weiß, dass die Einwohner der Krim das unterstützen – gäbe es dort nebeneinander drei gleichberechtigte Landessprachen: Russisch, Ukrainisch und Krimtatarisch.

Verehrte Kollegen! Im Herzen und im Bewusstsein der Menschen war und bleibt die Krim ein unabdingbarer Bestandteil Russlands. Diese auf der Wahrheit und Gerechtigkeit beruhende Überzeugung war unerschütterlich und wurde von einer Generation an die nächste übergeben, vor ihr waren Zeit, Umstände und all die dramatischen Umbrüche machtlos, die wir und unser Land im Verlauf des 20. Jahrhunderts durchlitten haben.

Nach der Revolution haben die Bolschewiken aus verschiedenen Beweggründen – Gott möge ihnen ein Richter sein – bedeutende Gebiete des historischen Südrussland an die Ukrainische Unionsrepublik abgetreten. Das passierte ohne Berücksichtigung der nationalen Zusammensetzung der Bewohner, und das ist der heutige Südosten der Ukraine. 1954 folgte dann die Entscheidung, die Oblast Krim an die Ukraine zu übergeben, dazu kam noch die Stadt Sewastopol, obwohl diese damals direkt der Union unterstand. Der Initiator dahinter war der Chef der Kommunistischen Partei der Sowjetunion, Chruschtschow, persönlich. Was seine Beweggründe waren – ob das Streben nach Unterstützung bei der ukrainischen Nomenklatur, oder das Bemühen, seine Mitschuld an den massiven Repressionen in der Ukraine in den 1930er Jahren auszubügeln – sei dahingestellt; das mögen Historiker untersuchen.

Für uns ist etwas anderes wichtig: diese Entscheidung war eine Verletzung aller schon damals gültigen verfassungsmäßigen Normen. Diese Entscheidung wurde insgeheim, „auf den Fluren" getroffen. Natürlich wurde unter den Bedingungen des totalitären Staates nicht die Meinung der Bewohner der Krim und Sewastopols eingeholt. Natürlich gab es Fragen, warum denn die Krim plötzlich zur Ukraine gehört. Aber im Großen und Ganzen, das muss man direkt so sagen, wir verstehen das ja, wurde diese Entscheidung als reine Formsache empfunden, denn es war ja nichts als eine Umverteilung von Territorium innerhalb eines großen Landes. Damals war es nicht vorstellbar, dass die Ukraine und Russland einmal nicht mehr zusammen sein, dass sie zu verschiedenen Staaten werden. Aber so ist es gekommen.

Das, was unwahrscheinlich schien, wurde leider zu Realität. Die Sowjetunion zerfiel. Die Ereignisse entwickelten sich so schnell, dass kaum jemand unter den damaligen Menschen die ganze Dramatik der Ereignisse und ihrer Folgen einzuschätzen wusste. Viele Menschen sowohl in Russland, als auch in der Ukraine und auch in anderen ehemaligen Sowjetrepubliken hofften, dass die damals neu entstandene Gemeinschaft Unabhängiger Staaten zu einer neuen Form einer gemeinsamen Staatlichkeit erwächst. Es wurde ja eine gemeinsame Währung, ein einheitlicher Wirtschaftsraum und gemeinsame Streitkräfte versprochen, doch all das blieben nur Versprechungen, wobei aber ein großes Land aufgehört hat zu existieren. Als die Krim sich nun auf dem Gebiet eines anderen Staates befand, hat Russland das so empfunden, als sei es nicht nur beraubt, sondern regelrecht bestohlen worden.

Gleichzeitig muss man einräumen, dass Russland selbst durch die Initiierung der Unabhängigkeitserklärungen dem Zerfall der UdSSR Vorschub geleistet hat, bei dessen Gestaltung sowohl die Krim, als auch die Hauptbasis der Schwarzmeerflotte Sewastopol vergessen wurden. Millionen von Russen gingen in einem Land schlafen, und wachten hinter einer Grenze auf; sie wurden in einem Augenblick zu einer nationalen Minderheit in den ehemaligen

Sowjetrepubliken, und das russische Volk wurde damals zum größten geteilten Volk der Welt.

Heute, viele Jahre später, hörte ich, wie die Einwohner der Krim sagten, dass sie damals, 1991, wie ein Sack Kartoffeln einfach aus den einen Händen in andere übergeben wurden. Es ist schwer, dem zu widersprechen. Der russische Staat tat was? Er senkte sein Haupt und fand sich damit ab, schluckte diese Beleidigung. Unser Land befand sich damals in einer kritischen Lage, es konnte einfach nicht für seine Interessen einstehen. Doch die Menschen konnten sich mit dieser himmelschreienden historischen Ungerechtigkeit nicht abfinden. All diese Jahre haben sowohl die Bürger, als auch viele Persönlichkeiten der Gesellschaft dieses Thema oft angesprochen, indem sie sagten, dass die Krim seit jeher russische Erde sei, und Sewastopol eine russische Stadt. Ja, wir haben all das gut verstanden und im Herzen und in der Seele nachfühlen können, aber man musste von den Gegebenheiten ausgehen und nun auf einer neuen Grundlage gutnachbarliche Beziehungen mit der unabhängigen Ukraine aufbauen. Die Beziehungen zur Ukraine, mit dem ukrainischen Brudervolk waren und bleiben für uns höchst wichtig – ganz ohne Übertreibung.

Heute kann man bereits offen darüber sprechen, deswegen möchte ich Ihnen einige Details aus den Verhandlungen vom Beginn der 2000er Jahre anführen. Damals hat der ukrainische Präsident Kutschma mich gebeten, den Prozess der Grenzziehung der russisch-ukrainischen Grenze zu beschleunigen. Bis dahin war dieser Prozess faktisch nicht vorangekommen. Irgendwie hatte Russland die Krim als Teil der Ukraine anerkannt, doch Gespräche über eine Grenzziehung gab es nicht. Ich war mir der ganzen Schwierigkeiten dieser Sache bewusst, gab aber gleich Anweisung, mit dieser Arbeit zu beginnen – nämlich die Grenzen festzuschreiben, damit alle verstanden: durch ein Einverständnis mit einer Grenzziehung erkennen wir die Krim de facto und de jure als ukrainisches Territorium an, womit wir diese Frage ein für alle Mal klärten.

Wir sind der Ukraine nicht nur in der Frage der Krim entgegengekommen, sondern auch in solch schwierigen Themen wie der Grenzziehung im Aquatorium des Asowschen Meeres und der Straße von Kertsch. Wovon sind wir damals ausgegangen? Wir gingen davon aus, dass ein gutnachbarliches Verhältnis zur Ukraine für uns das Wichtigste ist, und dass sie nicht Geiseln von unauflösbaren Territorialstreitigkeiten sein dürfen. Aber bei alledem rechneten wir natürlich auch damit, dass die Ukraine uns ein guter Nachbar sein wird, dass die Russen und die russischsprachigen Bürger in der Ukraine, besonders in ihrem Südosten, unter den Bedingungen eines freundschaftlichen, demokratischen und zivilisierten Staates leben werden, wo ihre Rechte in Entsprechung mit internationalen Normen gewährleistet werden.

Allerdings begann die Lage sich anders zu entwickeln. Mal für Mal kam es zu Versuchen, die Russen ihrer historischen Erinnerungen zu berauben, mitunter auch ihrer Muttersprache, womit sie zwangsweise assimiliert werden sollten. Natürlich litten die Russen wie auch andere Bürger der Ukraine unter der permanenten politischen und staatlichen Krise, welche die Ukraine bereits seit mehr als 20 Jahren erschüttert.

Ich kann gut verstehen, warum die Menschen in der Ukraine Veränderung wollten. In den Jahren der Unabhängigkeit sind sie dieser Staatsmacht überdrüssig geworden. Es wechselten die Präsidenten, die Premiers, die Abgeordneten der Rada, aber das Verhältnis zu ihrem Land, zum Volk, blieb immer das Gleiche. Sie saugten die Ukraine aus, stritten untereinander um Vollmachten, Aktiva und Finanzströme. Dabei interessierte es die Mächtigen kaum, wie es den einfachen Menschen geht, warum beispielsweise Millionen von Ukrainern keine Perspektive im eigenen Land sehen und deshalb gezwungen waren, zu Tagelöhnerarbeiten ins Ausland zu gehen.

Das will ich unterstreichen – es ging nicht um die „Silicon Valleys", sondern genau um Tagelöhnerarbeiten. Allein in Russland gingen im vergangenen Jahr um die 3 Millionen Ukrainer einer Arbeit nach. Nach einigen Angaben beträgt die Summe ihrer Einkünfte für das Jahr 2013 in Russland insgesamt über 20 Milliarden US-Dollar, das sind etwa 12 Prozent des Bruttoinlandsprodukts der Ukraine.

Ich widerhole: ich kann die Menschen gut verstehen, die unter friedlichen Losungen auf den Maidan gingen, um gegen Korruption, ineffiziente Staatsführung und Armut zu protestieren. Das Recht auf friedliche Proteste, auf demokratische Prozesse und Wahlen existiert ja gerade dazu, um eine Regierung abzuwählen, die den Menschen missfällt. Doch die, welche hinter den letzten Ereignissen standen, verfolgten ganz andere Ziele – sie bereiteten einem Staatsstreich die Wege. Dazu wurden Terror, Mord und Pogrome veranstaltet. Die treibenden Kräfte des Staatsstreichs waren Nationalisten, Neonazis, Russophobe und Antisemiten. Genau sie sind es auch, die bis heute in vielerlei Hinsicht das Leben in der Ukraine bestimmen.

Gleich zu Beginn wird von der sogenannten „Regierung" über eine skandalöse Gesetzesvorlage einer Änderung der Sprachenpolitik im Lande beraten und durch die Rechte nationaler Minderheiten direkt verletzt würden. Freilich haben die ausländischen Sponsoren dieser heutigen „Politiker", die Berater der heutigen „Regierung" die Initiatoren dieser Idee sogleich zurückgepfiffen. Sie sind ja durchaus kluge Leute, das muss man ihnen schon zugestehen, und sie wissen, wozu Versuche führen werden, eine ethnisch reine Ukraine aufzubauen. Die Gesetzesvorlage wurde zurückgestellt, aber ganz offenbar auf Zeit. Von der Existenz dieser Gesetzesvorlage wird jetzt geschwiegen, offenbar kalkuliert man mit dem kurzen Gedächtnis der Menschen. Aber es ist allen vollkommen klar geworden, was genau die heutigen ideellen Erben Banderas – Hitlers Mittäter in der Zeit des Zweiten Weltkriegs – in nächster Zeit unternehmen werden.

Klar ist ebenso, dass es bis heute keine legitime exekutive Macht in der Ukraine gibt, es gibt niemanden, mit dem man verhandeln könnte. Viele staatliche Organe sind von Titelbetrügern usurpiert worden, dabei haben sie keine Kontrolle über irgendetwas im Lande, im Gegenteil – und das will ich betonen – oftmals befinden sie sich unter der Kontrolle von Radikalen. Um zu einem Empfang bei manchem Minister der heutigen Regierung vorgelassen zu werden, benötigt man die Genehmigung bewaffneter Schläger vom Maidan. Das ist kein Scherz, sondern heutige Realität.

Denen, die dem Putsch Widerstand leisteten, wurden Repressionen und Strafexpeditionen angedroht. Und natürlich war die russischsprachige Krim die erste in dieser Reihe. Im Zusammenhang damit haben sich die Bewohner der Krim und Sewastopols an Russland gewandt, mit dem Aufruf, ihre Rechte und ihr Leben zu schützen und das, was im Lande ablief, nicht zuzulassen – was aber bis heute noch in Kiew, in Donezk, in Charkow und anderen Städten in der Ukraine passiert.

Natürlich konnten wir diese Bitte nicht ausschlagen, wir konnten die Krim und ihre Bewohner nicht der Not überlassen, denn das wäre Verrat gewesen.

Vor allem ging es darum, Bedingungen für eine friedliche, freie Meinungsäußerung zu schaffen, damit die Bewohner der Krim ihr Schicksal erstmals in der Geschichte selbst bestimmen konnten. Allerdings, was hören wir heute von unseren Kollegen in Westeuropa, in Nordamerika? Uns wird gesagt, wir würden die geltenden Normen des Völkerrechts verletzen. Erstens, es ist sehr gut, dass sie sich wenigstens daran erinnern, dass es ein Völkerrecht gibt – vielen Dank schon allein dafür; besser spät, als nie.

Und zweitens, das Wichtigste: Was ist es denn, was wir angeblich verletzen? Ja, der Präsident der Russischen Föderation bekam vom Oberhaus des Parlaments das Recht, die Streitkräfte in der Ukraine einzusetzen. Doch von diesem Recht wurde streng genommen noch nicht einmal Gebrauch gemacht. Die Streitkräfte Russlands sind nicht auf das Territorium der Krim eingedrungen, sondern sie waren in Entsprechung mit einem internationalen Vertrag bereits dort. Ja, wir haben unsere Gruppierung vor Ort verstärkt, sind dabei aber – und ich möchte das unterstreichen, damit es alle wissen und es hören – haben wir die maximal zulässige Mannzahl unserer Truppenpräsenz auf der Krim nicht überschritten; diese sieht 25.000 Mann vor, aber es bestand kein Bedarf an einer solchen Zahl.

Und weiter. Bei der Unabhängigkeitserklärung und der Ausrufung eines Referendums hat der Oberste Rat der Krim sich auf die UN-Charta berufen, in der davon die Rede ist, dass eine Nation über Selbstbestimmungsrecht verfügt. Übrigens hat die Ukraine selbst sich textlich fast identisch darauf berufen, als sie aus der UdSSR ausschied – das sei angemerkt. Die Ukraine nahm dieses Recht für sich in Anspruch, und den Bewohnern der Krim wird es verwehrt. Aus welchem Grund?

Außerdem stütze sich die Regierung der Krim auf den bekannten Präzedenzfall mit Kosovo, ein Präzedenzfall, den unsere westlichen Partner selbst geschaffen haben, quasi mit eigenen Händen, und zwar in einer Lage, die der in der Krim ganz analog ist; man erkannte die Trennung des Kosovo von

Serbien für legitim und versuchte die Beweisführung, dass es keinerlei Einverständnisses der Zentralmacht für solche unilateralen Unabhängigkeitserklärungen bedürfe. Der Internationale Gerichtshof der UN hat auf Grundlage von Paragraph 1 Punkt 2 der UN-Charta sein Einverständnis damit erklärt und in seiner Entscheidung am 22. Juli 2010 folgendes erklärt. Ich zitiere wörtlich: „Es besteht kein allgemeines Verbot einseitiger Unabhängigkeitserklärungen, das aus der Praxis des Sicherheitsrates resultieren würde" – und weiter: „Das allgemeine Völkerrecht beinhaltet keinerlei anwendbares Verbot von Unabhängigkeitserklärungen". Wie man so schön sagt, alles glasklar.

Ich mag es nicht besonders, Zitate anzubringen, aber kann doch nicht davon absehen, noch einen Auszug aus einem offiziellen Dokument zu bringen, diesmal ist das ein schriftliches Memorandum der USA vom 17. April 2009, das diesem Internationalen Gerichtshof im Zusammenhang mit der Anhörung zu Kosovo eingebracht wurde. Wieder Zitat: „Unabhängigkeitserklärungen können, wie das auch häufig passiert, das innere Recht verletzen. Aber das bedeutet nicht, dass dadurch das Völkerrecht verletzt wird". Zitat Ende. Sie haben es selbst geschrieben, der ganzen Welt verkündet, alles zurechtgebogen, und nun regen sie sich auf. Worüber denn? Das, was die Bewohner der Krim tun, passt exakt in diese Instruktion – eine solche ist es ja faktisch. Das, was die Albaner in Kosovo (denen wir mit Achtung begegnen) dürfen, wird den Russen, Ukrainern und Krimtataren auf der Krim verwehrt. Wieder die Frage: Warum?

Von genau den gleichen – von den Vereinigten Staaten und von Europa – hören wir, dass Kosovo angeblich ein Sonderfall gewesen sei. Worin besteht denn das Besondere nach Meinung unserer Kollegen? Es stellt sich heraus, dass es darin besteht, dass es im Verlauf des Kosovokonflikts viele menschliche Opfer gegeben hat. Was ist das denn – ein juristisches Argument? In der Entscheidung des Internationalen Gerichtshofs ist davon überhaupt keine Rede. Wissen Sie, das sind schon nicht einmal mehr doppelte Standards. Das ist ein frappierend primitiver und unverhohlener Zynismus. Es kann doch nicht sein, dass man alles so grob seinen Interessen zurechtbiegt, ein und dieselbe Sache heute „schwarz" und morgen „weiß" nennt. Denn soll daraus etwa folgen, dass man einen jeden Konflikt bis zu menschlichen Opfern vorantreiben muss?

Ich will es direkt sagen: wenn die örtlichen Einheiten der Selbstverteidigung die Lage nicht rechtzeitig unter ihre Kontrolle gebracht hätten, hätte es dort auch Opfer geben können. Und Gott sei Dank ist das nicht passiert! In der Krim ist es zu keinem einzigen bewaffneten Zusammenstoß gekommen, es gab keine menschlichen Opfer. Was denken Sie, weshalb? Die Antwort ist einfach: weil es schwierig oder praktisch unmöglich ist, gegen ein Volk und dessen Willen Krieg zu führen. In diesem Zusammenhang möchte ich den ukrainischen Armeeangehörigen danken – und das sind nicht wenige, insgesamt 22.000 Mann mit voller Bewaffnung. Ich will denjenigen ukrainischen Armeeangehörigen danken, die sich nicht zu einem Blutvergießen haben hinreißen lassen und sich nicht mit Blut befleckt haben.

Verehrte Kollegen! Im Zusammenhang mit der Lage in der Ukraine spiegelt sich all das, was derzeit, aber auch bereits in den vergangenen Jahrzehnten in der Welt passiert. Nach dem Verschwinden der bipolaren Welt ist die Welt nicht etwa stabiler geworden. Wichtige und internationale Institutionen erstarken nicht, im Gegenteil, häufig ist es so, dass sie an Bedeutung verlieren. Unsere westlichen Partner, allen voran die Vereinigten Staaten, ziehen es vor, in ihrer praktischen Politik nicht vom Völkerrecht, sondern vom Recht des Stärkeren Gebrauch zu machen. Sie glauben an ihre Erwähltheit und Exklusivität, daran, dass sie die Geschicke der Welt lenken dürfen und daran, dass immer nur sie allein Recht haben können. Sie handeln so, wie es ihnen einfällt: mal hier, mal da wenden sie Gewalt gegen souveräne Staaten an, bilden Koalitionen nach dem Prinzip „Wer nicht mit uns ist, ist gegen uns". Um ihren Aggressionen das Mäntelchen der Rechtmäßigkeit zu verleihen, erwirken sie entsprechende Resolutionen bei internationalen Organisationen, und wenn das aus irgendeinem Grunde nicht gelingt, dann ignorieren sie sowohl den UN-Sicherheitsrat, als auch die UNO als Ganzes.

So war es in Jugoslawien – daran können wir uns gut erinnern – im Jahr 1999. Es war kaum zu glauben, ich traute meinen Augen nicht, doch am Ende des 20. Jahrhunderts wurde eine der europäischen Hauptstädte, Belgrad, von Raketen- und

Bombenangriffen erschüttert, wonach eine wirkliche Intervention folgte. Was gab es denn damals zu dieser Frage eine Resolution des UN-Sicherheitsrats, die ein solches Vorgehen gestatten würde? Nichts dergleichen. Danach folgten Afghanistan, Irak, und unverhohlene Verletzungen der UNSC-Resolution zu Libyen, als man anstelle der Einrichtung einer sogenannten Flugverbotszone mit Bombardements begann.

Es gab auch eine ganze Serie an gesteuerten „farbigen" Revolutionen. Es ist klar, dass die Menschen in den Ländern, in denen sie passierten, müde waren von der Tyrannei, von der Armut, von der Perspektivlosigkeit, doch diese Gefühle wurden zynisch ausgenutzt. Diesen Ländern wurden Standards aufgezwungen, die in keinerlei Weise den Lebensweisen, den Traditionen oder der Kultur dieser Völker entsprachen. Im Endeffekt herrscht anstelle von Demokratie und Freiheit das Chaos, Gewalt und eine Folge an Staatsstreichen. Der „Arabische Frühling" wurde zum „Arabischen Winter".

Ein ähnliches Szenario kam in der Ukraine zur Anwendung. Im Jahr 2004 erfand man eine von der Verfassung nicht vorgesehene dritte Runde bei den Präsidentschaftswahlen, um den genehmen Kandidaten damit durchzubringen. Das ist ein Absurdum und ein Hohn gegen die Verfassung. Jetzt wurde eine vorab ausgebildete, gut ausgerüstete Armee aus bewaffneten Radikalen in das Szenario eingebracht.

Wir verstehen sehr gut, was hier abläuft, wir wissen, dass diese Aktionen sowohl gegen die Ukraine, als auch gegen Russland gerichtet waren, ebenso auch gegen eine Integration im eurasischen Raum. Und das während einer Zeit, in der Russland aufrichtig um Dialog mit unseren Kollegen im Westen bemüht war. Wir schlagen ständig Kooperation in Schlüsselfragen vor, wir wollen das gegenseitige Vertrauen fördern, wir wünschen, dass unsere Beziehungen auf Augenhöhe stattfinden, dass sie offen und ehrlich seien. Aber wir sehen keinerlei Entgegenkommen.

Im Gegenteil, wir wurden Mal ums Mal betrogen, es wurden Entscheidungen hinter unserem Rücken getroffen, man stellte uns vor vollendete Tatsachen. So war es mit der NATO-Osterweiterung, mit der Installation von militärischer Infrastruktur an unseren Grenzen. Uns wurde immer ein und dasselbe erzählt: „Na, das geht euch nichts an." Es ist leicht gesagt, es gehe uns nichts an.

So war es auch mit der Entfaltung der Systeme der Raketenabwehr. Ungeachtet all unserer Befürchtungen bewegt sich die Maschinerie vorwärts. So war es auch mit dem endlosen In-die-Länge-Ziehen der Verhandlungen zu Fragen der Visafreiheit, mit den Versprechen eines ehrlichen Wettbewerbs und freiem Zugang zu den globalen Märkten.

Heute droht man uns mit Sanktionen, aber wir leben ohnehin schon unter einer Reihe an Einschränkungen, die für uns, unsere Wirtschaft und unser Land insgesamt sehr bedeutend sind. Beispielsweise haben die USA, danach auch andere Länder, es noch im Kalten Krieg verboten, bestimmte Technologien und Ausrüstung an die UdSSR zu verkaufen, es gab dazu die sogenannten CoCom-Listen.

Diese sind heute formal annulliert, aber nur formal, denn faktisch gelten viele Verbote auch weiterhin.

Kurz, wir haben allen Grund zu der Annahme, dass die sprichwörtliche Eindämmungspolitik gegen Russland, die sowohl im 18., im 19. und im 20. Jahrhundert aktuell war, auch heute noch fortgeführt wird. Man versucht ständig, uns in irgendeine Ecke zu drängen, und zwar dafür, dass wir eine unabhängige Position einnehmen, dafür, dass wir diese verteidigen, und dafür, dass wir die Dinge beim Namen nennen und nicht heucheln. Im Falle der Ukraine haben unsere westlichen Partner eine Grenze überschritten, handelten grob, verantwortungslos und unprofessionell.

Sie waren doch ausgezeichnet im Bilde darüber, dass sowohl in der Ukraine, als auch auf der Krim Millionen russischer Menschen leben. Wie sehr muss man denn politisches Feingefühl und Augenmaß eingebüßt haben, um alle Folgen seiner Handlungen nicht vorauszusehen? Russland ist an eine Grenze gekommen, hinter die es nicht mehr zurückkonnte. Wenn man eine Feder bis zum Anschlag zusammendrückt, wird sie sich irgendwann einmal mit Gewalt ausspannen. Dessen sollte man immer gewahr sein.

Heute ist es notwendig, die Hysterie abzustellen, die Rhetorik aus Zeiten des Kalten Kriegs zu beenden und eine offensichtliche Sache anzuerkennen: Russland ist ein selbständiger, aktiver Faktor der internationalen Gemeinschaft, es hat, wie andere Länder auch, nationale Interessen, die man berücksichtigen und achten muss.

Dabei sind wir all denen dankbar, die unseren Schritten zur Lage auf der Krim mit Verständnis begegnet sind; wir sind dem chinesischen Volk dankbar, dessen Führung die Lage um die Ukraine und die Krim in der Fülle der historischen und politischen Komplexität betrachtete und auch weiterhin betrachtet; wir schätzen die Zurückhaltung und die Objektivität Indiens hoch.

Heute möchte ich mich ebenso auch an das Volk der Vereinigten Staaten von Amerika wenden, an die Menschen, die seit den Zeiten der Gründung dieses Staates, der Annahme der Unabhängigkeitserklärung stolz darauf sind, dass die Freiheit ihr höchstes Gut ist. Ist denn das Streben der Menschen auf der Krim nach freier Wahl ihres Schicksals nicht ebensolch ein Gut? Verstehen Sie uns.

Ich denke, auch die Europäer werden Verständnis haben, vor allem die Deutschen. Ich möchte daran erinnern, dass im Verlauf der politischen Konsultationen zur Vereinigung der BRD und der DDR auf, gelinde gesagt, Expertenebene, bei weitem nicht alle Vertreter der Länder, die Verbündete Deutschlands waren und sind, die Idee der Wiedervereinigung befürwortet haben. Unser Land hat, ganz im Gegenteil, das aufrichtige und unaufhaltsame Streben der Deutschen nach nationaler Einheit eindeutig unterstützt. Ich bin mir sicher, dass Sie das nicht vergessen haben, und rechne damit, dass die Menschen in Deutschland ebenso auch das Bestreben der russischen Welt, des historischen Russland nach Wiedererrichtung der Einheit unterstützen.

Ich wende mich ebenso an das Volk der Ukraine. Ich wünsche aufrichtig, dass Sie uns verstehen: wir wollen euch auf keine Weise schaden oder Ihre nationalen Gefühle verletzen. Wir haben die territoriale Integrität des ukrainischen Staates immer geachtet, im Gegensatz übrigens zu denen, die die Einheit der Ukraine ihren politischen Ambitionen opfern. Sie prunken mit Losungen über eine Groß-Ukraine, doch genau diese sind es, die alles dafür tun, das Land zu spalten. Der heutige gesellschaftliche Konflikt lastet vollständig auf deren Gewissen. Ich möchte, dass ihr mich anhört, liebe Freunde. Glaubt denen nicht, die euch mit Russland schrecken wollen, die davon schreien, dass der Krim weitere Regionen folgen werden. Wir wünschen keine Spaltung der Ukraine, das ist nicht das, was wir brauchen. Was die Krim anbetrifft, so ist und bleibt sie russisch, ukrainisch und krimtatarisch.

Ich wiederhole es – sie wird, wie es seit Jahrhunderten gewesen ist, eine Heimat für Vertreter aller dort lebenden Völker. Aber sie wird nie eine Heimat für Bandera-Anhänger sein!

Die Krim ist unser gemeinsames Erbe und ein höchst wichtiger Stabilitätsfaktor in der Region. Dieses strategisch bedeutsame Territorium muss sich unter einer starken, stabilen Souveränität befinden, die zum heutigen Tag de facto nur Russland sein kann. Sonst, liebe Freunde – und damit wende ich mich sowohl an die Ukraine, als auch an Russland – können wir die Krim insgesamt verlieren, und zwar in durchaus nicht langer Zeit. Bitte bedenken Sie diese Worte.

Ich möchte ebenso daran erinnern, dass es in Kiew bereits schon Erklärungen über einen Beitritt der Ukraine zur NATO gegeben hat. Was würde diese Perspektive für die Krim und Sewastopol bedeuten? Es würde bedeuten, das in einer Stadt der russischen militärischen Ehre die NATO-Flagge weht, dass es eine Bedrohung für den gesamten Süden Russlands gäbe – keine vorübergehende, sondern eine ganz konkrete. Alles, was hätte passieren können, ist eben das, was hätte passieren können, gäbe es die Wahl der Bewohner der Krim nicht. Dafür sei ihnen großer Dank.

Übrigens sind wir nicht gegen eine Zusammenarbeit mit der NATO, ganz und gar nicht. Wir sind dagegen, dass eine Militärallianz – und die NATO ist und bleibt bei allen internen Prozessen immer noch eine Militärallianz – vor unserem Zaun, an unserem Haus und auf unseren historischen Territorien das Sagen hätte. Wisst ihr, ich kann es mir einfach nicht vorstellen, dass wir nach Sewastopol zu Besuch bei NATO-Seeleuten fahren. Sie sind übrigens überwiegend ganz wunderbare Jungs, aber sollen sie lieber nach Sewastopol zu uns zu Besuch kommen, als wir zu ihnen.

Ich will es direkt sagen: es tut uns in der Seele weh, was gerade in der Ukraine passiert, dass Menschen leiden, dass sie nicht wissen, wie sie heute leben sollen und was morgen ist. Unsere Besorgnis ist verständlich, wir sind ja nicht einfach nur gute Bekannte, sondern wir sind faktisch, und das habe ich schon mehrfach betont, ein Volk. Kiew ist die Mutter der russischen Städte. Die alte Rus ist unser gemeinsamer Ursprung, und wir können nicht ohne einander, egal, was passiert.

Noch eines will ich sagen. In der Ukraine leben und werden weiterhin Millionen russischer Menschen, russischsprachiger Bürger leben, und Russland wird ihre Interessen auch weiterhin politisch, diplomatisch und juristisch schützen. Allerdings muss die Ukraine in erster Linie selbst daran interessiert sein, die Interessen dieser Menschen zu garantieren. Darin ist ein Unterpfand für die Stabilität des ukrainischen Staates und der territorialen Integrität des Landes.

Wir wollen Freundschaft mit der Ukraine, wir wollen, dass sie ein starker, souveräner und sich selbst genügender Staat ist. Für uns ist die Ukraine ja einer der wichtigsten Partner, es gibt unzählige gemeinsame Projekte, und ungeachtet aller Dinge glaube ich an ihren Erfolg. Und das wichtigste: wir wollen, dass Frieden und Einvernehmen auf ukrainischem Boden einkehren, und gemeinsam mit anderen Ländern wollen wir darin umfassende Unterstützung leisten. Doch ich wiederhole es: nur die Bürger der Ukraine selbst sind dazu in der Lage, im eigenen Haus für Ordnung zu sorgen.

Die Entschiedenheit der außenpolitischen Position Russlands beruhte auf dem Willen von Millionen von Menschen, auf einem gesamtnationalen Konsens, auf der Unterstützung der führenden politischen und gesellschaftlichen Kräfte. Ich möchte allen für diese patriotische Einstellung Dank sagen. Allen ohne Ausnahme. Doch für uns ist es jetzt wichtig, diese Konsolidierung auch weiterhin zu bewahren, um die Aufgaben anzugehen, die vor Russland stehen.

Wir werden es mit Sicherheit auch mit äußeren Gegenmanövern zu tun bekommen, doch wir müssen für uns selbst entscheiden, ob wir dazu bereit sind, unsere nationalen Interessen konsequent zu verteidigen, oder ob wir sie mehr und mehr aufgeben und uns wer weiß wohin zurückziehen. Manche westlichen Politiker schrecken uns bereits nicht nur mit Sanktionen, sondern auch mit der Perspektive einer Verschärfung der inneren Probleme. Es wäre interessant zu erfahren, was sie damit meinen: Aktivitäten einer gewissen „Fünften Kolonne" – also verschiedener „Vaterlandsverräter" – oder rechnen sie damit, dass sie die soziale und wirtschaftliche Lage Russlands verschlechtern können und damit eine Unzufriedenheit der Menschen hervorrufen? Wir betrachten solche Verlautbarungen als unverantwortlich und offen aggressiv, und werden entsprechend darauf reagieren. Dabei werden wir selbst niemals nach einer Konfrontation mit unseren Partnern – weder in Ost, noch in West – streben; ganz im Gegenteil, wir werden alles Notwendige unternehmen, um zivilisierte, gutnachbarliche Beziehungen aufzubauen, so, wie es sich in der heutigen Welt gehört.

Verehrte Kollegen!

Ich verstehe die Bewohner der Krim, die die Frage beim Referendum maximal direkt und klar formuliert haben: ob die Krim mit der Ukraine, oder mit Russland sein soll. Man kann mit Sicherheit sagen, dass die Führung der Krim und der Stadt

Sewastopol und die Abgeordneten der gesetzgebenden Organe bei der Formulierung der Frage des Referendums jegliche Gruppen- und Parteieninteressen beiseitelegten und sich einzig von den wirklichen Interessen der Menschen haben leiten lassen. Eine jede beliebige andere Variante einer Volksabstimmung, wie verlockend sie auch auf den ersten Blick erschiene, wäre aufgrund historischer, demographischer, politischer und wirtschaftlicher Besonderheiten dieses Gebiets von nur zeitweiligem und unfestem Charakter; das würde zu einer weiteren Verschärfung der Lage um die Krim führen und sich auf denkbar schlechte Weise auf dem Leben der Menschen niederschlagen. Die Bewohner der Krim formulierten die Frage hart, kompromisslos und ohne jegliche Nuancen. Das Referendum verlief offen und ehrlich, und die Menschen auf der Krim haben klar und überzeugend ihren Willen bekundet: sie wollen mit Russland sein.

Auch Russland steht es bevor, eine schwierige Entscheidung zu treffen, unter Berücksichtigung der Gesamtheit an inneren und äußeren Faktoren. Wie ist jetzt die Meinung der Menschen in Russland? Hier gibt es, wie in jeder demokratischen Gesellschaft, verschiedene Standpunkte, doch die Position der absoluten – und das möchte ich unterstreichen – der absoluten Mehrheit der Bürger ist ebenso offensichtlich.

Ungefähr 95% der russischen Bürger meinen, dass Russland die Interessen seiner Bürger auf der Krim schützen muss. Mehr als 85% sind der Meinung, dass Russland das tun müsse, selbst, wenn es dadurch zu Beeinträchtigungen der Beziehungen zu anderen Ländern kommt. Fast 92% der Russen sind für einen Anschluss der Krim an Russland. Die überwiegende Mehrheit der Einwohner auf der Krim und Russlands sind für eine Wiedervereinigung der Krim mit der Russischen Föderation.

Eine politische Entscheidung Russlands kann nur vom Willen des Volkes ausgehen, nur das Volk ist die Quelle für die Macht. Ich bringe hiermit eine Gesetzesvorlage in die Föderale Versammlung ein, die eine Aufnahme von zwei neuen Subjekten in die Russische Föderation vorsieht – der Republik Krim und der Stadt Sewastopol, und bitte um Prüfung. Ebenso bitte ich darum, den zur Unterzeichnung vorbereiteten Vertrag zum Beitritt der Republik Krim und der Stadt Sewastopol in den Bestand der Russischen Föderation zu ratifizieren. Ich zweifle nicht an Ihrer Unterstützung.«

Das Wirtschaftsinteresse des Imperiums Americanum an weltweiten militärischen Konflikten – und am Krieg in Europa

Auf den folgenden 50 Seiten werden die Entwicklungsstadien der krisenhaften Entwicklungen bis hin zu den unmittelbaren kriegerischen Auseinandersetzungen deutlich. Der Krieg braucht Waffen, und die US-Waffenindustrie braucht Absatzmärkte; mit Waffen lassen sich volle Konten schaffen. Der militärisch-industrielle Komplex in den Vereinigten Staaten ist der gewaltigste Umsatz- und Industrialisierungs-Motor über den die USA verfügen, seitdem sie unter Reagan eine Deindustrialisierung einleiteten, indem sie auf die asiatische „verlängerte Werkbank" setzten. Man versilberte wesentliche Teile der US-Industrie, um gemäß der »neoliberalen Religion vom Kasino-Kapitalismus« und dem Vorrang der Finanzindustrie das freiwerdende beziehungsweise umgeschichtete Kapital in Heuschrecken-Unternehmen und komplexen Finanzlotterie-Konzernen zu investieren.

Reagans Konzept ging nicht auf, massenhaft platzten Finanzblasen; die Weltwirtschaftskrise 2008/2010 war das Produkt dieser erzkonservativen marktradikalen Wirtschaftspolitik. Neoliberalismus pur. »Der neoliberale Kaiser ist ja nackt«, hörte man die Rufe selbst aus den Hallen der Börsen.

Auf der politischen Seite traten nun, nur drei Jahre später, wirtschaftsaktive Kriegstreiber auf den Plan, um die neuen Geschäfte zum Laufen zu bringen. Philipp Breedlove, von 2013 bis 2016 Supreme Allied Commander Europe, ist zu jener Zeit einer der einflussreichsten Kriegstreiber in der USNATO. Ende 2014 hatten sich erstaunlicherweise die damalige Bundeskanzlerin Angela Merkel und Außenminister Frank-Walter Steinmeier genötigt gesehen, gegen „gefährliche Propaganda" dieses Europakommandanten zu protestieren, der – offensichtlich bewusst – falsche Angaben über russische Aktivitäten in der Ostukraine verbreitete. Mit anderen Worten. Er log.

So hieß es beispielsweise am 18.11.2014, die O-SZE habe gemeldet, russische Panzer, Artillerie, Luftabwehrsysteme und Kampftruppen seien in die Ukraine eingerückt, obwohl die OSZE lediglich Militärkonvois innerhalb des Separatistengebiets gesichtet hatte. Außerdem behauptete der US-Luftwaffengeneral, in der Ukraine befänden sich „reguläre Einheiten der russischen Armee", was zu einer unmittelbaren Konfrontation mit der USNATO hätte führen können. Doch tags darauf musste Breedlove seine Aussage zurücknehmen. Anfang März 2015 heizte der USNATO-Oberbefehlshaber dann die Situation erneut an, indem er warnte, die Lage in der Ostukraine werde „jeden Tag schlechter", obwohl nach den zweiten Minsker Waffenstillstandsverhandlungen relative Ruhe eingekehrt war. In dieser Situation sich eskalierend zu äußern, wies bereits zu diesem Zeitpunkt auf die Intentionen des Washingtoner Machtapparates hin.

Der Supreme Commander heizte die Stimmung weiter an und gab bekannt, „der russische Staatspräsident Putin“ habe „mehr als tausend Kampffahrzeuge, russische Kampftruppen und Artillerie-Bataillone“ in den Donbass entsandt. Auch diese Seifenblase platzte, denn seine Behauptung ließ sich durch Satellitenfotos nicht bestätigen.

Zur Rede gestellt, sah Breedlove nach Angaben des Spiegel keinen Anlass, sich für die von ihm verbreiteten Fakenews zu entschuldigen, vielmehr trumpfte er auf und sagte, er stehe zu allen öffentlichen Äußerungen, die er während der Ukraine gemacht hat.*

Es ist anzunehmen, dass Breedlove in Abstimmung mit der EU-feindlichen US-Diplomatin Victoria Nuland (»Fuck the EU«) darauf hinarbeitet, die Ukraine weiter mit US-Waffen hochzurüsten und die Kosten über die Ukrainer den EU-Mitgliedsländern aufzubürden. Aufrüstung und Panikmache, Chaos stiften und Waffentechnik zwecks Chaosbekämpfung zu verkaufen und dies ideologisch-militärisch-propagandistisch vorzubereiten ist eines der beliebtesten Geschäftsmodelle des Imperium Americanum.

*Philipp Breedlove, zit. n.: Der Spiegel, NATO-Oberbefehlshaber Breedlove irritiert Alliierte, 7.3.2015

Schon in der sich anbahnenden Ausuferung des Ukraine-Konfliktes zu umfassenderem kriegerischen Geschehen zeigte sich, dass sich die US-Interessen an einer diplomatischen Lösung arg in Grenzen hielt – wobei nach außen durch Schuldzuweisung an „Putin“ versucht wurde, von den eigenen kriegerischen und strategisch-militärischen Interessen abzulenken. Die Ukraine sollte als staatlicher Proxy der Vereinigten Staaten ausgerüstet und durch die Putschregierung dauerhaft installiert werden. Die russische Regierung hoffte in dieser Phase des Konflikts darauf, dass sich die Kiewer Führung besinnen und sich nicht zum Handlanger Washingtons missbrauchen ließ.

Aber dazu waren die Untergrundverbindungen zwischen den US-Wirtschaftsführern und den Putschisten sowie die finanzielle Abhängigkeit der Kiewer Ultras bereits zu weit fortgeschritten. Große Teile des ukrainischen Bodens und seiner Industrie waren in den strategischen Händen von US-Konzernen. Bereits gegen Ende des ersten Putschjahres, am 5. Dezember 2014, wurde die US-Amerikanerin Natalie Jaresko zur Finanzministerin der Kiewer Verfassungsbrecher ernannt. Aus dem US-treuen Georgier Alexander Kwitaschwili wurde innerhalb eines Tages der ukrainische Gesundheitsminister*, und

*Man denke an die damals stattfindenden WHO-Planspiele zu der später ausgerufenen Corona-Pandemie!

zugleich wurde der russophobe Litauer Aivaras Abromavičius als ukrainischer Wirtschaftsminister eingesetzt – Schlüsselministerien wurden durch willige Vasallen unter westliches Kuratel gestellt.

Das hauptsächliche, langfristig angelegte strategische Interesse des Dollar-Imperiums besteht in der Eindämmung des Hauptfeindes: China. Hierzu ist es dienlich, die rohstoffreiche euroasiatische Landbrücke unter Kontrolle zu bringen – was wiederum nur geschehen kann, wenn man die europäischen Vasallen festgezurrt hinter sich im Schlepptau weiß, was die kostenintensive Beschäftigung mit der Ukraine garantiert. Und wenn zugleich der russische Bär nicht nur gezähmt und seinen Nachbarn entfremdet ist, nein, wenn in Moskau ein echter Regimechange wie in Kiew den »listigen Machtmenschen Putin« aus Amt und Würden gejagt hat.

Heute, nach drei Jahren USNATO-Krieg via ukrainischem Proxy gegen die Russische Föderation, sieht es nicht so aus, als seien die Vorhaben des Imperium Americanum im Spaziergang zu bewerkstelligen. Es sieht eher wie ein sehr gewagter Tanz auf dem Vulkan aus. Die Aufrüstungsspirale dreht sich seit 2015 unentwegt weiter. Die damaligen Rufe aus Washington hallen bis heute nach: „Putin ist gefährlicher als der Islamische Staat … die größte Bedrohung für die USA:"*

Das ist, wie gesagt, reine Rhetorik, geschuldet dem ersten militärisch-politischen Etappenziel: dem Regimechange im Kreml.

* Joseph Dunford, zit. n.: Focus Online vom 10.7.24

Der damalige US-General Joseph Dunford, designierter Generalstabschef, hielt Moskaus Politik für alarmierend und führte aus: „Die Atommacht Russland kann die Souveränität von unseren Verbündeten verletzen und ist eine existenzielle Bedrohung für die Vereinigten Staaten." Er sprach sich ebenso wie Breedlove für Waffenlieferungen an die Ukraine aus, denn ohne diese Art der Unterstützung werde sie nicht in der Lage sein, „sich gegen die russische Aggression zu verteidigen."*

Währenddessen rückte Kiews Fascho-Armee unter Beteiligung der Nazi-Asow-Bataillone unter Missachtung des Minsker Abkommens erneut mit schweren Waffen in der Ostukraine vor. Die Bundeswehr mischte mit Soldaten ihrer schnellen Eingreifgruppe mit dem unpassenden Nazi-Vokabular »Speerspitze« mit und beteiligte sich an Manövern in Polen und in der Ukraine, und US-Langstreckenbomber patrouillierten an der russischen Grenze. Die Bomber vom Typ B-52, von USNATO-Militärs liebevoll »Big Ugly Fat Fucker« genannt, sind mit Marschflugkörpern ausgerüstet, die Atomsprengköpfe tragen.

Dann erfolgte der bis heute nicht geklärte Abschuss des Passagierflugzeugs MH 17. Eine gefundener Propagandanummer in vielen Akten. Was wir in jenen Tagen lasen, sahen und hörten, war das: Russland habe quasi aus heiterem Himmel ein Zivilflugzeug abgeschossen, aus Gier und Lust und Lau-

* Joseph Dunford, ebenda.

ne die Krim annektiert, Soldaten an die Seite der Separatisten in der Ostukraine geschickt.
Putin stecke hinter allem Bösen, er allein habe die Ukraine destabilisiert – kein Wort zum verfassungswidrigen, CIA-gesteuerten Putsch in der Kiewer Rada. Kein Wort zum zivilgesellschaftlichen Widerstand gegen die Putschisten. Kein Wort zum Massenmord auf dem Maidan, keines zum Massenmord im Mariupoler Gewerkschaftshaus. Kein einziges Verfahren in diesen schrecklichen Mordsachen.

Aber Putin sei schuld. An allem. An den Unruhen, am Bürgerkrieg, am Hunger, an den zerstörten Infra- und Lebensstrukturen des Landes.

Nun bleibe dem Westen nichts anderes übrig als zu reagieren, man sei gezwungen zu handeln. Deshalb müsse noch mehr aufgerüstet und die Daumenschraube der Wirtschaftssanktionen gegen das russische Volk, das hinter Putin stehe, immer weiter angezogen werden, koste es, was es wolle und solange es dauere.

Die essentiellen Fragen bleiben unbeantwortet: Warum sollte der russische Präsident ein Zivilflugzeug abschießen lassen?

Welches Interesse sollte Russland daran haben, sein Nachbarland Ukraine, mit dem es umfangreiche Handelsbeziehungen hatte, ins Chaos zu stürzen?

Warum ist Washington im Dez. 2021 nicht auf die diplomatischen Bemühungen Putins in Sachen gegenseitiger Sicherheitszusagen eingegangen?

Warum haben die westeuropäischen Regierungen, aber auch die Regierungen der anderen EU-

Mitgliedsländer niemals auf die jahrelangen Kooperationsangebote der russischen Regierung reagiert?

Weshalb verschweigen die westlichen Staats- und Konzernmedien die wahren strategischen Hintergründe des Ukraine-Konflikts und der erneuten Spaltung Europas?

Warum lässt das EU-Europa seine Eroberung durch das Imperium Americanum willenlos zu?

Das Gedächtnis der meisten Bürger ist kurz, und die Politiker und Medien unternehmen nichts, um es aufzufrischen, wo es nicht passt. Noch heute werden am laufenden Band Gedenktage und Filme, Dokus und Kommentare zu Stasi-Begebenheiten unter die Medienkonsumenten gestreut. Die zahlreichen skandalösen NSA/US-NATO-Spionageakte gegen die eigene Bevölkerung oder gegen die Regierungen der eigenen Verbündeten wird totgeschwiegen.

Was sich derzeit, wo die Befeuerung des Krieges in der Ukraine durch immer mehr und weitreichendere Waffensysteme an die Grenze eines heißen militärischen Supergaus getrieben wird, in Politik und Medien an Verschleierung, Lügen und dreister Propaganda abspielt, zeugt davon, dass es eine »westliche Wertegemeinschaft« nicht mehr gibt. Was übriggeblieben ist, sind hohle Worte. Sie kommen immer wieder von den Hardlinern aus Übersee, werden in Brüssel in ihrer Hohlheit wiederholt und beschallen unseren europäischen Kontinent wie ein Mantra: Freizügigkeit, soziale Sicherheit, Menschenwürde, Presse-, Informations- und Meinungsfreiheit, Demokratie und Selbstbestimmung – leere Versprechungen, weil die Inhalte zunehmend entkernt werden oder gar nicht mehr vorhanden sind.

Das Imperium Americanum – das große Vorbild aller demokratischen Tugenden – lässt grüßen: In ihm bestimmen Waffengewalt, Anschläge, Mord und Totschlag, Aggressionen nach innen und außen, totalitäre Überwachung, eine rigorose Ellenbogengesellschaft ohne jegliche soziale Standards den Alltag. In den Parlamenten haben die Milliardäre und Millionäre die Mehrheit; die Präsidenten werden vom Big Money ins Amt gekauft.

Im letzten Kapitel werde ich auf die *Economic Hit Man Strategie* des Dollarimperiums eingehen. Aber wir sehen bereits hier, im Bereich der Innereien des imperialen Organismus, wie Big Money mit *Economic Hit Men*, EHM, einen präsidialen *Über-EHM* installiert. EHM sind hoch bezahlte Experten (im politisch-administrativen und präsidialen Bereich: hoch bezahlte Sprechpuppen/Schauspieler), die Länder auf der ganzen Welt um Billionen Dollar betrügen. Sie schleusen Geld von der Weltbank, der *US Agency for International Development* (USAID) und anderen ausländischen »Hilfsorganisationen« auf die Konten großer Konzerne und in Taschen weniger reicher Familien, die die natürlichen Rohstoffe unseres Planeten kontrollieren.

Die Mittel der EHM sind betrügerische Finanzanalysen, Wahlmanipulationen, Regime Changes, Bestechung, Erpressung, Sex und Mord. Ihr Spiel ist so alt wie Macht, doch heute, im Zeitalter der Globalisierung, hat es neue und erschreckende Dimensionen angenommen.

Der USNATO-Ukraine-Russland-Krieg * Entwicklungsgeschichte * Mosaiksteine * Dominosteine etcetera pp. – das Imperium kennt die Spiele

Erbarmen, Obama!

04.04.2014

Sie guter Mann,
waren Sie bei Ihrer Rede am 26. März in Brüssel übermüdet, betrunken oder unter Drogen? Als Sie sagten, der Überfall Ihres Landes auf Irak sei nicht so schlimm wie die Annexion der Krim durch Russland. Haben Sie vergessen, dass die USA im Irak durch ihren völkerrechtwidrigen Lügenkrieg über eine halbe Million Menschen ermordeten und das Land zu einer traumatisierten Anarchie zusammenbombten?

Fassungslos macht auch Ihre Behauptung, die USA hätten den Irakern ihr Land ja wieder zurückgegeben. Mit fast denselben Worten pflegten sich nach dem 2. Weltkrieg Massenvergewaltiger vor Kriegsgerichten zu entschuldigen – sie hätten die geschändeten Mädchen und Frauen ihren Familien doch zurückgegeben. Schämen Sie sich nicht?

Die Annexion der Krim war in ihren Augen vielleicht rechtswidrig. Aber sie war wenigstens unblutig. Anders als die über 30 Militärinterventionen Ihres Landes nach 1945. Die kosteten Millionen

Menschen das Leben. Oder haben Sie Vietnam schon vergessen?

Sie vergessen viel. Von 1845 bis heute überfielen und annektierten (!) die USA: Texas, Kalifornien, New Mexiko, Arizona, Nevada, Utah, Teile von Kansas, Colorado, Wyoming, die Philippinen (über 40 Jahre lang), sowie Hawaii und Puerto Rico. Die USA haben viel Appetit und einen riesigen Magen.

Ihre UN-Botschafterin meinte, gestohlenes Land müsse zurückgegeben werden. Fangen Sie bitte bei den Indianern an! Die wenigen, die nach dem an ihnen verübten Völkermord und Verrat übriggeblieben sind, würden sich freuen.

2008, als Sie den Berlinern vor der Siegessäule Ihre Visionen verkündeten, war ich unter den 200.000 Zuschauern. Auch ich glaubte Ihnen und rief „Yes, we can". Heute weiß ich, Sie können nicht. Sie wollen auch nicht. Sie haben fast alle Werte verraten, für die sie angetreten sind. Noch schlimmer, sie interessieren Sie gar nicht. Hinter Ihnen agieren Mächte, denen Sie offenbar gehorchen müssen.

An all das habe ich mich fast gewöhnt. Aber hören Sie bitte auf, Menschen zu verhöhnen, die Ihr Land ins Unglück getrieben hat – wie zum Beispiel die Iraker. Zynismus gegenüber Menschen, die am Boden liegen, ist einfach nur erbärmlich. Und zur Krim machen Sie sich bitte einmal im Sinne des allgemeinen Völkerrechts kundig. Sehen Sie sich dazu den von Ihrem Land geschaffenen Präzedenzfall an – das Kosovo!

Ihr J.B.

Kissingers Vier-Punkte-Plan
05.04.2014

Erstaunlich, aber wahr: Henry Kissinger, der legendäre US-außenpolitische Experte, wirft dem Westen Versagen im Umgang mit Russland vor. Für die Ukraine entwirft er eine Zukunft nach dem Vorbild Finnlands. Der frühere US-Außenminister hat sowohl Russland als auch den USA und Europa im Streit um die Ukraine Fehler vorgeworfen. Besonders scharf ist seine Kritik am Westen, der habe keinen Plan, schreibt der 90-Jährige in einem Beitrag für die *Washington Post:* „Die Dämonisierung von Wladimir Putin ist keine Strategie; es ist ein Alibi für die Abwesenheit einer Strategie."

Russland riskiere mit einer militärischen Lösung des Konflikts die Isolierung, und das wisse Putin – „und das zu einem Zeitpunkt, wo zahlreiche Außengrenzen des Landes ohnehin instabil sind." Die russische Führung müsse akzeptieren, dass die Ukraine nicht zurück in einen Satellitenstatus gedrängt werden könne. Geschehe dies dennoch, werde Russland in einen Teufelskreis gegenseitigen Drucks mit Europa und den Vereinigten Staaten geraten – wie einst die Sowjetunion. Man ist geneigt anzunehmen, dass dies aber genau die Strategie Washingtons ist. Stattdessen bräuchte die Ukraine den Ausgleich nach innen und außen.

Beiden Seiten wirft Kissinger vor, die Interessen der Gegenseite zu missachten, doch auch hier ist seine Kritik am Westen deutlicher. „Der Westen muss verstehen, dass die Ukraine für Russland niemals nur ein fremdes Land ist." Die Europäische Union kritisiert Kissinger für ihr „bürokratisches Zaudern". Im Umgang mit der Ukraine habe sie „das strategische Element" vernachlässigt und so zum Entstehen der Krise beigetragen. Diese Einschätzung kann man nicht unbedingt teilen – die EU hat leider aktiv an der Destabilisierung mitgewirkt.

Die Wurzel des gegenwärtigen Konflikts sieht Kissinger allerdings in der ukrainischen Innenpolitik. Die Politiker der Ukraine hätten die Kunst des Kompromisses nicht verstanden und würden stets versuchen, ihren Willen der jeweiligen Gegenseite aufzuzwingen. „Das ist der Kern des Konflikts zwischen (dem abgesetzten Präsidenten) Viktor Janukowitsch und seiner politischen Hauptgegnerin Julia Timoschenko. Sie stehen für zwei Flügel der Ukraine und waren nicht bereit, die Macht zu teilen." Hier irrt Kiesinger – er sieht nicht die ukrafaschistischen Triebkräfte hinter den Revolten.

Die Zukunft der Ukraine sieht Kissinger als Brücke zwischen Ost und West. Kluge amerikanische Außenpolitik müsse versuchen, beide Teile des Landes zur Kooperation zu bewegen. Vier Punkte schlägt Kissinger als „Prinzipien" zur Lösung des Konflikts vor: Die Ukraine müsse erstens das Recht haben, politische und wirtschaftliche Bündnisse selbst zu wählen. Der Nato solle die Ukraine allerdings nicht beitreten. Drittens solle die Ukraine ihre Regierung frei wählen; kluge Politiker würden dann einen Pfad der Aussöhnung einschlagen.

Und viertens: Außenpolitisch könne die Ukraine sich am Vorbild Finnlands orientieren. „Dieses Land lässt keinen Zweifel an seiner entschlossenen Unabhängigkeit und kooperiert auf den meisten Gebieten mit dem Westen, vermeidet jedoch sorgsam institutionelle Feindschaft mit Russland.“ Finnland ist Mitglied der EU, nicht jedoch der Nato.

Punkt vier wird sich vermutlich nicht realisieren lassen: Mit den Regeln der bestehenden Weltordnung sei es unvereinbar, dass Russland die Krim „annektiert“. Die Ukraine solle der Krim stattdessen verstärkte Autonomierechte gewähren und Zweifel über den Status der russischen Schwarzmeerflotte ausräumen. Dies wird weder aus der Sicht Moskaus noch aus der Sicht der meisten Bewohner der Krim akzeptabel sein. Das Recht auf Selbstbestimmung wird von Kissinger, der es für Deutschland, Korea und den Kosovo gelten lässt, schlichtweg ignoriert.

Kissinger ist heute der Helmut Schmidt der USA. 1923 im bayerischen Fürth zur Welt gekommen, war der Republikaner von 1973 bis 1977 US-Außenminister unter den Präsidenten Richard Nixon und Gerald Ford. Auch spätere Präsidenten ließen sich von dem Friedensnobelpreisträger beraten. Kissinger gilt als Prototyp des kühl analysierenden Geostrategen, der die Interessen seines Landes über moralische Erwägungen stellt. Seine „Realpolitik“ schließt Verständnis für die Interessen der Gegenseite ein – sofern diese Gegenseite machtvoll genug ist, ihre Interessen durchzusetzen. Berüchtigt ist Kissingers Beteiligung an der Vorbereitung des blutigen Militärputsches in Chile 1973. Aber das allein füllt sein Sündenregister noch nicht. Dennoch ist seine aktuelle Einschätzung der Lage rund um die Ukraine-Krise beachtenswert.

Die Krim: Annexion oder Sezession?

16.4.2014

Nochmal ein Schritt zurück in der hiesigen Diskussion zur Krim. Es geht in diesem Zusammenhang ja meist um das angeblich verletzte Völkerrecht. Die Begriffe „Völkerrechtsverletzung“ und „Annexion“ sind mit Blick auf die Entscheidung der Krim-Bevölkerung zwar in aller Munde – aber so einfach ist die Sache nicht. „Annexion“ hat eine schwerwiegende Bedeutung, denn sie verleiht der internationalen Völkergemeinschaft das Recht militärisch einzugreifen. Klassisches Beispiel: 1991 annektiert der Irak unter Saddam Hussein Kuwait. Die Iraker sind einmarschiert und haben sich fremdes Staatsgebiet einverleibt. Das ist eine klassische Annexion – sie führte zu einem durch die UN beschlossenen Militärschlag, zum Krieg. Es empfiehlt sich also, mit Sprache und Begriffen präzise umzugehen.

Hat Russland völkerrechtliche Ansprüche der Ukraine verletzt? Ja. Doch die Sache ist komplizierter: Hat Russland die Krim annektiert? Nein. Waren das Referendum auf der Krim und deren Abspaltung von der Ukraine völkerrechtswidrig? Nein. Waren sie also rechtens? Nein; sie verstießen gegen die ukrainische Verfassung (aber das ist eben KEINE Frage des Völkerrechts). Hätte aber Russland wegen dieser Verfassungswidrigkeit den Beitritt der Krim nicht ablehnen müssen? Nein, denn was hat Russland mit der ukrainischen Verfassung zu tun? Jedenfalls war seine militärische Präsenz außerhalb seiner Pachtgebiete dort völkerrechtswidrig. Folgt daraus nicht, dass die von dieser Militärpräsenz erst möglich gemachte Abspaltung der Krim null und nichtig war und somit deren nachfolgender Beitritt zu Russland doch nichts anderes als eine maskierte Annexion war? Absolutes Nein.

Das, was sich auf der Krim abgespielt hat, war eine klassische Sezession, bekannt aus der vielfältigen Sezessionsgeschichte der USA; oder neueren Datums: bekannt vom Fall Kosovo – einer vom UN-Völkerrechtsgerichtshof anerkannten Sezession! Die Krim-Sezession war eine Abspaltung, eine Unabhängigkeitserklärung, überwältigend bestätigt und OHNE äußeren ZWANG durchgeführt in einem beeindruckenden und von Teilen der OSZE beobachteten Referendum.

Sezessionskonflikte sind eine Angelegenheit nationalen Rechts und nicht internationalen Rechts. Das Recht auf Selbstbestimmung, wie es sich die Krimbewohner genommen haben, bleibt Sache zwischen den Krimbewohnern und der widerrechtlich zur Macht gelangten Staatsführung in Kiew. Wenn sich in Spanien die Katalanen abspalten wollen, dann verstößt das gegen spanisches Recht, aber nicht gegen Völkerrecht. Ähnlich verhält es sich in Schottland. Selbstbestimmte Sezession und Annexion sind weit auseinander liegende Begriffe. Man darf sie nicht verwechseln, sonst dienen sie dem einen oder anderen interessierten Kriegstreiber und Russland-Basher als verbales Schwert.

Brief an meine Freunde
04.06.2014

Europa, am 4. Juni 2014, 10:52 Uhr: Das ukrainische Faschistenregime hat heute Morgen wieder mal ein Dorf, Semenivka in der Region Donetzk, in Schutt verwandelt. Militär-Terror der feinsten westeuropäischen Art. Es sind doch unsere pro-westlichen Freunde, oder täusche ich mich? Die eingesetzte Nationalgarde besteht aus Maidanern, fast alles Nazis, die jenen Bandera verehren, der zusammen mit der Waffen-SS 1943 rund 4 Millionen Russen genau dort umbrachte, wo heute die auf Unabhängigkeit bestehenden Menschen der Ost- und Südukraine leben. Also genau auch die Menschen, deren Dorf Semenivka gerade heute Morgen, 8:47 Uhr, MEZ, (während ihr und ich gemütlich Kaffee tranken) in Schutt gelegt wurde. In Schutt gelegt von der „eigenen" Regierung. Deshalb wehrt man sich dort gegen dieses Kiewer Regime und eine neue Bandera-Diktatur, auch wenn diese in EU-Gewändern verkleidet ist und aus Washington finanziert wird. Nicht alle

Menschen in Europa sind ohne Gedächtnis (oder ohne Wissen) und ohne Gewissen.
Kampfjets und Hubschrauber des Regimes flogen vor zwei Stunden fünf Luftangriffe auf Semenovka. Zusätzlich gab es Raketenbeschuss auf das Dorf Cherevkovka. Schüsse wurden in Abständen von 1 bis 2 Minuten wahrgenommen. Habt ihr Proteste der EU oder der Bundesregierung gehört? Nein? Hat unser Auswärtiges Amt eine Protestnote herausgebracht? Irgendwas in den Morgennachrichten? Soweit also das Neueste aus dem Land der Presse- und Informationsfreiheit. Zur Beruhigung: Folgende Medien sind gegenüber den deutschen unübertreffbar schlimmer: in Polen, Ungarn, Estland, Bulgarien und den anderen osteuropäischen Länder mit ihrem eingefleischten Hass gegen Russland, das sie 1939 mithalfen zu überfallen ... Schlechtes Gewissen führt zu Hass? Wahrscheinlich eine Sache für die Tiefenpsychologie

Wie Obama die Ukraine-Krise nutzt

& kleine grüne Männer werfen große Schatten
06.08.2014

Alles dreht sich darum, was Obama in der Ostukraine, im Gaza und Irak, in Afghanistan und in Libyen mit Hilfe seiner Militärs und Geheimdienste treibt. Was in den Vereinigten Staaten gerade innenpolitisch geschieht, droht dabei unterzugehen. USA-Experten warnen. Die „kleinen grünen Männchen“ in allen Krisenländern – amerikanische Geheimdienstmitarbeiter. Bleiben wir bei der Ukraine, wo sie sich derzeit wie die Ameisen emsig bewegen. Der Absturz des Passagierjets MH17 – eine Auftragsarbeit Obamas an das ukrainische Militär? Ich glaube nicht. Eher eine eigenständige Aktion der Ukrafaschisten in Kiew. Ihnen nutzt es. Die von unabhängigen Medien geforderte Offenlegung der Flugdaten erfolgt auch in der vierten Woche danach noch immer nicht.

Politik und Medien in den bevölkerungsreichsten Ländern der Welt, in Russland, Eurasien, China, Indien, Brasilien und dem gesamten afrikanischen und südamerikanischen Kontinent beschäftigt seit Monaten, mit welchen Mitteln und in welchem Ausmaß Washington mit Hilfe seiner verbündeten europäischen Staaten Einfluss auf die Krise in der Ostukraine nimmt.

Bei allen Spekulationen über amerikanischen Interventionismus geht eines allerdings weitgehend unter: Barak Obama macht auch Innenpolitik. USA-Kenner sind überzeugt: Während die Welt auf Donezk und Lugansk blickt, zerstückelt der Präsident die ohnehin schon verstümmelte amerikanische Zivilgesellschaft in ein immer feineres Bürgerrechtsragout.

Kritische TV-Sendungen werden immer seltener. Erst am Wochenende nahmen verschiedene private Fernsehanstalten ohne Angabe von Gründen die Sendung *The Week* aus dem Programm. Sie galt als eines der letzten washingtonkritischen Fernsehformate in den USA. Der Leiter der Heinrich-Böll-Stiftung in New York, Jens Seibert, sagte: „Es liegt im allgemeinen Trend, kritische Sendungen zu schließen." Es sei zwar schwer nachzuweisen, dass das Weiße Haus direkt dafür verantwortlich zeichne. Der Druck auf Redaktionen sei aber ganz offensichtlich sehr groß. Die politisch sehr uninformierte Massengesellschaft in den Vereinigten Staaten beschäftige sich derzeit noch nachdrücklicher mit Soaps und viel, viel Sport. Die nötige Bildung, um weltpolitische Zusammenhänge zu begreifen, wie es zum Beispiel in Deutschland die Regel sei, sei in den USA wenig ausgeprägt.

Am Anfang der Offensive gegen die Zivilgesellschaft stand Edward Snowden. Möglicherweise steht die jüngste Zerstückelungsoffensive der amerikanischen Zivilgesellschaft im Zusammenhang mit einem neuen Leak. Edward Snowden kann es diesmal nicht gewesen sein. Die aktuellen Enthüllungen auf der Webseite *The Intercept* des US-Journalisten Glenn Greenwald stammen aus dem August 2013. Zu diesem Zeitpunkt befand sich der IT-Spezialist Snowden schon im Exil in Russland.

Die USA fürchten, dass es nach dem bekannten Whistleblower jetzt einen weiteren Enthüller von Geheimdienstinformationen geben könnte. Das berichtet der TV-Sender CNN unter Berufung auf eine namentlich nicht genannte Regierungsquelle.

Ihre Sorgen scheinen berechtigt. Sind die Dokumente authentisch, befinden sich mindestens 680.000 Menschen auf einer US-Liste namens

„Terrorist Screening Database“ und werden als „bekannte oder mutmaßliche Terroristen“ geführt. Davon gehören 280.000 Menschen jedoch überhaupt keiner als Terrororganisation eingestuften Gruppierung an. Trotzdem wird die Liste an Strafverfolgungsbehörden, Vertragspartner der Regierung und ausländische Regierungen weitergegeben. Laut eines Leitfadens für Beobachtungslisten der US-Regierung, den *The Intercept* ebenfalls enthüllt hat, brauchen Regierungsmitarbeiter nicht einmal einen „konkreten Tatbestand“ oder einen „unwiderlegbaren Beweis“ um eine Person auf die Liste zu setzen. Ein „begründeter Verdacht“ reicht aus. Die Betroffenen haben keine Möglichkeit herauszufinden, ob sie auf der Liste stehen.

„Die noch vorhandenen Räume für innenpolitische Kritik werden derzeit verkleinert“, sagt Felix Flett von der Friedrich-Ebert-Stiftung. Der USA-Referent glaubt zwar nicht, dass Obama Kritiker im Land derzeit härter anpackt, weil der Rest der Welt keine Zeit hat, ihm bei Details seiner Innenpolitik auf die Finger zu schauen. „Das überschätzt die Rolle des außenpolitischen Einflusses“, sagt er. Flett geht aber davon aus, dass sich Washington wegen des von ihm gesteuerten eskalierenden Konfliktes in der Ukraine zusehends gezwungen sieht, mit einem Angriff auf die Zivilgesellschaft zu reagieren, um weitere Leaks und Kritik an der amerikanischen Außenpolitik im Keim zu ersticken. „Es ist in derartigen Konflikten leider oft zu beobachten, dass die Reihen geschlossen werden und man schärfer gegen abweichende Meinungen vorgeht.“

Ähnlich äußert sich neben den USA-Experten Flett und Seibert auch Susan Stennart von der Stiftung für Wissenschaft und Politik: „Obama und andere in der amerikanischen Elite haben angesichts der Entwicklung in den BRICS-Ländern und im Nahen Osten sowie Afrika einen sehr großen Schreck bekommen.“ Laut Stennart fürchten sie seither nicht nur, dass sie weltweit Einfluss im nichteuropäischen Ausland verlieren, sondern auch, dass dies Folgen für die gesellschaftliche Entwicklung in den USA haben könnte. Dass Politik und Medien sich derzeit vor allem um Amerikas Außenpolitik bemühen, ist laut der Experten zwar nicht der Grund für Obamas jüngste Angriffe auf die Zivilgesellschaft. Dass er die Sache im Schatten von „kleinen grünen Männchen und Flugzeugabschüssen fast schon unbemerkt vorantreiben kann, dürfte es ihm allerdings erheblich erleichtern.

Deutschland Zahlmeister für die Ukraine?

12.09.2014

EU-Kommissionspräsident José Manuel Barroso hat dem nationalistisch-faschistischen Regime in Kiew die Auszahlung von weiteren 760 Millionen Euro aus europäischen Steuermitteln bereits für den Oktober zugesagt. Barroso sprach, wie Novoye Vremia berichtet, auf dem jährlichen Meeting der

Yalta European Strategy (YES). Barroso sagte, dass bereits 600 Millionen Euro ausbezahlt wurden. Was mit dem Geld geschehen ist, ist unbekannt. Insgesamt hat die EU der Ukraine die Auszahlung von 1,6 Milliarden Euro zugesagt. Die Auszahlung war an die schwammige Bedingung geknüpft, das Land müsse "Reformen" durchführen. Welche Art Reformen gemeint sind, wurde nicht mitgeteilt. Es ist anzunehmen, dass es solche „Reformen" sind, die das Land sozial noch mehr in die Knie zwingen, staatliche Einflussnahme auf die Bodenschätze der Ukraine ausschalten und damit EU-amerikanischen Wirtschaftsinteressen verpflichtet werden - unter anderem den US-Fracking-Unternehmen.

Tatsächlich ist die Ukraine pleite. Sie braucht das Geld, um das Finanzsystem zu stützen und um einen Teil der Gazprom-Rechnungen an Russland zu bezahlen. Russland ist es dank Putins Strategie gelungen, Europa zum Zahlmeister der Ukraine zu machen. Genau dies ist natürlich auch Washingtons Strategie: Die EU soll zahlen, während sich wieder einmal die US-Firmen bedienen. Unsere EU-Politikbonzen sind zu naiv (oder zu unterwandert!), um dieses Spiel zu durchschauen bzw. zu verhindern. Insbesondere Deutschland wird finanziell bluten. Aber wir lassen es ja zu. Ich respektiere das als überzeugter Echtdemokrat. Obwohl die AFD absolut keine Alternative für Deutschland ist, weil sie wie die Altparteien das US-Spiel mit unseren Interessen nicht durchschaut und den Euro nicht als Gegenpol zum Dollar begreift, verwundert es mich nicht, dass diese neuartige Altpartei von uralten Männern und völlig politikunerfahrenen Jungs für viele Wähler die Protestlösung darstellt. Aber protestiert sie gegen Brüssels Millionen für die faschistoide Ukraine? Nein, sie verliert kein Wort über die Ukraine-Zahlungen. Darüber hinaus kündigte Barroso am Samstag in Kiew an, dass es weitere Zahlungen geben werde, die über die bereits zugesagten hinausgehen sollen, berichtet *Ukrinform*. Das Geld wird, wie in Griechenland, in einem Fass ohne Boden versickern.

Die Wirtschaft stürzt ab – die ukrainische Zentralbank erwartet für dieses Jahr einen Einbruch von 10 Prozent. Während die europäischen Steuergelder das globale Finanzwesen und die Energie-Multis stützen, schickte Russland – etwas sehr altmodisch – einen zweiten Konvoi mit rund 2.000 Tonnen Hilfsgütern in das Krisengebiet Donbass. Wenige Stunden später erreichte die Kolonne mit Medikamenten, Lebensmitteln und Stromgeneratoren russischen Medien zufolge Lugansk. In der Separatistenhochburg ist seit Wochen die Versorgung mit Strom und Wasser ausgefallen, weil die Kiewer Armee der ostukrainischen Bevölkerung die Versorgungsleitungen kaputtbombte. Anders als beim ersten Hilfskonvoi verlief es diesmal ohne Streit. Beim ersten Konvoi haben die (durchaus gefährlichen) Nato-Jubler noch behauptet, das sei eine getarnte Invasion. Nun ist die Ukraine in der Form an die EU angeschlossen, dass Politiker wie Angela Merkel und Sigmar Gabriel deutsche Steuergelder in eine weitere unkontrollierbare Region leiten, wo sie versickern und Oligarchen gestützt werden, die den wirtschaftlichen Interessen der Amerikaner Folge leisten.

Von den Bestrebungen und Versprechen des Maidan, die Oligarchen zu verjagen, ist natürlich nichts übriggeblieben. Und im Westen spricht kein Mensch mehr davon. Geschweige denn die Medien, deren Aufgabe es wäre. Warum? Weil es im wertehaltigen Westen vor Oligarchen nur so wimmelt. Raubtierkapitalismus heißt eben: Oligarchen, milliardenschwere Familienclans, unkontrollierbare Wirtschaftsdiktatoren mit einer Armee von Neppern, Schleppern, Bauernfängern, neudeutsch gesprochen: Lobbyisten. Ludwig Ehrhards soziale Marktwirtschaft und Willi Brandts „Mehr Demokratie wagen" sind von diesen Zuständen plattgewalzt worden. Und Tante Merkel kennt Ludwig Erhard nicht. Willi Brandt ist für sie wahrscheinlich einfach nur tot. Sie ist und bleibt eine halbgebildete Physikerin. Aber sie lässt uns nun für das ukrainische US-Experiment bluten, und das kräftig – wir werden es ab Herbst zu spüren bekommen. Aber dann heißt der Schuldige wieder mal …? Na …?

Na klar: Putin !!!

Zur ARD-Sendung von Günther Jauch
23.11.2014

Also, Putin lügt, denn es gibt keine Nazis in der Ukraine. Nun ja, ich lasse mir ungern ein U für ein X vormachen. Fast alles darf man bei mir beleidigen, nur bitte nicht meinen Verstand.

Klarstellung: Unabhängig von den Teilwahlen in der westlichen Teil-Ukraine ist der Staatsapparat, sind Generalanwaltschaft, militärisches Lagezentrum und Geheimpolizei von Faschisten besetzt und viele Kiewer Verwaltungen von ihnen durchdrungen. Im Osten des Landes kämpfen unter dem Zeichen der Waffen-SS die Division „Das Reich" sowie paramilitärische, hochbewaffnete Milizen, die direkt dem „demokratisch" gewählten Innenminister (Partei von Jazenjuk) und dem Rechtsradikalen „Kommandanten des Maidan" (Andreij Parubij) unterstehen – absolut ähnlich der SS, die Himmler unterstand. Diese Truppen werden ernsthaft „ukrainische Nationalgarde" genannt. *Human Rights Watch* beklagte mehrfach die Verbrechen an Zivilisten durch diese „Nationalgarde". Die Westpresse berichtete. Nein? Ach, Tschuldigung, dann war's doch nur Russia Today-TV. Hier wird HRW ja nur zitiert, wenn's gegen Russland geht.

Al Jazeera dokumentierte die militärische Ausbildung Rechtsradikaler und berichtete über die Formierung dieser Nazi-Bataillone durch die Regierung in Kiew. Warum ist das so ungeheuerlich? Allgemein bekannt im Westen ist das Massaker von Oradour durch die Waffen-SS, bei dem Anfang des Zweiten Weltkrieges über 600 französische Zivilisten lebendig in der Kirche von Oradour verbrannt wurden.

Kaum bekannt hingegen ist, dass diese Praktik an der Ostfront kein Einzelfall war. Alleine in Weißrussland wurden in mehr als 600 Dörfern alle

Bewohner lebendig verbrannt. Von wem? Von den ukrainischen Faschisten zusammen mit der Waffen-SS. Insgesamt starben in der Sowjetunion ca. 10 Mio. Zivilisten unter dem Hakenkreuz dieser Mörderbanden. Speziell zu nennen ist hier die SS-Einheit *Wildschütz* (Dierlewanger) und das 119. Polizei-Bataillon-SS, das durchweg mit westukrainischen Hilfswilligen besetzt war.

Insgesamt kostete der Krieg der Faschisten gegen die Sowjetunion 27,5 Millionen Sowjetbürgern das Leben. Das ist das Fünffache dessen, was das jüdische Volk zu erleiden hatte. Und das 9.000-fache des 9/11. Die unbestechliche Journalistin Frau Krone-Schmalz sprach genau die notwendige Entwaffnung jener neuen faschistischen Milizen (Nationalgarde) an – und wurde von Jauch dezent abgewürgt.

Ukraine-Aufrüstung
30.01.15

Die Aufrüstung des Kiewer Regimes durch Deutschland, Polen und die USA zeigt Wirkung. Die Lage in der Ostukraine verschärft sich zusehends. Die von Kiew ausgehende Gewalt bricht vor allem in der Region um Donezk nicht ab. Immer mehr Menschen sterben, alleine in den letzten 9 Stunden 17 tote Zivilisten, die an Bushaltestellen und an

Essenausgabestellen in Warteschlangen standen. Das massive Feuer auf die Zivilisten wurde von den ukrainischen Regierungstruppen eröffnet. Die Gesamtzahl allein der zivilen Opfer beträgt nach Schätzungen der örtlichen Behörden seit Sommer letzten Jahres über 5.500 Tote. Man muss sich hier, im scheinbar sicheren Teil unseres Kontinents, die Verwerfungen vor Augen halten, die diese monatelang anhaltenden mörderischen Attacken auf die Zivilgesellschaft im Donbass haben. Die psychosozialen Auswirkungen auf Frauen und insbesondere auf Kinder, auf Gebrechliche, Behinderte und Altersschwache, auf alle, die dort seit 70 Jahren nicht mehr mit Krieg gerechnet haben und jetzt von der „eigenen" Kiewer Regierung zusammenkartätscht werden – bei widrigsten Umwelt- und Wetterbedingungen, abgeschnitten von Geld, Renten, Energie und Lebensmittelversorgung. Ist das bloß Schweinerei? Nein. Das ist Faschismus im Gewand demokratisch-westlicher Werte.

Höchste Eisenbahn

06.02.2015

Merkel und Hollande haben sich nach Moskau aufgemacht. Es ist höchste Eisenbahn. Warum erst jetzt? Weil Washington stets bremste. Das Weiße Haus ist nicht so unschuldig wie seine Farbe vortäuscht. Man ist an einer Verschärfung der Lage interessiert. Man will den endgültigen Sieg in der Ukraine und keine föderalistische Lösung, die jedem Bevölkerungsteil sein demokratisches und autonomes Recht über seine Geschicke zugesteht. Washington will den Zoff, damit es Europa klein halten und Russland klein machen kann.

Haben die deutsche und die französische Regierung die Strategie der USA durchschaut? Es ist zu hoffen, aber es ist nicht anzunehmen. Zu viele offizielle und inoffizielle US-Mitarbeiter haben die europäischen Regierungsinstitutionen seit Jahrzehnten krakenartig durchdrungen. Diese IM besetzen die Administrationen von ganz oben bis unterhalb der Regierungsdirektionen. Die Kanzlerin und der französische Präsident glauben tatsächlich das, was ihnen vorgesetzt wird – gar nicht so unähnlich dem treuen deutschen Michel, der die Informationen aus Staatsfunk und Staats-TV sowie aus den privaten Großgazetten der pressebestimmenden Familienclans bezieht und unhinterfragt glaubt. Auch die europäischen Regierungschefs sind nicht gefeit davor, auf Berater hereinzufallen, von denen sie nicht immer wissen können, welche CIA-Verbindungen bestehen. Was also wollen Merkel und Hollande genau jetzt in Moskau?

Schauen wir auf einen Ausschnitt der typischen europäischen Meinungsmacher-Medien: »Mehr als ein Etappensieg – Putin hat gewonnen« schreibt heute der n-tv-Scharfmacher Dirk Emmerich, bevor überhaupt ein Verhandlungsergebnis aus Moskau vorliegt.

Okay, die EU-Führungskräfte erkennen es spät, aber sie erkennen es: die Ukraine als Staat zerbricht. Egal, was Merkel und Hollande verkünden, die seit einem Jahr zusammengebombten 6 Millionen Menschen im Donbass sind für die Demokratie heuchelnden Amis und ihre europäischen Marionetten unwiderruflich verloren. Kein ukrainischer Bürger aus dem Donbass wird es Kiew je verzeihen, wie man ihre Heimat zerstört, ihre Verwandten ermordet und verstümmelt hat. Nie. Das wissen Merkel und Hollande inzwischen, wenn sie mit Putin reden.

Und sie haben noch etwas begriffen: Eine Garantie für Frieden gibt es nicht. Im Gegenteil. Wenn Kerry, der in diesen Tagen das Verhandlungsunterfangen Deutschlands und Frankreichs massiv zu hintertreiben versucht, erfolgreich in Kiew interveniert, wird der Krieg dergestalt heiß, dass selbst den Hitzköpfen um NATO-Stoltenberg der Schweiß ausbricht.

Für Russland ist es ein Riesenaffront, dass ausgerechnet Deutschland nicht nur sein Veto gegen die sogenannte NATO-Speerspitze eingelegt hat, nein, darüber hinaus übernimmt unser Land eine Führungsrolle in diesem System aggressiver Vorwärts-»Verteidigung«. Hurra, es lebe die alte russophobe Strategie aus der schlechtesten Epoche des alten Kalten Krieges. Dass Russland seine Atomwaffen tragende Flugtechnik in Stellung bringt, wo die NATO-Atomwaffenträger sich bis an die unmittelbaren Grenzen Russlands getrauen, ist nur allzu verständlich. Hat Russland eine „Speerspitze“ gegen die

EU ins Leben gerufen? Wer eskaliert und wer reagiert?

Nun spaltet sich die Ost-Ukraine endgültig ab. In den letzten Tagen haben die Widerständler im Donezk weitere Geländegewinne erzielt. In Debalzewo haben sie Tausende ukrainische Soldaten eingeschlossen. Kiew steht vor einer katastrophalen Niederlage, im Belagerungskessel droht eine Katastrophe.

Angela Merkel und François Hollande dürften dem ukrainischen Präsidenten Petro Poroschenko gestern klargemacht haben, dass jede weitere Gegenwehr zu einer verheerenden Eskalation führen wird, die ganz Europa in den Strudel eines Krieges reißen kann. Die Frage ist: Wird Poroschenko - nach den Instruktionen, die Kerry gestern Jazenjuk erteilte - auf Geheiß Washingtons gestürzt und diesem kriegsgeilen Heißsporn die Gewalt überlassen.

Sollte heute in Moskau eine Waffenruhe paraphiert und die Gebietsgewinne der Widerständler festgeschrieben und Autonomie verbindlich zugesichert werden, bedeutet das jedoch leider längst nicht automatisch Frieden für die Region. Kiew hat im letzten Jahr alle Vereinbarungen gebrochen und die USA haben alle Gespräche und Friedensbemühungen mit Hilfe gerade auch von Merkel und Hollande hintertrieben.

Auch nach dem Treffen in der Normandie im Juni und der Waffenruhe vom September gab es Hoffnungen, dass der Konflikt beendet werden kann. Aber all diese Vereinbarungen waren Tricks des Westens, um in der Zeit des „Luft-holens“ das ukra-faschistische Regime mit Waffen und Personal, mit logistischen und mit Aufklärungs-Schulungen sowie durch forcierte Militärausbildung gegen den Widerstand im Donbass aufzurüsten.

Das Fazit ist ernüchternd: Merkel und Hollande unternehmen vielleicht wirklich einen ernsthaften Versuch, um zu verhindern, dass dieser Krieg die regionalen Grenzen sprengt. Alles hängt aber davon ab, was Washington will und durchzusetzen in der Lage ist. Hier hilft letztlich von Seiten Europas nur ein Mittel: Der Ukraine sämtliche Unterstützung versagen. Sämtliche!

Und Washington in seine Grenzen verweisen. Oder sollte Europa mal in Mexiko ein wenig Stimmung machen und 5 Milliarden investieren, um die nordamerikanische Grenze zu den USA unsicher zu machen?

In der Zwischenzeit könnte Russland einige atomare Mittelstreckenraketen in Venezuela, Kuba und Bolivien stationieren. Da würden Obama, Biden, Kerry und ihre Wallstreet-Hintermänner aber gewaltig staunen. Nun gut, Schluss mit meinem unverantwortlichen politischen Surrealismus. Aber genau diese unverantwortliche surrealistische Situation finden wir Europäer auf unserem eigenen Kontinent vor – inszeniert vom weit entfernten Dollar-Imperium.

Diplomatie und Debaltseve

18.02.2015

Zur Erinnerung. Wer die Minsker Verhandlungen über CNN/NTV/RUSSIA TODAY/N24 am Donnerstag live verfolgte, der erlebte ein „Stocken der Verhandlungen" am frühen Morgen des 12. Februar 2015. Was war die Ursache?

Es war Debaltseve. Es war genau das Problem, auf das Putin nach Abschluss der Erklärung vor der Weltpresse hinwies, als er sagte: „Wir haben das Problem, dass die ukrainischen Vertreter nicht erkennen können, ob mehrere tausend ihrer Soldaten in Debaltseve eingekesselt sind. Ich habe gesagt: Dann lasst uns unsere Militärexperten fragen. Aber die ukrainische Seite möchte die Fakten nicht zur Kenntnis nehmen."

Das war natürlich sehr diplomatisch ausgedrückt und bedeutete im Kern der Aussage: Wenn die ukrainischen Soldaten nicht eingekesselt sind, wird es ihnen leichtfallen, sich an das Abkommen zu halten und sich ZURÜCK zu ziehen. Sind sie hingegen eingekesselt, KÖNNEN sie nicht den VEREINBARTEN RÜCKZUG antreten. Dann müssen sie ihr schweres Gerät und sämtliche anderen Waffen abgeben und unbewaffnet durch einen Korridor der Aufständischen abziehen. Rückzug heißt immer, dass ein Rückweg offensteht. Ist dies nicht der Fall, gibt es keinen Rückzug. Militärisch heißt es dann kapitulieren.

Nun hat sich aber seit Donnerstag folgende Lage entwickelt: Während die Waffenruhe überall und von beiden Seiten in der Hauptsache eingehalten wurde, wurde die Lage für die Eingekesselten in

Debaltseve immer dramatischer: Der Treibstoff zum Aufwärmen/Heizen (bei bitterer Kälte) und zum Betreiben von schweren Waffen ging aus. Das Essen und die Wasserversorgung gingen aus. Anstatt dass Kiew nun eingestand, dass es kapitulieren musste, damit sich seine Soldaten dem diplomatischen Verhandlungsergebnis entsprechend ZURÜCK ziehen (= Richtung Westukraine) und friedlich abziehen können, wurde der Befehl erteilt, sich mit Waffengewalt – also unter Bruch der Waffenruhe – zu „befreien". Einige nicht dem Abkommen, sondern Kiew hörige Offiziere vom Schlag eines „Teufels Generals" befolgten Kiews unmenschlichen Befehl – und scheiterten. Zugleich schickte Kiew weitere Panzerkolonnen Richtung Ostukraine, um den dort Eingekesselten zu Hilfe zu kommen. Daraufhin entschloss sich die aus dem Kessel heraus beschossene Volkswehr zu Gegenmaßnahmen, die für die Eingeschlossenen in der heute besiegelten endgültigen Niederlage endeten.

Kiew wollte die Realitäten nicht anerkennen. Merkel und Steinmeier wussten um diese Realitäten. Putin wusste um diese Realitäten. Die Leugner sitzen in den Beratungsbüros der Kiewer Junta und tragen die Rangabzeichen der CIA und des NATO-Militärs. Ihre Hampelmänner, die militärischen und ideologischen Scharfmacher in Kiew, waren und sind bereit, ihre Soldateska zu opfern, um eine Verschärfung des Konfliktes durch US-Militärlieferungen zu provozieren. Und dennoch ist heute nicht zwangsläufig das Ende der Fahnenstange, nicht das Ende der Diplomatie, nicht das Ende des westeuropäischen Versuchs, die amerikanische Cowboypolitik der Eskalation abzuwenden. Militärisch ist der Konflikt für keine Seite zu gewinnen. Aber Russland und ALLE Völker der EU werden einen sehr sehr hohen Preis bezahlen, wenn die Rabauken-Strategie der Cowboys aufgeht. Gewinner würden die USA, Wallstreet/Blackrock und die mit ihr über Beteiligungen und Kriegskredite verbundene Rüstungsindustrie sein.

Betrifft Abzug ausländischer Militärs aus der Ukraine

18.02.2015

Obama hat vorige Woche angekündigt, dass er nächsten Monat 600 Soldaten in die Ukraine schicken wird. Angeblich sollen sie helfen, das Militär des Landes auszubilden. Just in dem Augenblick, als es den Europäern offenbar gelingt, die Kriegsparteien zu einer Feuerpause zu bewegen, will der US-Präsident Öl ins Feuer gießen und US-Soldaten entsenden. Brain off? Oder Berechnung? Berechnung. Scharfmacherei, um Europa und Russland weiter zu schaden. In der Waffenstillstandsvereinbarung, die vergangene Woche unterschrieben wurde, heißt es, dass „alle ausländischen Militärs die Ukraine verlassen“. Eine super Idee, die wesentlich dazu beitragen kann, Spannungen abzubauen. Und nun die spannende Frage unter Freunden: Wie kommt Obama zu der Einschätzung, dass diese Auflage für den Westen nicht gilt?

Vergangene Woche stimmt der Senat zudem mit überwältigender Mehrheit zu, dass Ashton Carter neuer Verteidigungsminister wird. Carter kommt direkt aus dem militärisch-industriellen Komplex ins Pentagon und hat bereits angekündigt, er sei „absolutely" dafür, die Ukraine mit Waffen zu beliefern. Dass der religiös-fanatische rechtsextremistische Senator John McCain den neuen Mann im Pentagon in höchsten Tönen lobt, spricht nicht gerade dafür, dass der neue Verteidigungsminister zur Zurückhaltung raten wird, bevor er amerikanische Truppen zu neuen Einsätzen entsendet. Zum Schaden der Ukraine. Zum Schaden Europas.

Der IWF – Griechenland und die Ukraine

12.03.2015

In diesen Tagen ist viel von Griechenland und den „drei Institutionen" die Rede, darunter der Internationale Währungsfonds IWF. Kennen Sie die dunkle Seite des IWF? Er erpresst Staaten. Er plündert Kontinente. Er hat Generationen von Menschen die Hoffnung auf eine bessere Zukunft genommen und ist dabei zur mächtigsten Finanzorganisation der Welt aufgestiegen. Seine Geschichte gleicht einem modernen Kreuzzug gegen die arbeitende Bevölkerung auf fünf Kontinenten. Wem gehört der IWF eigentlich? Wenn man es auf einen kurzen Nenner bringen will: den USA. Es dürfen freilich auch noch einige Vasallen davon profitieren. Aufgrund der Stimmenverhältnisse innerhalb des IWF sind die USA die einzigen, die dort ein Vetorecht besitzen.

Ohne Zustimmung der USA ist der IWF nicht in der Lage, auch nur einen Satz Briefmarken zu kaufen. Obwohl der IWF eigentlich eine Organisation der Vereinten Nationen ist, wird er von den mit der Materie Vertrauten seit je her als der verlängerte Arm Washingtons bezeichnet; Washington ist bezeichnenderweise auch sein Sitz ist. Ich werde in lockerer Folge über die Entwicklungsgeschichte der „griechischen Tragödie" berichten – wir werden immer wieder auf die neoliberale Ausverkaufspolitik des IWF stoßen. Gleiches Spiel in der Ukraine. Dort hat der IWF gerade in diesen Tagen noch einmal über 15 Milliarden Euro für das dortige Regime bewilligt. Glauben Sie, das geschieht einfach so? Oder gibt es wirtschaftliche Gegenforderungen? Zum Beispiel Veräußerungen an zahlungskräftige Investoren? Veräußerungen von Land, Rechten und Fabriken an ausländische Investoren? An US-Investoren? Wenn Sie alle Fragen mit JA beantwortet haben, liegen Sie absolut richtig. Im Moment findet in der Ukraine also ein regelrechter Winterschlussverkauf statt, organisiert und geschickt kaschiert vom IWF.

Erst wenn alles Land, wenn alle Reichtümer, wenn alle Rechte rechtswirksam veräußert sind, wird es den Bürgern der Ukraine dämmern, dass ihr

Kampf gegen ihre eigenen korrupten Oligarchen benutzt wurde, um eben diese Oligarchen – und noch schlimmer – um ausländische, vorwiegend amerikanische Familiendynastien zu bereichern. Hierbei spielt der IWF – ebenso wie in Griechenland – die entscheidende Rolle, denn er organsiert die Verschuldungsfallen, in die ein Land gerät, um schließlich dem ausländischen Großkapital ausgeliefert zu sein. Wer sich mit der Rolle des IWF näher auseinandersetzen möchte, dem empfehle ich zwei Bücher:

Ernst Wolf: Weltmacht IWF, Chronik eines Raubzugs

Dirk Müller: Showdown, Der Kampf um Europa und unser Geld

Ich wünsche Ihnen einen schönen Abend!

Ihr J.B.

Ein Buch über die Ukraine und andere Konflikte
09.04.2015

Ich möchte heute ein Buch empfehlen, das mir geholfen hat, den Blick auf die Ukraine-Krise noch einmal unter geostrategischen Gesichtspunkten besser zu verstehen. Vorweg möchte ich sagen, dass mir der Verlag mit vielen seiner Publikationen etwas supekt ist – aber es gibt eben auch sehr gute Autoren, die dort veröffentlichen. Ich gehe stets ohne Vorbehalte an einen Verlag und dessen Werke. Mich interessiert nicht, ob rechts, links oder mittig-stromlinienförmig, sondern: Wahr oder unwahr. Richtig oder falsch. Der Autor F. William Engdahl liegt aus meiner Sicht in allen seinen Werken bisher richtig. Hier ein paar Worte zu seinem Buch: KRIEG IN DER UKRAINE – Die Chronik einer geplanten Katastrophe.

Engdahl ist ein bekannter Analyst geostrategischer Entwicklungen und er zeigt, wer den Krieg in der Ukraine anheizt: Es sind die Vereinigten Staaten und ihre Geheimdienste. Messerscharf analysiert er Amerikas verborgene Strategie und belegt seine Auswertungen mit eindrücklichem Quellenmaterial.

Um ihre Ziele zu erreichen, ist den USA jedes Mittel recht. Sie sorgten zum Beispiel dafür, dass die Proteste in Kiew immer gewalttätiger wurden. Zur Eskalation auf dem Maidan kam es, als Heckenschützen in die Menge feuerten und Menschen töteten. Die von den USA gelenkten Mainstream-

Medien machten pro-russische Separatisten und damalige Sicherheitskräfte der sodann gestürzten Regierung verantwortlich. Eine perfide Täuschung der Öffentlichkeit! Denn Engdahl beweist: Die Strategie, Heckenschützen einzusetzen, wurde einzig und alleine von US-Geheimdiensten in der Vergangenheit immer wieder erfolgreich angewandt. Auch in diesem Fall ging die Rechnung auf.

Wie wird es in der Ukraine weitergehen? Wird es den US-Hardlinern gelingen, Russland durch Provokationen in einen offenen Krieg zu zwingen, der für Deutschland fatale Folgen hätte? Engdahl behandelt in seinem Buch die wichtigsten Fragen zu Thema:

- Wie amerikanische „Nichtregierungs"-Organisationen (bei dem Begriff kann man eigentlich nur lachen, wenn man einmal erforscht hat, wer diese NGO's finanziert) in die Proteste in der Ukraine verwickelt sind
- Wie das US-Außenministerium in flagranti während des Regimewechsels in der Ukraine ertappt wurde
- Wie die USA für gewalttätige Demonstrationen bezahlten
- Wie durch den IWF die ukrainischen „Kronjuwelen" geplündert werden sollen
- Wie das neue Regime Oligarchen und Gangster zu Gouverneuren und Ministern ernannte

- Wie und warum die private US-Söldnerarmee Greyhound Limited in der Ukraine aktiv ist
- Wie Obama mit den Saudis den Ölkrieg gegen Russland plante
- Wie Moskau dem amerikanischen GVO-Riesen Monsanto eine herbe Niederlage verpasste
- Wie das Weiße Haus die EU über Erdgaslieferungen belügt
- Wie Russland und China sich vom Dollar-System befreien
- Wie EU und IWF die ukrainische Landwirtschaft plündern
- Warum der Absturz von Flug MH17 eine „Falsche Flagge" der CIA ist und warum sie nicht funktionieren wird

Ich hoffe, den Interessenten mit dieser Empfehlung geholfen zu haben.

Hat sich die Kanzlerin verzockt

oder gar mit gezinkten Karten gespielt?
Ist Minsk 2. gescheitert?
05.06.2015

Blickt man heute auf die Ostukraine, dann stellt sich die Frage, ob der Einsatz von Bundeskanzlerin Angela Merkel in Minsk sinnlos war. Wie sich in den letzten drei Monaten herauskristallisierte, sind NATO und die USA alles andere als Friedensstifter. Die Amerikaner haben massiv Kriegsgerät an die Ukraine geliefert. Militärberater aus mehreren NATO-Staaten, westliche Aufklärungs- und Geheimdienst-Spezialisten sind schon lange da. Die Strategie ist erkennbar: Man möchte die Russen zwingen, militärisch einzugreifen. Der Krieg in der Ukraine soll zur Dauerspannung in Europa führen und unseren Kontinent destabilisieren. Der Ukraine-Krieg und der gewollte Flüchtlings-Tsunami in der Ostukraine (Richtung Russland) wie auch die Migrationswelle vom afrikanischen Kontinent in Richtung des europäischen Kontinents, sind zusammen mit den gegenseitigen Wirtschaftssanktionen das von den USA-Strategen entworfene Szenario, um die EU klein und gefügig zu halten. Die EU-Bürokratie wie auch die nationalen Regierungsadministrationen und ihre Multiplikationsorgane sind von amerikanischen Einflussagenten durchsetzt, die dieser Strategie verpflichtet sind.

17 Stunden lang hatten die Bundeskanzlerin, Russlands Präsident, der Kiewer Staatschef und Frankreichs Präsident damals in Minsk verhandelt, um einen Frieden und Waffenstillstand zu erreichen. Solange die Aufrüstungsphase der Kiewer nationalistisch-chauvinistischen Freiwilligenverbände, der angeheuerten und nachträglich gesetzlich legitimierten ausländischen Söldnerbataillone und die Aufrüstung der offiziellen ukra-faschistischen Armee andauerte, so lange hielt der Waffenstillstand mehr oder weniger.

Damals, im Februar, schrieb ich: „Es wird bis zum Sommeranfang ruhig bleiben, aber dann wird Kiew auf Geheiß Washingtons seinen wiedergewonnenen Stachel erneut in Stellung bringen.“ Wie ich zu dieser Prognose kam? Ich hörte einfach auf die Töne aus Kiew, die man natürlich nicht unseren Medien entnehmen konnte, denn der bürgerlichen Mainstream-Propaganda ist die Kiewer Offenheit peinlich.

Nur einen Tag nach den Verhandlungen hatte Poroschenko gesagt: „Niemand ist davon überzeugt, dass die Bedingungen von Minsk nun streng umgesetzt werden. Der Frieden wird nicht in den Hallen der Diplomatie entschieden, sondern in den Schützengräben.“ Damit hatte Poroschenko klargestellt, dass die Vereinbarungen von Minks 2 zwar nicht im Moment, aber auf längere Sicht Makulatur waren.

Die politische Klasse in Washington verachtete offen oder verdeckt das Minsker Friedensversprechen. Den amerikanischen Geostrategen und Rüstungsgewinnlern war Merkels Diplomatie ein Dorn im Auge. Merkels Diplomatie war jedoch aus der Not geboren, stand doch die komplette Niederlage der faschistischen Truppen bevor. Genau deshalb ließ Obama letztlich die Kanzlerin auch gewähren. Doch tatsächlich beabsichtigten die amerikanischen Geostrategen, dass der Konflikt weiter schwelt – und entsprechend feuerten sie mit Depeschen, medialer Hetze und schließlich mit massiven Lieferungen von Kriegsgerät und Militärpersonal.

Vor Minsk 2 hatte die Bundeskanzlerin mit gezinkten Karten gespielt und die russische Regierungsdiplomatie über ein Jahr lang hintergangen. Ihre ständigen Beteuerungen, sie hätte mit Putin telefoniert, war von Anfang an Augenwischerei. Was hat sie ihm denn gesagt? Dass ihr damaliger Außenminister Westerwelle ohne ihre Zustimmung die Putschisten auf dem Maidan unterstützt hat oder er sich nur verlaufen hat? Dass die Konrad-Adenauer-Stiftung rein versehentlich einige Millionen Euro an die Putschisten überwiesen hat, weil sie eine Kontonummer verwechselte? Dass dieselbe CDU-Stiftung den Multimillionär Klitschko samt großem politischem Stab ausbildete und unter dem CDU-Agenten Brok als deutschen Schäferhund in Kiew bellen und beißen ließ?

Hat Frau Merkel bei ihren angeblichen Telefonaten dem russischen Präsidenten mitgeteilt, dass sie nie und nimmer die Kriminelle Julia Timoschenko höchst persönlich nach Berlin eingeladen hat, um die damalige Regierung von Viktor Janukowitsch zu stürzen? Dass der stellvertretende Parteivorsitzende der superchristlichen CSU, Christian Schmidt, diese Volksbetrügerin für den Friedensnobelpreis vorgeschlagen hat und die gesamte Partei dem Vorschlag gehorsam folgte? Oder entschuldigte die Kanzlerin dies mit einer der üblichen bayerischen Bierlaunen?

Ließ sie vielleicht Putin wissen, dass sie den Amerikanern immer wieder klipp und klar gesagt hat, dass sie sich aus Europa, der Ukraine fernhalten sollen, weil es ein rein europäischer Konflikt ist, den nur die Europäer und Russen friedlich lösen können? Schließlich ist es jeder deutschen Regierung ausdrücklich untersagt, sich in fremde Staatsangelegenheiten einzumischen. Die Kanzlerin ist aber sogar noch einen bedauerlichen Schritt weiter gegangen, sie hat aktiv am Sturz einer ausländischen Regierung mitgewirkt, und das ist strafbar. Siehe Artikel 26 Abs. 1 des Grundgesetzes: „Handlungen, die geeignet sind und in der Absicht vorgenommen werden, das friedliche Zusammenleben der Völker zu stören, insbesondere die Führung eines Angriffskrieges vorzubereiten, sind verfassungswidrig. Sie sind unter Strafe zu stellen." Die aktive Einmischung in die inneren Angelegenheiten der Ukraine und die Unterstützung des gewalttätigen Putsches gegen die legitime Regierung ist eine solche Handlung.

Ähnliches besagt auch § 80 Strafgesetzbuch zur Vorbereitung eines Angriffskrieges: „Wer einen Angriffskrieg (Artikel 26 Abs. 1 des Grundgesetzes), an dem die Bundesrepublik Deutschland beteiligt sein soll, vorbereitet und dadurch die Gefahr eines Krieges für die Bundesrepublik Deutschland herbeiführt, wird mit lebenslanger Freiheitsstrafe oder mit Freiheitsstrafe nicht unter zehn Jahren bestraft." Die Bildung einer deutschen NATO-Speerspitze gegen Russland dürfte diesen Sachverhalt erfüllen.

Im Februar schrieb die *Süddeutsche Zeitung* zwei bedeutsame Sätze nach den Verhandlungen zu Minsk 2: „Merkel wirkt oft wie die US-Außenministerin. Letztlich ist aber Obama im Westen der oberste Verantwortliche". Heißt im Klartext: Merkel macht keine Politik für Deutschland oder Europa, und ihr Boss ist der US-Präsident. Das ist nun wahrlich keine umwerfende Neuigkeit. Dennoch hat Frau Merkel mit der Waffenruhe nicht nur die endgültige

Niederlage der ukra-faschistischen Verbände verhindert, sie hat – man sollte es nicht unterschätzen – auch einen Stillstand des zivilen Verblutens in der Ostukraine bewirkt.

Was sie und die anderen europäischen Inkompetenzbürokraten allerdings vorher in den Brunnen geworfen haben, ist nicht mehr zu retten. Die Staatsführer Europas haben dem Treiben der USA stillschweigend zugesehen, sie haben applaudiert, sie haben den Maidan-Putsch wider besseres Wissen als Kampf um Menschenrechte und Demokratie hochgelogen. Sie haben reichliche EU-Milliarden und politisch-diplomatische Unterstützung für den selbstherrlichen Schoko-Oligarchen Poroschenko und den Oberkriegstreiber Jazenjuk geliefert. Sie haben diese gefährlichen Clowns von Amerikas Gnaden gehätschelt und man hat sie tatsächlich zu EU-Gipfeln eingeladen, obwohl die Ukraine gar kein EU - Mitglied ist. Obwohl kein NATO-Mitglied, erfährt das Kiewer Regime alle erdenklichen NATO-Unterstützungen.

Dies alles in Betracht gestellt, kann man nicht davon ausgehen, dass sich die Bundeskanzlerin bei Minsk 2 „nur verzockt" hat. Dazu hat sie zu oft und zu unverblümt mit gezinkten Karten gespielt. Ihr schauspielerisches Talent ist erschöpft – oder wird sie jetzt (im Verbund mit dem ihr hörigen EU-Bürokratenapparat) doch noch Kiew gehörigen Druck machen, seine schweren Waffen schweigen zu lassen und sie endlich hinter die 50-km-Zone zurück zu ziehen? Wird sie schon morgen öffentlich fordern, dass Kiew den Menschen im Donbass wieder

Wasser, Strom und Gas zur Verfügung stellt und die zerbombte Infrastruktur mit den zur Verfügung gestellten EU-Milliarden wiederherstellt, dass man den Rentnern die ihnen gehörigen Renten auszahlt? Wenn dies nicht umgehend geschieht und somit die Kiewer Kriegstreiber und ihre amerikanischen Hintermänner indirekt ermuntert werden, dann ist Minsk endgültig gescheitert. Was dies bedeutet, möchte man sich nicht ausmalen. Dauerkonflikte sind dann angesagt …

Der Donbass, der Westen und der geplante Krieg

24.08.2015

Vor wenigen Tagen demonstrierten die Menschen im Kriegsgebiet der Ostukraine gegen die Arbeit der Organisation für Sicherheit und Zusammenarbeit in Europa (OSZE). Die Demonstranten zogen zum OSZE-Hauptquartier in Donezk. Hauptvorwurf der Demonstranten: Seit Monaten einseitige Berichterstattung im Sinne Kiews; Nicht-Protokollieren von Beschuss durchs Kiews Einheiten, dafür ausführliche Berichte über die Abwehrmaßnahmen der Volkswehr und eine manipulative Darstellung, die suggeriert, dass die Volkswehr die Angriffe startete; Fernbleiben von Orten, die durch Kiewer Einheiten oder Söldnertruppen mit unzulässigem schweren

Kriegsgerät beschossen wurden; Weigerung der OSZE-Beobachter, die zerstörten Wohn- und Infrastruktureinheiten zu inspizieren. Kurzum: Man wirft der OSZE und insbesondere ihrem Leiter vor, seit Geraumem absolut tendenziös zu berichten und Stimmungsmache aus Kiew zu unterstützen. Wir hier kennen die Manipulationsmechanismen der von USA und NATO instrumentalisierten westlichen Apparate. Für die Donbass-Bewohner ist dies eine scheinbar neue Erfahrung – obwohl … Lassen Sie mich nicht unnötig in die Vergangenheit abschweifen.

„Euer Schweigen tötet Kinder" stand auf einem der Demo-Plakate. Vor dem OSZE-Eingang legten die Menschen zahlreiche in blutroter Farbe angemalte Spielzeuge von Kindern nieder, die beim Beschuss durch die ukrainische Armee oder angegliederter faschistischer Söldnertruppen umgekommen sind. Haben wir von all dem gehört? Mitten in Europa, das im Moment von strategisch geplanten Migrationswellen geflutet wird, wurden bislang im Donbass nach neuesten UN-Angaben rund 6.800 Menschen getötet; sie wurden zum Teil bestialisch und hinterhältig in ihren Häusern umgebracht – Zivilisten, Bürger eines Staates, dessen EU-Ausrichtung die Bundesregierung und die anderen europäischen US-Lakaien erzwingen wollen. Das ist IS-Terror auf EU-USA-NATO-Niveau! Auch am letzten Donnerstag berichteten die Konfliktparteien wieder von gegenseitigen Angriffen. Wenn ich die Lage richtig einschätze, so sieht die US-amerikanische „Strategie der Spannung" für Europa folgendes vor:

Erstens: Unendliche Zermürbung und schleichende aber beständige Destabilisierung der Europäischen Union durch die weitere Kriegführung in Syrien und Irak sowie gegen die Kurden, befeuert von US-hörigen Söldnertruppen, dem türkischen Erdogan-Militär und durch gezieltes Dulden des IS in ausgewählten Operationsgebieten. Dadurch weiterer Nachschub an Kriegsflüchtlingen mitsamt allen Schwierigkeiten, die sich dadurch auftun. Europa soll nicht zur Besinnung kommen, soll nicht zu ausgereifter politischer Planung kommen. Unser Kontinent soll von allen Seiten politisch und ökonomisch in die Zange genommen werden.

Zweitens: Wiederaufflammen und robuste Befeuerung des Krieges im Donbass durch die NATO bzw. einzelne NATO-Länder - bis hin zur offenen Provokation gegenüber der Russischen Föderation. Nach einer Phase der Aufrüstung soll in diesem Winter die große Offensive gegen den befreiten Donbass starten. Amerika drängt. Bis dahin zum Teil heimliche, zum Teil offene Lieferung von schwerem NATO-Kriegsgerät, teilweise verdeckt durch nationale Lieferverträge ohne Nennung von NATO und anderen westlichen Kriegsapparaten.

Drittens: Beibehaltung des Wirtschaftskrieges gegen Russland – und dies einseitig (und hauptsächlich) zu Lasten Deutschlands. Ziel: Kampf gegen ein potentielles Wirtschafts- und diplomatisches Bündnis zwischen dem starken Deutschland und dem starken Russland – Neutralisierung durch „Teile und herrsche!“ – hierbei geht es freilich ebenso um die Existenz des Euros, den Washington als Konkurrenz-Währung abzuwürgen gedenkt. Insoweit geht es auch um die Wiederherstellung eines nationalstaatlichen, zersplitterten Europas: gegebenenfalls unter Einbeziehung bzw. Duldung nationalistischer, chauvinistischer oder auch offen faschistischer Kräfte (siehe Ukraine). Den westlichen „Demokraten“ ist nichts mehr heilig. Die führenden westlichen Oligarchen, Familienclans und Dynastien sehen ihre Pfründe durch demokratische Strukturen gefährdet. Sie wollen endgültig „aufräumen“.

Viertens: Weiterführende Problematisierung und Verstetigung der Griechenlandkrise, um auch von diesem Kampffeld aus dem Euro zu schaden – und um weitergehenden demokratischen Bestrebungen (siehe Spaniens *Podemos* u.a.) einen „alternativlosen“ Riegel vorzuschieben.

Aber lassen Sie mich zurückkommen auf den Donbass. Kriegspräsident und Oberoligarch „Poroschenko will seine Truppen in der Ostukraine mehr Kriegsgerät schicken“ – so bekennen in ungeschminkter Offenheit die westlichen Nachrichtenportale ntv und N24. Nach einer Entspannung des Konflikts, nach Einhaltung von Minsk 2 klingt das nicht. Zudem fühlt sich der ukrainische Oligarch in seinem Plan so sicher, dass er gegenüber ausgewählten westlichen Organen tatsächlich große Waffenlieferungen aus dem Ausland bestätigt.

Die westlichen diplomatischen Friedensbemühungen für den Donbass sind offenkundig Augenwischerei. Einer der großen Augenwischer und Katzbuckler ist Herr Steinmeier. Die Idealbesetzung Washingtons. Hat er noch eine eigene Meinung? Hat er versucht Klartext in der EU oder gegenüber Kiew und den USA zu reden – so wie die deutschen Vasallen immer dann Klartext reden können, wenn sie eine Syriza-Regierung zu entrechten gedenken? Nein, die westliche und speziell die deutsche Diplomatie sieht so aus: Man blinkt Richtung Frieden und biegt ab Richtung Krieg. Man tut so als ob - und befeuert hinterrücks die kriegerischen Hardliner in Kiew. Dies liegt augenscheinlich im Interesse der US-Strategie, die bereits seit 1996 den Kampf um die Ukraine zum politischen Nonplusultra erklärte. „Bis Jahresende solle die Armee mit 400 Fahrzeugen und weiterem Kriegsgerät für den Kampf gegen prorussische Separatisten ausgerüstet werden, sagte Poroschenko bei einem Treffen mit Soldaten im ostukrainischen Gebiet Charkiw" (ntv).

Vor einem geplanten Krisengespräch mit Kanzlerin Angela Merkel am heutigen Montag in Berlin machte der Kiewer Chefoligarch „wenig Hoffnung auf eine rasche Lösung des Konflikts"(ntv). Poroschenko: „Die militärische Bedrohung aus dem Osten ist die Perspektive für das kommende Jahrzehnt!" Er betonte, das Militär zu modernisieren und mit neuen Waffen auszustatten, sei „eine Priorität". Wohl hierfür spendierte die EU vor einigen Tagen problemlos 600 Millionen Euro – ganz ohne große Abstimmungsrunden; eine Summe, für die Griechenland zu Kreuze kriechen musste. Poroschenko verwies darauf, dass Kiew 500 Einheiten Spezialtechnik aus dem Ausland erhalten habe.

Und spätestens jetzt erkennen Sie, verehrte Leserinnen und Leser, welch ein doppeltes Spiel der

Westen mit uns, den eigenen Bürgern, spielt. Es geht keinesfalls um irgendwelche vorgeblichen „westlichen Werte“ – diese „Werte“ reduzieren sich auf die Zerstörung unserer politischen Eigenständigkeit und auf die galante Abschaffung der Demokratie unter dem Deckmantel angeblicher Terror- und Aggressionsabwehr, wobei man Terror wie Aggression selbst plant, sät, bewässert und heranzüchtet. Der Gärtner ist der Mörder.

Ein Teil des Verschleierungs- und Befeuerungsapparates ist seit geraumem die OSZE unter ihrem Leiter Michael Bociurkiw. Auf diesem Posten erwartet man eine wirklich neutrale, friedensbereite Person mit Charakter. Nun nehmen Sie bitte zur Kenntnis, was Bociurkiw in seiner Funktion als „neutraler“ OSZE-Leiter in seinem Blog in der kanadischen Zeitung «Politics» im Artikel «Nach der Krim, die einzige Frage: wer ist der Nächste» schreibt. Allein die Überschrift eine einzige manipulative Verzerrung. Die selbstbestimmte Rückkehr der Krim in die Russische Föderation lässt er von vornherein nicht gelten. Er nimmt das Selbstbestimmungsrecht der Krimbewohner nicht ernst. Tatsächlich ist es aber absolut vergleichbar der kosovarischen Sezession, der Abspaltung von Serbien – abgenickt vom Internationalen Gerichtshof.

Das jedoch ist nicht alles: Indem Bociurkiw professionell mit der Bevölkerungsstruktur der Halbinsel manipuliert, hebt der OSZE-Funktionär die Rechte der Ukrainer und Tataren hervor, sagt aber nichts über die Rechte der Russen, Griechen, Armenier, Bulgaren und anderer Völker, die nicht unter den faschistischen Kiewer Banderas leben wollen. Kann solch eine einseitig fixierte Persönlichkeit dem Friedensprozess in der Ostukraine wirklich dienlich sein?

Eine strikt einseitige, antirussische Tendenz sickert auch in den Erklärungen von Bociurkiw zum Absturz des malaysischen Flugzeugs durch. Er sagt, dass dies die «Bühne des größten Weltverbrechens» ist ... «natürlich sind es Russland und die russischsprachigen bewaffneten Volkswehrangehörigen». Dabei beschuldigt der OSZE-«Beobachter» öffentlich die Volkswehrleute der Aggression, weil sie sich „unter der Wirkung von Alkohol und Drogen befinden." Das klingt nach allem anderen als nach einer exakten Absturzanalyse. So könnte ein berüchtigter Starkommentator der BILD-Zeitung „analysieren" – aber ein OSZE-Chef?

Die Biographie von Michael Bociurkiw zeigt familiäre Verbindungen zu den Maidan-Putschisten und zu ausgewiesenen russophoben Chauvinisten auf. Das haben die westlichen Einflussagenten in den EU- und OSZE-Apparaten wieder einmal glänzend gemeistert: einen solchen Mann als „neutral" zu verkaufen und den Beteiligten sowie der Öffentlichkeit die Augen total zu verkleistern. Da muss ich jedoch auch kritisch, sehr kritisch, fragen: Wer hat diesem unsäglichen Politbonzen letztendlich den Richterstatus verliehen? Auch die deutsche Diplomatie? Na freilich, da sind wir Deutschen doch immer dabei, wenn's um's Tricksen geht. Aber warum hat Russland bei dieser Kandidatur nicht protestiert? Ja, es wird ernst. Noch in diesem Winter. Und doch stirbt die Hoffnung zuletzt. Ich beende diesen Kommentar mit einem mir selbst fast unverständlichen Kopfschütteln.

Offener Brief an Angela Merkel in Sachen Ukraine
25.08.2015

Amerikanische Ex-Geheimdienstmitarbeiter warnen vor Behauptungen der Geheimdienste zur Ukraine und erinnern an die irakischen „Massenvernichtungswaffen". Man möchte diesen Warnungen gerne noch einige Fakten hinzufügen, aber die Aussagen sprechen eine so klare Sprache, dass auf eine weiterführende Analyse verzichtet werden kann. Hier der Originalwortlaut:

„Wir, die Unterzeichner, sind langjährige Veteranen der US-Nachrichtendienste. Wir unternehmen den außergewöhnlichen Schritt, diesen offenen Brief an Sie zu schreiben, um Ihnen die Gelegenheit zu geben, vor dem NATO-Gipfel am 4. und 5. September Einblick in unsere Sicht der Dinge zu bekommen.

Es ist beispielsweise wichtig für Sie zu wissen, dass Anschuldigungen hinsichtlich einer großangelegten russischen Invasion in der Ukraine offenbar nachrichtendienstlich nicht zuverlässig gesichert sind. Vielmehr scheint die "Intelligence" von derselben politisch festgelegten Art zu sein, mit der vor 12

Jahren der Angriff auf den Irak "gerechtfertigt" wurde. Wir sahen damals keine glaubwürdigen Beweise für Massenvernichtungswaffen; wir sehen jetzt keine glaubwürdigen Beweise für eine russische Invasion.

Vor 12 Jahren verweigerte der damalige Kanzler Schröder in Anbetracht der vagen Hinweise auf irakische „Massenvernichtungswaffen" die Teilnahme am Angriff auf den Irak. Unserer Ansicht nach sollten Sie Anschuldigungen des US-Außenministeriums und von NATO-Vertretern hinsichtlich einer Invasion Russlands in der Ukraine mit angemessenem Misstrauen begegnen.

Bilder können mehr sagen als tausend Worte. Wir haben erhebliche Erfahrung mit der Sammlung, Analyse und Berichterstattung zu jeder Art von Satellitendaten und anderem Bildmaterial sowie anderer Arten nachrichtendienstlicher Quellen. Es soll hier ausreichen, deutlich zu machen, dass die am 28. August von der NATO veröffentlichten Bilder eine sehr fadenscheinige Grundlage dafür bilden, Russland eine Invasion der Ukraine vorzuwerfen. Traurigerweise haben sie starke Ähnlichkeit mit den Bildern, die am 5. Februar 2003 von Colin Powell vor den Vereinten Nationen gezeigt wurden und die ebenfalls nichts bewiesen.

gez.:

William Binney, ehemaliger technischer Direktor der NSA für die Abteilung „Weltgeopolitische & militärische Analyse"; Mitbegründer on SIGINT Automation Research Center (i.R.)

Larry Johnson, CIA & Außenministerium (i.R.)

David MacMichael, National Intelligence Council (i.R.)

Ray McGovern, ehemaliger US Army Infanterie/ Nachrichtenoffizier und CIA-Analyst (i.R.)

Elizabeth Murray, stellvertretender National Intelligence Officer im Mittleren Osten (i.R.)

Todd E. Pierce, MAJ, US Army Judge Advocate (Ret.)

Coleen Rowley, Abteilungsanwältin & Special Agent, FBI (i.R.)

Ann Wright, Oberst der US-Armee (i.R.); Foreign Service Officer (zurückgetreten)"

Anmerkung JB: *Nachdem sich nun in den letzten Tagen beide Seiten der Lüge bezichtigten und auch die Medien immer häufiger mit den Begriffen Wahrheit und Lüge jonglieren, ist es an der Zeit, sich frei nach Sokrates einzugestehen, dass wir nur wissen, dass wir nichts wissen. Die wohl einzige verlässliche Quelle aus dem Kriegsgebiet stellt die Beobachtermission der OSZE dar. Und die hat nach eigenen Aussagen „keine Hinweise auf die Präsenz von russischen Truppen auf ukrainischem Boden". Dass in der Politik ein Jeder sein Süppchen kocht und zur Not auch auf selbst fabrizierte Falschmeldungen zurückgreift, ist bekannt. Hochgradig ärgerlich ist jedoch, dass die Medien ihrer Rolle nicht gerecht werden, und solche Meldungen nicht zurückhaltend oder gar kritisch bewerten, sondern vielfach als Fakten darstellen.*

Mail an einen Freund
25.10.2015

Bernhard, mir ging es lediglich um die Krim-Frage, die man völkerrechtlich – Unvoreingenommenheit vorausgesetzt – mit der Separatisierung des Kosovo vergleichen kann. Wurde vom Völkerrechtsgerichtshof auf Drängen des Westens so entschieden. Sehr zutreffende juristische Erläuterung hierzu: Gabriele Krone-Schmalz: „Putin verstehen!"

Die Sache mit der Kumpanei zwischen dem Westen und den völkerrechtswidrig an die Macht geputschten Kiewer Antidemokraten ist doch eindeutig. Sieht man sich die antidemokratischen Gesetze und Verwaltungsvorschriften allein der letzten acht Monate an sowie das Bombardement der eigenen Bevölkerung durch Kiew, dann ist es erstaunlich, dass hierzu keinerlei Kritik durch die EU zu vernehmen ist. Warum? Weil es genau Washingtons Wille ist, dort den Nerv der Russischen Föderation und deren Sicherheitsinteressen zu treffen sowie die EU gegen Russland in einem Wirtschaftskriege gegeneinander auszuspielen, da die EU für die USA nur eines sind: ein kapitalistischer Konkurrent, den es niederzuhalten gilt, bevor man sich strategisch dem nächstmächtigen Gegner in Asien stellt.

Denn China ist für die USA die größte Herausforderung. Um China zu besiegen oder zumindest im Zaum zu halten, müssen die Europäer kleingehalten werden – am besten ist, wenn sie als willige Vasallen und als Absatzmarkt dienen.

Aktuelle Analyse des Imperium Americanum

Auch wenn man ausdrücklich die aktuelle Situation beschreiben möchte, kommt man nicht um eine rekursive Betrachtung umhin. Im Mai 2017 schrieb ich für ein Politisches Magazin eine Kolumne zur erstmaligen Präsidentschaftskandidatur von Donald Trump:

»Warum ich Trump so schrecklich gut finde!«

29. Mai 2017

Ein Gastbeitrag von Jürgen Bodelle

Was halten Sie von einer handfesten Demaskierung? Wie viele Bemühungen gab es. Jahrzehntelang. Aufklärung. Fakten. Nachweise. Beweise! Wie viele Bemühungen liefen ins Leere! Dem Dollar-Imperium dienten die eloquenten Masken der Clintons und Obamas stets als Verharmlosung der amerikanischen Brutalität. Sie dienten als Verschleierung von wahrer Herrschaft und politischer Macht. Die amerikanischen Strategen, die nach alleiniger Weltherrschaft streben, hatten sich bislang einem langen Versteckspiel verschrieben. Stets blieben die Hintermänner im Dunkeln. Jedenfalls für die Masse unserer deutschen Medienkonsumenten. Freilich auch für die Masse der US-Bürger.

Nun tritt einer aus dem Kreis der amerikanischen Hintermänner heraus. Und er tritt ganz offen und unverblümt auf. Ich find das klasse. Es hat Klasse. Und er repräsentiert wie kein anderer seine

Klasse. Er hat echtes Format. So wie er ist, ist das Dollar-Imperium. Dumm. Dreist. Egoistisch-nationalistisch.

Die Herrschaft von Geldadel, von superreichen Familienclans und ihren Konglomeraten wird bei uns im heilig-christlichen Westen gemeinhin als „Demokratie und Marktwirtschaft" verkauft. Die Herrschaft von reichen Oligarchen – also die Herrschaft der Wenigen über die Vielen – wird im Auftrag der Wenigen so gut es geht verschleiert. Damit der Schwindel nicht auffliegt, sind eine Unzahl von PR-Abteilungen mit den Mitteln der Psychologie damit beschäftigt, an den psychisch-emotionalen Schwachpunkten der Bürger anzusetzen. Wir erleben es gerade jetzt im deutschen Wahlparty-Getümmel.

Wir kennen es aus unserem Land nur zu gut – und so trifft es auch und gerade in den USA zu: Die Menschen entscheiden überwiegend nach Emotionen. So wählt man nicht diejenigen, die die eigenen Interessen vertreten, sondern die das Handwerk der Schauspielerei am besten beherrschen. Politik ist für die Masse ein merkwürdiges Geheimnis. Man sieht die einzelnen Personen, aber nicht das System dahinter.

In den Achtziger Jahren war Reagan in doppelter Hinsicht ein klassischer Schauspieler. Er de-industrialisierte im Namen der Hochfinanz die amerikanischen Industriesektoren, ließ sie nach Asien, gerade auch nach China, auslagern. Er, der Erzkonservative, verkaufte sich als kapitalistischer Könner – und war doch nur ein billiger Verscherbler. Das Geld aus der Verscherbelungsaktion ging an die Wallstreet. Der Casinokapitalismus nahm seinen Lauf.

Nun also Trump. Er hat die katastrophale Folgen seiner Brüder im Geiste zum Thema erhoben und zieht daraus die in seinem Sinne durchaus ehrliche, aber wiederum verheerende Schlussfolgerung: America first. Er betreibt einen unverhohlenen Währungskrieg gegen den Euro. Seine Handelspolitik entspricht absolut dem nationalkapitalistischen Ellenbogenprinzip. Er hat China ins Auge gefasst. Aber er traut sich noch nicht zum Äußersten. Also wird er den Welthandel angreifen. Ein Wirtschaftskrieg, den er und die unselige Vasallen-EU bereits gegen Russland, den Iran und Syrien führen.

Aber die Trabanten-EU hat begriffen. Erst dieser Tage, aber es scheint, dass sie tatsächlich begriffen hat. * Das also hat Trump doch gut gemacht. Er hat seine Vasallen unsäglich blamiert und im Regen stehen lassen. Er ist ein ehrlicher Imperialist. America first. First Banc of America.

Was die Historiker inzwischen wissen: Der aggressive Kurs gegen die europäische Konkurrenz begann mit dem Jugoslawienkrieg, in das Washington die Europäer hineinstieß. Die Europäer haben sich als Trabanten verhalten und sich damit ins eigene Fleisch geschnitten. Es war der Anfang des Unfriedens, der mit der Ukraine seinen Fortgang nahm und sich bis zum Afghanistan-, Irak-, Libyen- und Syrien-Konflikt hochschaukelte.

*Inzwischen – im Jahr 2024 – wissen wir, dass Brüssel ein braver Vasall geblieben ist und NICHTS begriffen hat.

Eine hochbrisante Mischung. Trump gibt noch mehr Zunder in die bereits hochexplosive Mischung. Er hofiert nun mit den Taliban die schlimmste faschistisch-islamistische Macht auf diesem Planeten. Unverblümter geht es nicht. Clinton, Obama und Co. hätten es geschickter angestellt. Heimlich. Still. Und leise. Und schön hinterrücks. Ohne Medien. Für sie wäre das – wie bisher – Geheimsache. Geheimdienstsache. Trump aber gibt das innerste Wesen des Dollar-Imperiums preis.

Fast könnte ich ihn lieben. Für diese Ehrlichkeit. Ihn und seine Satellitenschauspieler in der EU, inklusive jener sich harmlos gerierenden professionellen Politschauspieler in meinem good old Germany. Und doch hasst uns Trump, der ehrliche imperiale Ami, weil er eben doch trotz aller scheinheiligen „Bündnistreue" in der kapitalistischen Konkurrenzmaschine gefangen ist.

Das Dollar-Imperium hat diesen Mann an seiner Spitze verdient. Trumps Vorgänger, die eloquenten Heuchler, haben den Karren dieser Welt lange genug an die Wand gefahren. Sie haben Vorarbeit für seine Auftritte geleistet. Wir erleben seine Auftritte – und viele sind verwundert. Ja, du meine Güte, was haben Sie denn erwartet? Kennt man nicht die Familienclans, die versuchen, die Alleinherrschaft in der Welt zu gewinnen? Kennt man nicht die Zahlen, der von den Amis in Gang gesetzten Rüstungsspirale? Trump macht das schon ganz gut. Er ist der lebende Beweis für die Aggression einer außer Rand und Band geratenen kapitalistischen Supermacht.

Ich wünsche allen meinen Leserinnen und Lesern einen guten Start in die morgige neue Woche. Eine einzige Woche in der Reihe unendlicher Wochen. Machen Sie sich das bitte bewusst. Und seien Sie beruhigt: Eine neue Woche ist noch lange keine Neue Weltordnung. Gott behüte uns.

Widerspruch zum Duell der Lügen und Blamagen zwischen Trump und Biden

(Im Vorfeld des US-Wahlkampfes kam es Ende Juni 2024 zu einem TV-Duell zwischen Biden und Trump, das für den Amtsinhaber Joe Biden katastrophal endete. In diesem Zusammenhang kam es zu einer typischen Facebook-Diskussion, nachdem der Autor einen Post absetzte, der beide Kandidaten in politischer Hinsicht auf eine Stufe stellte)

P.K. schreibt auf einen Post von J.B.: Also diese Gleichsetzung von Biden und Trump ist einfach populistisch und macht Täter Trump und seine Adlaten gleichermaßen zu Opfern und stellt sie auf eine Ebene mit Joe Biden, der schon bessere Auftritte hatte. Aber bitte differenzieren und recherchieren!

J.B.: Danke für Ihre Meinung. Aus politikwissenschaftlicher Sicht sind beide Täter. Interpretationen hin oder her.

P.K.: Nein, Einspruch euer Ehren, gerade Politik zeigt gravierende Unterschiede zwischen beiden

Kandidaten, einer verurteilt als Krimineller und gesetzwidriger Täter, nur das Strafmaß steht noch aus. Ihr Einsatz leider reiner Populismus – tut mir leid. Aber es gibt abseits der von Biden misslungenen ersten TV Debatte erhebliche Unterschiede, die es nach wie vor sauber zu beachten gilt. Krimineller Kandidat versus Demokrat. In diesem Sinne, Debatte u Auseinandersetzung sind Zeichen von demokratischer Freiheit, die es in vielen Ländern nicht mehr gibt.

J.B.: Einspruch abgelehnt, Herr Verteidiger! Gerade Mr Biden gehört ebenso wie Mr Trump vor den Internationalen Gerichtshof und wegen Kriegsverbrechen verurteilt. Zu leicht lassen sich die Menschen außerhalb der Hallen unserer hiesigen Facebook-Justitia von den Publicity-Fassaden der Macht blenden. Als Gerichtsvorsitzender bin ich gehalten, die tieferen Verwicklungen aufzudröseln:

I. Es stehen beide Präsidialbewerber vor unserem Gericht.

II. Beide sind schuldig, ohne sich jemals zu bekennen und Reue zu zeigen. Beide Greise wissen mächtige Kreise hinter sich, die ihnen den Rücken freihalten.

III. Zu Mr Biden: Als Vizepräsident der Vereinigten Staaten zwischen 2009 und 2017 ist er verantwortlich für über 3000 völkerrechtswidrige Drohnenmorde sowie für das sadistische Folterlager Abu

Ghraib und die Militärmorde an Journalisten und Zivilisten, die der mutige Journalist Julian Assange der Weltöffentlichkeit bekannt machte. Ebenso ist er für die widerrechtliche Verfolgung von Mr Assange über einen unfassbar langen Zeitraum von 12 Jahren verantwortlich. Gleichermaßen trägt er persönlich die Verantwortung für dessen Freilassung unter erpresserischen und schauspielerisch-unjuristischen Bedingungen: All dies ist einer Demokratie unwürdig und unrechtmäßig. Aber so ist eben der »American Way of Life« – gespickt mit Lügen, Gewaltexzessen nach innen wie außen, niederträchtigen Präsidialduellen, wobei keiner dem anderen in Sachen Menschenrechtsverstößen, völkerrechtswidrigen Angriffskriegen und Korruption nachsteht.

IV. Zu Mr Trump: In den entscheidenden oben angeführten Punkten ist seine Schuld gleichermaßen wie bei seinem Mitangeklagter erwiesen. Beide hier vorab zu verurteilende Personen sind verantwortlich für die UN-widrigen Militäroperationen in Syrien seit 2015. Beide populistischen Pöbler sind bis zum heutigen Tag verantwortlich für die Fortführung des Diebstahls von Öl, das dem syrischen Volk gehört und ihm fehlt und somit zu Armut und Auswanderung führt. Deutschland lebt mit vielen dieser traumatisierten Menschen und hat erst in diesen Tagen diese unheilvolle Entwicklung hautnah zu spüren bekommen (Messerattacken psychisch gestörter syrischer Einwanderer).

V. Im Namen der friedensliebenden Menschheitsfamilie, die weder von kriminellen Deppen und senilen Greisen noch von Angriffskriegern und Rüstungslobbyisten regiert werden will:

Das Urteil fällt die Geschichte.

P.K.: Das tut mir doch sehr leid, aber historisch tun sich bei Ihrer Gerichtsklage erhebliche Lücken und gar Einseitigkeiten auf, Unkenntnis mag ich eigentlich nicht voraussetzen, sondern eher – leider – eine mangelnde Differenzierung. Nur ein Beispiel – Syrien: Bitte den Zusammenhang berücksichtigen, auch hier machen Sie die Opfer zu Tätern, wo bleibt Ihr Argument zum IS und zu Assad und der russischen Beihilfe, schon damals erkennbar, was Putin und seine Diktatur im Plan hatten: Revision der Gorbatschow-Reformen und zurück zu alter imperialer Macht. Ich kann bei Ihren Argumenten nur den Kopf schütteln und frage mich, ob Sie diese Zusammenhänge bewusst ausblenden oder wider besseren Wissens versuchen, zu manipulieren! Auf jeden Fall unvollständig und populistisch. Politic, policy u polity gilt es sauber und differenziert auseinanderzuhalten. Biden u Trump auf eine Stufe zu stellen – das sagt alles über Ihre einseitige Darstellung. Tut mir wirklich leid, aber so kann ich Ihren vordergründigen Verurteilungen nicht mehr folgen!

J.B.: Herr Verteidiger, das Gericht nimmt Ihre Einwände ernst, denn es ist genau dies Ihre prozessuale Aufgabe, für die »biden« Angeklagten das Beste herauszuholen, selbst wenn es sich um die Leugnung oder Verdrehung von Fakten handelt. Es ist Ihnen insoweit kein Vorwurf zu machen. Aber umgekehrt ist es Aufgabe des Gerichts, die Wahrheit herauszufinden.

I.

Hier werden die Fälle zwei US-Präsidialer verhandelt. Mr Biden und Mr Trump haben sich – wie in der vorherigen Verhandlung festgestellt – schwerer Völkerrechtsvergehen schuldig gemacht. Um es noch einmal sehr deutlich zu sagen: Hier werden nicht die Vergehen anderer Personen verhandelt wie zum Beispiel den Herren Jelzin, Putin, Gorbatschow, Assad, Wolfowitz, Dick Cheney, George W. Bush oder dem Räuber Hotzenplotz. Die Anklage bezieht sich alleine auf die Herren Biden und Trump. Sie, als deren Verteidiger, muss ich doch nicht daran erinnern, Herr Verteidiger!

II.

Zur Entlastung Ihrer Mandantschaft unterstellen Sie dem Gericht mangelnde Differenzierung bei der Beurteilung der vorgeworfenen Sachverhalte.

Als Beispiel ziehen Sie den USNATO-Krieg gegen Syrien heran. Sie versuchen, die Rolle Ihrer Mandanten als lausige Öldiebe herunterzuspielen, indem Sie völlig zusammenhanglos den »Islamischen Staat« als »Opfer« und zugleich zu einer merkwürdigen Art von Entschuldigung anführen. Diebstahl bleibt Diebstahl. Bis heute ist das so. Und bis heute wird es juristisch als Diebstahl beurteilt. Aber Diebstahl ist im Vergleich zu den anderen ungeheuerlichen Völkerrechtsverbrechen, die Ihre Mandanten in Syrien zu verantworten haben, ein zweitrangiger Vorwurf.

III.

Ihr Einwand, der sich auf die Entwicklung in Syrien bezieht, ist aus diesem Grunde abzulehnen. Danke, Sie können sich wieder setzen.

Das Gericht liegen Gutachten vor, auf die Sie, Herr Verteidiger, sich in diesem Verfahren legitimer Weise berufen können. Eine Zusammenfassung stellt fest, dass die USA an der Spitze der NATO, ebenso wie die Türkei als NATO-Speerspitze, gegen die Syrische Republik ohne UN-Mandat militärisch operiert und weitgehende Teile der zivilen und militärischen Infrastruktur des syrischen Staates auf dessen Staatsgebiet unter dem Vorwand, man würde „lediglich IS-Stellungen" bombardieren, zerstörten. Der syrische Staat hat nach dreijährigem US-Bombardements offiziell die Hilfe der Russischen Föderation angefordert und umgehend erhalten. Als Ergebnis war der IS innerhalb nur eines halben Jahres besiegt und aus den wichtigsten Gebieten des syrischen Staates vertrieben. Zu erinnern ist an die umgehende Zerschlagung der Ölschmuggelrouten von den syrischen Ölquellen bis zur Grenze der Türkei.

Die Positionen an den Ölquellen wurden umgehend von US-Militär besetzt und der Diebstahl durch Türkei & IS wurde durch den Öldiebstahl der USA ersetzt. Wie unabhängige Beobachter nach dem Sieg des russischen und syrischen Militärs über den IS feststellen konnten, hatte die syrische Regierung mit ihrer Behauptung Recht, dass das Militär der USNATO lediglich NEBEN die Kampfeinheiten und Schmuggelrouten des IS bombardierte – ganz nach dem Motto: Der Feind meines Feindes ist mein Freund. Zudem ist festzustellen, dass gerade der IS ein gemeinsames Produkt von USA und Türkei ist. Waffenlieferungen inklusive, wie in der Ukraine.

P.K.: Auch diese Berufung auf die Politikwissenschaft ist hergeholt. Täter ist ein rechtlich festgestellter Täter, andere Menschen tun etwas oder führen etwas aus. In den USA, da bitte ich doch um differenzierte Wahrnehmung, ist Trump = Täter, Biden ist Exekutive, ein Unterschied, den Ihre Argumentation verschweigt.

Im Übrigen ist es ein Offenbarungseid Ihrer Unwissenheit, denn das Assad Regime stand vor dem Zusammenbruch, keineswegs durch Angriffe der USA, und erbat sich »Hilfe« durch Putin, ein bekanntes Muster, wenn Diktaturen unter Druck geraten, da verfolgt das russische Regime seit Jahren eine gezielte Politik der Einflussnahme auf Seiten der Diktatoren.

J.B.: Sie beschreiben exakt das, was den USA seit Jahrzehnten vorzuwerfen ist.

P.K.: Interessant und eine Offenbarung Ihrerseits, wie Sie dieses Eingreifen des russischen Militärs rechtfertigen, das lässt tief blicken. Kritik an der Exekutive der USA, wie an jeder anderen ausführenden Institution eines Staates, ist durchaus berechtigt, dies aber bitteschön in Bezug auf jede Exekutive. Bitte zur Kenntnis nehmen, welchen Menschen in Syrien seitens USA und anderer Nationen Unterstützung zukam, die die syrische Diktatur unter Assad nicht leisten wollte !!! und nicht mehr konnte. Assad führte und führt Krieg gegen Teile der eigenen Bevölkerung! »Adopt a Revolution« führe ich hier als Quelle an.

Mit einem Schwarz-Weiß-Denken mit der bösen Macht USA und ansonsten nur friedliebende Machthaber, denen angeblich etwas gestohlen worden ist. Auch hier fehlt mir die differenzierte Betrachtung. Türkei unter Erdogan hatte und hat in Syrien ganz andere Ziele als die USA, Frankreich und GB und dem imperialen Russland unter Putin. IS als Produkt der USA zu sehen ist ein Ansatz, aber auch etwas verkürzt, lässt den Iran und seine erzkonservativen Machthaber unberücksichtigt. Ihre gesamte Argumentation ist so dermaßen verkürzt und von Ausblendungen gezeichnet. Ukraine: mühsame und viel zu spät kommende Waffenlieferungen westlicher

Länder zur Unterstützung gegen ein imperiales Putin Regime, das ein neutrales Land angegriffen hat. Auch hier machen Sie Opfer zu Tätern! Welche Interessen verfolgen Sie mit diesem einseitigen Blick? Welche Quellen können Sie anbringen? Hierzu möchte ich keine Mutmaßungen tätigen, aber bedenklich finde ich diese Herangehensweise durchaus.

Pressestatement des Gerichts vom 29.06.2024, Pressesprecherin Johanna Miller: Das hier zuständige Gericht hat am heutigen Tag das Verfahren gegen Mr Donald Trump und Mr Joe Biden endgültig abgeschlossen. Die Angeklagten wurden wegen verschiedener schwerer Völkerrechtsverbrechen während ihrer Amtszeiten für schuldig befunden. Da es für das Gericht aufgrund der eindeutigen Rechtslage und der nachgewiesenen Massenmorde und Völkerrechtsvergehen gegen souveräne Staaten und gegen deren Integrität unerheblich ist, ob der Angeklagte Biden ein paar Tausend Morde mehr oder weniger als der Angeklagte Trump zu verantworten hat, war eine gleichwertige Verurteilung in Betracht zu ziehen. Dies ist erfolgt. Beide Präsidialkandidaten wurden vom Gericht ihrer kriminellen Handlungen für schuldig erkannt.

Zwischenfrage von John Milton, Reuters: Hat die Verteidigung Revision angekündigt?

Johanna Miller: Eine Revision ist möglich, falls dem hiesigen Gericht Verfahrensfehler unterlaufen sein sollten. Der Verteidigung stehen alle Optionen unseres Rechtsstaates offen. Allerdings wird das allerletzte Urteil die Geschichte sprechen.

Unbekannter Zwischenruf: Siehe Olarius und Panama Papers!

Frage von Julia Schön, Frankfurter Rundschau: Die Verteidigung hat in einem separaten Pressestatement verlauten lasse, das hiesige Gericht habe es versäumt, auf den Hinweis der Verteidigung einzugehen, demzufolge Mr Biden als Vertreter der Exekutive handelte, deshalb sei ein wegen privater Sexualpraktiken und Abrechnungsschummeleien verurteilter Mr Trump ein viel schlimmerer Täter. Das sei ein Unterschied, den das Gericht nicht in Betracht gezogen hätte. Außerdem seien andere Staatsmänner wie z.B. Mr Assad oder Mr Putin auch keine lupenreine Demokraten und würden wie die US-Regierungen auch übergriffige Einflussnahmen in vielen anderen Ländern ausüben. Solche Typen führten teilweise sogar Krieg gegen die eigene Bevölkerung.

Unbekannter Zwischenrufer: Sie meinen Kiew, das neun Jahre lang die eigene Bevölkerung im Donbass bombardierte und alle Infrastrukturen von der Wasser- bis zur Energieversorgung gnadenlos zerstörte. Über 14000 Tote!

Julia Schön: Ich möchte kurz meine Fragestellung zu Ende führen: Spielt es nach den Maßgaben des Gerichts eine Rolle, ob Morde und viele andere

Völkerrechtsvergehen vom Vertreter einer Exekutive befohlen werden? Anschlussfrage: Hätte das Gericht berücksichtigen müssen, dass die beiden Angeklagten nicht anders handelten als vielleicht andere Personen in vergleichbaren Positionen? Wie ist das zu beurteilen?

Pressesprecherin des Gerichts, Johanna Miller: Ein Verbrechen wird weltweit juristisch nicht dadurch mit einem Bonus versehen, weil es andere Verbrechen und Verbrecher gibt. Das dürfte Ihnen bekannt sein. Dass die Verteidigung dies tatsächlich so angeführt hat, entzieht sich meiner Kenntnis. Während des Verfahrens wurde solch ein irrwitziger Einwand jedenfalls nicht vorgetragen.

Was Ihre erste Frage betrifft, so möchte ich Ihnen kurz und abschließend ein prägnantes Beispiel in Frageform nennen: Haben sich Adolf Hitler und seine Regierungsmitglieder nicht eines Holocaust und eines mit 60 Millionen Toten gepflasterten Weltkrieges schuldig gemacht, weil sie im Namen der deutschen Exekutive handelten?

Ich danke Ihnen für Ihre Aufmerksamkeit. Und nun zurück zum Fußball und die Europameisterschaft. Viel Freude und Entspannung beim sportlichen fairen Wettkampf.

*

Was sich in diesem unfruchtbaren Disput zeigt: Das Halb- und Teilwissen, das der Mainstream ausschüttet, trägt faule Früchte.

Nun gut, liebe Leser, schieben wir solch ein Geplänkel beiseite, auch wenn es symbolisch für die Ansichten einer großen Bevölkkerungsgruppe steht – es zeigt allemal, wie es die herrschende Propaganda schafft, einen Konflikt ohne Vorgeschichte zu erzählen. Es sind diese ausschnittweise präsentierten Stories, die ein Faktum zu einem Mythos werden lassen.

Einen anderen Mythos, der auf eine besondere Weise jedoch zugleich die Realität widerspiegelt, stellte Joe Biden am 8. Juli 2024 auf seine Art auf. Er sagte cool:

„Ich regiere die Welt“
Okay.
Aber wer regiert Joe Biden?

Der Reihe nach: In einem aktuellen Interview hat sich der US-Präsident als Regent der Welt bezeichnet. Einerseits sind Bidens Äußerungen nicht mehr wirklich ernst zu nehmen, andererseits kommt doch hinter diesem Spruch eine nicht unrealistische Sicht zum Vorschein, das Imperium Americanum lässt hier aus dem tiefsten Inneren grüßen. Aber wen regt es im Wertewesten auf? Was wäre los, wenn Chinas oder Russlands Präsident so etwas sagen würden?

Aber regiert Joe Biden tatsächlich die Welt? Und regiert der momentane US-Präsident eigentlich die USA? Und wenn nicht – wer dann? So stellt sich die berechtigte Frage: Wer regiert Joe Biden und überhaupt die Präsidenten der USA?

Die greisenhafte Offenheit Bidens mag ja erfrischend sein, denn inhaltlich widerspiegelt sein Spruch einen „Moment der Klarheit“ bezüglich der hegemonialen Weltherrschaft. Doch dieser Moment vermittelt in mehrfacher Hinsicht ein falsches Bild. Es ist ein Irrglaube, dass in der modernen Welt eine Einzelperson die Welt regieren könnte. Es ist ein sehr komplexes Machtgeflecht. Das extrem konzentrierte US-Großkapital, die damit verbundene ökonomische Bündelungskraft und die mit ihr einhergehende militärische Macht haben in den letzten Jahrzehnten ihre Spuren nicht nur in den USA selbst, sondern weltweit hinterlassen.

Die Machtausübung spielt sich im Zusammenspiel zwischen verschiedenen Kapitalfraktionen ab, in Interessengruppen, die miteinander in einem wettbewerbsmäßigen Abstimmungsprozess stehen, zum Beispiel: Dienstleistungs-, Immobilien- und Handelskapital contra Finanz- und Rüstungskapital sowie vielfältige andere Diversifikationen von Kapitalinteressen etc. pp.

In diesem Rahmen ist der US-Präsident nur auf dem Papier die mächtigste Einzelperson. US-Präsidenten sind prinzipiell angeleint. Es mag Ausnahmen geben, siehe Jon F. Kennedy. Aber versuchen sie sich los zu leinen, dann werden sie von landesinternen Hit Men »bearbeitet«, erhalten von geheimdienstgesteuerten »Beratern« Hinweise, die auch bedrohlich sein können. Trägt es keine Früchte, kommen die Hit-Men-Schakale zum Einsatz und der Präsident überlebt nicht lange.

Die US-Präsidenten sind gefangen in einem Korsett aus mächtigen Kapitalinteressen und deren Vertretern. Konzern-Lobbyisten, Regierungs-»fremde« Finanz-»Berater« von solchen Kapitalkonzernen wie Goldman-Sachs u.a. sorgen für die richtigen Präsidialentscheidungen. Zudem wurden in den letzten Jahrzehnten nach 1989/90 die Politikfelder vom »Tiefen Staat« beackert und die Entscheidungsgrundlagen sukzessive von Geheimdiensten und Militärs im Interesse des amerikanischen Großkapitals getroffen. In gibt in den USA Einzelpersonen und Familienclans mit erheblich mehr politischem Einfluss als den jeweiligen US-Präsidenten.

Wenngleich der reale Wirkungsgrad des US-Präsidenten nach individueller Durchsetzungskraft und Vernetzung variieren mag – die Einhegung durch die »beratenden« Hit Men aus den gleichbleibenden Tiefen des »Tiefen Staates« bleibt garantiert. Ausscheren nicht erlaubt! Dafür sorgen die Einflüsterer aus dem Kreis der ideelen und materiellen Sponsoren.

Sie also, die größtenteils niemals gewählt wurden, stehen hinter Biden, und sie werden hinter Trump stehen: Die einflussreichen Konzern-Medien der abgehobenen reichen Elite; die Kriegstreiber des militärisch-digitalen Komplexes; die alten Kalte-Kriegs-Falken, die seit Jahrzehnten in Blackrock und seit Neuestem in Vanguard investiert sind; die neoliberalen Wirtschafts-Radikalen, deren abstruse ökonomische Ideologien einem religiösen Fanatismus gleichen.

Im Artikel „Biden bedeutet US-amerikanische Normalität: 'Krieg und Invasionen'" hatte der britische Ex-Botschafter Craig Murray vor der letzten US-Wahl vor der „Wiederherstellung der Herrschaft des militärisch-industriellen Komplexes" durch Joe Biden gewarnt. Wie sehr Biden von vielen Medien abgeschirmt wird, hatten man in den Mainstream-Erzählung vom „Biden-Laptop" verfolgen können: Es war eine der erfolgreichsten Desinformations-Kampagnen in der modernen Geschichte amerikanischer Wahlen. Wie heuchlerisch demgegenüber der Umgang mit Donald Trump ist, wurde hinreichend in der Mainstream-Berichterstattung zu den Trump-Anklagen deutlich.

Bezüglich den Vereinigten Staaten kann man etwa angesichts der hunderten über den Globus verteilten US-Militärbasen wenn nicht von einer totalen Herrschaft, so doch von einer massiven Dominanz in vielen Teilen der Welt sprechen – es ist ein bizarrer Aspekt in der aktuellen Debatte, dass ausgerechnet Transatlantiker vor dem Hintergrund dieser zahlreichen US-Basen Russland Imperialismus vorwerfen. Zu diesen US-Militärbasen kommen wirtschaftliche Druckmittel hinzu, die von den USA gegen unterlegene Länder eingesetzt werden. Vergleiche hierzu den Abschnitt zum Hit-Men-System.

Diese US-Dominanz ist aber momentan im Wandel: In einer zunehmend multipolaren Welt und angesichts zum Beispiel eines selbstbewussten China klingt die Aussage von Biden auch ein bisschen nach verzweifeltem Selbstzuspruch. Trotzdem ist der US-

Einfluss in manchen Erdteilen noch immer massiv – etwa hierzulande.

US-Präsident Joe Biden meint also, er regiere die Welt. Gegenüber dem US-Sender *ABC* hat der unberechenbare Tattergreis, angesprochen auf seine geistigen Fähigkeiten, *in einem Interview gesagt:*

„Ich absolviere jeden Tag einen kognitiven Test. Wissen Sie, ich mache nicht nur Wahlkampf, ich regiere die Welt. Das klingt wie eine Übertreibung, aber wir sind die wichtigste Nation der Welt."

Natürlich kann man Biden nicht mehr ernst nehmen – aber was sich in seiner chauvinistischen Grundhaltung ausdrückt, widerspiegelt das im Verborgenen blühende Erhabenheitsgefühl wahrer Imperialisten: Sie sind die einzig „wichtige" Nation. So denken wahre Imperialisten. Erinnert es nicht an die arische Führerbande des vorigen Jahrhunderts oder an die rechtsradikalen Führer des „auserwählten" Landes?

Natürlich „regiert" nicht Biden die Welt, denn das tun die Allmächtigen, die hinter seinem Teleprompter stehen: Wallstreet, militärisch-industrieller und digitaler Komplex, Blackrock und Vanguard. Nun, wie Joe selbst meint: „Nur der Allmächtige kann mich aus dem Rennen drängen."

Vielleicht sehen die Allmächtigen in Trump den robusteren Vollstrecker ihres imperialen Willens – ganz nach dem Motto: America first und Vasallen-Europa zahlt für die Dollar-imperialen Ambitionen und zahlt und zahlt und zahlt … und geht als

Wirtschaftskonkurrent unter und macht somit America great again.

Historischer Rückblick

Das US-Imperium allerdings ist alles andere als ein Mythos – obwohl seine Entstehungsgeschichte gerade unter den Schlagworten »Individuelle Freiheit, Recht auf Glück, Souveränität und Wirtschaftsfreiheit« gewisse mysthische Züge trägt. Betrachtet man den Aufstieg des amerikanischen Dollar-Imperiums nach 1865, so beruht die Macht des Geldes nicht auf einer gesunden und stabilen Wirtschaftspolitik. Sie beruht auch nicht auf Frieden und Wohlergehen der großen Mehrheit einer Nation. Notwendigerweise beruht die Macht des Geldes auf den Institutionen, die die Mittel der Macht kontrollieren – das sind letzten Endes die Militär- und Polizeikräfte eines Landes samt allen damit zusammenhängenden Institutionen. Diese Macht liegt bis heute fest in der Hand der Finanzstrukturen, der relativ kleinen Gruppe von Banken und Finanzinstituten im Zentrum des Dollar-Systems, der Wallstreet.

Die Geldmacht nutzt ihre Überredungskunst sowie massenpsychologische Propaganda, verlogene Appelle an den Patriotismus, Verlockungen der Gier und die Hoffnung auf eine bessere Zukunft, um ihre zerstörerische Macht zu festigen. Die Geldmacht schreckt vor nichts zurück, um das Geheimnis ihrer Macht zu verbergen. Sie will vor allen Dingen von der Tatsache ablenken, dass das Geld – sei es nun gestützt durch eigenes Gold oder Kriegsraubgold, durch Öl oder durch Schwadronen von F-16-Kampdflugzeugen oder Atombomben – letztlich ein Geschöpf des Gesetzes ist. Schon sehr früh formulierte ein wichtiger amerikanischer Banker, worum es in Wirklichkeit neben all den schönen demokratischen Worthülsen geht.

Meyer Amschel Rothschild, damals der führende Bankier der Londoner City, erklärte 1790: »Erlauben Sie mir, das Geld eines Landes zu kontrollieren und in Umlauf zu bringen, dann ist mir gleichgültig, wer dic Gesetze macht.« Diese Kontrolle überließ ein schwacher US-Kongress im Jahre 1913 einem Kartell privater international tätiger Banken, als er den »Federal Reserve Act« verabschiedete.

Anfang 2009 tobte weltweit ein gigantischer Machtkampf. Nur wenige verstanden, worum es dabei ging, und die Mainstream-Medien sagten darüber kein Sterbenswort. In diesem Kampf standen auf der einen Seite diejenigen, die Arbeitsplätze retten und die Industrie, die Fabriken und Maschinen intakt halten wollten. Im Vergleich zu dieser überwältigenden Mehrheit stand auf der anderen Seite eine winzige, oligarchisch-elitäre Minderheit: die im Zentrum von Alan Greenspans »Finanzrevolution« stehenden Geldinteressen der Wallstreet mit ihren engsten Verbündeten, zu denen hauptsächlich die Londoner

City gehörte sowie etwa drei Dutzend weltweit agierende Banken.

Im Herbst 2008 war der amerikanische Kongress derart unter Druck gesetzt worden, dass er dem »Public Law 110-343« zustimmte; einem Gesetz, das der 9/11-Präsident George W. Bush am 3. Oktober 2008 unterzeichnet hat. Dieses Gesetz mit einem Umfang von insgesamt 169 Seiten – die Amerikas Kongressabgeordnete vor der Abstimmung kaum alle gelesen, geschweige denn sorgfältig studiert haben dürften – machte den Weg frei für ein 700 Milliarden Dollar schweres Rettungspaket (*Troubeld Asset Relief Program,* TARP).

Dieses Kürzel wurde auch schon bald zum Spitznamen dieses Gesetzes auserkoren, wobei man wissen muss, dass TARP zufällig auch die englische Kurzform für »tarpaulin« ist, was man sowohl mit Ölzeug als auch mit Abdeckplane übersetzen kann – auf jeden Fall beschreibt der Spitzname eine dicke, völlig undurchsichtige Decke.

Unter dieser dicken, undurchdringlichen Decke von TARP konnte der damalige US-Finanzminister, der frühere Wallstreet-Banker Henry Paulson, ohne Prüfung oder externe Aufsicht mehrere hundert Milliarden Dollar an ausgewählte Kumpane unter den Investmentbanken an der Wallstreet und an große internationale Banken, ja sogar an Versicherungen und Hypothekenfinanzierer wie *Fannie Mae* und *Freddie Mac* verteilen.

Auf Anordnung Paulsons sollte die US-Regierung die Banken als Gegenleistung für diese massive Kapitalspritze bitte in Ruhe lassen und nicht kontrollieren. Ein Hohn sondergleich! Hier wurden also dreist Steuergelder an dieselben Männer und Finanzinstitute verteilt, die gerade die gesamte Welt an den rand einer Katastrophe gebracht hatten.

Trotz oder besser gesagt wegen der Natur des 700 Milliarden schweren TARP-Rettungspakets für die US-Banken ging die Vernichtung von reichtum in den Vereinigten Staaten und auf der ganzen Welt weiter. Ende Februar 2009, vier Monate nach beginn der Bankenrettung durch TARP, hatte der viel-beachtete amerikanische Dow Jones Industrial Index die Hälfte seines Wertes (verglichen mit seinem Höchststand vor gerade einmal einem Jahr) verloren. Ein Ende der talfahrt war nicht absehbar. Der Wert der Immobilien, des wichtigsten Vermögenswertes von 70 Prozent aller amerikanischen Familien, die sich in der zeit der Greenspan-Blase hatten überreden lassen, ihre ganze Zukunft auf eine Eigenheimhypothek zu setzen, verfiel in einem Maße, das es seit den 1930er-Jahren nicht mehr gegeben hatte.

Während sich der Abwärtstrend der Finanzmärkte auf der ganzen Welt fortsetzte, wurden auch Fälle von Betrug, Bestechung und Manipulation ruchbar. Einer der auffälligsten war im Dezember das Eingeständnis des ehemaligen Chefs der New Yorker NASDAQ-Börse, Bernard Madoff, er habe ein 50 Milliarden Dollar schweres Schneeballsystem entwickelt – ein finanzielles Betrugssystem, das heute allgemein als »Ponzi-Schema« bezeichnet wird. Der Betrag, um den es dabei ging, war zwar nicht gerade »Peanuts«, aber er war doch nichts im Vergleich zu den vielen Billionen Dollar, die plötzlich dahin waren, als die Verbriefungsblase platzte. Bemerkenswert war jedoch, dass die regierungseigene US-Börsenaufsicht SEC deutlich und wiederholt von Außenstehenden sowie von eigenen Mitarbeitern gewarnt worden war, dass Madoffs angebliche Riesengewinne purer Schwindel seien.

Diese Korruption hatte das gesamte internationale Finanzsystem erfasst. Das sollte niemand überraschen, der sich mit der Geschichte beschäftigt hat. Zum endgültigen Abstieg des Römischen Reiches in den ersten drei Jahrhunderten nach unserer Zeitrechnung kam es, weil die Patriarchen im Alten Rom die Staatsmacht den Geldstrukturen überlassen hatten – und sich selbst dabei ungeheuer bereicherten. Aufgrund dieser Korruption und Verkommenheit verfiel das Imperium von innen.

Die Wahl eines neuen US-Präsidenten der nominellen Oppositionspartei, der Demokraten, nach acht Jahren der Laissez-faire-Politik gegenüber Korruption und Vetternwirtschaft unter dem Republikaner George W. Bush versprach keinen wirklich grundlegenden Wandel in den Vereinigten Staaten. Mit seinem Beliebtheitsgrad, der anfänglich buchstäblich höher war als der von Jesus Christus, bot sich für Präsident Barack Obama die einmalige Chance, das Schicksal der Nation zu wenden und die Bevölkerung für ein Programm der radikalen Reorganisation des finanziellen Machtkalküls zu gewinnen.

Barack Obama hatte das Mandat der Öffentlichkeit, wenn er es nur richtig anstellte, »die Geldwechsler aus dem Tempel zu jagen« und die

Verstaatlichung der privaten *Federal Reserve* anzuordnen – sowie die von den Banken, die das *Federal Reserve System* stützen, gleich mit – und dadurch die Kontrolle über die Geldmacht des Landes zugunsten des Gemeinwohls zu gewinnen und nicht länger der privaten Gier zu überlassen. Obama hätte das Mandat der amerikanischen Öffentlichkeit dafür gehabt, die relative Macht der Finanz- und Geldstrukturen der Wallstreet über die wirtschaftliche Zukunft des Landes zu verringern und im Interesse des Gemein-wohls die Banken zu verstaatlichen, die für das Debakel der Weltwirtschaftskrise verantwortlich waren.

Anstatt diese Chance zu nutzen, besetzte er sein »wirtschaftspolitisches Dreamteam« mit all den alten schrecklichen Gesichtern, die selbst bis zur Halskrause in die Verbrechen und den Missbrauch der Geldinteressen verstrickt waren, von Paul Volcker bis zu Lawrence Summers.

Zum US-Finanzminister ernannte der neue Präsident Timothy Geithner, einen ehemaligen Direktor der mächtigen New Yorker Federal Reserve, der noch fünf Monate zuvor zusammen mit Henry Paulson und Ben Bernanke, dem Chef der Federal Reserve, entschieden hatte, die viertgrößte Investmentbank der Welt, das seit 153 Jahren bestehende New Yorker Bankhaus Lehman Bros. Bankrott gehen zu lassen, während kleinere Finanzinstitute gerettet wurden.

Falls es sich bei der Entscheidung für einen Bankrott von *Lehman Bros.* um den böswilligen Versuch Paulsons und seiner Finanzkumpane gehandelt haben sollte, die Krise auf das gesamte globale Finanzsystem auszuweiten und damit die ganze Welt so in Angst und Schrecken zu versetzen, dass sie einem Rettungspaket für die Wallstreet zustimmte – dann war Anfang 2009 deutlich, dass dies sicher nicht passieren würde.

Die Öffentlichkeit wurde durch bewusst verwirrende Argumente getäuscht, die alle darauf hinausliefen, die Fragestellung unbeantwortet zu lassen, warum die großen Banken wie die Citibank oder die Bank of America nicht verstaatlicht werden sollten. In den Finanzmedien wurde das altbewährte Schreckgespenst eines »schleichenden« Kommunismus an die Wand gemalt. In Wirklichkeit ging es einzig und allein um die Frage, wer in den USA die Macht über das Geld kontrollieren sollte: weiterhin das private Kartell der Finanzakteure, die mafiaähnlich organisierten Eigentümerbanken der Federal Reserve oder die gewählten Vertreter des Volkes, deren Renten gerade eben verzockt, deren Häuser von den Banken beschlagnahmt und deren Arbeitsplätze soeben vernichtet worden waren.

Es ging schlicht um die Zukunft des monetaristischen Putsches von 1979, bei dem die während der Großen Depression gewährten sozialen Zugeständnisse einkassiert worden waren. In Großbritannien, dem Heimatland von Thatchers Monetarismus, kämpfte eine *Labour*-Regierung für die Verteidigung der privaten Macht der Banken auf Kosten der Wähler. *Labour* verwirklichte den »bankers' socialism«: die Privatisierung der Gewinne und Sozialisierung der Verluste.

Die Anfang der 1980er-Jahre einsetzende neoliberale, marktradikale Konter-»Revolution« unter Thatcher und Reagan hatte, wie beabsichtigt, zu einer weltweiten Zentralisierung des Kapitals in einer neuen Dimension geführt. Die finanziellen Aktivitäten und die damit verbundene Macht wurden in den Händen riesiger Finanzholdings wie der Citigroup konzentriert.

Allein diese Bank, die ursprünglich die Bank der Rockefeller-Interessen gewesen war, bestand aus 3000 Unternehmen in vielen Ländern, und die von ihr kontrollierten Vermögenswerte beliefen sich zum Zeitpunkt der Weltwirtschaftskrise 2008 auf insgesamt 2,2 Billionen Dollar, weit mehr als das BIP der meisten Nationen dieser Welt betrug.

1995 hatte Rockefellers *Chase Manhattan Bank* mit der *Chemical Bank* fusioniert, die ihrerseits *Manufacturers Hanover* übernommen hatte. Wenige Jahre später fusionierte die Chase mit *J.P. Morgan* zur *J.P. MorganChase.* Die Konzentrierung der Geldmacht war unglaublich. Der Casinokapitalismus nahm seinen unheilvollen Lauf – unheilvoll, weil zu Lasten der 99-Prozent-Mehrheit; höchst profitabel für die 1-Prozent-Mini-Minderheit und ihre politischen, medialen und ideologischen Handlanger.

Die US-Regierung blieb untätig und beförderte all dies sogar noch, weil die Gesetze und Bestimmungen aus der zeit der Großen Depression, die damals die Ausweitung dieser Geldmacht eingedämmt hatten, inzwischen außer Kraft gesetzt worden waren. Riesige neue Bankkonzerne verknüpften das traditionelle Bank- und Versicherungsgeschäft mit neuen Funktionen wie der Vermögensverwaltung, der Private Equity Fonds u. a. – und das in unglaublichen Dimensionen.

Die Geldmacht – und zwar die Macht über das Geld, das sich auf den US-Dollar stützte – machte sich auf, die ganze Welt zu kontrollieren. Das Mittel dazu sollte die finanzielle Globalisierung sein, ihr eigenes Geschöpf, bei dem sich die Vertreter der Geldmacht die von den Bankern kontrollierten Instrumente und Institutionen zunutze machen wollten, vom Internationalen Währungsfonds (IWF) und der Weltbank bis hin zur Baseler Bank für Internationalen Zahlungsausgleich (BIZ), der Zentralbank der Zentralbanken.

Die BRICS-Staaten durchkreuzten diesen Alleinvertretungsanspruch der westlichen Hegemonialmacht. An vorderster Front die Volksrepublik China, der Iran und die Russische Föderation, aber auch die Republik Indien. Deshalb sind sie die neuen »systemischen Gegener«. Zum ersten Mal seit 1945 hat die restliche Welt jetzt die Chance, einen eigenen Weg nationaler und regionaler Stabilität einzuschlagen, der nicht mehr nennenswert vom Dollar dominiert wird. Es ist noch nicht ganz klar, ob diese Freiheit auch von den ncoh schwanklenden Staaten genutzt wird. Es ist vor allem eine politische, keine finanzielle Entscheidung. Die restliche Welt steht am Scheideweg. Es ist an ihr, die Lage entweder als neue Chance zu nutzen oder mit dem Dollar-System unterzugehen.

*

»Der gute Hegemon«

Wenige Tage vor Beginn des völkerrechtswidrigen Angriffskrieges der USNATO gegen die Republik Irak erschien in der *Frankfurter Allgemeinen Zeitung* der folgende Gastbeitrag, bombastisch tituliert:

»Wir brauchen das Imperium Americanum«*

»Die multipolare Weltordnung ist eine Gefahr für den Frieden. Die Vereinigten Staaten müssen Hegemon der Menschheit werden.«

Weiter heißt es: »Der Mensch ist dann am freundlichsten, wenn er, entwaffnet, zum Bösen keine Gelegenheit bekommt. Für diese schwierige, schreckliche, unlösbare, aber unabdingbare Aufgabe muss sich die Menschheit auf die Suche nach dem Hegemon begeben, dem einen – dem – möglichst – guten.

Seine Aufgabe besteht darin, alle A-, B- und C-Waffen zu zerstören, mit List und mit Tücke und mit Waffengewalt – und vor allem bald, ganz bald. Irak ist nur der erste Schritt auf diesem Langen, verantwortungsvollen und vielleicht auch blutigen Weg. Dieser Hegemon kann, wenn überhaupt, nur eine einzige Macht sein, die Vereinigten Staaten.

*Frankfurter Allgemeine Sonntagszeitung, 9. März 2003, S. 11

Sie verkörpern unsere Tradition, unsere Werte, unsere Hoffnungen – kraftvoller und verantwortungsvoller als wir selbst. Das Imperium Americanum ist unsere Chance. Eine andere haben wir nicht.«

Das grenzt zwar an die unangenehme Prosa von »Landser«-Heftchen, ist aber wohl in erster Linie die Verneigung eines Menschen mit äußerst schwacher Ich-Identität vor dem inbrünstig verehrten Übervater, dem amerikanischen Imperium. Dass dergleichen religiös anmutende Verzückung mit erfahrbarer Realität nichts zu tun hat, belegt allein das Koza-Memo recht unmissverständlich.

Eine Frage allerdings lässt der Text offen:

Wem wird nach dieser Logik die Aufgabe zuteil, die ABC-Waffen in amerikanischem Besitz zu zerstören?

Den Aposteln aus den Reihen der Neocons und ihren religiösen, radikal-evangelikalen Eiferern, die an das unweigerliche Armageddon glauben, das die Welt durch die Zerstörungskraft des Guten (God's Own Country) vom Bösen erlöst? Sie gleichen sich bis auf den Tod: Die islamistischen Terroristen mit ihrer Hoffnung auf 21 Jungfrauen, die ihnen nach dem Märtyrertod sexuell zu Gefallen sind. Und die radikal-evangelikalen Selbstmordterroristen, die bereit sind, die Welt in die Luft zu jagen, um ihrer unmenschlichen Ideologie zu frönen.

Lassen wir zum Schluss die Stimme der Vernunft sprechen.

Helmut Schmidt hat in seinem 2006 erschienenen Buch »Die Mächte der Zukunft – Gewinner und Verlierer in der Welt von morgen« die Vereinigten Staaten und das von ihnen vorangetriebene Wirtschaftssystem treffend als »Raubtierkapitalismus« bezeichnet. *

Er schreibt: „Es gibt für die Mehrheit der kontinentaleuropäischen Nationen in absehbarer Zukunft weder einen strategischen noch einen moralischen Grund, sich einem denkbar gewordenen amerikanischen Imperialismus willig unterzuordnen [...] Wir dürfen nicht zu willfährigen Ja-Sagern degenerieren. Auch wenn die USA in den nächsten Jahrzehnten weitaus handlungsfähiger sein werden als die Europäische Union, auch wenn die Hegemonie Amerikas für längere Zukunft Bestand haben wird, müssen die europäischen Nationen gleichwohl ihre Würde bewahren. Die Würde beruht auf dem Festhalten an unserer Verantwortung vor dem eigenen Gewissen."

Tortur für den Investigativ-Journalist Julian Assange

Assange, ein entschlossener Kämpfer gegen das Imperium Americanum und für die Menschenrechte, für Demokratie und umfassende bürgerliche Freiheiten, wurde international bekannt, als WikiLeaks 2010 als geheim eingestufte Militärdokumente (Kriegstagebücher) über die US-Kriege in Afghanistan (ingesamt 76.911 Dokumente) und im Irak (391.832 Dokumente) veröffentlichte, die unter anderem Kriegsverbrechen des US-Militärs belegten. Hinzu kamen zahlreiche behördeninterne diplomatische Dokumente.

Die USA warfen Assange daraufhin Spionage und Geheimnisverrat vor. Um seiner strafrechtlichen Verfolgung wegen des geheimdienstlich getürkten Vorwurfs eines angeblichen Sexualdeliktes in Schweden und später der Auslieferung in die USA zu entgehen, lebte Assange ab 2012 als politischer Flüchtling in der ecuadorianischen Botschaft in London. Von 2019 bis 2024 war er rechtsgrundlos im Hochsicherheitsgefängnis HMP Belmarsh in London inhaftiert, wo er sich weiter gegen seine Auslieferung an die Vereinigten Staaten wehrte.

Werfen wir einen Blick zurück: Julian Assange ist im Jahr 2021 seit 11 Jahren seiner Freiheit beraubt – auch weil US-Behörden ihre Zusicherungen nicht einhalten. *

*Ein Bericht von Moritz Müller; Quelle: Nachdenkseiten vom 10.12.2021

Moritz Müller: »Am Dienstag jährte sich der willkürliche Freiheitsentzug für Julian Assange zu elften Mal. Am 7. Dezember 2010 betritt Julian Assange freiwillig die Polizeiwache in Kentish Town/London und wird daraufhin festgenommen. Es gibt einen von einer schwedischen Staatsanwältin ausgestellten Haftbefehl gegen ihn, wegen sexueller Nötigung und Vergewaltigung. Er verbringt die nächsten neun Tage in Einzelhaft im Londoner Wandsworth-Gefängnis. Dann wird er vom High Court freigelassen, nachdem Freunde und Unterstützer insgesamt 240.000 Pfund Sterling (ca. 300.000 Euro) für ihn hinterlegt haben.

Die nächsten 550 Tage lebt er mit einer elektronischen Fußfessel unter Hausarrest bei seinem Freund Vaughan Smith in Ellingham Hall/Suffolk. Assange muss sich dort täglich auf der Polizeiwache in Beccles melden, ein nervenaufreibendes Unterfangen, wenn man bedenkt, dass es mehrfache, im US-Fernsehen gegen ihn ausgesprochene Morddrohungen gibt. In diesem Interview forderte Donald Trump die „Todesstrafe oder so etwas“ für den Wikileaks-Gründer.

Nachdem am 30. Mai der britische Supreme Court die Auslieferung nach Schweden in dritter Instanz erlaubte, flüchtet sich Julian Assange in die ecuadorianische Botschaft in London und beantragt politisches Asyl, weil er hinter den schwedischen Vorwürfen eine Anklage der USA vermutet. Die Gesetzgebung im Vereinigten Königreich wird danach geändert. Heute muss ein richterlicher Haftbefehl für eine Auslieferung vorliegen und ein vom Staatsanwalt ausgestellter Haftbefehl ist nicht mehr ausreichend. Julian Assange kommt aber rückwirkend nicht in den Genuss dieser Änderung.

Die nächsten knapp sieben Jahre verbringt Julian Assange im gewährten Botschaftsasyl, welches die britischen Behörden nicht offiziell anerkennen. Für sie ist Assange offiziell ein flüchtiger Vergewaltiger, der mit dem Gang in die Botschaft gegen Kautionsauflagen verstoßen hat. Interessanterweise gibt es E-Mails von britischen Strafverfolgern, in denen diese ihre schwedischen Kollegen vor einer Niederlegung des Falls warnen:

„Bekommen Sie jetzt keine kalten Füße."

„Denken Sie nicht, dass dies ein normales Auslieferungsverfahren ist."

Es wird auch von Seiten der USA, Großbritanniens und Schwedens immer bestritten, dass es in den USA eine Anklage gegen Assange gibt. Dies stellte sich nach seiner Verschleppung aus der Botschaft und der anschließenden Verhaftung am 11. April 2019 aber wieder einmal als Unwahrheit und als Falle heraus. Innerhalb von Stunden beantragten die USA seine Auslieferung wegen Spionage und Einbruch in Computer. Diese Anklage gibt es wohl schon seit 2010.

Die Lage in der Botschaft Ecuadors war mittlerweile für Assange auch immer prekärer geworden. Im März 2018 hatten die ecuadorianischen Behörden seine Internet- und sonstigen Verbindungen zur Außenwelt gekappt und Besuche bei ihm waren nur noch schwer möglich. Es gab auch Berichte, dass ihm die Heizung abgestellt worden sei. Im Oktober 2018 richtete seine Mutter Christine Assange einen dramatischen Appell an die Weltöffentlichkeit, der letztlich auch mich dazu bewog, mich näher mit diesem Fall zu befassen und im Januar 2019 erstmalig in dieser Sache nach London zu reisen und darüber zu berichten.

2016 entschied die UN-Arbeitsgruppe für willkürliche Inhaftierung UNWGAD, dass Schweden und das Vereinigte Königreich Julian Assange gemeinsam unrechtmäßig festhielten, dass ihm freies Geleit zu geben und Entschädigung zu zahlen sei. Auch dieses Urteil verhallte ohne Reaktion.

Das schwedische Verfahren wurde im November 2019 zum dritten Mal eingestellt, sang- und klanglos, nachdem es im Mai desselben Jahres öffentlichkeitswirksam wieder aufgenommen worden war. In all den Jahren war das Verfahren nie über eine Voruntersuchung hinausgekommen. Eine Anklage wurde auch nie erhoben. Der UN-Sonderbeauftragte Nils Melzer beschreibt diese merkwürdigen Begebenheiten alle sehr genau in seinem Buch „Der Fall Julian Assange".

Man dachte damals, Julian Assanges Lage könne sich nicht mehr verschlimmern, aber die letzten zweieinhalb Jahre haben anderes gelehrt. Es ergibt sich der Eindruck, dass auch Covid-Maßnahmen dazu benutzt worden sind, das juristische Verfahren gegen Julian Assange in die Länge zu ziehen und ihn derweil noch weiter zu isolieren.

Covid wurde auch dazu benutzt, die Öffentlichkeit weitgehend vom Verfahren auszusperren. Wir saßen im September 2020 während der US-Auslieferungsanhörung höchstens zu fünft auf einer Besuchergalerie im Londoner Strafgericht Old Bailey, die für 32 Personen ausgelegt war, während viele öffentliche Einrichtungen und der öffentliche Nahverkehr immer noch mit größerer Kapazität operierten.

Im Januar wurde Assanges Auslieferung an die USA aus gesundheitlichen Gründen abgelehnt, während zwei Tage später seine Freilassung allerdings auch abgelehnt wurde. Die USA haben gegen das Urteil Berufung eingelegt und die Entscheidung über die Anhörung im Oktober wird heute bekanntgegeben. Dies alles hat dazu geführt, dass Julian Assange zurzeit nur noch ein Schatten seiner selbst ist, wie Richard Medhurst in einem Interview berichtet. Es ist auch Richard Medhurst zu verdanken, dass die Details des Umgangs mit dem US-Spanier David Mendoza nun an die Öffentlichkeit gekommen sind. Assanges Verteidigung hatte den Fall auch schon gegenüber den britischen Gerichten angeführt.

Die Bezirksrichterin Vanessa Baraitser hatte nämlich die Auslieferung Assanges wegen dessen Gesundheitszustand abgelehnt, aber auch wegen der ihn in den USA erwartenden Haftbedingungen. Diese sind, wie von mehreren Zeugen am Old Bailey geschildert, nur als unmenschlich und grausam zu bezeichnen, wenn Assange in einem der Hochsicherheitsgefängnisse unter „speziellen administrativen Maßnahmen“ festgehalten werden würde.

Die USA haben dann nach Ablehnung ihres Auslieferungsantrags angefangen, Zusicherungen zu machen, bezüglich der Haftbedingungen, und dass

Julian Assange seine mögliche Strafe in seinem Heimatland Australien verbüßen könne. Dazu bräuchte es allerdings eine Einwilligung von Australien und einen entsprechenden Antrag, was meines Wissens nach beides nicht vorliegt. Die australische Regierung betreibt in Sachen Assange allerdings auch eine regelrechte Vogel-Strauß-Politik, obwohl von der australischen Öffentlichkeit und auch einigen Politikern mittlerweile mehr zu hören ist. Wie so vieles heutzutage wird aber auch dieser Protest weitgehend ignoriert.

Die US-Seite schränkte ihre Zusagen allerdings direkt wieder ein, indem sie sich die letzte Entscheidung überlässt, Assange doch härtere Haftbedingungen aufzuerlegen, sollte dieser etwas machen, was den US-Behörden als Rechtfertigung hierfür erscheint. Wie diese Zusagen auch ohne diese Einschränkungen einzuschätzen sind, hat Richard Medhurst am Fall David Mendoza gezeigt.

Mendoza war um die Jahrtausendwende im Nordwesten der USA als Bauunternehmer und Investor tätig und entdeckte dann die Lukrativität des Marihuana-Schmuggels für sich. Marihuana ist mittlerweile in vielen US-Bundesstaaten legalisiert. Nach einer Weile wurden die US-Strafverfolgungsbehörden auf ihn aufmerksam und er flüchtete über Mexiko nach Spanien, wo er 2006 eintraf. Er besitzt die spanische und die US-amerikanische Staatsangehörigkeit.

Dort gründete er eine Familie, aber 2008 wurde er auf einen internationalen Haftbefehl hin von der spanischen Polizei verhaftet. Die USA verlangten seine Auslieferung, um ihn wegen Drogenhandel und Geldwäsche vor Gericht zu stellen. Im August 2008 entschied die Audiencia Nacional de España (der Nationale Gerichtshof von Spanien), dass Mendoza nur unter drei Bedingungen an die USA ausgeliefert werden könne: 1. dass er eine etwaige Strafe in Spanien verbüßen kann, 2. dass keine lebenslange Haftstrafe verhängt wird und 3. dass er nicht wegen Währungsstrukturierung (currency structuring) vor Gericht gestellt wird.

Die US-Strafverfolger lehnten dies mit der Begründung ab, dass Spanien nach dem Auslieferungsabkommen nicht das Recht habe, bei einer Auslieferung Bedingungen zu stellen. In einem zweiten Urteil bestätigte das spanische Gericht, dass es sich in der Lage sieht, Bedingungen für eine Auslieferung zu stellen. In beiden Urteilen legten die spanischen Richter ihren Standpunkt unmissverständlich dar. Im Falle einer nach der Auslieferung an die USA verhängten Haftstrafe müsse Mendoza diese in Spanien verbüßen können.

Daraufhin antworteten die USA, dass Mendoza nach einer möglichen Verurteilung einen Antrag stellen könne, diese Strafe in Spanien abzusitzen. Dies bewirkte bei den Beobachtern des Prozesses Stirnrunzeln. Einen Antrag zu stellen, ist das verbriefte Recht eines jeden Verurteilten, und die US-Behörden können dies gar nicht verbieten. Außerdem versicherten die USA, keine lebenslange Haftstrafe zu verhängen, sondern eine Zeitstrafe, deren Obergrenze aber nicht festgelegt war. Dies war alles sehr unscharf formuliert. Nun verlangte das spanische Gericht, dass die spanische Regierung alle nötigen Schritte unternehmen müsse, damit bei der Auslieferung kein Platz für Zweideutigkeit blieb.

Auf der Rollbahn des Madrider Flughafens unterzeichneten Mendoza, die US-Botschaftsangehörige Kimberley Wise und ein spanischer Regierungsbeauftragter eine Acta de Entraga (Auslieferungsnote). Der spanische Diplomat kritzelte eine noch heute sichtbare Hervorhebung an den Rand des Dokuments und fragte die Unterzeichner, ob sie verstünden, was dies bedeute. Obwohl Mendoza selbst einer der Unterzeichner ist, weigerten sich die US-Behörden über Jahre, mit dem Hinweis auf Geheimhaltung, ihm dieses Dokument wieder zu zeigen. Hier kann man sehen, wie sich Kimberley Wise mit ihren guten Beziehungen in den spanischen Justizapparat brüstet. Mendoza kommentiert das heute so: *„Es ist widerlich, wie diese Leute so in das spanische Justizsystem integriert sind – und das mit einer solchen Arroganz, als ob sie (Anm. MM: Kimberley Wise) dieses kontrollieren würde."*

Nach der Unterzeichnung des Papiers war Mendoza unter der Jurisdiktion der Amerikaner und die begannen nach seinen Worten sofort damit, ihn zu erniedrigen. *„Das Erste, was sie tun, wenn sie dich erwischen, ist, dich nackt auszuziehen. Die Marshals schauen dir in den Mund, in den Hintern, in die Ohren, in jede Körperöffnung. Sie versuchen, dich auf jede Art und Weise zu demütigen: „Hocke! Jetzt mach das …". Sie sagen dir: Du unterstehst jetzt der US-Gerichtsbarkeit und unser Gesetz wird für dich gelten."*

Nach der Ankunft in den USA nahm Mendoza an einer Schiedsanhörung mit Staatsanwälten und Richter teil. Ihm wurden 20 Jahre Gefängnis angedroht, wenn er seine Schuld nicht bekenne und seine Immobilien an den Staat abtreten würde.

„Ich hatte ein sehr großes Gebäude in Tacoma, Washington, im Wert von 2 Millionen Dollar. Das FBI wollte es beschlagnahmen, konnte es aber nicht, da es auf den Namen meiner Frau lautete und keine Verbindung zu Drogen hatte.“ Mendoza wollte die Versicherung der Behörden, dass sie sich einer Überstellung nach Spanien nicht widersetzen würden, schriftlich haben, aber ihm wurde gesagt, dass dies nicht üblich sei. Der Richter versicherte ihm, dass er darüber wachen würde, dass die Strafverfolger ihr Wort hielten.

Nach und nach beschlagnahmten die Behörden Besitz im Wert von 14 Mio. US-Dollar, obwohl ihm nur Drogengeschäfte im Wert von 2 Mio. Dollar nachgewiesen wurden. Der Richter beugte sich zu ihm herunter und sagte: *„Junger Mann, wenn sie hier in den USA einen schmutzigen Cent mit einhundert sauberen mischen, werden alle zum Eigentum der Regierung.“* Bei seiner Verurteilung bat Mendoza Richter Zilly, die Auslieferungsvereinbarung zu respektieren und ihn die Strafe in Spanien in der Nähe seiner Familie absitzen zu lassen. Der Richter erwiderte, ob Mendoza wisse, wer die Unterzeichner des Auslieferungsabkommens zwischen Spanien und den USA seien. Mendoza antwortete, dies seien die USA und Spanien, und der Richter sagte, ja sehen sie, weil sie selber kein Unterzeichner sind, können sie auch keine Ansprüche stellen.

Für Mendoza liegt auf der Hand, dass die USA nie vorhatten, sich an die Acta de Entraga zu halten. Erst hatten sie den letzten Pfennig aus Mendoza herausgeholt und danach hielten sie sich nicht an die diplomatischen Vereinbarungen mit Spanien. Im Endeffekt sagten die USA, dass Mendoza nicht auf Vertragsverletzung klagen könne, weil er nicht der Unterzeichner des bilateralen Auslieferungsabkommens ist.

Richard Medhurst schreibt: *„Das klingt lächerlich, und das ist es auch. Auslieferungsabkommen werden zwischen Staaten geschlossen."* Mendoza glaubt, dass die USA versuchen werden, bei Julian Assange den gleichen Trick anzuwenden. Es gibt aber ein Dokument, welches die Unterschrift von Mendoza trägt, und das ist die Acta de Entraga. Mendoza verlangte mittels des Informationsfreiheitsgesetzes (FOIA) Einsicht in dieses Dokument. Erst weigerten sich die Behörden, doch dann wurde ihm eine Kopie ausgehändigt, auf der seine Unterschrift fehlt, obwohl Ort und Datum gleich sind. Es sieht auch so aus, als seien es zwei andere Behördenvertreter, welche unterschrieben haben.

Mendoza wurde zu 14 Jahren Gefängnis verurteilt und sein Antrag auf Transfer nach Spanien wurde umgehend abgelehnt. Nachdem er dreimal von US-Gerichten abgelehnt wurde, dachte sich Mendoza, er sei beim falschen Gericht, und begann einen Weg durch die spanischen Instanzen, der 2014 bei spanischen Obersten Gerichtshof landete. Dieser bezeichnete die Anstrengungen der spanischen Regierung in Mendozas Fall als lachhaft und wies die

Regierung an, mehr zu unternehmen. Daraufhin wurden auch die US-Behörden nervös, denn eine Aufkündigung des Auslieferungsabkommens hätte langwierige rechtliche Schritte nach sich gezogen, die auch EU-Behörden involviert hätten.

Mendoza schrieb Unmengen von Briefen an spanische Abgeordnete, Richter und Rechtsanwälte, um auf seinen Fall aufmerksam zu machen. Er hatte Glück und ein Richter der Audiencia Nacional bestellte den US-Botschafter ein, um diesem klarzumachen, dass die USA sich an die Vereinbarung, die zur Auslieferung führte, halten müssten. Ein anderer Richter schickte Mendoza anonym die originale Acta de Entraga mit den drei Unterschriften.

Mit dieser Urkunde in der Hand verklagte Mendoza Obamas Generalstaatsanwalt Eric Holder wegen Vertragsbruchs. Es folgten weitere Scharaden und Mendoza ließ die Klage gegen die USA fallen, um nach Spanien zurückzukehren. Hier wurde ihm erst bedeutet, dass er nun auf freien Fuß käme, weil die Vergehen, wegen denen er verurteilt wurde, nur mit 6 Jahren bestraft würden, die er in den USA schon abgesessen habe.

Nach drei Tagen änderte der Richter seine Meinung und sagte, dass das Strafmaß seit seiner Verurteilung in den USA geändert worden sei, und Mendoza kam erst 2019 aus dem Gefängnis. Seitdem hat Mendoza ein UN-Verfahren gegen Spanien angestrengt, weil ihn das Gericht rückwirkend verurteilt habe. Die Zeit im Gefängnis hat Spuren bei Mendoza hinterlassen. Seine beiden Eltern starben, während er in den USA inhaftiert war, und seine Ehe litt unter der Gefangenschaft in der weiten Ferne. Mendoza hofft, dass seine Erfahrung hilft, die Auslieferung von Julian Assange an die USA abzuwenden.

Auf die Aussagen von James Lewis, dem US-Anklagevertreter im Auslieferungsverfahren gegen Assange, der gesagt hatte, „Die USA haben noch nie diplomatische Zusagen gebrochen, nie.“, reagiert Mendoza empört. Als die Assange-Verteidiger Mendozas Fall anführten, antwortete Lewis, es habe kein Vertragsbruch stattgefunden, denn Mendoza sei doch nach Spanien überstellt worden. Wer diesen kurzen Abriss von Mendozas Odyssee gelesen hat, weiß diese Aussage einzuordnen.

Obwohl Mendoza am Ende nach Spanien zurückkehren konnte, hatten die Behörden mit ihrem Verstoß gegen die Auslieferungsvereinbarung Erfolg. Er verlor in der Zeit im Gefängnis seine Eltern und seine Ehe wurde geschieden. Seine Kinder sagen nicht Dad zu ihm, sondern David.

Eine außerordentliche Geschichte. Der Artikel ist von Richard Medhurst wirklich gut recherchiert und es lohnt sich, ihn im noch viel detaillierteren englischen Original zu lesen. Mendoza hatte Glück und es gab spanische Richter, welche auf seiner Seite waren. Ob sich solche Richter angesichts der „speziellen Beziehungen“ zwischen den USA und dem Vereinigten Königreich auch dort finden, ist zweifelhaft.

Einer der beiden High-Court-Richter, die gerade über Assanges Fall beraten, ist in langjähriger Freundschaft mit dem britischen Ex-Außenminister

Sir Alan Duncan verbunden, der die Verhaftung von Julian Assange auf ecuadorianischem Territorium in deren Botschaft in London organisierte. Das muss nichts Nachteiliges für Assange heißen, kann es aber. Das ist dann auch schon wieder Stoff für weitere Recherchen.

Der Richterspruch erfolgt heute um 11:15 MEZ bzw. dann beginnt das Gericht zu tagen. Ich schätze, dass wir gegen Mittag mehr wissen. Die Assange-Unterstützer haben dazu aufgerufen, morgen früh vor dem Gericht zu erscheinen und lautstark seine Freilassung zu fordern. Auf den Twitter-Kanälen von Stella Moris, Kevin Gosztola oder Mohamed Elmaazi wird man die Neuigkeiten finden, falls sie so kurzfristig vom Gericht (virtuellen) Einlass bekommen.

Julian Assange hat viele Fürsprecher, aber auch viele eingefleischte Gegner und wie so oft ist die große Mehrheit von Menschen in allen Bereichen der Gesellschaft eher gleichgültig gegenüber seinem Schicksal oder von den Umständen des Lebens selbst so gebeutelt, dass keine Zeit und Energie für Protest und den Einsatz für Bedürftige bleibt. Von denen gibt es dann auch schon wieder so viele, dass man gar nicht weiß, wo man anfangen soll.

Dass Obdachlosen jetzt der Aufenthalt in Bahnhöfen verweigert wird, weil sie möglicherweise gegen diverse G-Regeln verstoßen oder nicht konform sind oder sein können, ist ein weiteres Indiz für die grassierende Gleichgültigkeit. Während David Mendoza und seine Familie litt und während Julian Assange und seine Familie leidet, gehen ihre

Gegenspieler nach getaner Arbeit nach Hause oder in die Ferien und legen die Füße hoch. Was für die einen der bittere Ernst des Lebens ist, ist für die, die sich in der bequemen Überzahl fühlen, leider vielleicht nebensächlich.

Solange jene verfolgt werden, die über Verbrechen berichten, anstatt von denjenigen, die sie begehen, Rechenschaft zu verlangen, gibt es noch viel zu tun. Wenn es nicht gelingt, dass wir Menschen mehr auf Kooperation, Verständnis und Mitgefühl setzen anstatt auf Misstrauen, Wettbewerb und Profit um jeden Preis, sieht es bald schon recht trübe aus. Noch ist es nicht zu spät.

Eigentlich kommen wir ja alle mit guten Anlagen auf die Welt, aber irgendetwas läuft dann bei vielen von uns verkehrt und lässt uns vergessen, dass wir im Endeffekt alle gleich und sterblich sind. Wahrscheinlich stirbt es sich mit einem relativ ruhigen Gewissen auch leichter.«

Der Fall Assange aus Sicht des Autors im Jahr 2021

Julian Assange hat man auf Betreiben des Imperium Americanum jahrelang in ein unwürdiges innereuropäisches Exil geschickt und ihn den schärfsten und unwürdigsten britischen Haftbedingungen ausgesetzt. Die „europäische Demokratie" und die Europahymne „Freude schöner Götterfunke" ächzen unter dieser extremen Menschenrechtsverletzung.

Ich sorge mich um die Demokratie und verteidige seit Jahren die Presse- und Meinungsfreiheit, habe an vielfältigen Beispielen erfahren, wie regierende Demokratieschänder unseren Staat delegitimieren und die grundgesetzlichen Verpflichtungen sowie ihren Regierungseid willentlich verletzen. Sie sind verantwortlich für den Zerfall politischen Anstands und haben das Erstarken autoritärer Strukturen befördert. Es ist alarmierend, wenn die herrschenden Machthaber sich um alle möglichen Menschenrechte außerhalb Europas mit großspurigen Worten wichtigtun, aber im Rahmen ihres Herrschaftsbereichs Whistleblower und Journalisten wegsperren lassen. Gerade auch in Bezug auf den korruptesten und demokratieärmsten Staat in Europa, die Ukraine.

Demokratie und Freiheitsrechte können nur funktionieren, wenn wir über alle Vorgänge, in die unser Land verstrickt ist, umfassend und ehrlich informiert werden. Konzern- und Staatsunabhängige freie Medien sind unverzichtbar. Staatsrepräsentanten müssen sich a priori schützend vor kritische

Medien stellen und nicht Staatsbejubelnde Meinungsmache fördern. Wie sonst sollen sich die Bürger demokratisch beteiligen, wenn unsere Regierungen Geheimnisse vor ihnen haben? Wenn sich Regierungsmitglieder, die den Autoritarismus und die Willkür in der Auslegung demokratischer Prinzipien befördert haben, an die Spitze von staatlich organisierten Demonstrationen stellen, so dient dies nicht der Glaubwürdigkeit von ansonsten ehrenwerten Demonstrationszielen.

Dass Kanzler Scholz heute umgehend die verwerfliche Wortmeldung des Pariser Autokraten Macron, der westliche Truppen in die Ukraine schicken würde, zurückgewiesen hat, ist keine Heldentat, sondern eine Selbstverständlichkeit. Denn der Kanzler-Amtseid verlangt, Schaden vom deutschen Volk abzuwenden.

Um Schaden von der europäischen Demokratie abzuwenden, gilt es mehr denn je, die Freilassung von Julian Assange zu fordern. Laut Reporter ohne Grenzen rangiert Deutschland aktuell auf Platz 13 der Weltrangliste der Pressefreiheit (2021). Das ist kein so toller Platz, da ist noch ordentlich Luft nach oben. Es ist wichtig, dass wir als Gesellschaft unsere Unterstützung für jene zum Ausdruck bringen, die ihr Leben riskieren, um uns informiert zu halten.

Es folgt ein Bericht des Europaabgeordneten Martin Sonneborn über die Tortur, die ein verantwortungsbewusster Journalist wie Julian Assange, im Westen erleiden musste.

Der Fall Assange aus Sicht eines Abgeordneten des Europäischen Parlaments*

Vorbemerkung *Dreamworks* und *Universal* sind an einem konzisen Manuskript zum Leben von Julian Assange gescheitert, genauso wie die *New York Times* und der *Guardian*. Wir auch. Nehmen Sie, was jetzt dabei herausgekommen ist, als Plädoyer für Demokratie & Bürgerrechte (am Beispiel eines Publizisten und Plattformgründers), für eine freie Gesellschaft, freie Presse und freie Information. Oder als Sympathie-Erklärung an das Projekt von WikiLeaks – und Antipathie-Erklärung an all jene, die es bekämpfen.

I.

Mehr Sein als Schein

Es gehört zu den Erkenntnissen, die einem in Jurisprudenz und Jurisdiktion ungeschulten Beobachter nicht neu sein dürften, dass die WIRKLICHKEIT eines juristischen VERFAHRENS manchmal nur noch wenig mit der WIRKLICHKEIT des ihm zugrundeliegenden (RECHTS) FALLES zu tun hat. Erst recht nicht mit dem DIESEM wiederum zugrundeliegenden SACHVERHALT. Und am wenigsten mit der gesellschaftspolitischen und demokratiepraktischen REALITÄT, die sich in ALL DEM konzentriert. Wenn die Wirklichkeit einer gerichtlichen Verhandlung sich von ihrer über-

*Martin Sonneborn

geordneten BEDEUTUNG, von ihren Auslösern, Gründen, Ursachen, Absichten, Zielen & Folgen - und damit von dem im Grunde verhandelnswerten POLITISCHEN KERN – vollends LOSGELÖST hat, um in der absurden SCHEINREALITÄT eines von juristischen Scheinpflöcken eingehegten Scheingeländes (in unaufhaltsamem Wahnsinn) vor sich hinzutreiben, dann befindet man sich im Berufungsverfahren um die Auslieferung des WikiLeaks-Gründers Julian Assange.

Womöglich wurden die seit Jahrhunderten durch nichts als ihr schieres Vorhandensein beglaubigten Prozeduren und Praxen unserer JUSTIZSYSTEME am Ende nun doch von diesen (selbst)zerstörerischen Ausläufern der Spätmoderne ereilt – und zwar jeder ihrer noch so aufdringlich zur Schau gestellten HISTORIZITÄTEN zum Trotz. Das gilt natürlich umso mehr für Großbritanniens Magna Carta und ihre echtholzvertäfelten Wände, viktorianischen Samtvorhänge, smaragdgrünen Bankier-Lampen (Art Déco) und (gut gepuderten) Richterperücken.

Vor der plakativen Kulisse derartiger „Rechtstraditionen" sind im gesellschaftlichen Subsystem der Rechtspflege längst DENKFIGUREN und ARGUMENTATIONSMUSTER entstanden, die (in sonderbarer Selbstreferentialität und blödsinnigster Binnensymbolik) so stur um ihr EIGENTÜMLICHES EIGENLEBEN kreisen, dass sie mit gesellschaftlich relevanten Fragen, Zuständen und Implikationen tatsächlich nicht mehr im Entferntesten verbunden sind.

II.

„Ja, warum nicht?"

Am 27. und 28. Oktober 2021 wohnen wir in London einer Verhandlung bei, in der das EIGENTLICH VERHANDELNSWERTE, das ja NIEMALS nur Julian Assange selbst, sondern immer UNS ALLE betroffen hat, erst gar nicht AUSGESPROCHEN wird. Die (seit 1066) minutiös eingeübten Verfahrensregeln wollen es so. Dass hier nämlich nicht das große Ganze SELBST, sondern nur seine rechtsterminologisch zulässigen WRITS zur Verhandlung stehen. Mit denen nicht das große Ganze SELBST, sondern nur die von DIESER besonderen BERUFUNG betroffenen TEILE (s)einer auf juristischem Wege erzeugten „Wirklichkeit" erfasst werden.

Und so kommt es tatsächlich, dass an vollen zwei Verhandlungstagen am höchsten britischen Gericht, dem Londoner High Court, die im Fall Assange konzentrierte HAUPTFRAGE gar nicht erst auftaucht. Die natürlich noch immer darin besteht, ob ein angeblich demokratischer Rechtsstaat ein über 100 Jahre altes US-amerikanisches (Anti-) Spionagegesetz zweckentfremden darf, um – assistiert von traditionsgesättigten Justizapparaten befreundeter Rechtsstaaten (der alteuropäischen Welt) – in einer tausendjährigen Verfolgungsjagd beispiellosen Ausmaßes einen australischen Publizisten so gründlich zu vernichten, dass allein das an ihm statuierte Exempel – seiner entfalteten ABSCHRECKUNGSWIRKUNG wegen - jeglichen Investigativjournalismus einer Vierten Kraft, die diesen

Namen auch nur annähernd noch verdienen will, fortan nachhaltig unterbinden wird.

Das britische Bezirksgericht, an dem der australische Publizist Julian Assange nach einer kafkaesken Kaskade staatsanwaltlicher (und staatlicher) Manöver im vergangenen Jahr schlussendlich gestrandet war, hatte diese Frage im Januar d.J. verstörenderweise mit „JA, WARUM NICHT?“ beantwortet, was den größten demokratischen SKANDAL in der Geschichte der Demokratie hätte auslösen müssen. Geführt worden war das erstinstanzliche Verfahren (etwas überraschend) von einer biederen Bezirksrichterin (District Judge) namens Vanessa Baraitser, seinerzeit das unbeschriebenste Blatt, das die britische Gerichtsbarkeit zu bieten hatte.

Öffentlich bekannt war weder ihr fachlicher Hintergrund noch ihre Vita oder eine Übersicht der von ihr verhandelten Fälle – noch nicht mal eine verwackelte Photographie. Die durchschnittliche Besitzerin einer ländlichen Autowaschanlage habe im Netz mehr Beweise für ihre tatsächliche Existenz hinterlassen als Vanessa Baraitser, bemerkte der britische Ex-Diplomat Craig Murray.*

*Craig Murray über Baraitser: „Jemand schlug mir vor, sie könnte ein Hologramm sein, aber ich denke nicht. Hologramme haben mehr Einfühlungsvermögen.“

Eine Handvoll Bagatellverfahren waren ihr wohl zugeteilt worden, immerhin aufregend genug für die traditionell aufregungsbereite (britische) Lokalpresse: Sexuelle Belästigungen von und mit Polizisten, Provinzpolitiker mit einem Faible für heimliche Handyschnappschnüsse unter vorüberschreitenden Rockträgerinnen, solche Sachen.

In zehn Jahren Bezirksgerichtspraxis hatte Baraitser ein einziges Auslieferungsverfahren verhandelt:

Frankreichs Ersuchen nach Überstellung eines in staatliche Korruption um Ex-Präsident Nicolas Sarkozy verwickelten Geschäftsmannes (Alexandre Djouhri). Die Sache war klar, Baraitser hatte sie zustimmend beschieden. Und nun also der Fall Assange.

III.
Echt krimineller Shit

Bevor irgendjemand sich irgendein Urteil über Julian Assange bildet, sollte er sich noch einmal in Erinnerung rufen, mit wem (und mit was) er es da eigentlich zu tun hat. Fleißige Statistiker haben ausgerechnet, dass die kleine Gruppe von Aktivisten um WikiLeaks in zehn Jahren ZEHN MILLIONEN Geheimdokumente veröffentlicht hat. Mehr als die gesamte Weltpresse, seit es die gesamte Weltpresse überhaupt gibt. Dokumente über Kriegsverbrechen, Menschenrechtsverletzungen, Folter, Gewalt, Entführungen, illegale Überwachung, Spionage, Meinungsmanipulation und Umweltverbrechen.

Einschlägige Veröffentlichungen umfassen diplomatische und militärische Geheimpapiere (führender kriegführender Staaten) sowie Dokumente zur Sichtbarmachung der Vorgehensweisen gesellschaftswirksamer Organisationen und Einzelakteure - (verlogene) Regierungen, (machtbesessene) Parteiapparate, (korrupte) Politiker, (unsympathische) Unternehmer, (Arschloch-) Konzerne und (notorische) Egomanen, (Schweizer) Banken, (Offshore-)Betrüger, (profitfixierte) Naturzerstörer und schließlich politische („Hillary") und religiöse („Scientology") Sekten.

WikiLeaks-Publikationen waren dabei nie Selbstzweck, sondern Mittel zur Erreichung eines zutiefst demokratischen Ziels, das - getragen von einem ganz schön altmodischen Menschheits- und Gesellschaftsideal2 - auf die (unumstößliche) Überzeugung zurückgeht, dass eine FREIE GESELLSCHAFT nur auf FREIER INFORMATION gegründet sein kann. Im Projekt von WikiLeaks verdichtet sich die grundlegende Frage moderner Demokratien, nämlich die nach der LEGITIMIERBARKEIT von staatlichen, nachrichtendienstlichen und militärischen Informationsmonopolen.

WikiLeaks stellt Fragen, die jeder mündige Bürger3 sich und seinen demokratischen Repräsentanten (und -onkeln) stellen sollte: Hat eine Regierung das Recht, sich (mit dem Ziel des Machterhalts oder der Bereicherung) über geltendes Recht hinwegzusetzen? Hat ein Nachrichtendienst das Recht, die

Persönlichkeitsrechte von Bürgern zu verletzen, zu deren Schutz er bestellt ist? Hat ein Militär das Recht, gegen Menschenrechte oder Prinzipien des Völkerrechts zu verstoßen? Und, falls ja, haben diese Organisationen zudem noch das Recht, ihre Rechtsverstöße durch Geheimhaltung vor der Öffentlichkeit zu verbergen?

Assange, ein mehrfach preisgekrönter Journalist und Verleger, wird seit April 2019 rechtsgrundlos im britischen Hochsicherheitsgefängnis Belmarsh festgehalten – zusammen mit Terroristen und Schwerverbrechern, Serienmördern, Sexualstraftätern, Islamisten, Rechtsextremisten, IRA-Kämpfern und Christoph Waltz, der als Ernst Stavro Blofeld von hier aus zuletzt sein bionisches Auge einsetzte, um den (fehlschlagenden) Befehl zur Tötung von James Bond zu geben.

Belmarsh ist das britische Guantanamo, eine streng geometrische Zuchtanstalt mit klinisch weißen Innenzellen, ein Ort, der den (treffenden) Spitznamen HELLMARSH trägt. Hier sitzt der WikiLeaks-Gründer seit 30 Monaten in Einzelhaft – trotz wiederholter Erklärungen der Vereinten Nationen (und anderer), wonach er Opfer willkürlicher, illegaler Inhaftierung und psychologischer Folter ist. Es gibt, das muss man sich immer wieder klar machen, KEINE RECHTSGRUNDLAGE für die Inhaftierung von Julian Assange. In Großbritannien liegt nicht das Geringste gegen ihn vor.

Sachdienlicher Hinweis von Ross Kemp: »Nachdem wir Teile der Dokumentation „Welcome to HMP Belmarsh" gesehen haben, für die der Schauspieler Ross Kemp („EastEnders“) erstmals Drehgenehmigung und Zugang zum Hochsicherheitsgefängnis erhalten hatte, sind wir fast ein bisschen erleichtert, dass Assange dort wenigstens in einer Einzelzelle untergebracht ist. Und wir sind entsetzt, wirklich fassungslos, dass man ihn seiner Freiheit beraubt, um ihn ohne Rechtsgrundlage an einen solchen Ort zu zwingen.«

Ross Kemp ist ein Mann wie ein Wohnzimmerschrank und ziemlich hart im Nehmen. Weltweit hat er schon unter kriminellen Straßengangs, in Afghanistan, Papua-Neuguinea und werweißwonoch als „embedded journalist“ gedreht, ohne mit einer einzigen Wimper zu zucken. Als er „The Box“, die Hochsicherheitseinheit des Gefängnisses, betritt und sich nur kurz die Tür hinter ihm schließt, ist er am bedrückendsten Ort der ganzen Welt, sagt er. Es gibt kein Bett, kein Waschbecken, keine Toilette, kein Fenster, keinen Zugang zu Wasser oder zu Luft. „Man spürt, dass man völlig allein ist. Ich glaube nicht, dass ich eine Stunde hier drin verbringen könnte, ohne wahnsinnig zu werden.“

Im erstinstanzlichen Verfahren um seine Auslieferung hatte Bezirksrichterin Baraitser sich verbissen geweigert, jeden der auf der Hand liegenden Sachverhalte auch nur zur Kenntnis zu nehmen – vom genuin JOURNALISTISCHEN Charakter der Veröffentlichungen von WikiLeaks über die erkennbar POLITISCHE Natur der gegen seinen Gründer gerichteten Anwürfe bis hin zur (wirklich auch Aufklärung! Im Sinne Kants, Voltaires, Daisy Ducks &

R.D. Prechts für Blinde) offensichtlichen Aussicht auf ein unfaires Gerichtsverfahren in den USA.

Assange würde in ALEXANDRIA im US-Bundesstaat Virginia vor Gericht gestellt werden, wo er sich einem geheimen Verfahren vor einem Sondergericht mit Grand Jury stellen müsste. In unmittelbarster Nähe dieser Stadt, in Washington und Langley, befinden sich das Pentagon, die Defense Intelligence Agency, das FBI, die CIA, die NSA sowie die Hauptquartiere weiterer Militär-, Sicherheits- und Geheimdiensteinrichtungen der USA. Die Einwohnerstruktur von Alexandria ist von einer durchschnittlichen Stadtbevölkerung in etwa so weit entfernt wie dieser lächerliche Prozess hier von einem rechtsstaatlichen Verfahren.

Zwischen 80 und 90 Prozent der volljährigen Bewohner Alexandrias, unter denen die Laienrichter im Verfahren gegen Assange rekrutiert würden, sind Vertreter von Regierungsbehörden, Geheimdiensten oder des US-Militärs und stehen in einem direkten, indirekten oder (wenigstens) wirtschaftlichen Abhängigkeitsverhältnis zur US-Regierung. Grand Jurys im zuständigen Gerichtsbezirk sind so zuverlässig einäugig, einohrig, einseitig, parteiisch und voreingenommen, dass man eine objektive Urteilsfindung von ihnen nicht ernsthaft erwarten kann – die Loyalitätslast gegenüber der Regierung ist erdrückend. In der langen Geschichte des Eastern District Court of Virginia gab es noch nie auch nur einen einzigen Fall, in dem die Grand Jury einen von den nationalen Sicherheitsbehörden Angeklagten freigesprochen hätte. Wirklich noch nie.

Sachdienlicher Hinweis von heise.de: US-amerikanische Rechtsvereinigungen wie die American Association of Jurists (AAJ) und das Center for Constitutional Rights (CCR) haben gemeinsam mit international arbeitenden juristischen Institutionen und Juristen einen Brief an den britischen Premierminister Boris Johnson und seine Regierung geschrieben, um ihn von einer Auslieferung Julian Assanges an die USA abzuhalten. Ein solcher Schritt wäre ihrer Ansicht nach illegal: „Die Auslieferung wäre rechtswidrig, da der Schutz der grundlegenden Prozessrechte von Herrn Assange in den USA nicht gewährleistet ist. Herr Assange wird vor dem berüchtigten „Spionagegericht" des Eastern District of Virginia (in Alexandria, die Verf.) vor Gericht gestellt, vor dem kein Angeklagter der nationalen Sicherheit jemals Erfolg hatte. Hier sieht er sich einem geheimen Verfahren vor einer Jury ausgesetzt, die aus einer Bevölkerung ausgewählt wurde, in der die meisten Personen, die für die Auswahl der Jury in Frage kommen, für die CIA, NSA, DOD oder DOS (The Central Intelligence Agency, The National Security Agency, U.S. Department of Defense, U.S. Department of State) arbeiten oder mit dieser verbunden sind."

IV.

„Raaache!" (Fatty Pompeo)

Den Vereinigten Staaten von Amerika war Assange nach der Veröffentlichung der (vom US-Militär penibel unter Verschluss gehaltenen) Materialien zu den Kriegen im IRAK und in AFGHANISTAN spätestens mit den Publikationen zu Menschenrechtsverletzungen im Gefangenenlager Guantanamo Bay verbindlich auf die Zehen getreten. Unter Barack OBAMA hatten die USA noch auf eine Anklage gegen Assange verzichtet – nicht aus Menschenfreundlichkeit, sondern eines handfesten Definitionsdilemmas wegen, das unter Juristen als das „New-York-Times-Problem" bekannt ist. Es geht ungefähr so: Wie kann man Julian Assange wegen der Veröffentlichung von als geheim eingestuftem Material (auf den Seiten von WikiLeaks) verfolgen – NICHT ABER die Chefredakteure der New York Times, auf deren Seiten doch GENAU DASSELBE stand? Oder die Herausgeber von The Guardian, Le Monde, El Pais, Corriere della Sera, Süddeutsche Zeitung oder Der Spiegel? Damit hier nicht (aus Versehen) ein falscher Eindruck entsteht: Unter der Regierung Obama sind die US-amerikanischen Geheimdienste und Justizbehörden natürlich ebenfalls gegen Assange vorgegangen.

2011 hat das FBI eine großangelegte Infiltrationsoperation gegen WikiLeaks in Island durchgeführt, einen Pädophilen als falschen Zeugen angeworben und – in Vorbereitung einer Anklage – bereits die passende Grand Jury einberufen. Vorläufig zurückgestellt wurde lediglich die Einleitung eines

Verfahrens, und dies nur auf dringendes Anraten von Rechtsanwälten, denen (im Weißen Haus) schlagartig der Inhalt des „First Amendment" eingefallen war. Den feinsinnigen Rechtsphilosophen um Donald TRUMP ging diese Sache mit der fehlenden Trennschärfe (zwischen Publizisten und Publizisten) freilich am Arsch vorbei.

2017 hatte WikiLeaks die (beunruhigenden) Fähigkeiten des amerikanischen Geheimdienstes zu elektronischer Überwachung und Cyber-Kriegsführung öffentlich gemacht. Das sogenannte „Vault 7"-Leak war das „größte" und – der New York Times zufolge – wirklich auch das „peinlichste" Datenleck, das der CIA je passiert war – oder einem ihrer Behördenleiter. Für den damaligen CIA-Chef (und späteren Außenminister) Mike Pompeo mag es (darüber hinaus) eine (narzisstische) Kränkung gewesen sein (oder nicht). Jedenfalls war es der Auslöser für eine seither mit allen nur denkbaren Mitteln geführte (Privat-)Vendetta gegen WikiLeaks und Julian Assange. Fatty Pompeo wollte RACHE. Und erklärte WikiLeaks offiziell zum „feindlichen nichtstaatlichen Geheimdienst" – eine seinem Erfinder an plumper Bösartigkeit in nichts (Aua, aua.) nachstehende Begriffsneuschöpfung, von der kein seriöser Staatsrechtler zuvor (oder seitdem) jemals gehört hat.

Mit Trump und Pompeo im Rücken erhob das US-Justizdepartment schließlich seine waghalsige Anklage gegen Julian Assange. Die Schrift umfasst 18 Punkte (das sind mehr als ein westeuropäischer Marienkäfer hat) und stellt ihm nach Auslieferung eine Haftstrafe von 175 Jahren in Aussicht – je zehn Jahre für jeden der 17 Anklagepunkte unter dem sogenannten »Espionage Act« und weitere fünf für den 18. Anklagepunkt, in dem ihm das versuchte Eindringen in einen Regierungscomputer unterstellt wird, ein Verstoß nach dem „Computer Fraud and Abuse Act".

Noch einmal zur Erinnerung: KEIN EINZIGER der US-amerikanischen Kriegsverbrecher, die im Irak, Afghanistan oder Guantanamo erwiesenermaßen ihr Unwesen getrieben, Unschuldige, Zivilisten, Kinder gequält, gefoltert und ermordet hatten, wurde für sein Verbrechen je zur Rechenschaft gezogen, angeklagt oder vor Gericht gestellt. Sie alle sind auf freiem Fuß. Zur Rechenschaft gezogen, angeklagt und vor Gericht gestellt werden soll hier der, der ihre Verbrechen öffentlich gemacht hat. Die Vereinigten Staaten stützen sich dabei im Wesentlichen auf den Espionage Act, ein Gesetz aus dem Jahr 1917, das unter Weltkriegsbedingungen für Weltkriegsgeheimnisträger und Weltkriegsinformationen von weltkriegsmilitärischer Sensibilität entwickelt wurde – wo hat die Division General Custer ihre Haubitzen geparkt?

Allein diese in Ermangelung eines plausiblen, justiziablen (oder sonstwie stichhaltigen) Tatvorwurfs hervorgekramte „Rechtsgrundlage" müsste jedem der PRÄMODERNE geistig entwachsenen Europäer (gründlich) zu denken geben. Der Versuch, ein überholtes Kriegsgesetz über 100 Jahre später völlig kontextenthoben gegen einen ausländischen Publizisten zur Anwendung zu bringen, entspricht der putzigen Idee des Irren vom Bosporus, eine zeitgenössische Satire von Jan Böhmermann mit dem reichsdeutschen Majestätsbeleidigungsgesetz (anno 1871) zur Strecke zu bringen. Beides ist schon auf den allerersten Blick so abwegig, dass es keines umständlicheren Kommentars dazu bedarf.

Wir halten fest: Es gibt keine Rechtsgrundlage, um einen australischen Journalisten nach dem US-Spionagegesetz vor Gericht zu stellen. Die US-Anklage ist nicht nur völlig aus der Zeit gefallen und absolut absurd, sie ist auch wirklich verfassungswidrig, denn sie kriminalisiert die journalistische Kernaktivität und hebt damit jahrhundertealte Rechtsgrundsätze auf, allen voran das der Rede- und natürlich das der Pressefreiheit.

V.
Ping, Pong & Psychologie

Dennoch hatte Bezirksrichterin Baraitser nach mehrwöchiger Verhandlung die irrwitzige Auffassung vertreten, der Auslieferung Assanges stünde nicht die OFFENSICHTLICHE UNGEHEUERLICHKEIT einer mit protojuristischen Winkelzügen konstruierten Anklageschrift entgegen, sondern lediglich – Tätärääää! – die nach sieben Jahren Isolation in der Ecuadorianischen Botschaft und weiteren zweieinhalb Jahren rechtsgrundloser Inhaftierung (ziemlich überraschungsfrei) in Mitleidenschaft geratene psychische Verfassung des zu Unrecht festgehaltenen Häftlings. Ergänzt um dessen manifeste Suizidgefährdung, die durch die in aller Welt bekannten US-amerikanischen Haftbedingungen samt ihrer gewohnheitsmäßigen Bestialität vorhersehbar verstärkt würde.

Bei Assange, so Baraitsers Urteil, liege ein prekärer psychischer Zustand vor, der sich angesichts der „harten Bedingungen" des unmenschlichen US-Gefängnissystems verschlechtern würde, was ihn „zum Selbstmord veranlassen" könne. Rule, Britannia. Dabei lässt Baraitsers Urteil die haarsträubenden „Rechtsgründe" der USA, die ein ECHTES FANGIRL des britannischen Rule of Law kunstfertig in der Luft hätte zerreißen müssen, fatalerweise völlig unangetastet – und bestätigt, indem sie sie nicht ausdrücklich verwirft, damit implizit ihre Zulässigkeit.

Das ist echt krass. Noch krasser ist eigentlich nur, dass ihr Urteil das Verhandlungsgeschehen vom SCHLACHTFELD der PRESSEFREIHEIT, die natürlich alle Demokraten und Bürger und Menschen der Welt betrifft, auf die Ebene einer individuellen SCHICKSALSBEURTEILUNG transponiert, in der just nicht mehr das große Ganze einer gefährdeten Gesellschaftsordnung, sondern nur mehr die technischen und interpretativen Details medizino-psychologischer Gutachten eine Rolle spielen.

Anmerkung: Die Pressekonferenz, in der Pompeo Wiki-Leaks diesen feierlichen Ehrentitel („feindlicher nichtstaatlicher Geheimdienst") erklärt, wird von rückblickenden Politikwissenschaftlern als einer der kardinalen Wendepunkte markiert werden müssen, an dem die (post-) demokratische Ordnung der westlichen Welt ihrem dialektischen Umschlagspunkt ins Auge sah.

Selbstverständlich wurde der »Espionage Act« schon zu Zeiten des Ersten Weltkriegs von der US-Justiz zweckentfremdet, um Vertreter der politischen Opposition, Sozialisten oder Pazifisten zum Schweigen zu bringen. Eine Praxis, die die USA bis in die späten Sechziger Jahre (und darüber hinaus) beibehalten sollten. Aufsehen erregte etwa der 1971 (gescheiterte) Prozess gegen die Militäranalysten Daniel Ellsberg und Anthony Russo, die der New York Times, Washington Post u.a. Dokumente überlassen hatten, die belegen, dass die US-Regierung die Öffentlichkeit seit Jahren über den Vietnamkrieg belogen hatte („Pentagon Papers").

Allein der hanebüchene Bezug auf die Psychologie war und ist (ohne jeden Zweifel) ein rechtsstaatlicher Skandal. Und zwar ein multipler. Hugh. Ein WEITERER kommt nun dadurch hinzu, dass das hier (nachgelagert) geführte BERUFUNGSVERFAHREN im engmaschigen Netz des von der ersten Instanz vorgegebenen Begründungsrahmens gefangen ist – und die gerichtliche Erörterung sich nahezu vollumfänglich auf das unerschöpflich vage (& zudem zuverlässig persönlichkeitsverletzende) Feld der PSYCHOLOGIE begibt.

Und so kommt es tatsächlich, dass die anwaltlichen Ausführungen im bedeutendsten Rechtsstreit zur Pressefreiheit der Gegenwart sich auf ein PING

PONG aus substanzfreien Unterstellungen, küchenpsychologischen Mutmaßungen und deren fachgemäßer Widerlegung reduzieren. VORGEBRACHT von James Lewis (in der Rolle des PING), einem versierten Schießhund der Krone, der hier natürlich nicht im Dienste Seiner Majestät, sondern höchst unfeiner Beschwerdeführer aus den USA steht. Und WIDERLEGT von Edward Fitzgerald & Mark Summers (Team PONG), zwei mit derlei Blödsinn sichtlich unterforderte Menschenrechtsanwälte auf Seiten der Verteidigung.

Sollte die Encyclopaedia Britannica je einen Eintrag zum Begriff „groteske Dysfunktionalitäten archaotraditionalistischer Rechtssysteme" planen, hätten wir da einen Knoten im Taschentuch, den wir bestimmt nie vergessen werden. Knoten ist im Taschentuch, Ihr Vögel. Knot is in the handkerchief. You birds.

VI.

Im holzvertäfelten Herzen der Macht

Das Gerichtsgebäude der Royal Courts of Justice in der Londoner Innenstadt ist ein ehrgebietender Ort voll säkularer Sakralität und vollholzgepflasterter Gerichtssaalminiaturen. Hier kommen – nach der letzten Reform von 1873 (HÖRT, HÖRT!) – nicht nur die bedeutendsten Common-Law-Gerichte einschließlich des Höchsten und des Berufungsgerichts zusammen, sondern in einer winzigen Trachtenstube namens COURT ROOM FOUR also auch besagter Anklagevertretervertreter James Lewis (Perücke: Langhaar, Ziege) sowie Edward Fitzgerald (Langhaar, Ross) und Mark Summers (Langhaar, unecht), die Verteidiger von Julian Assange (Langhaar, echt).

Ihre rabenschwarzen Roben reichen bis zu den Spitzen ihres jeweiligen Schuhwerks herunter, was sich – zumindest nach ein paar Pints – als potentiell halsbrecherische Tradition entpuppen könnte. Spätestens seit der Studentenbewegung dürfte allgemein bekannt sein, was UNTER DEN TALAREN in aller Regel so verborgen ist, hier ist das alles 300 Jahre alt. Seine schmutziggrauen Flechtperücken verdankt der feine Londoner Anwaltsstand übrigens noch nicht einmal selbstbestimmtem Schöpfergeist oder Boris Johnson, sondern (im Gegenteil) einer kontinentaleuropäischen Raubkopie König Karls II., der den Einfall zur Herstellung handgeknüpfter Zweitfrisuren 1660 ausgerechnet aus Frankreich importierte. (Get Brexit done, folks, schon klar. Oder in den Worten Monty Pythons: "Isch 'abe keine Lust, länger mit dir zu reden, du verkarkter englischer Frischbiertrinker! Ich furze auf euch, ihr Schweinepriester! Wenn es nach mir geht, kommt ihr nicht in Europäische Gemeinschaft!")

Den Anwälten gegenüber präsidieren Lord Justice Sir Timothy Victor Holroyde (Robe, Kurzhaar, schwarze Gesichtsmaske) und Lord Chief Justice of England and Wales Lord Ian Duncan Burnett, Baron Burnett of Maldon (Robe, Kurzhaar, maskenlos). Ob das Coronavirus in Großbritannien im Oktober 2021 noch existiert oder nicht, wird vom

Höchsten Gericht dem Anschein nach etwas widersprüchlich beurteilt. Die Pubs auf der Insel (und all ihre Besucher) sind sich in dieser Frage längst einig, was aus Sicht eines Kontinentaleuropäers eine surreale, aber keineswegs unangenehme Reminiszenz an eine Zeit auslöst, in der man unter Coronae noch die kreisförmigen Oberflächenstrukturen entfernter Planeten verstand.

So oder so nehmen die obersten Hüter des Rechtssystems Ihrer Majestät auf exzentrisch roten Polstersesseln Platz, alle anderen in der plebejisch-proletarischen Holzklasse, die mit den mittelalterlichsten Bänken ausgestattet ist, die seit der Enthauptung Ann Boleyns JEMALS von Menschen besessen wurden. Allein sie natürlich eine so spartanische wie subtile körperliche Folter, die den fiesesten Kolonialplünderern aller Zeiten durchaus angemessen ist. Auf den Holzklassebänken der Gerichtssaal-Empore lassen sich auch Assanges Vater John Shipton, seine Verlobte Stella Moris, der derzeitige WikiLeaks-Chefredakteur Kristinn Hrafnsson sowie WikiLeaks-Botschafter Joseph Farrell nieder – neben der Handvoll Journalisten und Prozessbeobachter, die es in den VIP-Bereich dieser Besuchertribüne geschafft haben. Übrigens über eine waghalsig gewundene Wendeltreppe im Inneren eines schmalen Foltertürmchens UND an einer wortkargen Gerichtsbilleteuse vorbei.

VII.

Wer da ist – und wer nicht

Der Zugang zur Public Gallery war initial, warum auch immer, einem strengen Reglement und drastischer Kontingentierung ausgesetzt gewesen, bevor im Laufe zweier Verhandlungstage allmählich KAIROS übernahm, der Gott des günstigen Augenblicks. Wer zur richtigen Zeit am richtigen Ort das richtige Gesicht aufsetzte, wurde eingelassen. „Lassen Sie mich durch, ich bin die EU."

Der Court Room Four soll so etwas wie der persönliche Gerichtssaal des Lord Chief Justice sein. Hier findet er alles, was ihm nur lieb sein kann: eine Brise Atemluft aus der Kolonialzeit, seine gemütlichsten Puschen und ein paar Motten, die beides überlebt haben.

Platz gewesen wäre hier für 100 Personen, wenn die wortkarge Billeteuse nicht nach einem guten Dutzend, warum auch immer, die schwere Gerichtstür knirschend hinter sich zugezogen hätte. Ein Dutzend Plätze also für die interessierte Öffentlichkeit. Für eine Verhandlung, in der die interessierte Öffentlichkeit selbst zur Disposition steht. Alle anderen Prozessbeobachter, in der Hauptsache Vertreter etwas unbedeutend klingender Medien, müssen die Verhandlung per Videoübertragung aus einem entlegenen Gerichtssaal verfolgen – über Bildschirme, auf denen man nichts sieht, und Lautsprecher, aus denen man nichts hört.

Weitere 80 Journalisten weltweit zeigen diesmal immerhin Zeichen von Interesse, indem sie sich über einen Videolink zuschalten lassen. Die meisten von ihnen sind gar nicht erst angereist, weil das britische Gerichtswesen im Vorfeld nicht dazu in der Lage gewesen war, ihnen den Zutritt zum Verhandlungssaal zuzusichern. Pressevertreter erhielten widersprüchliche Nachrichten, monatelang war der zuständige, ein namenloser Gerichtsangestellter im Urlaub gewesen (lange) oder erkrankt (schwer), verzogen, versetzt, verletzt oder verstorben (unerwartet), und hatte auf Anfragen daher gar nicht erst geantwortet – schon gar nicht verbindlich.

Einlassgarantien wurden kategorisch verweigert, Presseakkreditierungen nicht vergeben, Zugangslisten nicht geführt. Wer also ein Pressevertreter und trotzdem – aufs Geratewohl – in dieses Londoner Gerichtsgebäude gekommen ist, der ist ein FREAK. Wäre er es nicht, würde er unter derartigen Bedingungen kaum erschienen sein. Die unbestechliche und durch nichts zu entmutigende Regisseurin, Publizistin und Aktivistin Angela Richter ist hier, (immerhin) im Auftrag des Feuilletons der WELT, der gescheite Daniel Ryser vom Schweizer Magazin REPUBLIK, Markus Kompa verfolgt das Geschehen für TELEPOLIS (übers Laptop auf einer Mülltonne vor dem Gerichtsgebäude) – und das war's auch schon fast.

Gesandte etwas bedeutenderer, auflagestärkerer deutschsprachiger & internationaler Medienhäuser – oder gar die großen Nachrichtenagenturen selbst – sind natürlich nicht zugegen. Wir nehmen an: AUS GRÜNDEN. Und unterstellen ihnen getrost, dass sie AUCH NICHT gekommen wären, wenn man ihnen Luxus-Suiten mit privatem Ginbrunnen, diamantbesetzte Giveaways oder den Kronschatz irgendeiner Majestät (an)geboten hätte.

Bedeutende Medienhäuser interessieren sich nämlich nicht für Assange, müssen Sie wissen. Jedenfalls nicht mehr. Als sie seine Veröffentlichungen noch für irgendwelche idiotischen Titelseitenknaller ausschlachten konnten, interessierten sie sich natürlich AUCH NICHT für ihn. Oder für WikiLeaks. Oder wenigstens für das Prinzip der PRESSEFREIHEIT, das zwar ihre eigene Existenzberechtigung begründet, an seinen wirklich ENTSCHEIDENDEN KIPPUNKTEN von ihnen aber trotzdem immer NUR andeutungsweise verteidigt wird.

Wenn es stattdessen nun von jemandem verteidigt werden muss, und zwar BUCHSTÄBLICH mit seinem EIGENEN LEBEN, ohne dass einschlägige Medienheinis sich dafür besonders interessierten, dann wissen wir eigentlich auch nicht weiter. Sollten die Prinzipien der Demokratie BRENNBAR sein, betrachten wir sie hiermit als ENTZÜNDET. NICHT zugegen sind natürlich auch jene – nach Selbstauskunft – demokratieaffinen Bürgerrechts-Militanten aus den verwinkelten Strukturen der Europäischen Union.

Kein einziger offizieller Vertreter des EU-Parlaments, kein einziger der zweiunddreißigtausend Beamten der EU-Kommission, kein einziges Mitglied irgendeines gar nicht hoch genug zu überschätzenden Ausschusses für „bürgerliche Freiheiten oder was“, keine korrupte kroatische Kommissarin für „Demokratie und Demographie“, kein Beauftragter für die Trümmer des (europäischen) Menschenrechts. Kein einziger dieser EU-bürokratischen Schmierlapps, die es für gewöhnlich gar nicht erwarten können, sich in irgendeine dramatische PR-Pose zu werfen, sobald irgendwo von PRESSEFREIHEIT oder MENSCHENRECHTEN die Rede ist.

Wie sich auch an diesem Beispiel wieder zeigt, geht es EU-Vertretern offensichtlich weniger um die verteidigenswerten Prinzipien von Pressefreiheit und Menschenrechten selbst als um deren politische Instrumentalisierbarkeit. Immerhin hatte das EU-Parlament sich gerade erst kollektiv aufgeplustert, um einem nicht grundlos umstrittenen, weil letztlich eben rechtsradikaloiden Spinner wie Alexei KRAWALNY seinen dümmlichen Sacharow-Preis zu verleihen. Nun ja. Angesichts der Reihe seiner bisherigen Träger ordnen wir diesen schlecht dotierten PLASTEPOKAL nicht dem LOBPREIS von IRGENDWAS (Menschenrecht, Demokratie, Pressefreiheit) zu, sondern der (derzeit viel angesagteren) Kategorie „hybride Kriegsführung".

Und während das EU-Parlament einmal im Jahr damit zuverlässig seine SCHÄRFSTE (wenn auch völlig irrelevant gebliebene) medien- und moralpolitische (Android-) Waffe in Stellung bringt, bringt es seit einem Jahrzehnt noch immer kein Sterbenswörtchen zum Fall Assange zustande. Keine (vordergründige) moralische Empörung, keine (hohle) politische Forderung, noch nicht einmal ein (bedeutungs- oder folgenfreier) kleiner Kommentar. NICHT AUSZUDENKEN, was in den Hirnen dieser europäischen Werteträger und

Demokratiekämpfer wohl los wäre, hätten nicht die Vereinigten Staaten von Amerika, sondern der Iran, Russland oder - Gott behüte - CHINA die Auslieferung eines Journalisten verlangt, der nichts getan hat, als wahrheitsgemäße Information über (von diesen) begangene (Kriegs-)verbrechen zu veröffentlichen. Großes rhetorisches Feuerwerk, olympische Blitzbündel und Donnerkeile usw., der Dritte Weltkrieg stünde uns bevor. Gute Güte!

Anmerkung: Zwei irische Kollegen aus dem Europaparlament sind da: Clare Daly und Mick Wallace. Nicht im Auftrag des Parlaments, sondern (wie wir) in eigener Sache. Einige halten sie für links, andere für radikal, die meisten wohl für beides. Es ist ganz egal, denn das Wichtigste, was man als Bürger wissen muss, ist, dass sie wirklich nichts im Auge haben als das Wohl (der Mehrheit) der Menschen (nicht nur) in der EU. Gäbe es nur Abgeordnete wie diese beiden hier, dann müssten die (mindestens) 25.000 (feinen) Brüsseler Lobbyisten ihre (mindestens) 11.000 (feinen) Lobbyisten-Läden dichtmachen. Und zwar für immer.

VIII.
Castorf und das lebende Knie

Assange wurde die PERSÖNLICHE TEILNAHME an dem Berufungsverfahren, das über den Rest seines Lebens entscheiden wird, übrigens ohne Angabe von Gründen verwehrt. Ein WEITERER UMSTAND, der diese Gerichtssitzung zu einer Farce macht. Deutlicher könnte ein Rechtswesen kaum zeigen, was es von den (humanistischen) Traditionsbeständen hält, die es an höheren Feiertagen immer so qualvoll beschwört. Über Assange wird hier verhandelt, disputiert und gemutmaßt wie über eine WARE, ein Klumpen ENTRECHTETER MATERIE, dem es noch nicht einmal gestattet ist, dem dadaistischen Detailhandel über seine eigenen EXPORTBEDINGUNGEN beizuwohnen.

Der Angeklagte als absentes Objekt spezialisierten Experteninteresses, über den (oder das) Anwesende in albernen Perücken nach Belieben verfügen können. Habeas corpus 2.0. Es wirkt wie eine frühe Inszenierungsidee von Frank Castorf, wenn unscharfe Bewegtbilder des ABWESENDEN zu Beginn des ersten Verhandlungstages plötzlich auf längsseitig platzierten Monitoren erscheinen. Sie zeigen Assange im BLUE ROOM des HMP Belmarsh, Her Majesty's Prison: acht Quadratmeter einer Gummizelle, achtzehn Kilometer LUFTLINIE vom Ort des hiesigen Rechtsgeschehens entfernt.

SAGEN kann der, um dessen (blankes) Leben es geht, hier freilich nichts. Auch lachen, schreien, die Stirn in tektonische Verzweiflungsfalten legen, sich mit seinen Anwälten besprechen, in den Gang der Verhandlung eingreifen kann der, den sie betrifft, mitnichten. WENN Assange erscheint, dann erscheint er als SPRACHLOSER BEISITZER seines eigenen Lebenslaufs, fachanwaltlicher Brillanz & höchstrichterlichen Gnadenakten ausgeliefert; eingefangen (ausgerechnet) von einer Überwachungskamera mit deaktiviertem Mikrophon.

Man wünschte kurz, es gäbe GÖTTER, das alles zu zerschlagen. Diese nur wenige Minuten dauernde Bewegtbild-Zuschaltung eines zu TOTALER PAS-

SIVITÄT VERDAMMTEN VERHANDLUNGSOBJEKTS ist die vielleicht klarste Metapher für das, was aus diesem Verfahren geworden ist. Es ist zugleich das Dokument der psychischen und physischen Zerstörung eines Menschen.

Am Tag vor Verhandlungsbeginn hatten Gefängnisärzte Ihrer Majestät Art, Dosierung oder Zuschnitt der Assange verabreichten Medizin verändert, WAS AUCH IMMER man in einem Hochsicherheitsgefängnis unter Medizin versteht (und WARUM AUCH IMMER man so etwas auf den Vorabend einer Gerichtsverhandlung legt). „Hohe Dosis Medikamente", murmelt ein Richter.

Wie Assange aussah, ist bereits beschrieben worden, wir wollen es gar nicht erst versuchen. Hager, blass, müde, jedenfalls nicht gut. Wenn er beim Betreten der Videozelle sichtlich taumelt – auf dem Weg zu einem Tisch, vor dem eine Kamera ohne Mikrophon installiert ist, und wenn er – am Tisch sitzend – immer wieder schwach zu zittern und für Sekundenbruchteile zu zucken beginnt, müde, bevor er das halb verdeckte Gesicht auf eine Hand stützt wie auf eine rettende Insel, kann man sich nur noch EINES fragen: Was zum Teufel soll das alles? Nach wenigen Minuten zieht Assange sich in einen hinteren Winkel der Zelle zurück; (es ist) die einzige selbstbestimmte Entscheidung, die ihm noch geblieben ist.

Er entzieht sich dem starren Kamerakegel, zurück bleibt ein leerer Tisch, ein leerer Stuhl und – ab und an vom rechten äußersten Bildrand zugeschaltet: ein (lebendes) Knie. Konsequenterweise verzichtet das lebende Knie am zweiten Verhandlungstag auf sein Recht auf Live-Zuschaltung zum dargebotenen Castorf-Stück.

IX.

Anwalt der Woche

Wenn sie dran sind, stehen Ankläger und Verteidiger, beide Q.C.11,* aufrecht vor den Richtern. Sonst nicht. Hinter ihnen Anwaltsheere (Langhaar), die geschäftig irgendetwas Schmissiges in ihre Tastaturen hämmern. Die Anklage hat Geschütze aus Dutzenden Laptops und 32 gewaltigen Leitz-Ordnern auf ihren Pulten aufgetürmt, um damit OPTISCH eine Materialschlacht zu gewinnen, die sie ARGUMENTATIV und MIKROÄSTHETISCH natürlich längst verloren hat.

Wer in den 1990ern studiert hat, kennt diese feine, aber vielsagende Nuance nämlich ganz genau.

*Was in diesem Fall leider nicht die Abkürzung für Qualitätskontrolle (Quality Control), überhöhte Ladegeschwindigkeit (Quick Charge) oder wenigstens einen Webcomic (Questionnable Content) ist, sondern für einen Anwalt der Krone (Queen's Counsel).

Die zwischen diesem kleinen, eingebildeten Arsch mit Brille, der mit seinen speckweißen Spießerordnern mit alphabetischer Sortierung herumrennt, und dem, der sich stattdessen lieber auf paar rotschwarze Hefter und seinen eigenen Kopf verlässt. Der eingebildete Arsch mit Brille ist der Ankläger James Lewis. Der Eigenwerbung auf seiner Homepage ist zu entnehmen, dass er als „charmanter Mann mit Riesengehirn" („charming man with a mega-brain") einzustufen sei, der „Rolls Royce" im Fuhrpark zugelassener Rechtsanwälte sowie Experte in einer unübersichtlichen Vielzahl von Rechtsgebieten.

Er ist zweifacher Träger des von der konservativen *The Times* verliehenen (und in kleineren Kreisen sicher heiß begehrten) Titels „Rechtsanwalt der Woche" - zuletzt mit Wirkung vom 13.02.2020. Damals offenbar gemeint als Belobigung für den Abschluss einer außergerichtlichen Einigung, die es dem Airbus-Konzern ermöglichte, sich gegen Zahlung von 3,6 Mrd. Euro jeder begründeten Strafverfolgung wegen nachgewiesener Korruption (angestrengt von den USA, Frankreich & Großbritannien) straffrei zu entziehen. Ermöglicht wurde dieser postmoderne Ablasshandel von: James Lewis, Ihrem Anwalt der Woche, der nun angetreten ist, die letzte juristische Feinarbeit für US-amerikanische Strafverfolgungsbehörden im Fall Assange vorzunehmen.

Während Lewis als Berater von Huawei die Vereinigten Staaten im Fall der charmanten Chinesin Madam Meng gerade erst erfolgreich daran gehindert hat, den Durchsetzungsbereich US-amerikanischer Interessen auf den Rest der (nicht US-amerikanischen) Welt auszudehnen, setzt er sich als Chefstratege und Wortführer gegen Assange nun für das genaue GEGENTEIL ein. Ein DEONTOLOGISCHER WIDERSPRUCH, an dem jeder Nichtjurist im Innersten zerbrechen müsste.

Für den Rolls Royce im Fuhrpark (Ihrer Majestät) ist auch die Rechtspflege, versteht sich, nur ein Geschäft, und solange eben die Rechnung stimmt (800 Pfund/Std.), stimmt sie eben. Vor drei Jahren wurde Kronanwalt Lewis übrigens zum Honorable Chief Justice ernannt, zum Obersten Richter der Falklandinseln, einer eigentlich unspektakulären Inselgruppe im Südpazifik, deren aufregendstes Charakteristikum es ist, mehr Schafe, Pinguine und See-Elefanten zu beherbergen als Menschen. Seit ihrer Inbesitznahme durch den britischen Kapitän John Strong im Jahre 1690 wechselte das wehrlose Archipel mehrfach seinen nominellen Besitzer, bis der gerade gegründete Staat Argentinien 1820 seine (in jeder Hinsicht) naheliegende Souveränität über die (paar hundert Kilometer vor seiner eigenen Küste gelegenen) Eilande erklärt.

Freilich ohne zu bedenken, dass der Kolonialherren Raubbesitz auf dem Umweg über das EIGENTUMSRECHT natürlich in allerlei Stein gemeißelt ist. Und WIEDERHOLEN ist GESTOHLEN. Mit Unterstützung der US-Marine (sick!) übernehmen die Briten 1833 die Inseln, die ihnen seither prächtigste Gewinne (durch Fischfang und Erdöl) einbringen. Im Privathaus (!) des Obersten Kolonialrichters Ihrer Majestät hängt ein gerahmtes

Exemplar der Titelseite der falkländischen Inselzeitung *Penguin News* (Smiley!) vom 14. Juni 1982, dem Tag, als Grobbritanniens Streitkräfte im Falklandkrieg die Inseln von Argentinien zurückeroberten. Ein Ereignis, bei dem der glühend nationalstolze Militarist Lewis als junger Leutnant der Reserve millisekündlich mitfieberte und das er seither, wie er bei seiner Antrittsrede erklärt, BEGEISTERT IN SEINEM HERZEN TRÄGT. Was soll man sagen. Die Vereinigten Staaten von Amerika hätten keinen geeigneteren Vertreter ihrer Anklage finden können als ihn.

X.
Noch'n Anwalt

Der Typ mit den bunten Ordnern dagegen ist ein gewisser Edward Fitzgerald, allerdings nicht der namensgleiche Rebell, der sich 1798 zum Aufstand gegen die britische Herrschaft in Irland (mit)verschworen hatte. Aber fast. Dieser Fitzgerald hier gehört derselben Kanzlei an wie die Menschenrechtsanwältin (und Schauspielergattin) Amal Clooney, die schon 2011 verwegen genug war, die anwaltliche Vertretung Julian Assanges zu übernehmen. Fitzgerald ist keineswegs Experte für alles juristisch nur Mögliche, sondern schlicht Strafverteidiger, spezialisiert auf Auslieferungs- und Berufungsfälle. Aktivisten und Anwälte schwören beim Leben ihrer Mütter, nebenbei habe dieser Mann, Fitzgerald, einen Haufen blanker Leben gerettet, so enthusiastisch für

Gefangenenrechte gekämpft wie kein Zweiter und überhaupt 32.000 Mal mehr Menschenrechtsarbeit geleistet als irgendjemand sonst. Fitzgerald zieht es vor, um alles, was er so tut, nicht viel Aufhebens zu machen. „He doesn't blow his own trumpet", wie die Briten das angeblich nennen.

Als Fitzgerald vor Jahren eine Auszeichnung für seinen exquisiten Beitrag zur Strafjustiz erhielt, stellte sein Laudator, Lord Justice Sir Konrad Schiemann, fassungslos fest: „Er hätte ein Vermögen machen können, wenn er sich entschieden hätte, seine Talente anderen Tätigkeitsbereichen zu widmen." Fitzgerald machte lieber keins. Er setze sich stattdessen etwa für den britischen Grey-Hat-Hacker Gary McKinnon ein, der beschuldigt wurde, in 97 Computer von US-Streitkräften und NASA eingedrungen zu sein. High Court und Europäischer Gerichtshof für Menschenrechte (WTF?) hatten seine Auslieferung an die USA bereits besiegelt, wo ihn 70 Jahre Haft und eine Geldstrafe von 1,75 Mio. Dollar erwarteten.

Verhindert wurde das übrigens nur durch das Eingreifen der damaligen Innenministerin Theresa May, die keinen anderen Weg mehr sah, als dem – durch prominente Unterstützer wie Sting, Pink Floyd, Bob Geldof und den ehemaligen Labour-Premier Gordon Brown herbeigeführten – ÖFFENTLICHEN DRUCK nachzugeben.

Sachdienlicher Hinweis: Öffentlicher Druck? Höchst interessant! Wer war denn das noch gleich, diese ÖFFENTLICHKEIT? Das sind doch wohl nicht wir, oder? Oder sind SIE da draußen das vielleicht? ZwinkerSmiley! Gegen seine Auslieferung an die Vereinigten Staaten stemmte sich auch Lauri Love, ein Hacktivist des Anonymous-Kollektivs und nach Selbstauskunft lebenslang bestrebt, „die Welt in einen besseren Zustand zu versetzen". Ihm wurde vorgeworfen, an einer Aktion namens „Operation Last Resort" beteiligt gewesen zu sein und durch den Diebstahl „militärischer und personenbezogener Daten" aus Rechnernetzen von US-Army und NASA „die nationale Sicherheit gefährdet und diejenigen, die das Land schützen, BELEIDIGT" zu haben.

Beleidigt? Sind wir auch. Aber eher von einem derart ausgezeichneten rechtswissenschaftlichen Argument. Als angemessene Strafe stellten sich die Beleidigten Staaten von Amerika übrigens 99 Jahre Haft vor und 9 Mio. Dollar Schadenersatz. Sie stellen es sich noch heute vor. Der Legende nach haute Edward Fitzgerald nämlich auch diesen Typen erfolgreich raus.

XI.
PSYCHO (ohne Hitchcock)

Und das ist wirklich wahr, denn Lauri Love sitzt auf der Besuchergalerie des Londoner Berufungsgerichts irgendwo direkt neben uns, kratzt sich unter der Schiebermütze, lacht (verächtlich) auf und zappelt; meistens schüttelt er nur murmelnd den Kopf. Man sieht und hört sofort: Was Lauri Love hier sieht und hört, das sieht und hört er nicht zum ersten Mal.

Wenn er zum Ende des ersten Verhandlungstages aufsteht, um den hippokratischen Eid zu proklamieren („Ich schwöre bei Appollon dem Arzt und Asklepios und Hygieia und Panakeia und allen Göttern und Göttinnen, indem ich sie zu Zeugen rufe. Wenn ich nun diesen Eid erfülle und nicht breche, so möge mir im Leben und in der Kunst Erfolg beschieden sein, dazu Ruhm unter allen Menschen für alle Zeit; wenn ich ihn übertrete und meineidig werde, dessen Gegenteil.") – laut dröhnend in den Ohren aller, die so etwas jetzt nicht hören wollen und niemals, hat er den meisten Anwesenden sicher das anarchistischste Erlebnis ihres reizarmen Lebens verschafft.

(In das Foltertürmchen zur Besuchertribüne wurde er trotzdem nicht wieder eingelassen, obwohl er zur richtigen Zeit am richtigen Ort eigentlich immer auch das richtige Gesicht aufgesetzt hat.)

Auch in seinem Verfahren ging es nämlich GANZ UND GAR NICHT um irgendeinen „Zustand der Welt", erst recht nicht um einen gerechteren, freieren oder „besseren", sondern um die Finessen der geistigen Gesundheit und des psychologischen Krankheitsbilds, Autismus-Spektrum-Störungen und ihre Schweregrade, das Asperger-Syndrom oder natur-, welt- und (gerichts)verfahrensbedingte Depressionszustände. Daneben noch um gewöhnliche Vollstreckungs- & Haftbedingungen in den USA sowie deren drastischere Despotismen, vor allem jene, die unter dem Fachbegriff „Special Administrative Measures", gefürchtet sind, da sie Strafverschärfungen, Kommunikationsverbote und Isolationshaft mit sich bringen.

Dann die Defizienzen der medizinischen Versorgung im US-Gefängnissystem sowie die durchschnittliche Häftlings-Überlebensrate – und schließlich die aus ALL DEM (unweigerlich) resultierende Existenz einer latenten, akuten oder simulierten Suizidgefahr. ALL DAS muss sich in der Verhandlung des bedeutendsten Falles um Journalismus, Pressefreiheit und Demokratie natürlich noch einmal wiederholen. Die seit dem Jahr 1066 minutiös eingeübten Verfahrensregeln wollen es so. Mit einer kleinen historischen Abweichung, versteht sich. Denn diesmal ist nicht nur die Wiederholung eine Farce. Und nicht nur die Erstaufführung eine Tragödie. Oder umgekehrt.

Kronanwalt Lewis nutzt seine ausgedehnte Redezeit am ersten Verhandlungstag jedenfalls für etwas, das sich am besten als kostspieliger Auffahrunfall beschreiben lässt. Verursacht vom Rolls Royce im Saal. Ein Eingreifen der JETZIGEN Home Secretary Priti Patel zugunsten von Assange darf man sich mit Fug und Recht ABSCHMINKEN. Die von britischen Linken aus ganzen Herzen gehasste Thatcheristin Patel interessiert sich eher für drastische Verschärfungen des Ausländerrechts (lebenslange Haft für Schleuser) und des Polizeigesetzes, das Demonstranten mit langjährigen Haftstrafen droht, falls sie „schweres Missbehagen“ auslösen sollten. Und für die professionelle Gestaltung ihrer Augenbrauen natürlich, die sie sich zuletzt für 77.000 Pfund aus dem Etat des Innenministeriums auf

Kosten des Steuerzahlers herrichten ließ. (PS: Deprimierenderweise sahen ihre läppischen Haarlappen hinterher eigentlich immer noch genauso unappetitlich aus wie davor. Quo vadis, Augenbrauendesign?!)

Die Namen einer Reihe aktenkundiger Sachverständiger fallen, meistens auch noch in falscher Aussprache oder Betonung, scheißegal. Es geht um Asperger und die überaus knifflige Frage, warum nur ein einziger der zugezogenen Gutachter dieses Syndrom überhaupt feststellen konnte, der Neuropsychiater Quinton Deeley nämlich. Hmmm, mal überlegen. Vielleicht, weil Deeley eben der einzige befragte EXPERTE auf dem Gebiet der Autismus-Spektrum-Störungen war – und es für alle anderen (Experten) einer unzulässigen Fachgebietsüberschreitung entsprochen hätte, wenn sie mal eben lässig etwas diagnostiziert hätten, für das sie gar keine ausgewiesenen Spezialisten sind.

Die Hölle, Herr Sartre, sind nicht die anderen, sondern US-Anwälte in Angriffsstellung. Nur für den Fall, dass Sie es erwägen sollten, diesen Einakter im Himmel nochmal neu zu schreiben. Besonders wichtig scheint der Anklage ein Neuropsychiater namens Dr. Michael Kopelman zu sein, ein vielfach ausgezeichneter, in unzähligen Verfahren als Sachverständiger bemühter (Gerichts)experte, emeritierter Professor am Institut für Psychiatrie, Psychologie und Neurowissenschaften des renommierten Londoner King's College, Koryphäe und unumstrittener Doyen seines Fachgebiets, eine wirkliche Autorität.

Im erstinstanzlichen Verfahren hatte selbst die vielfach unbedarfte Bezirksrichterin Baraitser in ihrem vielfach unbedarften Kopf eine ganze Reihe guter Gründe gefunden, um ihr Urteil auf Kopelmans kundige Einschätzung und die Ergebnisse der von ihm (an Assange) durchgeführten Untersuchungen zu stützen: Die in den USA zu erwartenden Haftumstände könnten den psychisch mittlerweile schwer erkrankten Assange in den Suizid treiben. Auslieferungsantrag abgelehnt.

Für Kronanwalt Lewis, der Kopelman in der Vergangenheit pikanterweise immer wieder selbst als Sachverständigen hinzugezogen hatte, ist der ausgewiesene Fachmann nun plötzlich so etwas wie ein „unzuverlässiger" Hochstapler, die von ihm verfertigten Gutachten „fehlerhaft", „lückenreich" und „irreführend" – und dieser Assange ja nun wirklich „kerngesund". Wie es sich für einen handelsüblichen Horrorfilm der Kategorie D gehört, geht die Anklage nun zu einer grobschlächtigen Hobbykeller-Sezierung über, deren Gegenstand Persönlichkeit und Psyche des (abwesenden) Angeklagten sind.

In einem erschütternden Crescendo legt Lewis sein scharfes Advokatenmesser an jedes nur erinnerbare Verhaltensdetail des Delinquenten, um dessen „geistig-seelische Unversehrtheit" zu beweisen – was am Ende natürlich zur (gerichtsfesten) Feststellung seiner bedingungslosen Auslieferungsfähigkeit führen soll. Assange ist in höchstem Grade depressiv, hört Musik und Stimmen („Du bist Staub, du bist tot, wir kommen, um dich zu holen") und zeigt „psychotische Symptome" (Halluzinationen), weswegen er Antidepressiva und das Antipsychotikum Quetiapin erhält.

Nachdem man in Belmarsh beobachtet hatte, wie er in seiner Zelle nichts anderes mehr tat als so lange AUF und AB zu gehen, bis er zusammenbrach, sich dabei selbst ins Gesicht schlug und seinen Kopf gegen die Wand rammte, wurde er für Monate in den Krankenhaustrakt des Gefängnisses verlegt. In einem ingeniösen Versteck unter einer seiner Socken fand die Gefängnisleitung „eine halbe Rasierklinge". Einen Versuch hat er schon hinter sich, bei dem er sich die Handgelenke aufschlitzte. Immer wieder rief er nach der (telephonischen) Selbstmord-Betreuung der Samariter, da er, so wurde notiert, „hundertmal am Tag" daran dachte, sich umzubringen.

TOPFIT, der Bengel. Die von Lewis und seinen lebenden Laptops (auch noch für Geld) ausgeheckte „Behauptungsführung" ist betont brutalistisch bis boulevardesk und geht ungefähr so: Kann jemand (Assange) WIRKLICH depressiv sein (oder nicht), wenn er an einem sonnigen Tag im Mai mal Milch und einen Nachschlag Orangen zum Frühstück verlangt hat? Ist jemand (oder nicht) ein SIMULANT (Assange), wenn er behauptet, an einem Syndrom erkrankt zu sein, von dem in einer (im Juni) ausgeliehenen Gefängnis-Ausgabe des „British Medical Journal" mal kurz die Rede war?

Ist jede mit dem Krankheitsbild des Autismus verbundene neurologische Störung nicht bereits widerlegt, wenn es seinem Träger (Assange) im Herbst einmal nachweislich gelungen ist, flüchtigen Augenkontakt (mit einem Fremden) zu halten? Kann jemand (Assange) glaubhaft für sich in Anspruch nehmen, am Asperger-Syndrom zu leiden, wenn ihm noch nicht einmal das Sorgerecht für sein erstes Kind entzogen wurde? Steht jemandes blanke Selbstmordabsicht etwa einer Auslieferung entgegen, wenn nicht lückenlos nachweisbar ist, dass neben der ABSICHT auch die intellektuelle Kapazität (Assange) besteht, diesen Plan auch umzusetzen?

Schließlich bedürfe es auch der konkreten SELBSTMORDMÖGLICHKEIT, die unter den normalen (oder verschärften), jedenfalls FABELHAFTEN Haftbedingungen in den USA doch gar nicht gegeben sei. Ist es denn zu fassen, so Lewis schließlich, dass einer ein „Selbstmörder" sein will, wenngleich er doch mehrere eigene „Kinder" hat?

Gegenfrage: ist es denn zu fassen, dass einer ein „Rolls Royce" sein will, wenngleich er doch mehrere solcher „Fragen" stellt?

XII.
Vom Schweigen der Lämmer

Die Frage der in den USA (konkret) zu erwartenden Haftumstände kommt prominent tatsächlich noch einmal durch eine sogenannte DIPLOMATISCHE ZUSICHERUNG ins Spiel, die die Vereinigten Staaten eigens zum Berufungsverfahren hastig noch abgegeben hatten und mit der sie behaupten, dem Delinquenten eine menschenwürdige Haftunterbringung zu garantieren. Dass diese Zusicherung das Papier (oder den Bit-Speicher) kaum wert ist, auf (oder in) dem sie geschrieben steht, versteht sich schnell von selbst. Es handelt sich um eine von den USA gegenüber GB bilateral abgegebene Erklärung, die nicht nur völlig RECHTSUNVERBINDLICH ist, sondern die sich – im Kleingedruckten – den Einsatz EXAKT JENER Maßnahmen ausdrücklich vorbehält, die NICHT einzusetzen sie in der generösen Überschrift verspricht.

Lewis betont, dass man Maßnahmen wie die „administrative segregation" nicht mit Isolationshaft gleichsetzen könne. NATÜRLICH NICHT. Denn im Grunde ist natürlich alles, wie immer, noch schlimmer. Das Regime menschenunwürdiger Haftbedingungen hat den weitesten Teil des US-amerikanischen Gefängnissystems nämlich längst bis auf sein Fundament durchdrungen. Unter welchen Bezeichnungen auch immer sie firmieren mögen (The Hole, AdSeg, Schutzhaft, SMU, SHU), dienen derlei Maßnahmen doch allein dem Zweck, geltendes Recht und Gesetz zu unterlaufen.

Die USA verstehen mit Gefangenen nicht den geringsten Spaß, insbesondere nicht mit WHISTLEBLOWERN, zumal, wenn sie auch noch mit WikiLeaks in Verbindung stehen. CHELSEA MANNING, ehemalige IT-Expertin der US-Streitkräfte, hatte der Öffentlichkeit & WikiLeaks 2010 Hunderttausende Dokumente zu Kriegsverbrechen in Afghanistan und dem Irak übergeben, darunter das unter dem Titel „Collateral Murder" bekannt gewordene Video. Es zeigt Angriffe von Apache-Kampfhubschraubern in den Straßen Bagdads und die (mit hörbarer Begeisterung) von der US-amerikanischen Hubschrauberbesatzung durchgeführte Be- bzw.

Erschießung von zwölf unbewaffneten irakischen Zivilisten, darunter zwei Journalisten der Nachrichtenagentur Reuters und zwei Kinder. Eines von vielen Kriegsverbrechen, derer das US-Militär schuldig ist. Manning wurde zu einer 35-jährigen Freiheitsstrafe verurteilt und saß sieben Jahre in Militärhaft, bevor sie 2017 auf Anordnung Obamas (letzte Amtstage) freikam.

Da sie sich allerdings weigerte, in einem dieser (demokratiefernen) Geheimverfahren vor einer Grand Jury auszusagen, die zur Sammlung von Beweisen gegen WikiLeaks und Assange einberufen worden war, wurde ihr eine Geldstrafe von 1.000 Dollar TÄGLICH auferlegt, die am Ende auf eine halbe Million Mücken angewachsen war. Um ihre Aussage zu erzwingen, wurde sie im März 2019 für ein Jahr im William G. Truesdale Federal Detention Center in Alexandria (Virginia) in Beugehaft genommen, wo sie in „adseg" „platziert" wurde, in „administrative segregation".

Fern von anderen Gefängnisinsassen wurde Manning 22 Stunden täglich in einer winzigen Zelle ohne Tageslicht eingeschlossen. Ausgang zum Duschen (oder in den Gefängnishof) gab es nur allein und nur zwischen ein und drei Uhr. Ein und drei Uhr NACHTS natürlich, das hebt die individuelle Stimmung und gilt irgendwie als Schutzmaßnahme, Sonnenbrand bekommt man so nur vom Mondlicht, besten Dank, 'ne Dose Nivea hätte es auch getan.

Der einzige Mensch, den man sonst noch NICHT zu sehen bekommt, ist der Wärter, der einem wortlos das Essen durch die Luke schiebt, nachdem er sich vergewissert hat, dass man überhaupt noch lebt. Diese von US-Amerikanern als „Administrative Absonderung“ angepriesene Maßnahme ist natürlich nichts anderes als ein wenig origineller Euphemismus für radikale Einzelhaft, (der Manning bereits in Quantico ausgesetzt gewesen war und) die natürlich weit jenseits der unscharfen Grenze zur psychischen Folter liegt.

Die Beerdigung von Susan Manning (65 J.) fand nicht zwischen ein und drei Uhr statt, nicht nachts und auch nicht im Gefängnishof von Truesdale. Nach einem formvollendet förmlichen Antrag wurde Chelsea Mannings Teilnahme an der Bestattung ihrer Mutter formunvollendet abgelehnt. Manning wurde im März 2020 aus der Haft entlassen, nachdem sie versucht hatte, sich das Leben zu nehmen.

Chelsea Manning, dem ehemaligen Programmierer in der CIA-Zentrale in Langley JOSHUA SCHULTE, wird vorgeworfen, für das berüchtigte „Vault 7“-Leak verantwortlich zu sein, das die gesamte „Hacking-Bandbreite“ der CIA enthüllte, beginnend mit dem Eindringen in Smartphones und Computer bei Spionageoperationen im Ausland und endend mit der Fernsteuerung internetfähiger Elektro-Geräte, durch die eine Automobilfahrt (unfreiwillig) in ein Harakiri-Kommando und ein sprechender Kühlschrank (unmerklich) in eine Abhörzelle verwandelt werden kann.

Seit fast drei Jahren sitzt er im Metropolitan Correction Center in Einzelhaft ein, einer Einrichtung, die ihre Insassen, laut Schulte/Manning, „wie

Käfigtiere“ behandelt. Die US-Experten halten die Abgabe dieser „diplomatischen Zusicherung“ jedenfalls für einen „interessanten und kreativen MOVE“ ihrer Regierung (etwa der auf Auslieferungen spezialisierte New Yorker Anwalt Jacques Semmelman), da man andernfalls Gefahr laufe, jede Möglichkeit zu verlieren, Assange vor Gericht zu stellen.

Ähnliche Zusicherungen hatten die USA schon im Verfahren um den Hacker Gary McKinnon gegeben; das Gericht hatte sie seinerzeit bedrückenderweise als valide anerkannt und einer Auslieferung zugestimmt, die schließlich nur noch von Theresa May verhindert wurde. Die US-amerikanischen Menschenrechtsorganisation National Immigrant Justice Center konstatiert das nahezu flächendeckende Bestehen rechtswidriger Haftunterbringung in Kombination mit bürokratischen Wortneuschöpfungen, die dem einzigen Ziel dienen, sich „gesetzlichen Bestimmungen zu entziehen, die eine unbefristete Unterbringung in Einzelhaft verbieten“.

Anmerkung:
Die Suizidproblematik hat durch den – trotz liebevoller Fürsorge der Gefängnisverwaltung & zertifizierter Suizidvereitelungsmaßnahmen offenbar erfolgreich verlaufenen – Selbstmord des Prostitutionsringbetreibers, Menschenhändlers und Häftlings Jeffrey Epstein (Arsch) Schlagzeilen erhalten.

Den Gerichtsunterlagen zufolge bewohnt Schulte eine „schmutzige Zelle von der Größe eines Parkplatzes“ (Kleinwagen, nicht doofer SUV), die von

Ungeziefern befallen ist, „Nagetiere, Nagetierkot, Kakerlaken, Schimmelpilze". Heizung, Klimaanlage oder funktionierende Sanitäranlagen gibt es nicht. Die Temperaturen fallen so tief, dass Wasser seinen Aggregatzustand verändert und der Insasse (er)friert, obwohl er zwei Decken, vier Garnituren Kleidung, fünf Garnituren Socken (an den Füßen) und drei weitere (Garnituren Socken) an seinen Händen trägt. Während der Einfall von Tageslicht durch ein verdunkeltes Fenster blockiert wird, brennt das Neonlicht in seiner Zelle ununterbrochen. Im Freien aufhalten darf er sich nicht, Fernsehen eine Stunde pro Woche, Besuche erhält er stark eingeschränkt, Bücher und juristisches Zeugs sind verboten, ebenso wie Arztbesuche.

Sachdienlicher Hinweis von Associated Press:
Wenn er aus seiner Zelle gebracht wird, ist er „von Kopf bis Fuß gefesselt wie Hannibal", heißt es in der Akte weiter, in Anspielung auf den fiktiven Dr. Hannibal Lecter, einen kannibalistischen Serienmörder aus dem Horrorfilm „Das Schweigen der Lämmer" von 1991. In seiner letzten Verhandlung bat Schulte um das Eingreifen eines Richters. Er selbst habe alle Möglichkeiten ausgeschöpft, bei den Gefängnisbehörden gegen seine Haftumstände zu protestieren.

Das Regionalbüro Nordost hatte seine Beschwerden zuletzt abgelehnt, weil er es versäumt hatte, einen KUGELSCHREIBER zur Lesbar-machung der Durchschläge zu verwenden, wie es seit 40 Jahren nun mal Vorschrift ist. Den Gerichtsunterlagen ist zugleich zu entnehmen, dass Schulte die

Verwendung von Kugelschreibern verboten ist. Wenn der Anklagevertretervertreter also die Zusicherung der USA wiederholt, Assange werde keinesfalls in der berüchtigten Hochsicherheitsstrafanstalt ADX Florence, diesem „Alcatraz der Rocky Mountains“ inmitten der Wüste Colorados untergebracht, keinesfalls „Sonderverwaltungsmaßnahmen“ („Special Administrative Measures“) ausgesetzt, die ihrerseits auch sowieso nicht gegen Artikel 3 der Menschenrechtskonvention („Verbot unmenschlicher und erniedrigender Behandlung“) verstießen, und diese Aufzählung in der (selbst für überzeugte Transatlantiker) steilen These kulminiert, die USA hätten „NOCH NIE“ irgendeine gegebene Zusicherung gebrochen, dann weiß man wirklich kaum, wo man anfangen sollte, diese infame Kette wahrheitswidriger Behauptungen zu widerlegen.

Als Lewis den Satz „The US has never broken a diplomatic assurance, ever“ ausspricht, ist es um die Contenance der (bislang bewundernswert stoischen) Prozessbeobachter jedenfalls geschehen. Zum ersten und einzigen Mal während dieser gesamten Verhandlung ist die Public Gallery überdeutlich zu vernehmen: Spöttisches Raunen, empörtes Gemurmel, hoch-, mittel- und tieffrequentes Gelächter, das kein Ende nehmen will. Auf Englisch nennt man eine derartige Behauptung wahlweise „a blatant lie“ oder „the funniest joke in the world“. Einen tödlichen Witz, angesichts dessen es wirklich ein Wunder ist, dass die Zuschauer nicht augenblicklich tot von der Empore fallen. Die gebrochenen Zusagen der USA sind nicht nur Legion, sondern im Zusammenhang mit Auslieferungsverfahren ihr geradezu staatlicher Goldstandard.

Von David Mendoza Herrarte über Syed Fahad Hashmi bis hin zu Abu Hamza al-Masri haben die USA noch jede Zusage gebrochen, widerrufen oder neu interpretiert, die sie auswärtig je gegeben hatten. Und zwar sobald sie das Objekt ihrer strafrechtlichen Begierde in den Fingern ihres eigenen Justizsystems hatten.

XIII.
Lügen wie ein Profi

Der zweite Verhandlungstag gehört weitgehend der Verteidigung. Ihr fällt die aufs Äußerste qualvolle Aufgabe zu, das absolut unterirdische Urteil der ersten Instanz vor diesem Gericht hier auch noch VERTEIDIGEN zu müssen, my holy and miserable ass. Zur Kreuzigung? Gut. Durch die Tür hinaus, zur linken Reihe, jeder nur ein Kreuz, der Nächste. Kronanwalt Fitzgerald trägt es mit Geduld und Würde, ihm ist kaum anzusehen, anzuhören oder anzumerken, wie qualvoll es (für ihn) sein muss, diesen mehrstufig entgleisten Fall auf irgendeine logisch-argumentative Grundlage zurückzuführen. Oder auf eine menschliche oder juristische.

Ganz kurz erscheint in unseren Köpfen die verwegene Idee, dass es aus Sicht des britischen Gemeinwesens eigentlich ein gutes Geschäft sein könnte, jedenfalls nicht das schlechteste, Assange für immer auf der Insel zu behalten und den Amerikanern stattdessen diesen Prince Andrew auszuliefern. Auch für immer.

Der Spiegel schreibt: „Hier (in ADX, Verfasser) sitzen Schwerverbrecher ein, die ‚keinerlei Respekt gegenüber menschlichem Leben zeigen‘, wie Norman Carlson sagt, ehemaliger Direktor der Gefängnisbehörde Bureau of Prisons (BOP). Dazu gehören angeheuerte Terroristen wie der 9/11-Pseudo-Verschwörer Zacarias Moussaoui, Okla-homa-City-Bomber Terry Nichols, „Unabomber“ Ted Kaczynski und der Boston-Attentäter Dschochar Zarnajew. Auch Barry Mills, Gründer der Gefängnisgang Aryan Brotherhood, FBI-Doppelagent Robert Hanssen und Serienkiller-Arzt Michael Swango sitzen dort ein. Die meisten Insassen sind Gewaltverbrecher, die als potenzielle Ausbrecher gelten oder in anderen Gefängnissen Insassen oder Personal getötet haben.“

Am Vortag hatte der personifizierte Blindgänger der Anklage sich an der fachgerechten Durchführung eines juristisch-psychologischen KETTENSÄGENMASSAKERS versucht, dem ausgewählte Sachverständige und die urteilsbegründenden Gutachten der Vorinstanz zum Opfer fallen sollten. Lewis war ausgiebig auf Einzelaspekten und Details herumgeritten, die aus ihren jeweiligen Verstehenskontexten natürlich sorgfältig herausgelöst und, um es konservativ zu formulieren, ZIEMLICH INNOVATIV interpretiert worden waren.

Wir lernen von Dustin Hoffmann, dass eine derart schmierige Strategie in einem Berufungsverfahren offenbar tatsächlich Aussicht auf Erfolg hat, da die befassten Richter zwar das ursprüngliche Urteil und seine Begründung kennen, nicht aber den vollumfänglichen Inhalt des ihm zugrundeliegenden Aktenkorpus. Vor allem die Zeugenbefragungen, von denen es keine gerichtlichen Mitschriften gibt, kennen sie nur, insoweit sie von den Anwälten in das jetzige Berufungsverfahren eingebracht werden. Kurz: DIESEN RICHTERN HIER kann man über die Vergangenheit einfach ALLES erzählen. Wirklich was man will: • Die ERDE ist eine kreationistische SCHEIBE; (lt. Zeugenbefragung des Dr. G. Galilei, Mathematiker und Astronom, v. 22.6.1633. Halt, Spaß! Das ketzerische Festhalten am „kopernikanischen Weltbild" brachte dem Dottore einen Prozess und dort natürlich die Todesstrafe ein.) • RELATIVITÄT existiert nicht außerhalb ihrer allgemeinen und speziellen THEORIE (die für gesellschaftliche Mobilisierung leider völlig unbrauchbar ist, da sie weltweit nicht von mehr Menschen verstanden wird als die Einzelheiten des Verfahrens gegen Assange. Es sind in beiden Fällen ungefähr ZWÖLF.); • Haben Sie schon die SPORTLICHE FIGUR von Helge Braun bemerkt ...? Wirklich was man will. Es geht nämlich nur darum, vor diesen Richtern hier einen für die eigene Seite günstigen EINDRUCK zu erzeugen, unabhängig davon, ob dieser EINDRUCK noch in einem realistischen Verhältnis zum tatsächlichen (oder erstinstanzlich erhobenen) Sachverhalt steht.

Augustinus definiert EINE LÜGE übrigens als das bewusste Äußern der UNWAHRHEIT in TÄUSCHUNGSABSICHT. Das hat Lewis natürlich nicht getan. Lewis hat gelogen wie ein Profi, und Profis lügen – seit Jahrhunderten – mit NICHTS ANDEREM als DER WAHRHEIT. Nichts in Lewis' Vortrag war (für sich genommen) falsch. Die Details aber, alle wahr, wie Rumkirschen von einer ekligen Sahnetorte heruntergepult, waren dennoch darauf ausgerichtet, die Berufungsrichter ABSICHTSVOLL ZU TÄUSCHEN, denn sie sollten den Eindruck entstehen lassen, und zwar durch bewusste Prämeditation, Lewis habe den an Souveränität unübertrefflichen Gutachter Kopelman im Vorverfahren argumentativ vernichten können.

Jeder, der damals dabei war, weiß: Das Gegenteil ist der Fall, und Lewis ist ein Lügner. Und weiß zugleich: Diese Berufungsrichter hier haben davon nicht den kleinsten Schimmer. Sie waren ja nicht dabei. Da am Vortag die Anklage ihren schon von der Vorinstanz abgeschmetterten Diskreditierungsversuch des Gutachters Kopelman wiederholt hat, bleibt Edward Fitzgerald nichts übrig, als ihn inhaltlich nochmals zu widerlegen – mit unverminderter Leidenschaft, rhetorischer Finesse und dem Langmut eines sibirischen Bären.

Von James Lewis hieß es, Kopelman habe das Bezirksgericht getäuscht, indem er in seinem (ersten) Bericht die Identität von Assanges Verlobter und die Existenz ihrer beiden Kinder verschwiegen habe. Nun hatte Richterin Baraitser diesen Anwurf mit ihrer Urteilsbegründung bereits hinreichend entkräftet, denn Kopelman hatte sich zu jener Auslassung im schriftlichen Bericht entschieden, um Assanges familiäres Umfeld nicht zu gefährden. Völlig frei und

– wie sich zeigen wird – aus mehr als vernünftigen Gründen. Sowohl die Richterin als auch den von der Anklage bestellten Gutachter Dr. Nigel Blackwood hatte Kopelman bereits im März 2020 – und damit vor Einreichung seines Berichts – über die Identität von Stella Moris, die Existenz der Kinder und die Gründe für seine Auslassung informiert. Das wiederum war so umsichtig und angemessen, dass es als Skandalon wirklich nicht zur Verfügung steht: Nach Ansicht des forensischen Psychiaters Keith Rix, einer anerkannten Autorität auf dem Gebiet der ethischen Pflichten psychiatrischer Sachverständiger, hatte sich Kopelman damit nicht eines Pflichtverstoßes schuldig gemacht, sondern durch „angemessene und vernünftige Vorsicht" „professionelles Handeln" gezeigt.

Wollen Sie wissen, warum? Dann trifft es sich gut, dass Fitzgerald ohnehin nicht umhinkommt, die Gründe noch einmal zu erklären. Die AUSLASSUNG im Kopelman-Bericht, sagt er, sei erforderlich gewesen, da man – erstens – die ÜBERWACHUNG der Ecuadorianischen Botschaft durch den US-amerikanischen Geheimdienst befürchtet und – zweitens – Bedenken gehegt habe, die CIA könne im Zusammenhang mit Assange eine ENTFÜHRUNG oder ERMORDUNG planen. Wock. Beides ist nicht nur wahr, sondern aber nun wirklich sowas von wahr.

XIV.
Überwachen und Strafen

Bekanntlich lebte Assange von 2012 bis zu seiner Verhaftung im April 2019 notgedrungen in der Londoner Botschaft der Republik ECUADOR, deren damaliger Präsident Rafael Correa ihm diplomatisches Asyl gewährt hatte. Über einen spanischen „Sicherheitsdienstleister" mit dem bescheuerten Namen UNDERCOVER GLOBAL, dem nicht 1984, sondern überraschenderweise erst 2015 die Zuständigkeit für Assanges „Sicherheit" zugefallen sein soll, gelang es der CIA tatsächlich, eine DYSTOPISCHE Rund-um-die-Uhr-Überwachung in der Botschaft einzurichten.

Der Dienstleister hatte in allen von Assange bewohnten Räumen Hochleistungskameras installiert, sogar im Kühlschrank und auf der Gästetoilette für Damen, er hatte Einrichtungsgegenstände verwanzt (sogar den Feuerlöscher) und Laser-Mikrophone eingesetzt, alle von Assange vertraulich mit Anwälten, Journalisten, Freunden, Ärzten und Psychologen geführten Gespräche mitgeschnitten und ausgewertet, er hatte alle Handy-, Tablet- und Computerdaten all seiner Besucher restlos ausgelesen, gespeichert oder (auch mal) gelöscht, er hatte Gerichtsunterlagen und ganze Berge vertraulicher Anwaltskorrespondenz gestohlen und kopiert, er hatte schließlich sogar befohlen, eine Babywindel aus dem Müll zu fischen, um die DNA des Windelträgers extrahieren und so herauszufinden zu können, ob Assange sein Vater sei.

Sachdienlicher Hinweis aus dem Labor:

Firmenchef David Morales, von dem diese Knallidee stammte, ist übrigens ganz genau so blöd wie er auch aussieht. Das beauftragte Labor teilte ihm nämlich postwendend mit, dass die DNA aus den Fäkalien dieser Windel nicht für einen Vaterschaftstest verwendet werden kann. Verfickte Scheiße, dann eben Plan B: dem Baby seinen Schnuller klauen. In echt. Die Episode mit der Babyscheiße hat ironischerweise sogar dazu geführt, dass diese ganze Spionagesache insgesamt aufflog. Für einen von insgesamt drei UC Global Mitarbeitern war das nämlich der Tropfen, der das Fass zum Überlaufen brachte.

Er nahm Kontakt zu Assanges Verlobter Stella Moris auf, um sie zu warnen, kündigte dem Spinner und rief einen guten Anwalt an. Begonnen hatte dieses für beide Seiten wohl irgendwie einträgliche Geschäft im Sommer 2016, als UC Global-Gründer und Ex-Soldat David Morales „Ich bin ein Söldner und mache keinen Hehl daraus" eine Reise nach Las Vegas unternahm. Nach seiner Rückkehr erklärte er seinen Mitarbeitern, die Firma sei „auf die dunkle Seite" gewechselt, ZWINKERZWONKER, und spiele dank neuer „amerikanischer Freunde" jetzt in der „ersten Liga".

Der Vertrag, den er in seiner Tasche hatte, belief sich auf 200.000 Dollar im Monat. Morales wurde im August 2019 in Spanien verhaftet, kam auf Kaution wieder frei und wartet derzeit auf das Ende eines Gerichtsprozesses in Madrid, in dem die Verletzung der Privatsphäre von Assange sowie die Weitergabe illegal erlangter Informationen an US-Geheimdienste untersucht wird.

Als 2017 der ecuadorianische Präsidentendarsteller LENIN MORENO ins Amt rutschte, dem wir noch immer nichts als unsere Forderung ins Gesicht schleudern wollen (hart), er möge bitte endlich diesen VORNAMEN zurückgeben, begann UC Global sogar damit, die Überwachungsaufnahmen live zu STREAMEN: The Assange Show. In E-Mails von David Morales heißt es, es gebe drei Zugänge für diesen Stream: „einen für Ecuador, einen für uns und einen für X". Wie aus Recherchen der spanischen Tageszeitung El Pais hervorgeht, ist mit „X" nicht „M" oder „Q" oder gar „Miss Moneypenny" gemeint, sondern – das ergibt sich aus seiner weiteren Korrespondenz zweifelsfrei – „unsere amerikanischen Freunde". Keine weiteren Fragen, Euer Ehren.

Sachdienlicher Hinweis von Wikipedia:

Lenin Moreno, von 2007 bis 2013 Vizepräsident unter Rafael Correa, erwirkte 2018, dass Correa nicht mehr zur Präsidentenwahl antreten durfte. „Es besteht die weit verbreitete Ansicht, dass Moreno dabei sei, die sozialen Errungenschaften seines Vorgängers zu demontieren. Damit, sowie mit einer neo-liberalen Wirtschaftspolitik und einer Abwendung von der von seinem Vorgänger betriebenen Außenpolitik, suche er den Schulterschluss mit der reichen Elite."

Im Mai 2017, nur einen Monat nach seiner Wahl, erhielt Moreno (schon) hohen Besuch. Und zwar von PAUL MANAFORT, der mit ihm die Bedingungen für eine Auslieferung von Julian Assange aushandelte, ein Unterfangen, mit dem die USA sich an Rafael Correa über lange Jahre die Zähne ausgebissen hatten. Paul Manafort gehört zum größten Abschaum, den das politische System der USA je hervorgebracht hat: Leiter der „schmierigsten Lobbyfirma" („Spy") des Landes, (Politik-)Berater der Diktatoren Ferdinand Marcos (Philippinen), Siad Barre (Somalia), Mobutu Sese Seko (Kongo) und Ibrahim Babangida (Nigeria), Förderer von Waffengeschäften mit Saudi-Arabien und Profiteur des Bürgerkriegs in Angola. Wahlkampfmanager von Donald Trump, rechtskräftig verurteilter Steuerhinterzieher, Offshore-Kontenbetreiber, Bankbetrüger, Verschwörer, Lump & Lügner, schlussendlich begnadigt von ... äh ... Donald Trump.

Sachdienlicher Hinweis von Wikipedia:

Im April 2019 kündigte Moreno dem WikiLeaks-Gründer Julian Assange das diesem von seinem Vorgänger gewährte diplomatische Asyl in der ecuadorianischen Botschaft in London. Assange wurde daraufhin auf Anforderung des ecuadorianischen Botschafters auf dem Botschaftsgelände aufgrund eines britischen Haftbefehls wegen Nichterscheinens zu einem Gerichtstermin von Scotland Yard festgenommen und einem britischen Richter vorgeführt.

Morenos Vorgänger Correa wertete das Verhalten des Staatspräsidenten als „einen der schrecklichsten Akte, die jemals aus Servilität, Bosheit und Rachsucht ausgebrütet wurden", und bezeichnete seinen Nachfolger als „Verräter".

Dem haben wir nicht das ALLERGERINGSTE hinzuzufügen. Sie haben an dieser Stelle gemerkt: wenn Sie es je mit dem US-amerikanischen Geheimdienst zu tun bekommen sollten, dann bekommen Sie es mit ECHTEN PSYCHOS zu tun. Und zwar mit den durchgeknalltesten und schrägsten Arschgeigen, von denen Sie bei Vollmond je geträumt haben. Hallo, lieber Spiegel, und co, alte Süddeutsche. Die CIA ist in Wirklichkeit nämlich wirklich so, wie Sie beide (sich) in Ihren überteuerten History-Heften immer einen Laden wie die Stasi vorstellen. Ganz in echt! Zum Glück sind hier, in London, keine studierten Juristen zugegen. Wären Sie es, müssten Sie allein durch diese erwiesene und multiple Verletzung der Prozeduren des Verfahrensrechts (und der in traditionellen Rechtsstaaten ja noch diffus verbrieften Rechte von Angeklagten) jedes gegen Assange angestrengte Verfahren sofort für unrechtmäßig erklären. Denn die Vertraulichkeit von Anwaltsgesprächen, die von den USA hier intentional, systematisch und fortdauernd unterlaufen wurde, ist gesetzmäßig verankert. In echt.

XV.
30 Herren in Betonsandalen

Und nun zur Befürchtung Nummer zwei: Bedenken wegen von der CIA geplanter Entführungen und Ermordungen? Huuuuuuuuuh, 'ne volle Ladung psychotischer Paranoia. Absolut undenkbar! Undenkbar? Ein Ende September 2021 veröffentlichter Bericht von Investigativ-Journalisten des Nachrichtenportals *Yahoo News* um Michael Isikoff hat belegt, dass derlei (versponnen klingende) Räuberpossen verstörenderweise tatsächlich eine reale Grundlage haben. Über 30 hohe und höchste ehemalige Regierungsbeamte bezeugen darin, dass das Weiße Haus (unter Trump) zusammen mit der CIA (unter Pompeo) seit 2017 detaillierte Pläne zur ENTFÜHRUNG und ERMORDUNG von Julian Assange ausgearbeitet hat. Die *Yahoo*-Recherche bestätigt damit alles, was die Verteidigung in der ersten Instanz vorgetragen hatte.18 Die Pläne sahen zunächst vor, Assange aus der Botschaft zu entführen. Mitarbeiter der Sicherheitsfirma UC Global bekamen den unschwer entzifferbaren Auftrag, „die Eingangstür der Botschaft offenzulassen", diskret und über Nacht, damit man ihn kidnappen und in die USA verschleppen könne. Die Vereinigten Staaten wollten seiner um jeden Preis habhaft werden und entwickelten in provisorischer Verzweiflung daher (intern) die aparte Mafiafloskel, man müsse nunmehr „extremere Mittel anwenden". Pläne zur Vergiftung Assanges und ihrer kniffligen Bewerkstelligung folgten, wahlweise seine akzidentelle Ermordung DURCH STROBOSKOPISCHE

BLENDUNG eines pakistanischen Taxifahrers im Abendlicht, ein Straßenfeuergefecht auf der Grundlage von „Chicago 1930" (und der Tagebücher von Eliot Ness) oder Ideen aus dem Nachlass von Arthur C. Clarke. Die *Yahoo*-Recherche zitiert einen ehemaligen Berater für Nationale Sicherheit mit der Einschätzung, Pompeo und andere Top-Beamte seien „völlig von der Realität losgelöst" gewesen, und dann wörtlich: „Sie sahen Blut."*

In London brach wegen Assange ein „wildes Gerangel zwischen rivalisierenden Spionagediensten" aus: „Amerikanische, britische und russische Behörden stationierten Undercover-Agenten rund um die Ecuadorianische Botschaft." Die Preise für Wohnungen, Yps-Brillen mit Rückspiegel und falsche Bärte dürften ziemlich in die Höhe geschossen sein in dem Viertel. „Es war mehr als komisch", sagt ein hochrangiger Beamter. „Es ging so weit, dass jeder Mensch im Umkreis von drei Blocks für einen der Geheimdienste arbeitete – egal ob Straßenkehrer, Polizist oder Wachmann."

*Ein Zeuge der Verteidigung, ehemaliger Mitarbeiter der Sicherheitsfirma UC Global, hatte schon im September 2020 gegenüber dem Madrider Tribunal, das den Fall von David Morales verhandelt, von Überlegungen seitens der Amerikaner berichtet, „extremere Maßnahmen" gegen Assange einzusetzen: seine Vergiftung oder seine Entführung aus der Botschaft.

Spätestens DAMIT ist diese Geschichte ja wohl SO BIZARR geworden, dass man sie sofort Ian Flemings Nachfahren andrehen müsste, als Plot für den nächsten James Bond: »Zeit zu sterben – 007 auf der Jagd nach Fatty Pompeo«. Und das alles wäre sogar wirklich komisch, wenn es nicht zugleich auch die reine (und ziemlich bedrückende) Wahrheit wäre.

Pompeo hat (übrigens mit einem ziemlich fiesen Grinsen) zugegeben, dass „Teile" dieses Berichts „wahr sind", und sich beeilt die Forderung hinterherzuschieben, diese drei Dutzend Informanten – allesamt ranghohe ehemalige Regierungsbeamte – müssten mit HÄRTESTER „strafrechtlicher Verfolgung" rechnen. Hüstel. Wir haben mittlerweile eine VAGE VORSTELLUNG, worauf so etwas hinauslaufen könnte, und empfehlen den betroffenen Herren in diesem Herbst zum klassischen Geschäftsanzug eine farblich abgestimmte WESTE mit den fettesten ballistischen Einsteckplatten, die für Geld zu haben sind.

In Honks wie Pompeo begegnet Kultursoziologen eine immer wieder aufschlussreiche Interpretation des Konzepts der PRESSE- und INFORMATIONSFREIHEIT. Wenn die Verbreitung von WAHRHEIT durch INFORMATION (hier) sogar HEFTIGER bekämpft wird als das Herausposaunen von „Fake News", dann sind Sie nämlich nicht in Russland, sondern im Musterland der westlichen Demokratie.

Sachdienlicher Hinweis von Barry J. Pollack, ehemaliger Präsident der US-amerikanischen Vereinigung der Strafverteidiger (NACDL): „Als amerikanischer Staatsbürger finde ich es absolut empörend, dass unsere Regierung erwägt, jemanden ohne Gerichtsverfahren zu entführen oder zu ermorden, nur weil er wahrheitsgemäße Informationen veröffentlicht hat."

Lassen wir das nochmal kurz auf uns wirken: Höchste Regierungskreise des DEMOKRATISCHEN LEUCHTTURMS der westlichen Welt – das Weiße Haus und die CIA – unternahmen ein gezieltes ATTENTAT auf das verfassungsrechtlich geschützte Grundrecht der Veröffentlichungsfreiheit und heckten – unter Verletzung des universalen Prinzips der Rechtsstaatlichkeit – die ILLEGALE Verschleppung und Ermordung eines australischen Journalisten aus, der auf dem exterritorialen Gebiet der Ecuadorianischen Botschaft in der Hauptstadt Grobbritanniens politisches Asyl genoss. Und sichern demselben, dessen kriminelle Ermordung sie unter Zertrümmerung aller nur erinnerbaren Prinzipien der ZIVILISATIONSGESCHICHTE gerade erst minutiös geplant hatten, nun ein faires Verfahren, eine menschenwürdige Haftunterbringung und ein vertrocknetes Sahnebaiser (von gestern) zum Frühstück zu.

Hat in diesem Gericht hier eigentlich schon mal irgendjemand von der (zugegebenermaßen zunehmend an Wert verlierenden) rhetorischen Figur des RULE OF LAW gehört? Zum Glück, Sie wissen schon, sind hier gerade keine studierten Juristen zugegen. Wären Sie es, müssten Sie allein durch diese erwiesene und multiple Verletzung der allerehernsten Grundprinzipien der Rechtsstaatlichkeit jedes gegen Assange auch nur gedachte Verfahren unverzüglich in die Luft sprengen (TNT).

Assanges zweiter Verteidiger Mark Summers hat (einen zu seiner Nationalität passenden) Humor. In jedem Fall werde dies das erste Mal gewesen sein, so führt er aus, dass die USA die Beihilfe eines britischen Gerichts erbeten hätten, um einer Person habhaft zu werden, deren Vergiftung und/oder Ermordung sie zuvor durch eine Regierungsbehörde hatten planen lassen. Das ist natürlich überhaupt nicht komisch, aber es stimmt.

Dass dieses gesamte Berufungsverfahren von einem (demokratisch) abgewählten Vollidioten (gemeint ist: TRUMP) angestoßen wurde, ganze ZWEI TAGE vor seinem Ausscheiden aus einem global (leider) noch immer überbewerteten Präsidentenamt, war ja auch schon nicht komisch (gewesen). Ebenso wenig übrigens wie die Tatsache, dass dieses Höchste Gericht – vertreten ausgerechnet durch einen (britischen) Richter mit dem (viel irischeren) Namen Jonathan Swift* – es über sich brachte, diese

*Der Aufklärer, Satiriker und Ire gleichen Namens hatte seinen (heute als Kinderbuch missverstanden) Roman „Gullivers Reisen“ (und andere) nicht umsonst mit scharfen Angriffen gegen die herrschende englische Oberschicht und die Ausbeutung der mittellosen Iren durch englische Gutsbesitzer versehen.

Berufungsklage am 7. Juli 2021 überhaupt zur Verhandlung anzunehmen. Und das nur ELF TAGE, nachdem der Hauptbelastungszeuge der US-Anklage seine Aussage öffentlich widerrufen und damit (im Vorbeigehen) auch noch den letzten sklerotischen Stützpfeiler der US-Anklage hinweggerafft hatte.

XVI.
Sex, Lies and Audiotape

Der Isländer Sigurdur Ingi Thordarson, mutmaßlicher Hacker, verurteilter Pädophiler, pathologischer Lügner und Soziopath, Finanzbetrüger, Wirtschaftskrimineller und mehrfach ausgewiesener Vollidiot, räumte der isländischen Zeitung *Stundin* gegenüber am 26. Juni 2021 ein, alle von der US-Anklage begierig weiterverbreiteten Aussagen gegen Assange mal eben FREI ERFUNDEN zu haben.

Und zwar, jetzt kommt 1 Tusch:

„... um sich der Strafverfolgung wegen eigener pädophiler Verbrechen zu entziehen". Tatsächlich waren Thordarson, FBI und US-Justizdepartment gemeinsam einen schmutzigen Win-WinWin-Deal der folgenden Gestalt eingegangen:

»Lieferung von belastenden Anklagegründen gegen Assange im Austausch gegen die Zusicherung von Immunität in Sachen Pädophilie.«

Wir sind zum Glück ja keine Juristen, aber für uns erfüllt das den Straftatbestand der BÖSAR-

TIGEN VERSCHWÖRUNG zu Lasten eines Dritten, der gar nichts dafür kann, dass diese anderen drei einfach richtig einen an der Waffel haben.

Die US-Behörden hatten sich von Thordarson ziemlich willig vorgaukeln lassen, er sei ein enger Mitarbeiter Assanges gewesen, und ihn im Anschluss gezielt rekrutiert, um einen Rechtsfall aufbauen zu können.

Dass sie dabei nicht gewusst haben wollen, dass Thordarson sich in Wirklichkeit nur kurz an Assange hatte heranwanzen können unter dem Vorwand, Geld für WikiLeaks zu sammeln, die Gelegenheit dann aber lieber zur Veruntreuung von über 50.000 Dollar (von WikiLeaks) genutzt hatte, steht natürlich auf einem anderen Blatt. Zum Beispiel auf Seite 9856 von Wikipedia oder im staatlichen isländischen Gerichtskurier, denn Thordarson wurde 2014 für GENAU DIESEN und einigen anderen Wirtschaftsbetrüger-Scheiß rechtskräftig verurteilt.

Dort wäre auch zu lesen gewesen, dass der Typ ein serieller Sexualstraftäter ist, mehrfach verurteilt (2012, 2014, 2015), zuletzt wegen Missbrauchs von neun minderjährigen Jungen, denen er „Flugtickets, Landrover und bis zu eine Million Dollar“ im Austausch für sexuelle Gefälligkeiten angeboten hatte.

Ein (gerichtlich angeordnetes 17tes) forensisch-psychiatrisches Gutachten kam zu dem Schluss, dass er bei glasklarem Verstand war, aber an einer antisozialen Persönlichkeitsstörung (f.k.a. „Soziopath“) litt und nicht in der Lage war, Reue für seine Taten zu empfinden. *

In das Auslieferungsverfahren gegen Assange waren Aussagen von Thordarson von der Anklage eingebracht worden, um zu beweisen, dass Julian Assange ANDERE zu illegalen Handlungen angestiftet hätte. In ihrem Urteil zitiert Bezirksrichterin Baraitser sogar einen Teil der US-Anklageschrift, in der es heißt, Thordarson sei von Assange aufgefordert worden „sich in Computer zu hacken, um Informationen zu erhalten, einschließlich Audio-Aufnahmen von Telefongesprächen zwischen hochrangigen Beamten, einschließlich Mitgliedern des Parlaments, der Regierung des „NATO-Landes 1“.

Sachdienlicher Hinweis aus NATO-Land 27: Dass man für alle (wichtigen) Staaten der Welt ein (total wichtiges) Geheimwort braucht, wissen wir noch von den Drei Fragezeichen. Kaum fassen können wir dagegen, dass ausgerechnet ISLAND im Jargon US-amerikanischer Geheimspinner unter dem final undurchdringlichen, absolut endgeheimen Codewort „NATO country 1“ geführt wird. Die sind also echt genauso behämmert, wie wir alle immer dachten.

*Weitere fünf Fälle wurden aus Mangel an Beweisen eingestellt. Nachdem die Staatsanwaltschaft die Anklage hatte fallen lassen, beging eines der Opfer Selbstmord.

Wir nennen einen gewissen Staatenbund mit hegemonialem Weltmachtsanspruch, derzeit (glücklicherweise) begriffen in der Phase seines (überfälligen) Ablebens, in unserer eigenen GEHEIMSPRACHE ab jetzt dann mal „Militärisch-industriell hochkomplexer, sonst allerdings hirnschmerzverursachend unterkomplexer Bündnisauflösungsgrund Nummer Eins". Wer sich traut, kann den sympathischen Hauptbelastungszeugen der USA seit dem 24. September 2021 im isländischen Hochsicher-heitsgefängnis Litla-Hraun besuchen, wo er auf der Grundlage eines Gesetzes, das völlig bekloppte Wiederholungstäter daran hindern soll, während eines laufenden Gerichtsverfahrens erneut straffällig zu werden, in Untersuchungshaft sitzt.

Nun, werter Richter mit dem noch bekloppteren Finanztransaktionsdienstleister-Namen SWIFT. Als das durch SIE vertretene hohe Gericht das ohnehin bereits von multiplem JURISTENWAHNSINN durchzogene Verfahren auch noch zur Berufung annahm, wusste nicht nur Thordarson und die isländische Inselpost, sondern literally die ganze Welt, dass die Aussage dieses „Schlüsselzeugen" von vorne bis hinten erlogen war.

Und so viel schließlich dann zum KONSTRUKTIONSHINTERGRUND dieser bedeutenden US-amerikanischen Jahrhundertanklage, soviel zu den Erwägungsgründen höherer Vertreter der britischen Rechtspflege und so viel zu beider ethischen Prinzipien. Zum Glück war hier nie auch nur ein einziger studierter Jurist zugegen. Wie irrsinnig darf ein Rechtsverfahren mitsamt seiner vorgeblichen

Grundlagen denn hierzulande so werden, Mylords and Ladies – und, mit Verlaub, wie UNSERIÖS das ihm zugeordnete juristische Personal, bevor man allen endlich diese albernen Perücken vom Kopf reißen und die einzige Frage stellen darf, die der gesunde Menschenverstand noch zulässt: WO SITZEN (oder stehen) DENN HIER EIGENTLICH DIE KRIMINELLEN, MYLORD?

Eine Lüge, sagt Augustinus (noch immer), ist das bewusste Vorbringen der Unwahrheit in Täuschungsabsicht. Wir lassen das alles mal für einen meditativen Moment auf uns wirken.

XVII.

Auguren und Auspizien

Fitzgerald wendet sich schließlich an Lord Chief Justice Ian Burnett, um ihn an die Parallelen zwischen den Fällen Assange und Lauri Love zu erinnern. Autismus in der fatalen Kombination mit Depressionen, dazu noch die Haftbedingungen in den USA, was nach den axiomatischen Gesetzen irgendeiner juristischen Mathematik insgesamt ein erhöhtes Selbstmordrisiko und damit ein Auslieferungsverbot der Rubrik „humanitäre Gründe“ ergibt.

Der Höchste Richter allerdings unterbricht mit den Worten: „Es handelt sich da um einen völlig anderen Fall.“ Oha. Überhaupt unterbricht dieser Richter die Verteidigung auffällig oft, merken wir gerade. Er fährt Fitzgerald in all seine oratorischen Paraden, zwingt ihn zu Präzisierungen, Konkretisierungen, kleinlichem Nachfrage- und Antwortzeugs, während die Anklage ihr wirklich sachverhalts-verzerrendes Geschwurbel am Tag zuvor ohne jede richterliche Intervention hatte vortragen dürfen. Was natürlich ein entweder GUTES oder aber ein WIRKLICH SCHLECHTES Zeichen ist.

Wie es in den britischen Wettbüros derzeit um Assange steht, weiß vor Ort kein Mensch, wahrscheinlich steigt der Kurs und sinkt wie an jeder anderen beliebigen Börse, derzeit womöglich 1 Milliarde zu 1. Aber wer weiß. Das Ende des zweiten Verhandlungstages läutet ein (für hiesige Distanzverhältnisse) geradezu verstörend direktes Juristen-Ping-Pong ein, jedenfalls mehr oder weniger. Technische Details des Verfahrensrechts folgen psychologischen Details der medizinischen Gutachten, jeweils gefolgt von einer polemischen Widerlegung der Darlegungen der Gegenseite. Mehr oder weniger jedenfalls.

Ihre gegenseitige Missbilligung zeigen die Anwälte sich mit unübertrefflicher Höflichkeit und einer sprachlichen Subtilität, die man sonst nur von Berlinern kennt. Wenn der Verteidiger zum letzten Verachtungsschlag etwa ausholt, indem er einen Satz sagt wie: „Mit dem größten Respekt, einige der inkorrekten Ausführungen meines ehrenwerten Kollegen werden für eine artikulierte Lösung dieser Fragen nicht förderlich sein", bekommt man eine winzige Ahnung von der Würde, die dieser Berufsstand einmal mit sich gebracht haben mag.

Den würdelosen Rest davon ersparen wir Ihnen und uns. Es geht zusammenfassend um SELBST-

MORD und die irrsinnige, sich in allen uns verbliebenen HIRNWINDUNGEN verknotende Frage, ob ein Gericht nicht lieber jene auf gegenwärtige Gegenwarten bezogenen Einstufungen berücksichtigen sollte, anstatt auch die Geltung psychologischer „Prädiktionsfunktionen" zu akzeptieren. Was übersetzt wohl heißen soll, dass die USA finden, dass jede zuverlässige Voraussage einer vorhersehbar unter den von ihr landesweit angebotenen Haftbedingungen künftig entstehenden Suizidabsicht WENIGER gerichtliches Gewicht haben sollte als jede unabhängig von diesen entstandene Suizidabsicht zuvor. (Die sie natürlich – so oder so – kategorisch bestreiten.)

Jedenfalls stehe, finden die USA, das expertenfabrizierte Orakel einer AKTUELL nur LATENT angelegten Suizidabsicht, die sich erst NACH dem auslieferungsbedingten Kontakt mit US-amerikanischen Haftverhältnissen mutmaßlich in den Zustand ihrer AKUTEN Manifestierung wenden könnte, einer Auslieferung in der GEGENWART ja faktisch keineswegs entgegen, da sie selbst notwendigerweise in der ZUKUNFT angesiedelt wäre. Verstehen Sie? (Wir auch nicht.)

Sogenannte Präventivmaßnahmen US-amerikanischer Gefängniseinrichtungen werden zum Thema, wobei unter „Präventivmaßnahmen" irgendein Bündel mechanistisch gedachter Vorrichtungen (zur Verhinderung von Häftlingsselbstmorden) firmiert, das einen Gefangenen, der so verzweifelt ist, dass er sich das Leben nehmen will, in einem direkten Kampfmodus daran zu hindern versucht, diese ABSICHT auch in eine TAT umzusetzen. Nicht aus irgendeinem hehren, sondern aus einem niederträchtigen Grund freilich, weil die Umsetzung der Selbsttötungsabsicht eines Inhaftierten – jedenfalls aus Sicht der Vollzugsbehörden – dem – ebenfalls aus ihrer Sicht – skandalösen Sachverhalt gleichkäme, dass ein rechtskräftig Verurteilter sich der ihm auferlegten und daher gerechten Strafe durch den feigen Akt der Selbsttötung entzöge, anstatt sie vorschriftsmäßig abzusitzen.

Himmel, hilf. Denn wir haben an dieser Stelle wirklich nicht mehr die geringste Ahnung, ob jene, die solche Gedankengänge verteidigen oder erfinden, auch nur die geringste Vorstellung von dem ethischen oder sozialen oder politischen Hintergrund haben, vor dem sie da argumentieren. Wir ersparen uns und Ihnen den noch würdeloseren Rest des Rests und wissen zugleich EINES ganz sicher: Ein Justizsystem, das auf der Grundlage eines zweckentfremdeten 100-jährigen Spionagegesetzes und der Lüge eines isländischen Pädophilen die Auslieferung eines ihm ganz und gar staatsfremden Staatsbürgers und Publizisten begehrt, das soll sich (mitsamt seiner vulgärutilitaristischen Selbsttötungsprognosedoktrin) wirklich zur Hölle scheren. Aber ganz, ganz schnell.

Und dann ist die Verhandlung aus. Der Vorsitzende Richter erklärt zum Abschied förmlich, beide Seiten hätten dem durch ihn verkörperten Gericht etwas (oder viel) zu denken gegeben, das durch ihn Verkörperte werde seine Entscheidung sorgfältig abwägen und irgendwann einmal auch getroffen haben, herzlichen Dank, kommen Sie gesund nach Hause und beehren Sie uns bald wieder.

XVIII.
2 Präsidenten der USA
1 Europa und Lord Justice Holroyde

Wem man den vorerst letzten Akt dieser hochartifiziellen juristischen Seifenoper zu verdanken hat, ist klar. Sie sind zu dritt, Grüße gehen raus. ERSTENS: Diesen Typen aus dem Weißen Haus. Donald Trump und Joe Biden. Der EINE hatte der Anklageerhebung gegen Assange nicht nur grünes Licht gegeben, sondern auf seinen letzten Metern im Amt nochmal aus allen verfügbaren Rohren geschossen, um die Welt in einem noch schlechteren Zustand zu hinterlassen, als sie es sowieso schon war.

In seinen letzten Wochen im Oval Office setzte Trump sein breitestes Maulfroschgrinsen auf, um noch rasch ein paar Hinrichtungen exekutieren zu lassen oder wenigstens anzuordnen*, ein paar verurteilte Verbrecherkumpels zu begnadigen (Manafort et. al.) und schließlich – exakt ZWEI TAGE vor Eintreffen der Umzugshelfer – das Berufungsverfahren gegen Assange auf den Weg zu bringen.

*Allein 13 in Indiana, das waren dreimal mehr als in den 60 Jahren zuvor.

Der ANDERE hatte sich bemüht, die verklärte Erwartungshaltung europäischer Transatlantiker rasch mit oberflächlich manierlicher Rhetorik zu bedienen. In seiner Inaugural-Rede hatte er (ihnen) stotternd erklärt, Amerika sei ja nun endlich wieder da, hurra, und schnell das Allerletzte zusammengestammelt, woran er sich anlässlich der Stichworte »Recht« und »Freiheit« noch erinnern konnte, um danach BRUCHLOS die politischen Leitlinien des Idioten vor ihm fortzuführen – einschließlich dieses demokratischen Prinzipienverrats, der mit der gnadenlosen Treibjagd auf Assange von Anfang an verbunden war.

Natürlich ist das alles, wenn man noch genauer hinsieht, wie immer noch schlimmer. Selbstredend hat Biden hier (und andernorts) nicht eine FREMDE Agenda fortgeschrieben, sondern seine EIGENE. Noch 2011 hatte er als Vize-Präsident – eigens für Assange – nämlich die terroristische Bezeichnung „High-Tech-Terrorist" erfunden, was überdeutlich mit dem Reflexionshorizont aller ausgewiesenen Vollidioten vor, nach und neben ihm korrespondiert.

Fatty Pompeos Formel vom „feindlichen nichtstaatlichen Geheimdienst" ebenso wie Bidens Diktum lassen dabei sehr viel tiefer blicken, als Transatlantiker in der Regel gucken können. Bis Joe Biden kam, verstand es sich eigentlich von selbst, dass ein Publizist eben (nichts als) ein Publizist ist. Wenn dieser Beweise für Straftaten veröffentlicht, die von Angehörigen von Regierungsorganisationen begangen wurden, dann hat man als Politiker seine einfachen Schlüsse daraus zu ziehen. Bestenfalls, falls man noch Demokrat ist, die, dass begangene Straftaten zu ahnden und gegen (betroffene) Straftäter Anklage zu erheben ist.

Die Idee, stattdessen den JOURNALISTEN als einen gemeingefährlichen „TERRORISTEN" zu brandmarken und zu kriminalisieren, der mit etwas so Gemeingefährlichem wie einem Bleistift, einer Druckerpresse oder, Gott behüte, INTERNET „bewaffnet" ist, gehörte in Rechtsstaaten, soweit wir uns erinnern, bislang noch nicht dazu. Bis Joe Biden kam.

Es muss hoffentlich nicht gesondert erwähnt werden, dass der „Workflow" derart wirklichkeitsentstellenden „Frame-Settings" zu den formstabilsten und zugleich durchsichtigsten Maschen „lupenreiner" Unrechtsstaaten zählt. Er besteht schlicht darin, jedem, der einer reibungslosen Machtausübung irgendwie im Wege steht, schnellstens ein (möglichst abstoßendes) Etikett ans Revers zu heften (z.B. „Junge Liberale", Smiley!), um DAS zu legitimieren, was in der Folge meistens ja auch folgt.

Bezeichnet ein Politiker einen Journalisten nämlich unverblümt als „Terroristen", so markiert er ihn in einer schnurgeraden semantischen Linienführung (und für alle sichtbar) als RECHTLOSEN. Mit einem „Terroristen" darf man machen, was mit „Journalisten" in „Rechtsstaaten" verboten ist: man darf ihn überwachen, ausspähen, verfolgen, psychisch und physisch foltern, sogar vergiften, entführen, ermorden und exekutieren. Alles Dinge, die der US-amerikanische Geheimdienst und das Weiße Haus tatsächlich mit Assange GETAN und/oder zu tun GEPLANT hatten.

Was es für SIE oder UNS bedeuten könnte, wenn ein Typ wie Joe Biden, dessen „progressiver" Rentnergeist von der ihm zugeneigten Welt mit routiniertem Rambazamba bejubelt wird, die Arbeit eines Publizisten noch immer für „Terrorismus" hält (und das muss er wohl, sonst hätte er die Berufungsklage ja zurückgezogen), vermögen wir uns nicht letztgültig auszumalen. Sie sollten jedenfalls wissen, dass nicht nur alle Konservativen, Sozialdemokraten, Liberalen und Grünen, die Sie (in Erwartung einer vollkommeneren Welt) je wählen werden, aufs Strammste an seiner Seite stehen. Sondern natürlich auch Ihr bislang größtes deutsches As in Brüssel, Frau vonderLeyen.

Kein Zusammentreffen der Mitglieder des Europäischen Rates, dieses wirklich entscheidendsten Gremiums der EU, ohne dass die servile transatlantische Blechtrommlerin (und Vorreiterin der SMS-basierten Intransparenz, vgl. die Pfizer-SMS) sich nicht im Vorfeld mehrere Stunden mit Biden besprochen hätte. Wir sagen dazu jetzt gar nichts mehr. Die GEOSTRATEGISCHE AUTONOMIE, die diese betonfrisierte Tante uns mal versprochen hatte, hatten wir uns jedenfalls anders vorgestellt.

Zweitens. Und an genau dieser Stelle ahnen Sie es schon. ZWEITENS verdanken wir den ganzen Salat natürlich (wie immer) auch all diesen phantasiefreien Pfeifen aus Europa, die (wie immer) vor lauter transatlantischen Bäumen den demokratischen Wald nicht sehen. Solange maßgebliche EU-

Politiker unter DEMOKRATIE nichts anderes verstehen als die Übersetzung US-amerikanischer Politikphrasen in ihre jeweilige Landessprache, wird sich daran kaum etwas ändern können.

Und solange SIE DA DRAUSSEN von IHRER DEMOKRATIE nichts anderes erwarten als die serielle Reproduktion leerer Signifikanten auf CO2-freiem Hochglanzpapier, übrigens auch nicht. Solange wird die Forderung nach PRESSEFREIHEIT nur das (veraltende) Instrument in einem (veraltenden) ideologischen Werkzeugkasten sein – und europäische POLITIK ein nur pseudoprospektives Sichtfeld, das in Wahrheit auf die Interessenslagen (und Stationierungsgebiete) eines (veralteten) Militärbündnisses zusammengeschmolzen ist.

Solange aufrechten Demokraten wie Julian Assange der ihnen zustehende politische Schutz von den Mitgliedern der EU (einzeln und kollektiv) verwehrt wird, sollen diese europäischen Bürgerrechts-Spacken sich ihr preiswertes Phrasengewäsch jedenfalls an den Hut stecken. Initiiert von der französischen Linkspartei *La France Insoumise* haben 39 Abgeordnete aus neun Fraktionen der Nationalversammlung am 27.10.21 einen Resolutionsentwurf zur Abstimmung vorgelegt, in dem die französische Regierung aufgefordert wird, Julian Assange unverzüglich politisches Asyl zu gewähren. Der Antrag fand natürlich keine Mehrheit, hat der französischen Öffentlichkeit die Ungeheuerlichkeit der Strafverfolgung eines Journalisten aber erneut ins Gedächtnis gerufen.

Immer wieder interessant zu sehen, was (linke) Parteien in Europa manchmal so zustande bringen. Apropos. Was macht eigentlich die deutsche Linke so beruflich?

Drittens. Und DRITTENS verdanken wir Zuschnitt und Inhalt dieses Prozesses: Lord Justice Holroyde. Im Londoner High Court sitzt er uns die ganze Zeit direkt gegenüber. Und zwar mit einem Blick, den wir zuletzt bei Darth Vader gesehen haben. Zwei Tage lang wird dieser Typ nicht das Geringste sagen. (Vielleicht, weil er nicht mag oder weil er nicht kann oder – wahrscheinlicher – weil er nicht darf. Er ist hier nämlich zu seiner eigenen Überraschung subaltern, aber dazu später.) Holroyde wird wirklich durchgehend schweigen, ganz als wäre er geknebelt oder gar nicht da. (Genau wie Assange.)

Außer am Vormittag des Verhandlungstages zwei. Nach ein paar wirren Blicken, die durch den gesamten Gerichtssaal gehen, fasst Holroyde sich ein Herz, das er vermutlich gar nicht hat, um sich TUSCHELND (wie ein verschlagenes High-School-Girl) an den (neben ihm sitzenden) Chief Lord Justice zu wenden. Der postwendend vermeldet, das Hohe Gericht, vertreten durch Darth Holroyde, fühle sich auf das Empfindlichste gestört. Und zwar von JEDEM dieser Menschen hier, die es immer wieder wagten, nicht auf seine juristische Heiligkeit, sondern gelegentlich auch auf ihre profanen Handys zu blicken.

Das anwesende Bürgervolk möge sein störendes Blicken auf etwas anderes als einen Richter daher unverzüglich einstellen. Gern würden wir Holroyde dasselbe sagen, der seine Arbeitszeit bisher nämlich ausschließlich damit verbracht hat, ohne wahrnehmbare Atempause oder Gefühlsregung auf den ahistorischerweise vor ihm aufgestellten Bildschirm zu starren. Hören Sie, Mylord, die Träger dieser unveräußerlichen Bürgerrechte da draußen, vertreten durch uns, fühlen sich empfindlich gestört. Und zwar von diesem Lord Vader hier, der es seit Tagen wagt, nicht auf den demokratischen Souverän, sondern fortwährend in seine komische Privatglotze zu blicken. Wir tippen da übrigens auf Zombies versus Pflanzen. (Oder Solitaire.) Und wünschen ihm von Herzen PECH. Mögen die Untoten auf seinem Bildschirm ihm mal ordentlich die Fresse polieren.

Ausweislich der von ihm gesprochenen Urteile ist Holroyde für gnadenlose Härte bekannt – gepaart mit einem eklatanten Mangel an Empathie. Wahrscheinlich ist es streng verboten, dass man überhaupt etwas SCHLECHTES über ihn sagt oder schreibt oder denkt. Jederzeit könnte Holboyrne irgendeinen verstaubten Paragraphen aus der Kolonialzeit aus der Kutte holen, den er so lange in die Luft werfen, wieder auffangen und verdrehen kann, bis am Ende EINFACH ALLES verboten ist. (Er sieht zumindest danach aus.)

Wenn Assange und sein Vater und seine Verlobte und seine Mitstreiter und WikiLeaks und die ganze Weltöffentlichkeit nach elf Jahren nun schlussendlich noch mit einem Berufungsverfahren gequält werden, in dem es hauptsächlich um die privatmedizinischen Details von Assange und seine psychische Verfassung geht, dann haben wir das –

nach der geltenden juristischen Binnenlogik – in Wahrheit niemand anderem zu verdanken als Seiner miesepetrigen Lordschaft hier.

Als am 11. August 2021 die Vorverhandlung zum jetzigen Berufungsverfahren stattfand, sprach Holboyrne (wohl) noch, obwohl man sich rückblickend wünscht, er hätte auch da besser geschwiegen. Noch im August war der Fall einem Richterdoppel unter seiner Federführung zugeteilt gewesen – ihm beigeordnet eine dienstjüngere Richterin, Justice Dame Judith Farbey, die der Verhandlungsführung schweigend folgte, mucksmäuschenstill.

Als (seinerzeit Noch)-Vorsitzender Richter hatte Holboyrne es gewagt, eine vom Hohen Richter Jonathan Swift, wir erinnern uns, erst einen Monat zuvor getroffene Entscheidung in ihrem Grundsatz zu revidieren. (Mit fatalen Folgen für unser aller Psyche.) Justice Swift hatte, als er das Verfahren im Juli zur Verhandlung annahm, nur DREI der insgesamt fünf von den USA ins Feld geführten BERUFUNGSGRÜNDE zugelassen: rein rechtstechnische und formalistische, die sich (maximal) auf die Auslegung einzelner Rechtsvorschriften durch das Bezirksgericht bezogen.

All die quälenden Fragen der (niederen) Küchenpsychologie dagegen, alle Krankheitsbilder, Depressionen, Suizidabsichten, alle Gutachten und ihre Infragestellung hatte Swift ganz ausdrücklich ausgeschlossen. (Man merkt sofort: Ein Ehrenmann.) Diese Berufung hier hätte nämlich so schön, trocken, technizistisch und todlangweilig verlaufen können wie jede andere Standardgerichtsverhandlung auch.

Jedenfalls ganz anders als das verunglückte Re-Enactment dieses frühen Hitchcock-Klassikers hier. Was wir zwei Tage lang sehen, hören und NICHT HÖREN mussten, haben wir vollumfänglich Holboyrne zu verdanken. Schuldig. Denn er war es, der die zwei zuvor ausgeschlossenen Berufungsgründe wieder zuließ und es den Vereinigten Staaten damit gestattete, das Berufungsverfahren auf die medizinisch-psychologischen ABGRÜNDE auszudehnen, von denen auch Sie gerade einen Vorgeschmack bekommen haben.

XIX.

Das Gerichtsimperium schlägt zurück

Eine Woche vor Beginn der Hauptverhandlung im Oktober 2021 wurde plötzlich und aus Gründen, von denen man nichts Genaues weiß, die mucksmäuschenstille Beisitzerin vom Fall Assange ABGEZOGEN. Und durch Lord Chief Justice Burnett ersetzt, dessen souveräne Verhandlungsführung Holroyde seither still und schweigend erdulden muss.

Und DAS könnte in der Tat endlich einmal etwas GUTES sein. Lord Ian Duncan Burnett ist ein geschlagener Ritter, falls man das so sagen darf; der (etwas umständliche) Adelstitel „Baron Burnett of Maldon, of Maldon in the County of Essex“ ist ihm verliehen „auf Lebenszeit, solange er lebt, solange er noch nicht gestorben ist". Als Lord Chief Justice of England and Wales besetzt Burnett das höchste besetzbare Richteramt im Land, einer der angesehensten Richter in Großbritannien. Die Reihe der Fälle, mit denen er im Laufe der Zeit in Berührung kam, ist so beeindruckend wie geschichtsträchtig: Vom Kings-Cross-Brand (1987) über die Zugunglücke von Southall (1997) und Ladbroke Grove (1999) bis zu den Untersuchungen nach dem Tod von Diana, Prinzessin von Wales, und Dodi Al-Fayed. Richtig großes Kino. Auch an der Aufhebung der zu Unrecht ergangenen Verurteilungen der Guildford Four und der Maguire Seven war Burnett beteiligt gewesen.

In zwei schwerwiegenden Fehlurteilen waren elf unschuldige (nordirische und englische) Bürger FÄLSCHLICHERWEISE als Terroristen beschuldigt und zu Haftstrafen von bis zu 35 Jahren verurteilt worden, einer der größten Justizskandale Großbritanniens. Vom Obersten Gerichtshof wurde Burnett als „Lord Justice of Appeal am Court of Appeal" zum Berufungsgericht befördert, wo er für Auslieferungsfälle zuständig war und wo er – jetzt kommt 1 Tusch – die für Lauri Love erstinstanzlich verfügte Auslieferung an die USA dahingehend korrigierte, dass er sie umgehend ZURÜCKNAHM: Stichworte Asperger, Depression und Suizidgefährdung – normale humanitäre Gründe halt.

Im Kreis der Sympathisanten von WikiLeaks wird das (rein erzählerisch durchaus dramatisierbare) Erscheinen von Justice Burnett, der immerhin so plötzlich in dieses Verfahren gefahren war wie der

Deus ex machina in eine antike Tragödie, als gutes Omen gewertet. Und auch wir WOLLEN natürlich daran glauben, dass das etwas Gutes ist: Die Auflösung eines seelenzerreissenden Konflikts durch das beherzte Eingreifen von BLINDEN Göttinnen der Gerechtigkeit, die dem Geschehen endlich die lang ersehnte Schlusswende geben.

HOFFNUNG als Prinzip und OPTIMISMUS als Strategie, auch wenn beides, sagt Heiner Müller, sich doch nur einem MANGEL an INFORMATION verdankt. Der Schweizer Völkerrechtler Prof. Dr. Nils Melzer formuliert dagegen eine bedrückende These: Wenn ein Richter sein Urteil an einer Präzedenzentscheidung ausrichten will, dann kann er das einfach tun. Um eine ergangene Entscheidung in ihrem Grundsatz zu wiederholen, braucht man den Richter, der sie ursprünglich gefällt hat, nicht. DIESEN Richter, so Melzer, braucht man in einem Verfahren nur, um den Grundsatz einer Präzedenzentscheidung zu REVIDIEREN. Der einzige, der von dem im Fall Lauri Love gesetzten Rechtsmaß unangefochten ABWEICHEN kann, ist der, der sie ursprünglich gefällt hat: Lord Chief Justice Burnett selbst.

XX.

Elf Jahre und zwei Tage

Wenn die US-Seite im Berufungsverfahren Recht bekommt, wird der Fall an das Bezirksgericht zurückverwiesen, wo er erneut verhandelt werden müsste. Bekanntlich wird es Monate, wenn nicht (wieder) Jahre in Anspruch nehmen, ein zweites Gerichtsverfahren durchzuführen. Monate und Jahre, die Assange nach über 4000 Tagen unausgesetzten Freiheitsentzugs weiterhin festgehalten würde, um sie mit ungewissem Ausgang hinter den Gittern eines britischen Hochsicherheitsgefängnisses zu verbringen. Ein Alptraum.*

Wird die Berufung abgewiesen, wäre Assange (theoretisch) nach geschlagenen 11 Jahren wieder der freie Mann, der er (theoretisch) schon die letzten 11 Jahre über hätte sein müssen. Es sei denn, die USA entschlössen sich, den Fall Assange noch einmal ganz frisch aufgerollt VON NEUEM zur Anklage zu bringen, wie es von James Lewis zum Ende der Verhandlung hin tatsächlich angedroht wird. Es sei denn, die USA entschlössen sich zur Anrufung des allerallerhöchsten, allerletztinstanzlichen und allerexklusivsten britischen SUPREME COURTS.

Dieser ist selbstverständlich so eigenständig, dass er die Übernahme des Falles einfach ablehnen könnte, womit die Sache dann endgültig erledigt wäre. Passieren wird das natürlich nicht, weil es als offener Affront und (politische) Kriegserklärung gewertet würde, weswegen es für den (unpolitischen)

*Assange hat 7 Jahre in einem einzigen Raum verbracht (Botschaft), danach zweieinhalb Jahre in Einzelhaft (Belmarsh). Jeder, der während der Covid-Ausgangssperren einen vergleichsweise lächerlichen Eindruck von erzwungener Isolation bekommen hat, möge sich das mal für eine Sekunde vorstellen.

Supreme Court in Wirklichkeit auch nicht infrage kommt, den Vereinigten Staaten eine (höchst)persönlich erbetene Urteilsprüfung abzuschlagen.

Auch in diesem Fall würde Assange weitere Monate, wenn nicht Jahre seines Lebens hinter den Gittern von Hellmarsh verbringen. SO oder SO oder SO bleibt die niederschmetterndste Erkenntnis die, dass – selbst wenn in diesem absurden Schauspiel die Auslieferung Assanges (doch noch) abgewendet wird – die ZENTRALEN FRAGEN, die mit diesem für die Verfasstheit unserer Öffentlichkeit paradigmatischen Fall verbunden sind, am Ende unverhandelt bleiben.

Unverhandelt vor dem Berufungsgericht Ihrer Majestät - und unverhandelt von der betroffenen Öffentlichkeit. SO oder SO oder SO ist und bleibt es nämlich ein Rätsel, dass unsere Gesellschaft diesen so offenkundigen Angriff auf die Grundpfeiler ihres Gemeinwesens, auf die Prinzipien der Demokratie, der freien Presse, der Transparenz und Rechenschaftspflicht – und nicht zuletzt auch auf die internationale Ordnung – so regungslos über sich hat ergehen lassen wie ein gewöhnliches Opossum.*

*Das Opossum imitiert die physiologischen Merkmale des Todes, indem es Körpertemperatur, Herzschlag und Atmungsfrequenz herabsenkt und nicht mehr auf die Umwelt reagiert.

Für einen alten Hasen wie Bertolt Brecht könnte ALL DAS natürlich die fabelhafte Vorlage für das lehrreichste Lehrstück aller Zeiten sein – über SIE und UNS und die Notwendigkeit des HANDELNS angesichts einer öffentlichen ORDNUNG, deren monströse Dysfunktionalitäten ja nur durch unser stillschweigendes Einverständnis möglich geworden sind.

XXI.
Ein in sich geschlossenes System der Verständigung

„Praktisch nichts an diesem Fall ist übriggeblieben, das noch legal sein könnte." (Prof. Dr. Nils Melzer)

Der um den Gründer von WikiLeaks in elf zermürbenden Jahren teils künstlich erzeugte, teils organisch gewachsene Rechtsfall weist – neben all den in ihm selbst verdichteten logisch-argumentativen Ungeheuerlichkeiten – eine solche Dichte an rechtsstaatlichen Ungeheuerlichkeiten auf, dass man sich unwillkürlich nach irgendetwas SCHRECK-LICHEM sehnen möchte, z.B. nach Mahnwachen mit Teelichten und qualvollem Gesang oder irgendwelchen Bürgerrechtlern, die einen melancholischen Halbkreis um eine Notrufsäule bilden.

Ein Blick in die Berichte des UN-Sonderbeauftragten für Folter Nils Melzer, der als Schweizer Völkerrechtler in Fragen einer fachkundigen Beurteilung juristischer Verfahrensabläufe alles andere als ein Laie ist, genügt, um das Ausmaß der Ungeheuerlichkeiten zu erahnen, mit denen Rechtsstaaten wie Schweden, Großbritannien und die USA gegen Assange vorgegangen sind. Obwohl alle angestrengten Verfahren jeweils fachmännisch mit juristischen Argumentationsangeboten grundiert waren, sind Mittel und Prozeduren zum Einsatz gekommen, mit denen alle bisher bekannten Prinzipien der Rechtsstaatlichkeit auf das Äußerste strapaziert, wenn nicht gar außer Kraft gesetzt worden sind.

Auf die durch tätliche Mithilfe schwedischer Behörden entstandenen Verdächtigungen, die Assange über ein Jahrzehnt fälschlicherweise das Stigma eines „Vergewaltigers" eingebracht haben, können wir nicht näher eingehen, sie sind ein Kapitel (bzw. Buch) für sich und lassen sich bei Nils Melzer, der diesen (gesonderten) Fall lange und ausgiebig studiert hat, detailliert nachlesen: „Der Fall Julian Assange. Geschichte einer Verfolgung".

Sachdienlicher Hinweis der schwedischen Behörden: Hier also nur die Kurzfassung des unbeschreiblichen Irrsinns, dem ein normaler Mensch im kafkaesken Labyrinth unserer Justizsysteme begegnen kann, wenn er erst einmal hineingeraten ist. Während er sich anlässlich eines Seminars in Stockholm aufhielt, hatte Assange im August 2010 Geschlechtsverkehr mit zwei Frauen. Er war eindeutig einvernehmlich, das stand nie und steht nicht infrage. Die Frauen kannten sich, tauschten SMS-Nachrichten aus und begannen sich Sorgen einer möglichen HIV-Infektion wegen zu machen. Wir schreiben das Jahr 2010, und beider einvernehmlicher Geschlechtsverkehr mit Assange war ungeschützt verlaufen. Sie verlangen von Assange einen HIV-Test, den er verweigert, und fragen sich, ob man ihn nicht behördlich zu einem Test verpflichten könne.

Sie gehen zur Polizei. Nein, erfahren sie da, ditt hamwa nich. Hier jibs nur „Vergewaltigung", wollense das? Die Frauen wollen das dezidiert nicht – trotzdem geht die Sache weiter irgendeinen obskuren behördlichen Gang. Später werden noch viel dümmere Polizeibeamte in dieser hanebüchenen Geschichte auftauchen und eine (komische) schwedische Staatsanwältin, die gemeinsam für den Ärger sorgen werden, der Assange schließlich in die Ecuadorianische Botschaft zwingt. Eine Anklage wegen Vergewaltigung wurde gegen Assange nie erhoben.

Es wäre bestimmt auch schwierig gewesen, sie zu begründen, denn eine Vergewaltigung gab es nie. Und wenn selbst diejenigen, die in einer Akte als Opfer eines Tatvorwurfs geführt werden, bestreiten, dass es diese Tat je gegeben hat, dann wird es wirklich schwierig. (Auch für die fieseste Staatsanwältin in ganz Schweden.)

Von den beteiligten Rechtsstaaten wurde damit eindrucksvoll vorgeführt, wie die Legitimation eines konkreten Begehrens, einer als rechtswirksam angesehenen Klage, von der Ebene juristischer Eindeutigkeit in einen undurchsichtigen Bereich rechtlicher Rezeptionsästhetik verschoben werden kann, ohne dass dies Straßenumzüge aufgebrachter Demokraten auslöste. Jenseits des konkreten Falles von Assange bestünde daher möglicherweise die metajuristische Notwendigkeit, über die (strukturelle) Instrumentalisierbarkeit der Rechtssysteme von Rechtsstaaten nachzudenken.

Oder über die verschiedenen Darreichungsformen ihrer zeitgenössischen Zweckentfremdbarkeit. Oder über die beunruhigende Erkenntnis, dass nicht nur die Vereinigten Staaten, sondern längst auch Großbritannien und Schweden an der Abschirmung ihrer Regierungen vor der Öffentlichkeit arbeiten, indem sie einen ausschließlich ihrer eigenen Definitionshoheit unterstehenden „Geheimnisverrat" als Straftatbestand in ihren Gesetzbüchern verankern. Und Regierungshandeln damit vor der einzigen Instanz immunisieren, die ihm überhaupt Legitimation verleiht, nämlich vor uns, vor Ihnen, vor der sie in Macht setzenden Bürgerschaft.

Wenn derlei obrigkeitsstaatliche Irrationalismen nun unsere Gesetzestexte (oder ihre Lesarten) zu durchdringen beginnen, dann wird das basale Legitimationsmuster moderner Demokratien selbst auf den Kopf gestellt, denn es hielten damit (durch und durch kontingente) Rechtfertigungsgründe (ganz und gar) zufälliger Regenten Einzug in ein Rechtssystem, das ja eigens konstruiert wurde, um jeder obrigkeitlichen Willkür endlich Einhalt zu gebieten.

Wenn unsere oder Ihre Kinder in einer künftigen Gesellschaft leben, in der überführte Straftäter straffrei bleiben, es stattdessen aber zur Straftat geworden ist, die Wahrheit über Straftäter zu sagen, dann sagen Sie bitte nicht, Sie hätten nichts davon gewusst. Und wenn durch unser Rechtssystem kraft seiner eigentümlichen Eigengesetzlichkeiten nicht mehr Recht, sondern sein genaues Gegenteil entstünde, dann wären die für unsere Gesellschaftsordnung konstitutiven Grundprinzipien am Ende doch auf einen recht lächerlichen Treppenwitz der Demokratiegeschichte zusammengeschrumpft.

Jeder Mensch, der sich länger als 3 Minuten mit Julian Assange und WikiLeaks beschäftigt hat, weiß, worum es in diesem Verfahren IN WIRKLICHKEIT geht. Jeder der angereisten Beobachter weiß es, jeder zugeschaltete Journalist, jede wortkarge Gerichtslampe, Stenotypistin und Eichentür. Julian Assange selbst weiß es natürlich sowieso, ebenso die Mitarbeiter von WikiLeaks, die Menschenrechtsorganisationen und Journalistenverbände. Die Ankläger wissen es genauso gut wie die Verteidiger. Die Richter, Gerichtsschreiber und Aktenlehrlinge wissen es auch. In dieser und jener und jeder nur denkbaren gerichtlichen Instanz. Alle Anwesenden wissen sehr genau, welche Fragen hier eigentlich zur Verhandlung stehen – und dass sie mit psychologischen Gutachten ebenso wenig zu tun haben wie mit Haftbedingungen, diplomatischen Zusagen oder Suizidgefahr.

Wenn sie alle nun Stunde um Stunde in diesem hochartifiziellen Schauraum der britischen Rechtspflege zubringen und mit kleinteiliger Vortragsführung (und der haarspalterischen Zerlegung aktenkundiger Details) unterkühlte Rhetorikschlachten schlagen, REDE UM GEGENREDE, ohne dabei diese EINE ZENTRALE FRAGE anzuschneiden, von der doch ALLE wissen, dass es um sie geht, - dann hat das ganze Verfahren (endgültig) die Züge eines WITTGENSTEINSCHEN SPRACHSPIELS angenommen. Eines Sprachspiels, in dem Julian Assange, WikiLeaks, Pressefreiheit, Demokratie und wir, alle anderen, um die und deren Gesellschafts- und Rechtsordnung es dabei im Grunde geht, nur mehr als BEOBACHTER vorkommen.

Beobachter, die (perückentragende) Beobachter bei der Ausführung ihres eigenen Sprachspiels beobachten, das in seiner Hauptsache eben NICHTS ist und, so beschreibt es wenigstens Wittgenstein, nichts anderes jemals zu sein intendiert als ein „in sich geschlossenes System der Verständigung".

XXII.

An Epiloges statt

Als am frühen Sonntagmorgen des 2. September 1666 der königliche Bäcker Thomas Farynor die Glut im Backofen übersah, während er die Tür zur Bäckerstube in der Pudding Lane abschloss, ahnte er nicht, dass er damit einen viertägigen Großbrand auslöste, der vier Fünftel der City of London zerstören würde. Der große Brand von London gehört zu den größten Katastrophen, an die Bewohner der Stadt (und Stadthistoriker) sich (noch) erinnern können. An einem gewöhnlichen Sonntag – nur Monate nach der letzten Großen Pest – fiel die Polis einem einzigen durch Achtlosigkeit übersehenen Funken zum Opfer.

Als der Staatssekretär im Marineamt und Abgeordnete des Unterhauses Samuel Pepys auf die

Dächer stieg, um das (unaufhaltsame) Wüten der Flammen und die Zerstörung einer Stadt zu beobachten, deren Aufbau immerhin sechzehnhundert Jahre gebraucht hatte, oder als Samuel Pepys sich niedersetzte, um dieses Desaster (danach) zu beschreiben, ahnte er nicht, dass 450 Jahre später eine Handvoll Prozessbeobachter im Berufungsgericht der wiederaufgebauten City of London dasselbe tun würden wie er. Zur Kreuzigung? Äääh, nein. Freispruch. Sie haben mich freigesprochen. Sie haben gesagt, ich hätte nichts getan, also könnte ich frei ausgehen und irgendwo auf 'ner Insel leben. Oh, das ist aber nett für dich, dann nichts wie ab.

Nein, nein, ich hab' Sie verulkt. In Wirklichkeit ist es Kreuzigung. In Wirklichkeit ist es Kreuzigung.

Nachbemerkung (J.B.)

Im Juni 2024 einigte sich Julian Assange mit dem US-Justizministerium auf einen anständigen Erpressungs-Deal: Er wurde aus der Haft entlassen und bekannte sich der Veröffentlichung von Militärgeheimnissen für schuldig. Dafür wurde er pro Forma zu fünf Jahren und zwei Monaten Haft verurteilt, die er bereits im Gefängnis in London verbüßt hatte. Seit Juni 2024 lebt er in seinem Heimatland Australien. Das unwürdige, juristisch unhaltbare, tragische Schauspiel rund um die Informations- und Meinungsfreiheit und rund um ihn, um seine Gesundheit, um seine Identität, um seine Familie, um sein Recht und seine Freiheit war die WARNUNG des IMPERIUM AMERICANUM an die letzten Demokraten und Demokratiewächter der westlich geprägten Welt: »Wer uns angreift, wird vernichtet.«

Die US-Hit-Man-Strategie

Economic Hit Men, EHM, sind bestbezahlte Allroundspezialisten im Auftrag der Regierung der Vereinigten Staaten von Amerika, um andere Länder mit wirtschaftlichen Mitteln, mit Mitteln der Bestechung, Erpressung, mit informellen Manipulationen, Fälschungen bis hin zum Mord den Interessen der USA dienstbar und gefügig zu machen. Sie treten in ihrer geheimdienstlichen Mission verkleidet als »unabhängige« Politberater, als Wirtschaftsexperten und Finanzspezialisten auf, und ihr Ziel ist die Überschuldung eines Staates herbeizuführen, um es vom Dollarimperium abhängig zu machen.

John Perkins war ein Hit Man, der sein Gewissen erleichterte, als er 1982 sah, wohin die Reise führte, wenn das Imperium mit den ihm und all den anderen EHM auferlegten Zielvorgaben die Weltgemeinschaft destabilisierte. Ihm verdanken wir die Einblicke in das umfangreiche Verschwörungsgeschehen der US-Regierung, die so gerne ihre Kritiker über ihre Propaganda-Abteilungen als »Verschwörungserzähler« verleumden lässt.

„Fasst den Dieb!“, ruft der Dieb.

„Das sind Verschwörungstheoretiker!“, rufen die Verschwörer.

Perkins erinnerte an die Präsidenten von zwei Ländern, die seine Klienten gewesen waren. Er hatte sie respektiert und als Gleichgesinnte betrachtet: Jaime Roldós, Präsident von Ecuador, und Omar

Torrijos, Präsident von Panama. Beide waren damals eines gewaltsamen Todes gestorben, aber ihr Tod war kein Unfall. Sie wurden ermordet, weil sie gegen diese Verschwörung von Wirtschaftsbossen, US-Regierung und Banken kämpften, deren Ziel die Weltherrschaft, die alleinige Hegemonie, ist. Die Economik Hit Men um John Perkins schafften es nicht, Roldós und Torrijos mit ihren Mitteln zu überzeugen. Daher griffen die anderen Hit Men ein: die mit Unterstützung der CIA arbeitenden Schakale, die immer im Hintergrund lauern.

Natürlich wollte die Hit-Men-Verschwörungszentrale das Ausbrechen eines ihrer Experten aus dem Kreis der Verschwörer mit allen Mitteln verhindern. Ihn fluteten »gut gemeinte Ratschläge«, dann Bestechungsangebote, schließlich handfeste Drohungen. Es war die Zeit des völkerrechtswidrigen Einmarschs der US-Truppen in Panama 1989, dann der erste Golfkrieg, Somalia, der CIA-gesteuerte Aufstieg Osama bin Ladens.

Als Perkins im Jahr 1979 mit seiner Ausbilderin Claudine zu arbeiten begann, erklärte sie ihm: „Ich habe die Aufgabe, aus Ihnen einen Ecnomic Hit Man zu machen. Niemand darf etwas von Ihrer Arbeit wissen, nicht einmal Ihre Frau." Und dann gab sie ihm zu bedenken: „Wenn man einmal dabei ist, bleibt man es sein Leben lang."

Es ist die alte Geheimdienstmasche, mit denen Betrüger, Fälscher, Diebe und Mörder im Staatsauftrag gedungen und verpflichtet werden. Da diese staatlich beauftragten „Berufstätigen" ihre gesamte Existenz ihren Auftraggebern verschreiben, sind sie ausgeliefert und auf Leben und Tod von ihnen abhängig. Selten also, dass sich Menschen aus diesen Stricken befreien können – selbst dann, wenn sie zwischenzeitlich größte Bedenken und ethische Zweifel entwickeln. Die einzige Rückversicherung, die ihnen bleibt, ist die Offensive: die Veröffentlichung und notarielle Absicherung ihres Wissens sowie die Sicherstellung, dass ihre gewissenerleichternden Aktivitäten im Falle eines Falles von anderen fortgesetzt werden.

Claudine nahm kein Blatt vor den Mund, als sie Perkins bei seiner Einführung in die Verschwörungsdienste beschrieb, was er in Zukunft tun würde.

Seine Arbeit, sagte sie, solle „Staats- und Regierungschefs dafür gewinnen, Teile eines ausgedehnten Netzwerks zu werden, das den wirtschaftlichen Interessen der USA dient. Am Ende haben sich die Staatschefs in einem Netz von Schulden verstrickt, und das garantiert uns ihre Loyalität. Wir können auf sie zurückgreifen, wann immer wir wollen – um unsere politischen, wirtschaftlichen oder militärischen Bedrürfnisse zu befrieidgen. Umgekehrt sichern die Politiker ihre Position und Macht ab, indem sie Fabriken, Kraftwerke und Flughäfen von uns bauen lassen. Und die Besitzer von amerikanischen Ingenieurbüros und Bauunternehmen profitieren davon."

Wenn die Ecnomic Hit Men zögern, übernimmt eine bösartige Form der Hit Men die Vertretung und Gestaltung dieser US-Interessen: die »Schakale«. Und wenn die Schakale scheitern, greift das weltweit bereitstehende US-Militär ein. Das

EHM-System – das hauptsächlich auf Angst und Schulden basiert – ist heute noch tückischer als zwischen 1979 und 2004. Es ist ein vielfach abgefeimteres Spiel. Heute sind deutlich mehr EHM aktiv, in neuen Verkleidungen und unter Einsatz neuer Mittel. Die ganze Welt ist betroffen. Und alle Welt weiß, dass wir uns am Rande des Abgrunds bewegen – unmittelbar am Kraterrand eines kochendheißen ökonmischen, politischen, sozialen und ökologischen Vulkans. Die Seismologen warnen: Die Katastrophe ist unabwendbar, wenn wir weiter auf dem Vulkan tanzen. Das Pentagon, Langley, das Weiße Haus, die Zentren des Hegemons, müssen sich ändern. Die Macht von Rüstungsindustrie, von Wallstreet, Blackrock, Vineguard und Big Tech muss gebrochen werden.

Die Welt abseits der USA und ihrer Satelliten schreit nach multipolarer Ausrichtung – kein Land soll sich über das andere stellen! In den Anfängen gehörten die EHM noch zu einer relativ kleinen Gruppe staatlicher Akteure. Heute gibt es viel mehr Personen, die ähnliche Funktionen außerhalb der Staatsagenten-Tätigkeiten ausüben. Sie haben euphemistischere Bezeichnungen und tummeln sich in den Führungsetagen von Bayer-Monsanto, General Electric, Nike, General Motors, Wal-Mart, zahlreichen Energiekonzernen und fast jedem anderen großen Konzern der Welt. Sie sind eine eingeschworene Gemeinschaft, die gleiche Interessen teilen: Die Aufteilung der Ressourcen dieser Welt unter sich.

Dazu müssen Sie Parlaments-Politiker und hohe Staatsführer ebenso ideologisch wie ökonomisch bestechen und/oder bedrohen. Gleiches muss mit Medienfürsten und Hollywood-Regisseuren geschehen, der »Vierten Gewalt« – und sie müssen die Tätigkeiten ihrer Privacy Hit Men mit den Aktionen der CIA Hit Men koordinieren. Staat und Großkapital legen hierzu eine monopolistische Einheitsstrategie für ihre illegalen und sittenwidrigen Aktionen an.

John Perkins benennt die wichtigsten Werkzeuge, die er und seine Hit-Men-Kollegen einsetzten: falsche Vorhersagen, serviert anhand Diagramm-verzierter Statistiktabellen. Sie beruhten auf manipulierten Finanzanalysen, aufgeblähten Hochrechnungen und verzerrten Prognosen, die wiederum auf manipulierten Bilanzen basierten. Geheimhaltung, Täuschung, Tricks, Drohungen, Bestechung und Erpressung; falsche Versprechungen, die man niemals einzuhalten gedachte; außerdem die Versklavung durch Schulden und massive Einschüchterung. Diese Werkzeuge werden heute wie damals verwendet.

Heute wie damals finden sich viele dieser Elemente bei jedem Hit Man, allerdings sieht man das nur, wenn man sich eingehender damit auseinandersetzt. Und heute wie damals wird alles durch den Glauben zusammengehalten, dass jedes Mittel gerechtfertigt ist, um das gewünschte Resultat zu erzielen.

Es gibt jedoch einen wichtigen Unterschied. Heute wird das EHM-System auch innerhalb der Vereinigten Staaten und in den befreundeten Satellitenstaaten angewandt. Es ist überall. Und es gibt bei den Werkzeugen viele Varianten. Hunderttausende EHM sind weltweit im Einsatz. Das Undercover-Netzwerk arbeitet annähernd autonom und wird teils direkt von den staatlichen Auftraggebern oder aber von Scheinfirmen staatlicher Geheimdienste sowie von großen Konglomeratfirmen, die mit den geheimdienstlichen Adminsitrationen kooperieren, instruiert. Sie haben auf ihre Weise ein echtes eigenes Weltreich geschaffen. Sie arbeiten im Verborgenen, aber auch ganz offen. Das System ist heute so weit verbreitet und so tief verwurzelt, dass es zum normalen Geschäftsgebaren gehört und kaum jemanden beunruhigt.

Ich kann Ihnen, liebe Leser, nicht verdenken, wenn Ihnen in diesem Zusammenhang zum Beispiel Ursula von der Leyen und andere EU-Autokraten in den Sinn kommen, die durch unterschiedlichste »Berater« zu unterschiedlichsten – aber immer höchst schädlichen – Verschuldungsprojekten veranlasst wurden. Immer zum Schaden der eigenen EU-Vasallenschaft und der EU-Bürger, jedoch zum eindeutigen Vorteil US-amerikanischer Kapitalkonglomerate. Und – nicht zu vergessen – zum Vorteil der Veranlasser/Auftraggeber jener milliardenschweren Verlust- und Verschuldungsgeschäfte. Und – auch nicht zu vergessen – dies alles spielt sich ab »unter Freunden!«

Welche Machenschaften werden erst unter den Bedingungen fremder Mächte gestrickt, um sie zur »Freundschaft« unter das Diktat von Schulden und hohlen Versprechungen zu zwingen!

Männer und auch Frauen überzeugen im Auftrag des EHM-Systems Regierungsvertreter, ihre Auftraggeber bei Steuern und Regulierungen bevorzugt zu behandeln. Sie zwingen Länder, miteinander als Standort für die Unternehmen des EHM-Systems zu konkurrieren. Die Möglichkeit, die Produktion in dem einen Land anzusiedeln und ihre vor Steuern geschützten Bankgeschäfte in einem anderen Land abzuwickeln, während die Callcenter in einem dritten Land untergebracht sind und die Zentrale wiederum in einem vierten, nutzen sie als Druckmittel.

Länder müssen miteinander darum wetteifern, möglichst nachsichtig bei Umweltauflagen und Sozialgesetzen zu sein und die niedrigsten Löhne und Steuern zu bieten. Es ist die – wie wir am Beispiel Europas sehen – die ökonomische Amerikanisierung. In vielen Fällen verschulden sich Staaten, damit sie Konzernen Subventionen und Anreize bieten können.

Im letzten Jahrzehnt konnte man diese Entwicklung in Island, Spanien, Irland und Griechenland sehr deutlich beobachten, zusätzlich zu den Schwellen- und Entwicklungsländern, wo dieser Prozess schon länger läuft. Wenn die subtileren Ansätze versagen, müssen Regierungsvertreter feststellen, dass unangenehme Geheimnisse aus ihrem Privatleben, die sie für geschützt hielten, ans Tageslicht kommen; wenn nötig, werden sogar welche erfunden.

Ein weiterer Unterschied zeigt sich bei den Rechtfertigungen, die für die EHM-Taktik angeführt werden. Damals hieß es, man müsse die Welt vor einer kommunistischen Vereinnahmung schützen, vor dem Vietcong und anderen revolutionären Gruppierungen, oder eine Bedrohung unseres Wohlstands und des *American Way of Life* abwenden. Seit 9/11 ließ man verlauten, der Terrorismus, der extremistische Islamismus sei eine Weltgefahr – jener terrorsimus, den das Dolalrimperius selbst herangezogen hat.

Heute erklärt man, man müsse den kriegswütigen neuen Zaren im Kreml und die bösen Chinesen (die im Übrigen noch nie in der jüngeren Geschichten auch nur einen einzigen Krieg gegen andere Länder führten) stoppen. Man müsse das Wirtschaftswachstumfördern und – wie gehabt – unseren Wohlstand im Westen und unsere Art zu leben schützen. Dies natürlich auf Kosten des Restes der Welt (das ist mehr als zwei Drittel!), deren Ressourcen man in fraglos neokolonialer Weise ohne fairen Gegenwert beansprucht und deren Art zu leben sich gefälligst der unseren anpassen muss.

Wie John Perkins bekennt, bestand seine Aufgabe darin, fremde Länder durch Schulden abhängig zu machen. Angst und Schulden – die beiden mächtigsten Herrschaftsinstrumente. Der unbedarfte Zuschauer der Weltereignisse mag den Eindruck haben, Militärmacht sei die treibende Kraft eines Imperiums, aber der Krieg – und die Androhung von Krieg – zieht seine Bedeutungskreise im Voraus. Die weltweiten Militärbasen des Dollarimperiums verbreiten Angst – oder in der Sprache der Hasen ausgedrückt: sie verbreiten »Respekt«. Und genau das ist es, was das Imperium Americanum vom Rest der Welt einfordert. Die Mitglieder der Politikerkaste der gefügig zu machenden Länder haben Angst um ihr Geld, Angst um ihren Wohlstand als „higher Class“ in einem Umfeld der Armut, die auf Ausbeutung beruht. Ihre Vorwärtsstrategie besteht in der Annahme des Rates jenes Hit Man, der ihnen als Polit- und Finanzstratege zur Aufnahme von Schulden rät.

Ob man jemandem Geld oder einen Gefallen schuldet, die Verpflichtung bindet jedenfalls. „Deshalb ist die Taktik von uns Hit Men so effektiv“, sagt Perkins. „Noch effektiver als Krieg.“ Wenn aber alle anderen Mittel versagen, dann sind Krieg und Mord das Mittel der Wahl.

Sehen wir uns das Beispiel Libyen an. Muammar Gaddafi war ein hervorragendes Beispeil für moderne Machtausübung. Er war zweifellos kein lupenreiner Demokrat und herrschte im Rahmen seines Grünen Programms selbstherrlich, wenngleich er seine politische Machtausübung dem Volk verschrieben hatte. Und sein Volk liebte und wählte ihn. Er sorgte dafür, dass es dem größten Teil des libyschen Volkes stetig besser ging. Viele soziale Dienstleistungen waren frei zugänglich und die gesamte staatliche Fürsorge und das Staatsbudget wurden allein aus den Ölvorkommen des Landes bestritten und dienten der Verbesserung der Lebensbedingungen.

Anders als viele andere Regierungschefs – wie zum Beispiel in Indonesien, Ecuador und anderen Ländern des globalen Südens – nutzte er den

Reichtum des Landes, um es den Bürgern Libyens zugute kommen zu lassen. Hit Men aus dem Umkreis des italienischen Autokraten Berlusconi kamen in jenen Jahren nach Tripolis, um Gaddafi auf Westkurs zu bringen – aber sie verließen das Land wieder, ohne dass ihnen mit ihren Bestechungs-und Verschuldungsplänen eine Landung gelungen wäre.

Bereits in den Vorjahren hatte Gaddafi die Amerikaner durch seine Orientierung zur Sowjetunion verärgert. Nach dem Zusammenbruch der sozialistischen Staatengemeinschaft war Gaddafi in gewisser Weise isoliert und befand sich in einer prekären Lage. Hier setzten Berlusconis Hit Men an – aber Gaddafi blieb seiner Sache und dem *Grünen Buch* treu. Sein programmatisches Buch befasste sich mit der Regierungsform der unmittelbaren Volks-Demokratie und einer gerechten, sozial-ausgleichenden Ordnung, während es sich zugleich von den herrschenden Systemen der westlichen Länder und denen im damaligen sowjetischen Machtbereich distanzierte. Libyen wollte sich – vergleichbar mit der Bundesrepublik Jugoslawien – neutral verhalten.

Gaddafi ahnte nicht, dass die kriegerische Zerstückelung des neutralen jugoslawischen Vielvölkerstaates durch die USNATO die Blaupause für das war, was genau seinem Land und seiner Person bevorstand.

Aufgrund der neuen weltpolitischen Lage beschloss Gaddafi, der nicht nur Theoretiker, sondern ein instinktsicherer Praktiker war, seine Differenzen mit dem Westen beizulegen. Er gab gegenüber den Briten und den USA klein bei, als er Libyens Rolle beim Absturz des Pan-Am-Flugzeugs über Lockerbie in Schottland eingestanden – wobei die tatsächlichen Tatumstände bis heute nicht eindeutig und von neutralen Institutionen untersucht und geklärt wurden. Aber Gaddafi ging mit seinen Zugestädnissen noch weiter: Er versicherte London und Washington, dass deren Konzerne das preiswerte libysche Öl bekommen würden. Damit waren die meisten (rechtswidrigen und erpresserischen) ökonomischen Sanktionen gegen Libyen hinfällig geworden.

Nun stellt sich die berechtigte Frage, weshalb sich trotz aller Zugeständnisse die Vereinigten Staaten und das Vereinigte Königreich weiterhin gegen Gaddafi stellten und eine Rebellenarmee ins Leben riefen, um ihn zu bekämpfen.

Die Sache ist kompliziert und scheinbar verworren, aber man kann sie entwirren. Die Kurzversion lautet: Den Franzosen gefiel die neue angloamerikanisch-libysche Verbindung nicht, zumal sie dadurch bei den Ölgesellschaften den Kürzeren zogen. Der konservative französische Präsident Sarkozy (verstrickt in Korruptionsgeschichten) sagte den Rebellen seine Unterstützung gegen Gaddafi zu. Und nun kamen nicht mehr italienische, sondern französische Hit Men ins Spiel. Sie gingen mit Geschenken zu den Stammesführern, gaben Versprechungen ab und machten gute Stimmung für einen Umsturz, der ihnen mehr Macht, Einfluss und Geld verschaffen sollte.

Sarkozys Unterstützung war nun breit gefächert und umfasste die unzufriedenen Stammesfürsten, die diversen politischen Splittergruppen in Libyen sowie die religiös motivierten Organisationen aus Ägypten und anderen arabischen Ländern, die ein ökonomisches Interesse am Sturz Gaddafis hatten.

Schließlich erkannten Großbritannien und die USA, dass sie weltweit dafür verurteilt werden würden, wenn sie Gaddafis Staatsmacht stützten – immerhin hatten sie ihn in der Vergangenheit massiv verunglimpft. Außerdem hatte Gaddafi andere ararbische Länder ermuntert, Öl nicht mehr in US-Dollar zu handeln, sondern über den neu eingeführten libyschen Gold-Dinar abzurechnen.

Das war ökonomisch gesehen für die Yankees eine Kriegserklärung, denn mit den Petrodollars beglich das Imperium Americanum schließlich seine Kriegsverschuldungen, was im Klartext bedeutete (und bis heute bedeutet), dass jedes Land, dass in Petrodollars abrechnet, zugleich einen Teil der US-Schuldenlast begleicht. Dies ist der rein buchhalterische Grund, weshalb das Dollarimperium einen Schuldenberg in Billionen-Dollar-Höhe anhäufen kann ohne zu implodieren – der Rest der Welt trägt die Schulden mit.

Heute erinnert dieser Interessenkonflikt nicht nur an Saddam Hussein und den wahren Irak-Kriegsgrund, es erinnert darüber hinaus an den Iran, an Russland und China und die anderen BRICS-Staaten, die sich vom Petrodollar lösen oder bereits gelöst haben. Dies erklärt die Wut des US-Imperiums gegenüber diesen Ländern und deren freie Entscheidung. Aber Freiheit und Selbstbestimmung gilt ja nur dann, wenn es dem Imperium passt. Ein Recht auf Glück steht keinem anderen Land zu als *God's Own Country*.

Das Weiße Haus und die Wallstreet betrachten Angriffe auf den Dollar und die amerikanische Notenbank *FED* praktisch als waschechten kriegerischen Akt. Also stellten sich die USA und Großbritannien auf die Seite Frankreichs. Sie holten ihre anderen NATO-Satelliten mit ins Boot und befeuerten mit Waffenlieferungen an die Rebellen und durch völkerrechtswidrige USNATO-Luftschläge den von ihnen und ihren Hit Men ins Leben gerufenen „Bürgerkrieg", bei dem Gaddafi schließlich gestürzt und grausam getötet wurde. Economic Hit Men, Schakale, angeworbene Söldner und das Militär, alle arbeiten zusammen, erst verdeckt, dann ganz offen.

Das globale Konzernnetzwerk und ihre politischen Kraken destabilisert die Weltwirtschaft – wie wir gerade in jüngster Zeit, spätestens seit 2008, sehen die Weltwirtschaft, weil es auf Wirtschaftskriegen ebenso wie auf hybriden und faktischen Kriegen oder der Androhung von Kriegen gründet, auf Schulden und der Ausbeutung der globalen Ressourcen – auf einer Ökonomie des Todes.

Weniger als fünf Prozent der Weltbevölkerung leben in den USA, dennoch verbrauchen diese fünf Prozent annähernd 30 Prozent der Ressourcen, während die Hälfte der Weltbevölkerung in bitterer Armut lebt. Wobei selbst in God's Own Country ein großer Teil der Bevölkerung in erbärmlichen Verhältnissen lebt und aus Verzweiflung jedem die Stimme gibt, der ihnen las Präsident – gewissermaßen als Über-Hit-Men – das Blaue vom Himmel verspricht. Das alles ist kein Vorbild. Das alles wollen andere Länder nicht reproduzieren – nicht in China, nicht in Russland, nicht im Iran, nicht in Indien, nicht in Südafrika, nicht in Brasilien, nicht in der Türkei, nicht in Ungarn, nicht in der Slowakei und nicht in den meisten Ländern des globalen Südens.

Letztendlich kann man das Hit-Men-System und die benötigten Utensilien in drei taktischen Einheiten zusammenfassen: Ängste, Schulden und noch eine wichtige Taktik: Teile und herrsche. Es ist Bestandteil seit altersher: Zwietracht säen. John Perkins verweist in diesem Zusammenhang auf die Spaltung zwischen Sunniten und Schiiten und darauf, wie durch Bürgerkriege und sich bekriegende Stammesgruppen ein Machtvakuum entsteht, das der Fremdausbeutung im imperialen Interesse der US-Wirtschaft Tür und Tor öffnet.

Bei solchen Konflikten nehmen beiden Parteien auf Anraten ihrer US-Hit-Men mehr Schulden auf, kaufen durch Hit-Men-Vermittlung mehr Waffen, vernichten Ressourcen und zerstören die Infrastruktur. Und dann nehmen sie noch mehr Schulden zur Finanzierung des Wiederaufbaus auf. Das kann man überall im Nahen Osten beobachten, in Syrien, im Irak, in Ägypten, Afghanistan und heute in der Ukraine. So viele Länder dienen als Bausteine, damit sich andere ein Milliardenvermögen aufbauen können.

Bitte beachten: Nicht wenige Hit Men arbeiten unter dem Deckmantel der gemeinnützigen Tätigkeit von *Nichtregierungsorganisationen,* NGO.

Nachbetrachtung

Gerade in den Politik- und Geschichtswissenschaften kommt es darauf an, die Sicht des Außergewöhnlichen und Möglichen stets mitzudenken. Es bleibt uns dabei nicht erspart, altgewohnte Sichtweisen über Bord zu werfen – selbst auf die Gefahr hin, dass unser bisheriges Weltbild ins Wanken geraten kann. Wissenschaft darf sich nicht an Emotionen festhalten. Die emotionale Wahrnehmung ist im Alltagsgebrauch vielleicht manchen Problemlösungen dienlich, in den Gesellschaftswissenschaften hat sie nichts zu suchen.

Wir wurden in den vergangenen Jahren Zeuge, wie eine ganze Generation von Journalisten, Talkmoderatoren, Wissenschaftlern, Pädagogen und Politikern einen intellektuellen Krieg gegen die Aufklärung der Terroranschläge des 11. September 2001 führte und noch weiterführt. Die intellektuelle Elite unseres Landes und vieler anderer europäischer Länder hat diesen ideologischen Kampf gegen die Aufklärung gefördert oder zumindest geduldet und somit die Wahrheitsfindung blockiert.

Wie diese Blockade wirkte und bei den Massen die lethargische Hinnahme von politischen Schlüsselereignissen, von Kriegen und neokolonialen Raubzügen, beförderte, ist und bleibt ein Problem der „Psychologie der Massen". Die Erklärung hierfür obliegt den für dieses Fachgebiet zuständigen Wissenschaftlern. Sie sind aufgefordert, auf ihrer

Wissenschaftsebene diesen Gesellschaftszustand zu erklären.

Die Studierenden und Hochschullehrer der Geschichts- und Politikwissenschaftler jedoch können nicht auf psychoanalytische Antworten warten. Es liegt an ihnen, die Fakten der Jahre 2001 bis 2004 (und darüber hinaus) neu zu bewerten und neue Ermittlungsergebnisse zur Kenntnis zu nehmen. Es wird sich kein Beweis in dem Sinne finden lassen, dass nach nunmehr 23 Jahren ein Dokument auftaucht, in dem George W. Bush oder eines seiner Regierungsmitglieder eingesteht: „Ja, es war unser Inside Job! Ja, wir haben 3000 eigene Bürger unserer Kriegsstrategie geopfert!“ Doch es gibt unmittelbare, absolut zeitnahe Zeugenaussagen. Und es gibt Ausschließlichkeitsbeweise, und gerade in den Geschichtswissenschaften sind Induktions- und Deduktionsmethoden wichtige Hilfsinstrumente, um sich der Wahrheit zumindest anzunähern.

Die letzten zwei Jahrzehnte haben gezeigt, wie eine neu heranwachsende Generation in einer medialen Framing-Landschaft aufwächst, in der die Lüge zur Wahrheit und die Wahrheit zur Lüge erklärt wurde. Der 11. September ist somit ein Symbol für eine Generation geworden, für die die gesellschaftliche Kollektivleugnung und Verdrängung zur Selbstverständlichkeit wurde.

Die hier angestellten Analysen und Betrachtungen zum Hyperkapitalismus und seinem amerikanischen Protagonisten weisen hin auf den Kampf um wissenschaftliche Aufklärung, Demokratie und gesellschaftliche Transparenz.

Ich selbst war nach Jahren des festen Glaubens an das regierungsamtlich verkündete Märchen von einem terroristischen Fremdanschlag erschüttert, als ich in den Dokumenten der beteiligten Fire Departements of NYC recherchierte und die Aussagen der Feuerwehrleute zur Kenntnis nehmen musste. Ich fiel vom Glauben ab. All die guten Geschichten von den Kaugummis, die mir in meiner Kindheit die amerikanischen Soldaten wohlwollend aus ihren Kasernenfenstern über den hohen Stacheldrahtzaun zuwarfen, verblassten hinter der schrecklichen Erkenntnis, dass die Regierung einer angeblichen Vorzeigedemokratie zu solch einer Schandtat fähig war.

All die Erinnerungen an die weihnachtlichen Hilfspakete aus dem lieben Amerika, all die Erinnerungen an die sogenannten Rosinenbomber, Erinnerungen, die mir in Elternhaus und Grundschule eingetrichert worden waren, verloren an Farbe und wechselten in den Fragemodus, wie altruistisch oder wie weltmarktpolitisch dies alles wohl kalkuliert gewesen sein mochte.

Ich habe den starken Verdacht, dass zukünftige Historiker die Zeit nach dem 11. September 2001 als ein sehr finsteres Zeitalter betrachten werden – gestaltet von finsteren Egomanen in hohen Staatsführungspositionen eines gierigen Imperiums, dass sich nicht auf friedliche Weise mit sich selbst und seinen internen Problemen auseinanderzusetzen vermag.

Natürlich frage ich mich, was nötig ist, um aus der Ökonomie des Todes eine Ökonomie des Lebens zu machen. Und mir fallen einige Dinge ein, die ich hier nur aphoristisch zu benennen vermag:

Es ist die Wachstumsreligion – ein vollständiger Irrglaube, denn ALLES ist endlich.

Es ist die Wertschöpfung ohne Wert – eine wertlose Konsumtion ohne Sinn und Verstand, ein Umsatz allein des Umsatzes willen ohne Wert für den Fortbestand der Schöpfung.

Es ist die Ausbeutung der 99-Prozent-Mehrheit durch die 1-Prozent-Mini-Minderheit.

Es ist die Schieflage der Verteilung von Ressourcen.

Es ist die Schieflage der Verteilung von Chancen.

Es ist die Verblödung ganzer Länder und Völker durch die Propaganda der 1-Prozent-Herrschenden und ihrer zahlreichen medialen Fangarme bis hinunter in die obere Mittelschicht.

Wenn wir all dies ändern wollen – nein, wir werden es ändern ***müssen***, um des Überlebens willen – dann müssen wir die Demokratie neu (be)leben:

Unmittelbare Bürgerbeteiligung; Verstaatlichung der Banken; absolute Verwaltungstransparenz; persönliche Politikerverantwortlichkeit; persönliche Verantwortlichkeit bei Staatsbeamten und Infrastrukturentscheidern und den beteiligten CEOs; Antikorruptions-Eingreifgruppen; Obergrenzen bei Boni und Managerverdiensten; neue Bescheidenheit – angefangen von oben bis hinunter zur Mittelschicht … für Armutsbetroffene und Obdachlose ist eine weitere Bescheidenheit entbehrlich.

Laubach, im Spätsommer 2024
Jürgen Bodelle

Literaturhinweise und Quellen

I.
Zivilgesellschaftliche Organisationen,
die sich für die Aufklärung der wahren Sachverhalte rund um 9/11 einsetzten und noch einsetzen:

9/11 Citizen Watch

9/11 Commission Campaign

9/11 Truth Movement

Actors & Artist for 9/11 Truth

Architects & Engineers for 9/11 Truth

Commissioned an Non-commissioned
U.S. Military Officers for 9/11 Truth

Firefighters for 9/11 Truth

Journalists & Other Media Professionals for 9/11 Truth

Lawyers for 9/11 Truth

Let's Roll Forums

Medical Professionals for 9/11 Truth

Muslim-Jewish-Christian Alliance for 9/11 Truth

Pilots for 9/11 Truth
Political Leaders for 9/11 Truth
Religious Leaders for 9/11 Truth

Scholars for 9/11 Truth

Scholars for 9/11 Truth & Justice

Scientists for 9/11 Truth

Veterans for 9/11 Truth

Hispanic Victims Group (William Rodriguez)

Waarheid 9/11

II.
Informative Videos zu 9/11

2012 Newest 9/11 Documentary – Proof 9/11 was an inside job

2013 WTC Drone / Military Plane Attack Proof

2014 New WTC Demolition Evidence. A Must See

9/11 Case Study: Pentagon Flight 77

9/11 and the Cheney Conspiracy with Michael Ruppert (PT.2/2)

9/11 Bombshell: Mike Gravel will introduce Multi-State to investigate 9/11

9/11 Commission was ordered to scale down investigation

9/11 Conspiracy: A controlled Demolition Destroyed the WTC

9/11 Controlled Demolition Comparison

9/11 Explosive Evidence – Experts Speak Out, Full Length, Pre-Release – v 1.3; Low-Res.

9/11 Files – Citizen Investigation Team. Part 1,2,3
9/11 Inside Job – The Most Evidence Damning Yet

9/11 Learning Loop – WTC-7. Collapse was Controlled Demolition

9/11 The Devil's in the Details

9/11 Truth: What happend to Building 7

9-11 Rudy Giuliani

AE 911 Truth Experts Speak Out

After 9/11 NSA has secret deal with White House

Architects & Engineers – Solving the Mystery of WTC 7 – AEGTruth.org

Building What? On Geraldo Bov 13 2010

Bush asked about advanced knowledge of 9/11

Bush & Cheney Knew About 9/11 Months Before it Happend Says Whistelblower Charged Under Patriot Act

Controlled Demolition in China VS 9/11

Dancing Israelis. Our Purpose was to Document the Event
Evidence that George W. Bush had advanced knowledge of 9-11

Fahrenheit 9/11 – Halliburton Scene

Former Egyptian Foreign Minister Abu Al-Gheit: Mubarak Did Not Believe In 9/11

Milton William „Bill" Cooper predicts 9/11 and MORE on June 28, 2001

Mysterious Currenca Transfers Before 9-11

No Windows on Flight 175

Rare Pentagon 9-11 Surveillance Camera Video of Impact

The Obama Deception, HQ Full Length Version

The 9/11 hijackers are alive

The Lone Gunmen Pilot – 9/11 Predictive Programming

The Toronto Hearings on 9/11. Uncovering Ten Years of Deception – Trailer

Wes Clark – America's Foreign Policy „COUP"

Wesley Clark Told the Truth

What's 9/11? Afghans never heard of NYC terror

WTC7: The smoking Gun of 9/11

III.
Internet-Referenzen

Hinweis: Die Internetbeiträge waren vollumfänglich bis zum Jahr 2012 recherchierbar. Zum heutigen Zeitpunkt (2024) sind nicht mehr alle Beiträge aufrufbar, aber dennoch erscheinen bei Aufruf gelegentlich noch weiterführende Beiträge in der einen oder anderen Interpretationsbreite, die von Interesse sind. Auch ist darauf aufmerksam zu machen, dass die überwiegende Zeitangabe (z.B. 2012) nicht ausschließt, dass die Beiträge bereits zu einem wesentlich früheren Zeitpunkt bis einschließlich zurück zum Jahr 2001 entstanden sind.

9-11 Research, *Attack Warnings*, 03-05-2012

9-11 Research, *Controlling Interests,* 11-05-2012

9-11 Research, *The Crash of Flight 93,* 12-05-2012

9/11 Hard Facts, *Hani Hanjour and Flight's 77 Unexplained Expert Maneuvers,* 09-05-2012

911myths, *Burlingname and MASCAL,* 01-08-2012

9-11 Research, *Eyewitness Accounts,* 10-05-2012

9-11 Research, *Pentagon Victims,* 09-05-2012

9-11 review, *Witnesses to the Towers Explosions,* 10-05-2012

911proof.com, *How Did They Know,* 17-05-2012

911Research, *Suicide Pilots, The Official Story oft he Flight Takeovers,* 02-08-2012

911Research, *WTC Attack – Some Serious Questions,* 01-01-2011

911Research, WTC Steel Removal, 16-05-2012
911Review, *Air Force Stand down,* 15-05-2012

911Review, *Bush Family Babysitter Killed in Fairfaxy,* VA, 05-10-2003

911Review, *Demolition Access to The WTC Towers: Part Two-Security,* 22-08-2009

911Review, *Dov Zakheim and the 9/11 Conspiracy,* 15-06-2012

911Review, *Precious Metals Stored Beneath the World Trade Center,* 24-05-2012

Activistpost, *Only Bombing Iran Into Submission Will Satisfy Israel,* 23-05-2012

Americanfreepress, *How Much Gold Was Under WTC Complex?* 27-09-2011

Amics21, Flight 175 Override, 04-06-2012

Arabesque9/11.blogspot, *9/11 truth, 9/11 Misinformation: Flight „Passengers List"*, 05-06-2012

Articles.mcall., *Victor J Saracini,* 16-09-2001

Beyondpoliticsand911, *Charles F. Burlingname – Pilot Flight 77,* 26-12-2010

Bibliotecapleyades, *The Cleveland Airport Mystery,* 30-05-2011
Bollyn.com, *The Mystery of WTC6,* 23-06-2009

Bollyn.com, *The Zionist Criminal Network,* 18-05-2012

Buelahman, *Deborah Palfreys's 911 Conspiracy Connection,* 14-05-2008

Cabaltimes, *Remembering the Victims oft the 9-11 Cover-up,* 09-11-2011

Corbettreport, *A Guide to the 9/11 Whistleblowers,* 05-03-2010

Dastych's Weblog, *Bush's Project Hammer and the 9/11 Deception,* 10-02-2010

Davesweb, *Newsletter69,* 27-10-2004

Doeda, *Was september 11 a Cover-up of a financial Fraud,* 09-05-2012

E.P.Heidner, Collateral Damage (part 2)

Eddieleaks.org, *New Information of the Death of 9/11 Eyewitness Barry Jennings,* 17-04-2009

Ensec.org, *Afghanistan, the TAPI Pipeline, and Energy Geopolitics,* 07-05-2012

Eric deCarbonnel, *What I was afraid to blog about*
Fas.org, *BCCI, The CIA and Foreign Intelligence,* 14-12-2010

Focusonfacts, *WTC Gold – A Billion dollars worth went missing after 911,* 08-05-2010

Fromthewilderness, *Crossing the Rubicon,* 09-05-2012

Fromthewilderness, *Mohammed Atta an Rudi Dekkers Seen Together,* 16-07-2012

Global Research, *The White House had 28 advanced Intelligence warnings to 9/11,* 03-05-2012

Global Research, *Ted Olson's Report of Phone Calls from Barbara Olson on 9/11, Three Official Denials*

Global Research, *The 9/11 Cell Phone Calls, 10-08-2004*

Global Research, *What Happend to Flight 93, 25-03-2004*

Gold-eagle, *Europe at a Crucial Crossroad,* 07-07-2012

Goon squad, *„Lucky Larry" got REAL LUCKY on 9/11,* 13-09-2011

Govinfo.library, *National Commission Terrorists Attacks Upon The United States,* 21-09-2004

History Commons, *John Ogonowski,* 01-08-2012

History Commons, *Profile: Charles Burlingname,* 01-08-2012

History Commons, *Profile: Wirt D. Walker III,* 10-05-2012

History Commons, *They Tried to Warn US,* 03-05-2012

Ilawyerblog, *Bush, Cheney and Rumsfeld convicted for Torture in Malaysia,* 16-05-2012

Imaginativeworlds, *9/11 The Dead Witnesses,* 21-07-2012

IV.
Allgemeine Bibliography zu 9/11

George H. W. Bush: All the Best, My Life in Letters and Other Writings, Summer White House, Maine, 1999. 721 Seiten, 22,38 Euro, Amerikanische Ausgabe

Elmar Theveßen: Nine Eleven: Der Tag, der die Welt veränderte. Propyläen, 352 Seiten, 19,99 Euro, ISBN: 978-3-5490-7381-0

William John Thomas Mitchell: Das Klonen und der Terror. Der Krieg der Bilder seit 9/11. Suhrkamp, 284 Seiten, 28,90 Euro, ISBN: 978-3-5185-8569-6

Clement Chéroux: Diplopie. Bildpolitik des 11. September. Konstanz University Press, 137 Seiten, 19,90 Euro, ISBN: 978-3-8625-3007-6

Dennis Smith: A Decade Of Hope. Stories of Grief and Endurance from 9/11 Families and Friends. Penguin, 384 Seiten, 19,99 Euro, ISBN: 978-0-6700-2293-9

Anthony Summers/Robbyn Swan: The Eleventh Day. The Full Story of 9/11 and Osama Bin Laden. Ballantine Books, 624 Seiten, 19,95 Euro, ISBN: 978-1-4000-6659-9

Dominic Streatfeild: A History of The World Since 9/11.Atlantic Books, 408 Seiten, 15,99 Euro, ISBN: 978-1-8435-4766-2

Eric Schmitt/Thom Shanker: Counterstrike – The Untold Story of America`s Secret Campaign Against Al Qaeda. Henry Holt 2011, 336 Seiten, 18,70 Euro, ISBN: 978-0-8050-9103-8

Alexander Osang /Anja Reich: Wo warst Du? Ein Septembertag in New York. Piper, 272 Seiten, 19,99 Euro, ISBN: 978-3-4920-5436-2

Dave Eggers: Zeitoun. Kiepenheuer & Witsch, 336 Seiten, 19,95 Euro, ISBN: 978-3-462-04299-3

Herbert Bauernebel: Und die Luft war voller Asche: 9/11 – Der Tag, der mein Leben veränderte. Bastei Lübbe, 272 Seiten, 18,99 Euro, ISBN: 978-3-785-72423-1

Mathias Bröckers/Christian C. Walther: 11.9. – Zehn Jahre danach. Über den Einsturz eines Lügengebäudes. Westend-Verlag Frankfurt, 320 Seiten, 16,99Euro, ISBN: 978-3-938-06048-3

Michael Butter/Birte Christ/Patrick Keller: 9/11. Kein Tag, der die Welt veränderte. Schöningh, 144 Seiten, 16,90 Euro ISBN: 978-3-506-77097-4

Tobias Endler: After 9/11. Leading Political Thinkers About the World, the U.S. and Themselves.

Verlag Barbara Budrich,.219 Seiten, 19,90 Euro ISBN: 978-3-866-49364-3

Gernot Erler: Das Versagen nach 9/11: Mit Besseren Strategien gegen den Terror. Edition Körber Stiftung, 105 Seiten, 10 Euro ISBN: 978-3-896-84143-8

Peter Fritz: Politik der Angst: 9/11 und die Folgen. Residenz, 235 Seiten, 22,90Euro, ISBN: 978-3-701-73230-2

Bernd Greiner: 9/11: Der Tag, die Angst, die Folgen. C.H. Beck 279 Seiten, 19,95 Euro , ISBN: 978-3-406-61244-2

Margit Reiter/Helga Embacher: Europa und der 11. September 2001. Böhlau Wien, 288 Seiten, 29,90 Euro ISBN: 978-3-205-78677-1

Ulrich Schäfer: Der Angriff. Wie der islamistische Terror unseren Wohlstand sprengt. Campus, 312 Seiten, 19,99 Euro, ISBN: 978-3-593-39466-4

Stefan Weidner: Aufbruch in die Vernunft: Islamdebatten und islamische Welt zwischen 9/11 und den arabischen Revolutionen. Dietz, 272 Seiten, 18,90 Euro ISBN: 978-3-801-20417-4

Gerhard Wisnewski: Operation 9/11 – Der Wahrheit auf der Spur. Über neue Beweise nach 10

Jahren. Droemer Verlag München, 480 Seiten, 12,99 Euro, ISBN: 978-3-426-78436-5

Das Propaganda-Modell, Edward S. Herman und Noam Chomsky, USA 1988

Die Konsens-Fabrik. Die politische Ökonomie der Massenmedien, Edward S. Herman und Noam Chomsky, Westend-Verlag, Frankfurt 2024

V.
Allgemeine (angelsächsische) Bibliography zum Staats- und Individual-Terrorismus-Diskurs

Abel, Marco. "Don DeLillo's 'In the Ruins of the Future:' Literature, Images, and the Rhetoric of Seeing 9/11," *PMLA*, Vol. 118, No. 5 (Oct., 2003), 1236-1250. Accessed May 2, 2014. http://www.jstor.org/stable/1261462.

Adams, Tim. "Amis's War on Terror by Other Means." *The Observer*, January 13, 2008. Accessed January 6, 2010. http://www.theguardian.com/books/2008/jan/13/politics.martinamis.
Agamben, Giorgio. *The State of Exception - Der Ausnahmezustand.* Lecture at European Graduate School, August 2003. Transcription by Anton Pulvirenti. Accessed June 3, 2014.

http://www.egs.edu/faculty/giorgio-agamben/articles/the-state-of-exception/.

Anderson, Perry. "From Progress to Catastrophe." *London Review of Books*, 33 no. 15 (2011): 24-28. Accessed June 12, 2014. http://www.lrb.co.uk/v33/n15/perry-anderson/fromprogress-to-catastrophe.

Anker, Elisabeth. "Villains, Victims and Heroes: Melodrama, Media, and September 11." *Journal of Communication*, 55 (2005): 22–37. Accessed June 3, 2014. http://onlinelibrary.wiley.com/doi/10.1111/j.1460-2466.2005.tb02656.x/pdf.

Alcoff, Linda. "The Problem of Speaking for Others." *Cultural Critique*, No. 20 (Winter, 1991-1992), 5-32.

Altmeyer, Martin and Dornes, Martin. "Der Ruf auf die Barrikaden erreicht nur noch Nervenbündel." *Frankfurter Allgemeine*, 17 February, 2015. Accessed June 7, 2015. http://www.faz.net/aktuell/feuilleton/slavoj-i-ek-byung-chul-han-ueber-die-liberaledemokratie-13432593-p2.html?printPagedArticle=true#pageIndex_2.

Amis, Martin. *The Second Plane.* London: Vintage, 2008.

Amis, Martin. "The Unknown Known." *Granta 100*, Winter 2007. Accessed June 14, 2012. http://www.martinamisweb.com/commentary_files/TheUnknownKnown.pdf.

Appiah, Kwame Anthony. *Cosmopolitanism: Ethics in a World of Strangers*. London: Penguin Books, 2007.

Appiah, Kwame Anthony. "The Case for Contamination," *The New York Times*, January 1, 2006. Accessed September 5, 2014. http://www.nytimes.com/2006/01/01/magazine/01cosmopolitan.html?pagewanted=all&_r=0.
Apitzsch, Julia, "The Art of Terror-The Terror of Art: DeLillo's Still Life of 9/11, Giorgio Morandi, Gerhard Richter, and Performance Art." In *Terrorism, Media, and the Ethics of Fiction: Transatlantic Perspectives on Don Delillo*. Edited by Philipp Schweighauser and Peter Schneck. New York: Continuum, 2010.

Arendt, Hannah. *The Origins of Totalitarianism*. New York: Harcourt, Brace, 1951.

Ashby, Matt and Carroll, Brendan. "David Foster Wallace Was Right: Irony Is Ruining Our Culture." *Salon*, Sunday, March 13, 2014. Accessed March 20, 2014. http://www.salon.com/2014/04/13/david_foster_wallace_was_right_irony_is_ruining_our_culture/.

Baer, Ulrich. *110 Stories: New York Writes after September 11*. New York: New York University Press, 2002.

Banerjee, Mita. "Civilizational Critique in Hermann Melville's Typee, Omoo, and Mardi." *Amerikastudien / American Studies* 48.2 (2003).

Banerjee, Mita. *Ethnic Ventriloquism: Literary Minstrelsy in Nineteenth-century American Literature*. Heidelberg: Winter Verlag, 2008.
Banerjee, Mita. "Whiteness of a Different Color"? Racial Profiling in John Updike's Terrorist." *Neohelicon*, December 2008, Volume 35, Issue 2, 13-28. Accessed June 23, 2014. http://link.springer.com/article/10.1007/s11059-008-4002-x.

Banville, John. "A Day in the Life." *New York Review of Books*, May 26, 2005. Accessed February 5, 2014. http://www.nybooks.com/articles/archives/2005/may/26/a-day-inthe-life/?pagination=false&printpage=true.

Baudrillard, Jean. *The Spirit of Terrorism and Requiem for the Twin Towers*. New York: Verso, 2002.

Bauman, Zygmunt. "The Charlie Hebdo Attack and What It Reveals about Society." *Social Europe*, January 13, 2015. Accessed February 24, 2015.

http://www.socialeurope.eu/2015/01/charlie-hebdo/
Benjamin, Walter. *Illuminations.* Translated by Harry Zorn. London: Pimplico, Random Hause, 1999. Kindle edition.

Benjamin, Walter. *On the Concept of History.* Accessed June 4, 2012. http://www.sfu.ca/~andrewf/CONCEPT2.html.

Bercovitch, Sacvan. *The Rites of Assent.* New York: Routledge, 1993.

Berman, Paul. "Terror and Liberalism." *The New Prospect*, December 19, 2001. Accessed February 12, 2013. http://prospect.org/article/terror-and-liberalism.
Berman, Paul. *Terror and Liberalism.* New York, London: W. W. Norton and Company, 2011.

Berman, Paul. *The Flight of the Intellectuals: The Controversy over Islamism and the Press.* New York: Melville Press, 2011.

Berman, Paul. "The Charlie Cover: Slander, Ridicule, and Terror in Post-1968 France." *Tablet Mag*, January 14, 2015. Accessed February 24, 2015. http://tabletmag.com/jewish-artsand-culture/books/188320/the-charlie-cover.

Bernstein, Richard. "The de Man Affair; Critics Attempt to Reinterpret a Colleague's Disturbing

Past." *New York Times*, July 17, 1988. Accessed September 15, 2012. http://www.nytimes.com/1988/07/17/weekinreview/ideas-trends-de-man-affair-critics-attempt-reinterpret-colleague-s-disturbing.html?pagewanted=all&src=pm,

Bhabha, Homi K., Breckenridge, Carol A., Chakrabarty, Dipesh and Pollock, Sheldon. *Cosmopolitanism*. Durham & London: Duke University Press, 2002.

Bilmes, Alex. "Martin Amis: 30 Things I've Learned about Terror." *The Independent*, October 8, 2006. Accessed June 24, 2011. http://www.independent.co.uk/news/people/profiles/martin-amis-30-things-ive-learned-about-terror-418950.html.

Blessington, Francis. "Politics and the Terrorist Novel." *Sewanee Review* 116.1 (2007) 116-124. Accessed May 5, 2011. https://muse.jhu.edu/journals/sewanee_review/v116/116.1blessington.html.

Borradori, Giovanna, Habermas, Jürgen and Derrida, Jacques. *Philosophy in a Time of Terror*. Chicago: University of Chicago Press, 2003.

Bradley, Arthur and Andrew Tate. *The New Atheist Novel: Fiction, Philosophy and Polemic after 9/11*. London: Continuum, 2010.

Brooks, David. *Bobos in Paradise: The New Upper Class and How They Got There.* New York, Simon & Schuster, 2000.
Brown, Wendy. "Neo-liberalism and the End of Liberal Democracy." *Theory & Event* 7, no. 1 (2003). Accessed April 2, 2015. https://muse.jhu.edu/

Brown, Wendy. *Undoing the Demos: Neoliberalism's Stealth Revolution.* New York: Zone Books, 2015.

Booth, Wayne C. *A Rhetoric of Irony.* Chicago: University of Chicago Press, 1975.

Buruma, Ian. "The Joys and Perils of Victimhood." *The New York Review of Books*, Volume 46, Number 6, April 8, 1999. Accessed August 3, 2011. http://www.nybooks.com/articles/archives/1999/apr/08/the-joys-and-perils-of-victimhood/?page=1.

Butler, Judith. *Precarious Life: The Powers of Mourning and Violence.* London and New York: Verso, 2004.

Critchley, Simon. *Ethics, Politics, Subjectivity: Essays on Derrida, Levinas and Contemporary French Thought.* London and New York: Verso, 1999.

Culler, Jonathan. "The Most Interesting Thing in the World." *diacritics* 38.1-2 (2008): 7-16. Accessed May 3, 2013. <https://muse.jhu.edu/>.

Cvek, Sven. *Towering Figures Reading the 9/11 Archive.* Amsterdam: Rodopi Press. 2011.

Dagnes, Alison. *A Conservative Walks into a Bar: The Politics of Political Humor.* New York: Palgrave Macmillan, 2012.

Däwes, Birgit. *Ground Zero Fiction: History, Memory, and Representation in the American 9/11 Novel.* Heidelberg: Universitätsverlag Winter, 2011.

Däwes, Birgit. "On Contested Ground (Zero): Literature and the Transnational Challenge of Remembering 9/11." *Amerikastudien / American Studies*, 52.4 (2007): 517-43.

Dawson, Paul. *The Return of the Omniscient Narrator: Authorship and Authority in TwentyFirst Century Fiction.* Columbus: Ohio State University Press, 2013.
DeLillo, Don. *Mao II.* London: Vintage, 1991.

DeLillo, Don. "Still-life." *The New Yorker*, April 9, 2007. Accessed September 5, 2011. http://www.newyorker.com/fiction/features/2007/04/09/070409fi_fiction_delillo.

DeLillo, Don "The Power of History." *The New York Times Book Review*, September 7, 1997. Accessed June 23, 2010. http://www.nytimes.com/library/books/090797article3.html.

De Man, Paul. *Blindness and Insight.* New York: Oxford University Press, 1971.

De Pietro, Thomas. *Conversations with Don DeLillo.* Jackson: University Press of Mississippi, 2005.

Derosa, Aaron. "Alterity and the Radical Other in Post-9/11 Fiction: DeLillo's *Falling Man* and Walter's *The Zero.*" *Arizona Quarterly: A Journal of American Literature, Culture, and Theory* 69, no. 3 (2013): 157-183. Accessed June 20, 2014, http://muse.jhu.edu/.

Derrida, Jacques. *On Cosmopolitanism and Forgiveness.* Translated by Mark Dooley and Michael Hughes. New York and London: Routledge, 2001. "Design Overview," The National September 11 Memorial & Museum at the World Trade Center Foundation, Inc. Accessed May 22, 2012. http://www.911memorial.org/designoverview.

Dodou, Katherina. "America After 9/11: Ethnic Diversity and Patriotism in John Updike's Terrorist." In *Transcultural Identities in Contemporary Literature.* Edited by Irene Gilsenan Nordin, Julie Hansen, Carmen Zamorano Llena. Amsterdam, New York: Rodopi, 2013.

Donadio, Rachel. "Amis and Islam." *The New York Times*, March 9, 2008. Accessed May 20, 2011. http://www.nytimes.com/2008/03/09/books/review/Donadio-t.html.

Dougary, Ginny. "The Voice of Experience." *Times Online*, September 9, 2006. Accessed June 3, 2014. http://www.ginnydougary.co.uk/2006/09/17/the-voice-of-experience/.

Duvall, John N. "Homeland Security and the State of (American) Exception(alism): Jess Walter's *The Zero* and the Ethical Possibilities of Postmodern Irony." *Studies in the Novel* 45, no. 2 (2013): 279-297. Accessed June 26, 2014. http://muse.jhu.edu/.

Eaglestone, Robert. *The Holocaust and the Postmodern.* Oxford: Oxford University Press, 2004.

Eagleton, Terry. *Reason, Faith, and Revolution.* New Haven: Yale University Press, 2009.

Eagleton, Terry. "Rebuking Obnoxious Views is Not Just a Personality Kink." *The Guardian*, October 15, 2007. Accessed May 24, 2011. http://www.guardian.co.uk/commentisfree/2007/oct/10/comment.religion.

Fawcett, Edmund. *Liberalism: The Life of an Idea.* Princeton: Princeton University Press, 2014.

Fish, Stanley. "Can Postmodernists Blame Terrorists?: Don't Blame Relativism." *The Responsive Community*, Volume 12, Issue 3, Summer 2002.

Fish, Stanley. "Postmodern Warfare: The Ignorance of Our Warrior Intellectuals." *Harper's*

Magazine, July, 2002. Accessed March 2, 2013. http://web.pdx.edu/~tothm/religion/postmodern%20warfare.htm.

Fluck, Winfried. "A New Beginning?: Transnationalisms." *New Literary History*, Volume 42, Number 3, Summer 2011, 365-384. Accessed June 4, 2014. http://muse.jhu.edu/journals/nlh/summary/v042/42.3.fluck.html.

Foer, Jonathan Safran. *Extremely Loud and Incredibly Close*. New York: Houghton Mifflin, 2006.

Foer, Jonathan Safran. *Everything Is Illuminated*. New York: Harper Perennial, 2003.

Foster, Hal. *The Return of the Real: Art and Theory at the End of the Century*. Boston: MIT Press, 1996.

Frank, Tom. *One Market under God: Extreme Capitalism, Market Populism and the End of Economic Democracy*. London: Vintage, Random House, 2002.

Franzen, Jonathan. *The Corrections*. London: Harper Collins, 2002. Kindle edition.

Franzen, Jonathan. *Freedom*. London: Harper Collins, 2010

Fukuyama, Francis. "The End of History?" Summer 1989, *The National Interest*. Accessed May 22, 2012. http://www.wesjones.com/eoh.htm.

Fukuyama, Francis. *The End of History and the Last Man.* London: Penguin Books, 1993.

Gessen, Keith. "On PEN and Charlie Hebdo: Why I Signed the Letter Protesting the PEN Annual Gala." *n plus one mag online*, May 5, 2015. Accessed May 10, 2015. https://nplusonemag.com/online-only/online-only/on-pen-and-charlie-hebdo/.

Ghosh, Amitav. "A Jihadist from Jersey." *Washington Post*, June 4, 2006. Accessed June 4, 2014. http://www.washingtonpost.com/wp-dyn/content/article/2006/06/01/AR2006060101520.html.

Ghosh, Bobby. "Islamophobia: Does America Have a Muslim Problem?" *Time*, August 30, 2010. Accessed June 30, 2012. http://www.time.com/time/magazine/article/0,9171,2011936,00.html.

Gray, Richard. *After the Fall: American Literature Since 9/11.* Chichester: John Wiley & Sons, 2011.

Hammond, Philip. *Media, War and Postmodernity.* New York: Routledge, 2007.

Hartnell, Anna. *"Violence and the Faithful in Post-9/11 America: John Updike's Terrorist, Islam, and the Spectre of Exceptionalism." MFS Modern Fiction Studies, 57. 3,* (2011): 477-502.

Hartnell, Anna. "Writing Islam in Post-9/11 America: John Updike's Terrorist." *Culture, Diaspora, and Modernity in Muslim Writing*. Edited by Rehana Ahmed, Peter Morey, Amina Yaqin. New York: Routledge, 2012, 135-149.

Hartwig, Marcel. *Die traumatisierte Nation: „Pearl Harbor" und „9/11" als kulturelle Erinnerungen*. Bielefeld: transcript, 2011.

Harrison, Robert Pogue. *Gardens: An Essay on the Human Condition*. Chicago: University of Chicago Press, 2009. Kindle Edition.

Hassan, Ihab Habib. *Selves at Risk: Patterns of Quest in Contemporary American Letters*. Madison: University of Wisconsin Press, 1990.

Hear, Sean P., ed. *Moral Panic and the Politics of Anxiety*. London: Routledge, 2011.

Hadley, Elaine. *"On a Darkling Plain: Victorian Liberalism and the Fantasy of Agency." Victorian Studies, Vol. 48,* No. 1 (Autumn, 2005), 92-102. Accessed August 23, 2012. http://www.jstor.org/stable/pdfplus/3829882.pdf?acceptTC=true.

Held, David. *Models of Democracy*. Cambridge: Polity Press, 2006.

Heller, Dana. "Holy Fools, Secular Saints, and Illiterate Saviors." *American Literature and Popular*

Culture, CLCWeb: Comparative Literature and Culture 5.3 (2003). Accessed, June 25, 2014. http://docs.lib.purdue.edu/clcweb/vol5/iss3/4.

Heller, Joseph. *Catch-22.* New York: Simon & Schuster, 2010. Kindle edition.

Hemingway, Ernest. *A Farewell to Arms.* New York: Scribner's, 1995.

Hirschorn, Michael. "The Encyclopedia of 9/11: The End of Irony." *New York Magazine,* August 27, 2011. Accessed September 13, 2011. http://nymag.com/news/9-11/10th-anniversary/irony/.

Hitchens, Christopher. *"How to Be a Public Intellectual." Prospect Magazine,* May 24, 2008. Accessed January 7, 2011. http://www.prospect-magazine.co.uk/magazine/what-is-apublic-intellectual.

Hobsbawm, Eric. "The Big Question: Left and Right Defined the 20th Century. What's Next?" *Prospect Magazine,* March, 2007, 134. Accessed June 3, 2014, http://pages.citebite.com/a1c1j9x7l6fwt.

Jameson, Fredric. *"An American Utopia: Fredric Jameson in Conversation with Stanley Aronowitz." Talk at Graduate Center at City University of New York,* New York, March 14, 2014. Accessed June, 5, 2015.

http://www.gc.cuny.edu/Public-Programming/Calendar/Detail?id=22754.

Jameson, Fredric. *An American Utopia: Dual Power and the Universal Army*. Edited by Slavoj Zizek. London, New York: Verso, forthcoming June 2016.

Jameson, Fredric. *Archaeologies of the Future: The Desire Called Utopia and Other Science Fictions*. London: Verso, 2005.

Jameson, Fredric. *Postmodernism, or, the Cultural Logic of Late Capitalism*. Durham: Duke University Press, 1991.

Kakutani, Michiko. "The 9/11 Decade: Artists Respond to September 11." *The New York Times*, September 1, 2011. Accessed February 11, 2012. http://www.nytimes.com/2011/09/01/us/sept-11-reckoning/culture.html

Kakutani, Michiko. "The Evolution of Al Qaeda and the Intertwining Paths Leading to 9/11." *New York Times*, August 1, 2006. Accessed February 3, 2014. http://www.nytimes.com/2006/08/01/books/01kaku.html?pagewanted=all&_r=0.

Kaufmann, Linda S. "World Trauma Center." *American Literary History*, 21, no. 3 (2009): 647-659. Accessed August 13, 2013. http://muse.jhu.edu/.

Kellner, Douglas. "Globalization and Terrorism: Some Comments on Recent Adventures of the Image and Spectacle on the Occasion of Baudrillard's 75th Birthday." *International Journal of Baudrillard Studies*, Volume 2, Number 1 (January 2005). Accessed June 20, 2013. http://www.ubishops.ca/baudrillardstudies/vol2_1/kellnerpf.htm#_edn1.

Kellner, Douglas. *Media Spectacle and the Crisis of Democracy: Terrorism, War, and Election Battles*. London: Paradigm Publishing, 2005.
Keniston, Ann, Quinn Follansbee, Jeanne, eds. *Literature after 9/11*. New York: Routledge, 2008.

Kerr, Laurie. "The Mosque to Commerce: Bin Laden's Special Complaint with the World Trade Center." *Slate*, December, 28, 2001. Accessed May, 21, 2012. http://www.slate.com/articles/arts/culturebox/2001/12/the_mosque_to_commerce.html.

Klein, Naomi. *This Changes Everything, Capitalism vs. the Climate*. New York: Simon and Schuster, 2014.

Kloeckner, Christian, Knewitz Simone, and Sielke, Sabine. "Introduction." *Beyond 9/11: Transdisciplinary Perspectives on Twenty-First Century U.S. American Culture*. 3-25. Frankfurt am Main: Peter Lang, 2013.

Knausgaard, Karl Ove. *My Struggle: A Death in the Family*. Translated by Don Bartlett. London: Harvill Secker, 2012.

Kunkel, Benjamin. "Dangerous Characters." *The New York Times*, September 11, 2005. Accessed June 23, 2011. http://www.nytimes.com/2005/09/11/books/review/11kunkel.html?pagewanted=all.

Kunkel, Benjamin. *Indecision*. New York: Random House, 2005. Kindle edition.

Kunkel, Benjamin. *Utopia or Bust: A Guide to the Present Crisis*. New York: Verso, 2014.
Lentricchia, Frank and McAuliffe, Jody. *Crimes of Art and Terror*. Chicago: University of Chicago Press, 2003.

Leith, Sam. "Philip Roth attacks «orgy of narcissism» post Sept 11." *Telegraph.co.uk*, October 5, 2002. Accessed June 20, 2012. http://www.telegraph.co.uk/education/4792421/Philip-Roth-attacks-orgy-ofnarcissism-post-Sept-11.html.

Leopold, Todd. "The Making of a Memorial: Reshaping Ground Zero." *CNN*, August 31, 2011. Accessed May 22, 2012. http://articles.cnn.com/2011-08-31/us/911.memorial_1_ground-zero-freedom-tower-paula-grantberry?_s=PM:US.

McEwan, Ian. "Only Love and Then Oblivion: Love Was All They Set against Their Murderers." *The Guardian*, September 15, 2001. Accessed May 7, 2010, http://www.theguardian.com/world/2001/sep/15/september11.politicsphilosophyandsociety2.

McGrath, Charles. "In 'Terrorist,' a Cautious Novelist Takes On a New Fear." *The New York Times*, May 31, 2006, Accessed June 4, 2011. http://www.nytimes.com/2006/05/31/books/31updi.html?pagewanted=all&_r=0.

McLarney, Ellen A. "American Freedom and Islamic Fascism: Ideology in the Hall of Mirrors." *Theory and Event* 14.3 (September, 2011). Accessed November 1, 2015. https://fds.duke.edu/db/attachment/1683-PDF.

Mead, Walter Russel. "9-11; Perpetual War for Perpetual Peace: How We Got to Be So Hated." *Foreign Affairs*, September/October 2002 Issue. Accessed November 2, 2015. https://www.foreignaffairs.com/reviews/capsule-review/2002-09-01/9-11-perpetualwar-perpetual-peace-how-we-got-be-so-hated.

Meiksins Wood, Ellen. "Explaining September 11." *Studies in Political Economy*, Vol. 67 (2002). Accessed January 3, 2016. http://spe.library.utoronto.ca/index.php/spe/article/view/6042.

Mendieta, Eduardo. "America and the World: A Conversation with Jürgen Habermas." *Logos Journal Online*, 3.3, Summer 2004. Accessed February 2, 2014. http://www.logosjournal.com/habermas_america.htm.

Menand, Louis. "Faith, Hope and Clarity: September 11 and the American Soul." *The New Yorker*, September 9, 2002.

Messud, Claire. *The Emperor's Children.* London: Picador, 2006.
Michael, Magali Cornier. *Narrative Innovation in 9/11 Fiction.* Amsterdam: Rodopi Press, 2014.

Michael, Magali Cornier. "Narrative Innovation in 9/11 Fiction." Paper presented at *9/11/2001 and the Politics of Aesthetics: Literature and Memorial Arts*, The McAnulty College and Graduate School of Liberal Arts, September 11, 2013. Accessed February 10, 2015.
http://www.youtube.com/watch?v=8o_lrY8XC74&feature=youtube_gdata_player.

Michael, Magali C. "Unravelling the Us/Them Divide: DeLillo's Falling Man and Foer's Extremely Loud and Incredibly Close." Paper presented at *Conceptions of Collectivity in Contemporary American Literature*: International Conference at Johannes GutenbergUniversity Mainz, 7-9 July, 2011.

Michaels, Walter Benn. "Class Fictions." *The Boston Globe*, October 9, 2005. Accessed June 4, 2011. http://www.boston.com/news/globe/ideas/articles/2005/10/09/class_fictions/?page=full.

Miller, Kristine A. "Reading and Writing the Post-9/11 Cop: Trauma, Personal Testimony, and Jess Walter's *The Zero*." *Arizona Quarterly: A Journal of American Literature, Culture, and Theory* 70, no. 1 (2014): 29-52. Accessed June 26, 2014. http://muse.jhu.edu/.

Miller, Nancy K. "'Portraits of Grief:' Telling Details and the Testimony of Trauma," *differences: A Journal of Feminist Cultural Studies*, Volume 14, Number 3, Fall 2003, 112-135. Accessed June 4, 2011. http://muse.jhu.edu/journals/dif/summary/v014/14.3miller.html.

Mishra, Pankaj. "After the Paris Attacks: It's Time for a New Enlightenment." *The Guardian*, January 20, 2015. Accessed June 2, 2015. http://www.theguardian.com/news/2015/jan/20/-sp-after-paris-its-time-for-new-enlightenment.

Morrison, Toni. *The Dead of September 11*, 2001. Accessed January 13, 2014. http://www.legacy-project.org/index.php?page=lit_detail&litID=83.

Muecke, D.C. *The Compass of Irony*. London: Methuen, 1969.

Murphy, Andrew R. *Prodigal Nation: Moral Decline and Divine Punishment from New England to 9/11*. New York: Oxford University Press, 2009.

Nair, Supriya. "Teju Cole - The Voice of the Mind." Interview with Teju Cole. *Live Mint*, December 30, 2011. Accessed September 1, 2012. http://www.livemint.com/Leisure/B1Fzos9jUiB3EI31eocl5O/Teju-Cole--The-voice-of-the-mind.html.

Mishra, Pankaj. "The End of Innocence." *The Guardian*, May 19, 2007. Accessed June 23, 2011. http://www.theguardian.com/books/2007/may/19/fiction.martinamis.

Pease, Donald E. *The New American Exceptionalism*. Minneapolis: University of Minnesota Press, 2009.

Reid, T.R. "Professor Under Fire for 9/11 Comments: Free Speech Furor Roils Over Remarks." *Washington Post*, Saturday, February 5, 2005. Accessed June 4, 2013. http://www.washingtonpost.com/wp-dyn/articles/A76-2005Feb4.html.

Rich, Adrienne. "Eastern War Time." *Bridges*, Vol. 2, No. 2 (Fall 1991/5752), 124-128. Accessed August 3, 2014. http://www.jstor.org/stable/40357519.

Ridgen, David and Rossier, Nicolas, dir. *American Radical: The Trials of Norman Finkelstein.* Baraka Productions, Ridgen Film, 2009. DVD.

Said, Edward. "The Essential Terrorist." *The Nation*, August 14, 2006. Accessed July 7, 2014. http://www.thenation.com/article/essential-terrorist.

Said, Edward. "The Clash of Ignorance." *The Nation*, October 22, 2001. Accessed June 7, 2014. http://www.thenation.com/article/clash-ignorance?page=0,2.

Saramago, Jose. "January 8: From David's Stones to Goliath's Tanks." *The Notebook*. Translated by Amanda Hopkinson and Daniel Hahn. London, New York: Verso, 2010.
Schlesinger Jr., Arthur. *The Politics of Hope and the Bitter Heritage: American Liberalism in the 1960s*. New Jersey: Princeton University Press, 2007

Schuessler, Jennifer. "Inside the List." *The New York Times*, September 2, 2011. Accessed June 4, 2014. http://www.nytimes.com/2011/09/11/books/review/inside-the-list.html.

Shatz, Adam. "The Left and 9/11." *The Nation*, September 23, 2002. Accessed May 1, 2013. http://www.thenation.com/article/left-and-911?page=0,4#axzz2cyesncB9.

Shonkwiler, Alison and La Berge, Leigh Claire, eds. *Reading Capitalist Realism*. Iowa City: University of Iowa Press, 2014.

Siegel, Robert. "Sayyid Qutb's America: Al Qaeda Inspiration Denounces US Greed, Sexuality." *NPR online*, May 6, 2003. Accessed June 23, 2011. http://www.npr.org/templates/story/story.php?storyId=1253796

Simpson, David. *9/11: The Culture of Commemoration*. Chicago: Chicago University Press, 2006.

Slaughter, Joseph R. *Human Rights, Inc.: The World Novel, Narrative Form, and International Law*. New York: Fordham University Press, 2007.

Soar, Daniel. "Bile, Blood, Bilge, Mulch." *London Review of Books*, Vol. 29, No.1, January 4, 2007. Accessed June 27, 2011. http://www.lrb.co.uk/v29/n01/print/soar01_.html.

Spanos, William V. "American Exceptionalism in the Post-9/11 Era: The Myth and the Reality." *symploke* 21, no. 1 (2013): 291-323. Accessed June 27, 2014. http://muse.jhu.edu/. Routledge, 2003.

Strauss, Neil. "After the Horror, Radio Stations Pull Some Songs." *New York Times*, September 19, 2001. Accessed September 29, 2013.

http://www.ny-
times.com/2001/09/19/arts/thepop-life-after-the-horror-radio-stations-pull-some-songs.html.

Swatling, David. "Imagination is the Instrument of Compassion." Interview with Jonathan Safran Foer. *Radio Netherlands Worldwide*, February 4, 2010. Accessed May 3, 2014.
http://www.rnw.nl/english/radioshow/imagination-instrument-compassion.

Turlin, Jean-Louis. "Le 11 Septembre a entraîné un insupportable narcissisme national." *Le Figaro*, October 3, 2002.

Updike, John. "Varieties of Religious Experience." *The Atlantic Monthly*, November 2002. Accessed June 29, 2011. http://www.theatlantic.com/past/docs/issues/2002/11/updike.htm.

Updike, John. *Terrorist.* London: Penguin Books, 2007.
Updike, John. *The Coup*. London: Penguin Books, 1980.

Versluys, Kristiaan. *Out of the Blue: September 11 and the Novel.* New York: Columbia University Press, 2009.

Vidal, Gore. *Perpetual War for Perpetual Peace: How We Got to Be So Hated.* New York: Thunder's Mouth Press/Nation Books, 2002.

Walter, Jess. *The Zero.* New York: Harper Collins, 2006.

Watkinson, Geoff. "What We Lost: On Teaching 9/11." *Guernica Magazine*, September 11, 2014. Accessed September 16, 2014. http://www.guernicamag.com/daily/geoff-watkinson-what-we-lost-teaching-911/.

Wegner, Phillip E. *Life Between Two Deaths, 1989-2001: U.S. Culture in the Long Nineties.*

Williams, Jeffrey J. "The Plutocratic Imagination." *Dissent Magazine*, Winter 2013. Accessed May 6, 2014. https://www.dissentmagazine.org/article/the-plutocratic-imagination.

Wood, James. "Tell Me How Does It Feel?" *The Guardian*, October 6, 2001. Accessed June 6, 2012. http://www.theguardian.com/books/2001/oct/06/fiction.

Wright, Lawrence. *The Looming Tower: Al-Queda and the Road to 9/11*. London: Penguin Books, 2006.

Yerkes, James O. *John Updike and Religion: The Sense of the Sacred and the Motions of Grace.* Grand Rapids: Wm. B. Eerdmans Publishing Company, 1999.

Žižek, Slavoj. "Are the Worst Really Full of Passionate Intensity?" *New Statesman*, January 10, 2015. Accessed February 25, 2015.

http://www.newstatesman.com/world-affairs/2015/01/slavoj-i-ek-charlie-hebdo-massacre-are-worst-really-full-passionate-intensity

Žižek, Slavoj. *Blasphemische Gedanken: Islam und Moderne.* Translated by Michael Adrian. Berlin: Ullsteinbuchverlage, 2015. Ebook version.

Žižek, Slavoj. *Did Somebody Say Totalitarianism?: Five Interventions in the (Mis)use of a Notion.* New York: Verso, 2001.

Žižek, Slavoj. Interviewed by Slawomir Sierakowski. "Utopia and Its Discontents." *LA Review of Books*, February 23, 2015. Accessed July 5, 2015. https://lareviewofbooks.org/interview/utopia-discontents-slawomir-sierakowski-talks-slavoj-zizek.

Žižek, Slavoj. "Interview with Slavoj Zizek: Capitalism with Asian values." *Al Jazeera*, November 13, 2011. Accessed December 4, 2015. http://www.aljazeera.com/programmes/talktojazeera/2011/10/20111028133607 31764.html.

Žižek, Slavoj. "In the Grey Zone." *London Review of Books*, February 5, 2015. Accessed February 25, 2015. http://www.lrb.co.uk/2015/02/05/slavoj-zizek/in-the-grey-zone

Žižek, Slavoj. "The Depraved Heroes of *24* Are the Himmlers of Hollywood." *The Guardian*, Tuesday,

January 10, 2006, Accessed June 2, 2013. http://www.theguardian.com/media/2006/jan/10/usnews.comment.

Žižek, Slavoj. *Trouble in Paradise: From the End of History to the End of Capitalism*. Penguin, Allen Lane: London, 2014.

Žižek, Slavoj "What If Nothing at All Has Changed." *Times Higher Education*, September 6, 2002. Accessed May 3, 2014. http://www.timeshighereducation.co.uk/News-and-Analysis/What-if-nothing-at-all-has-changed?/171430.article.

Žižek, Slavoj. "What Rumsfeld Doesn't Know that He Doesn't Know about Abu Ghraib." *In These Times*, May 21, 2004. Accessed June 25, 2010.

Falls es Sie interessiert …

… Bücher des Verlags Pegasus Bücher aus der Reihe Philosophie

Jürgen Bodelle

Entstehungsgeschichte der Philosophie

Wie und warum die Menschheit auf ihre Ideen kam

Philosophische Reihe

Band 1

Reihe Politik- und Zeitgeschichte

Jürgen Bodelle

Zeitenwende
2014 - 2020

Briefe
Analysen
Kolumnen
Standpunkte
Kommentare

Reihe Politikwissenschaft

Jürgen Bodelle

Nachwendezeit
1990 - 1992

Reihe
Politik- und Geschichtswissenschaft

Band 3

Jürgen Bodelle

Vorwendezeit
1984 - 1988

Reihe
Politik- und Geschichtswissenschaft

Band 1

Jürgen Bodelle

Wendejahr
1989

Reihe
Politik- und Geschichtswissenschaft

Band 2

Jürgen Bodelle

Zeitenwende

Zeitgeschichte

2020 - 2023

Band 1

Reihe Politik- und Geschichtswissenschaft

Jürgen Bodelle

Zeitenwende

Zeitgeschichte

2014 - 2023

Band 2

Reihe Politik- und Geschichtswissenschaft

Jürgen Bodelle

Zeiten-Ende?

Die Jahrtausendwende
1999 - 2001

Reihe Neuere Zeitgeschichte

Belletristik im Verlag Pegasus Bücher

Worum es geht in:

»2034«

(Stefan Koenig)

Der dystopische Roman spielt 10 Jahre nach Corona, 50 Jahre nach Orwells 1984 und 100 Jahre nach Gröfaz, dem Größten Führer aller Zeiten. Es ist eine Fortsetzung der Orwellschen Schreckensvision. (*DER SPEIGEL* vom 20. August 2031: »Dennoch lädt die Story immer wieder zum Schmunzeln ein, beispielsweise, wenn die erzählende Ich-Person gelähmt und scheintot auf dem kalten Stahltisch liegt und erleben muss, wie die Pathologen sich fachmännisch über seine Zerteilung Gedanken machen.«)

2034 leben wir in einer sterilen Demokratie, einer Art digitalem 1984. Noch nie habe ich so viele Menschen so mundtot erlebt. Ich selbst war scheintot und lag auf dem kalten Stahltisch der Pathologie. Deutschland war wieder einmal gespalten.

Im Norden herrschte ein rigoroses Regime – und *ER* war wieder da.

Im Süden hatte sich das Land zu einer komfortabel-digitalen Diktatur unter Karl Lauterbach gemausert.

Vielleicht erinnern auch Sie sich, wie es dazu kommen konnte. Alles begann mit diesem Virus. Damals, als ich hilf- und reglos auf dem Seziertisch lag und der Pathologe mit seiner Geflügelschere vor meinen starren Augen herumfuchtelte.

Worum es geht in:

»Freie Republik Lich – 2023«

(Stefan Koenig)

Lich, 2023. Fast hätte die Pandemie zum Bürgerkrieg geführt. Bevor es dazu kam, zerfiel die Bundesrepublik Deutschland in drei Teile: die Südstaaten, den Nordost- und den Westbund. Nur uns, in Deutschlands Mitte, hatten die Generalstäbe vergessen. Für sie waren wir Niemandsland. Wir machten das Beste daraus und riefen die Freie Republik aus. Und Arnold Aurora, dieser charismatische junge Mann in Jesuslatschen, wurde unser Staatschef. Nun mussten wir sehen, wie wir mit dem Logistikmonster klarkamen. Die Wüst AG hatte einen starken Sicherheitsdienst engagiert. Aber wir hatten eine kluge Verteidigungsministerin und eine tapfere Bürgerwehr – und dann kam plötzlich dieser schreckliche Nebel … zum Glück!

»Der Thriller bewegt sich zwischen beißender Satire und grausamer Realpolitik. Nichts für schwache Nerven« (MAZ, 31. März 2033)

Worum es geht in:

Sturm über Lich - 2022

(Stefan Koenig)

Die Natur spielt verrückt. Und so erzählt man sich in einer geheimnisvollen Villa auf einem Hügel in Lich gleichfalls verrückte Geschichten – das Grauen über Lich kam mit dem Logistikmonster, da ist man sich sicher. Aber die Zusammenhänge bleiben im Unklaren. Mit einem schrecklichen Wintersturm im Januar 2022 bricht von einem Tag auf den anderen ein weiteres Unheil über die liebliche Kleinstadt in der Mitte Deutschlands herein. Neben der Naturkatastrophe bestimmen plötzlich auch Mord, Intrigen und dämonische Kräfte das Leben der Bewohner. Das Böse scheint von einem Fremden, Niko Lamor, auszugehen. Denn dieser Mensch, wenn er denn einer ist, stellt eine Forderung, die den Bürgern schleierhaft bleibt …

Mit »Sturm über Lich – 2022« erweitert Stefan Koenig seinen fiktionalen Thriller »Freie Republik Lich - 2023« um eine literarische Verarbeitung von politischer Moral und hausgemachter Klimakatastrophe.

Worum es geht in:

Der Fremde – Lich, 19. Januar 2022

(Stefan Koenig)

Es ist die Fortsetzung von »Sturm über Lich«. Ein Jahrhundertsturm wütet. Und ein Fremder, ein unheimlicher Mensch – wenn er denn ein Mensch ist – hält eine Kleinstadt in Atem. Er verfügt über das Talent eines dämonischen Zauberers mit der Gabe, die Bürger gegeneinander auszuspielen und Misstrauen und Zwietracht zu säen. Die Gemeinschaft der Bürger wird auf eine harte Probe gestellt.

Stefan Koenigs neuer Roman »Der Fremde« gleicht einer postmodernen Parabel, versetzt mit Elementen eines mystischen Thrillers – und dreht sich um politische Doppelmoral, um Schuld, um Sühne und um Naturdesaster, von denen wir seit 40 Jahren wissen und die uns heute fluten.

Stefan Koenig

Nina N.

Ein Roman der Jahrtausendwende

Als die achtunddreißigjährige Alice nach sechs Jahren Haft den siebzehnjährigen Tom kennen lernt, hat sie bereits ihre neue Identität – als Nina Nowak. Die willensstarke Frau, von deren Schicksal niemand ahnt, taucht mit illegalen Mitteln in eine ihr unbekannte Berufswelt ein. Aus Not und aus Sehnsucht nach einer verborgenen Liebe lässt sie sich auf das »Abenteuer Schule« ein. Aus der Schauspielerin wird eine geschätzte Sport- und Physik-Lehrerin. Tom zuliebe setzt sie ihre magische Begabung ein und traut sich an Einsteins Raum-Zeit-Theorie heran.

In einem Schriftsteller-Seminar befreundet sie sich mit der siebenundzwanzigjährigen Nora. Und Nora lernt das Trauma ihrer neuen Freundin kennen. Gerüchte über die beliebte Lehrerin entstehen. Auch wenn diese schließlich zerplatzen, so erschweren sie doch Ninas Weg.

Die Frauenfreundschaft hilft lindern, aber der entscheidende Schritt bleibt aus. Der Alltag eines dubiosen Schulgeschehens scheint Ninas Problem zu überdecken. Bis Nina bei Tom und seinem Vater Leo einzieht – Ninas Schulamtsvorgesetztem. Ein Pulverfass an Gefühlen entsteht. Plötzlich taucht auf dem Höhepunkt ihrer schulischen Karriere ein dunkler Schatten aus ihrer Vergangenheit auf und zwingt zum Handeln.

Wird sie durch Mauern gehen? Wird sie die Kraft finden, den Justizirrtum von damals aufzuklären?

Aber da gibt es noch eine Doppelgängerin, die ungeschminkte Nina Nowak. Sie ist ebenfalls Lehrerin – allerdings in einer siebzig Kilometer entfernten Großstadt. Als sie plötzlich verschwindet, beginnen die polizeilichen Ermittlungen ...

»3033«
Stefan Koenigs neue fantastische Zeitreise zur Entstehungsgeschichte der KI. Spannend in zwei Bänden erzählt.

Worum geht es?

Elon Musk suchte 2023 einen neuen PR-Mitarbeiter für seine Gigafactory im brandenburgischen Grünheide. So lernten wir uns kennen. Okay, insoweit bin ich vielleicht als Berichterstatter befangen. Aber sei‘s drum, es gibt Schlimmeres. Einzelheiten hierzu erfahren Sie im ersten Kapitel. Dann nahm er mich mit nach Muskland bei LA und ins Silicon Valley, wo ich Mark Zuckerberg, Jeff Bezos, das Scheidungspärchen Bill und Melinda Gates, Larry Page, Peter Thiel, George Soros, Warren Buffet und die Brüder Charles und David Koch das erste Mal in meinem Leben traf. Mehr dazu schildere ich Ihnen im zweiten Kapitel.

Ich berichte Ihnen aus dem Jahr 3033, vergessen Sie das bitte nicht. Damals, vor 1011 Jahren, hatte ich nicht im Traum daran gedacht, mit dieser durchaus netten Hyänen-Bande einmal gemeinsam aus einem tausendjährigen Kälteschlaf aufzuwachen. Eigentlich wollten wir nur 100 Jahre schlafend überbrücken. Bis sich zumindest das Kapital der American Big Five ohne ihr Zutun vertausendfacht hatte.

Wir entschlossen uns also zu einem kalkulierbaren Abenteuer, dem ich als Autor und Protokollant beiwohnen sollte. Sie wissen schon: Kryonik! Aber als man uns auftauen wollte, funktionierte die Sache mit der Energie nicht mehr so, wie damals, als man uns einfror.

Eine Notschaltung, die uns nicht nach 100, sondernd erst nach rund 1000 Jahren zurückholte, war unsere Rettung. Doch die Welt, die wir nach 1011 Jahren sahen und erlebten, war nicht die, die wir erwartet hatten.

Niemand von uns, Elon Musk vielleicht ausgenommen, war in jenen Jahren der neuen Kryo-Konservierungstechniken fantasiebegabt genug, um sich das Ausmaß der globalen Veränderungen vorzustellen, die uns nach der Wiederauferstehung erwarteten – einschließlich der Veränderungen der Menschheit, wenn man hier noch von Menschheit sprechen konnte. Was dies betrifft, so erfahren Sie die Einzelheiten im vorletzten Kapitel.

Im letzten Kapitel geht es um das Überleben unseres exklusiven US-Clubs in einer Welt der kalten künstlichen Intelligenz und des heute von Klaus Schwab angedachten Transhumanismus. Die Menschen, die uns in 1011 Jahren begegnen, sind nicht mehr die Menschen, die wir von heute kennen; es sind gefühllose Roboter. Und sie haben uns in einen Zoo gesteckt – einer Art archäologischem Museum. „Prost Mahlzeit", hab' ich mir gedacht. „Wie kommen wir hier bloß wieder raus?" Aber war das überhaupt erstrebenswert bei der kaputten Welt da draußen?

Und in den Kapiteln dazwischen? Da erfahren Sie, wie es zum gemeinsamen Vorhaben der Hyänen-Bande gekommen war, was sich die mächtigen amerikanischen Tycoons vorgenommen hatten und weshalb ich mich mit ihnen einfrieren ließ. Es war ein Abschied vom Leben lange vor unserem Tod.

***

Stimmen aus der Zukunft zu den beiden KI-Bänden **»3033 – Meine Reise mit Elon Musk …«**

›Mit »3033« hat Stefan Koenig eine bedrohliche Matrix unserer Tage an die Wand gemalt. Sein Roman illustriert auf eine packende Weise, wie aus vermeintlich frei agierender Künstlicher Intelligenz die Tyrannei des Big Tech zu werden droht – egal, ob Elon Musk auf dem Mars das Bewusstsein der Menschheit zu konservieren vermag oder nicht.‹

(Lunar News.com)

›Die Realität quillt aus allen Zeilen dieses KI-Romans hervor, sie ist aufregend, beängstigend und doch voller Hoffnung.‹

(Publishers Monthly)

›Ein erstklassiges KI-Debüt mit einigen der besten Robotnik-Szenen, die es je zu lesen gab. Für Spannungsleser und Wissbegierige, die sich mit der Künstlichen Intelligenz anzulegen wagen – here we go.‹

(New Times.com)

›Koenigs »3033« ist so wahr, wie die Zukunft offen scheint. So wahr, wie der Schrecken des zivilisatorischen Untergangs. So wahr, wie Krieg und Frieden. Wahrer als die Wahrheit – ein erschreckender Blick auf das, was schiefgehen kann.‹

(daily_mars.com)

›Brutal spannend. Herzlos technisch. Grausam realistisch. Kompromisslos humanistisch.‹

(Weekly News, New York)